한길인문학문고 15

생각하는 사람

연대주의

모나디즘 넘어서기

강수택 지음

한길인문학문고 **15**
생각하는 사람

한길사

Solidarism

Overcoming the monadism

by Kang Sootaek
Published by Hangilsa Publishing Co., Ltd., Korea, 2012

연대주의
모나디즘 넘어서기

지은이 · 강수택
펴낸이 · 김언호
펴낸곳 · (주)도서출판 한길사

등록 · 1976년 12월 24일 제74호
주소 · 413-756 경기도 파주시 문발동 파주북시티 520-11
www.hangilsa.co.kr
E-mail: hangilsa@hangilsa.co.kr
전화 · 031-955-2000~3   팩스 · 031-955-2005

상무이사 · 박관순
총괄이사 · 곽명호 | 영업이사 · 이경호 | 경영기획이사 · 김관영
기획편집 · 배경진 서상미 김지희 홍성광 이지은
전산 · 김현정 | 마케팅 · 박유진
관리 · 이중환 문주상 장비연 김선희

CTP 출력 및 인쇄 · 현문인쇄 | 제본 · 경일제책

제1판 제1쇄 2012년 9월 15일

값 27,000원
ISBN 978-89-356-6237-1 03330

이 도서의 국립중앙도서관 출판시도서목록(CIP)은
e-CIP홈페이지(http://www.nl.go.kr/ecip)에서 이용하실 수 있습니다.
(CIP제어번호: CIP2012003821)

이 저서는 2008년 정부(교육과학기술부)의 재원으로 한국연구재단의 지원을 받아
수행된 연구(KRF-2008-812-B00025)입니다.

연대정신과 반연대정신의 역사를 추적하다

■ 책머리에

연대정신을 특별히 중시하면서 이를 바탕으로 사회질서를 구축하려는 사상 또는 이념을 연대주의라고 부른다. 반면 연대정신을 거부하거나 이에 대립하는 사상이나 이념을 일컫는 표현이 모나디즘이다. 그러므로 연대주의와 모나디즘은 모두 연대정신 혹은 연대관념에 직접 관련된 용어들이다. 필자가 이 책을 쓴 목적은 사회에서 연대정신을 강화하는 데 이바지하기 위해 연대관념의 역사와 반연대정신의 역사를 기술하고 더 나아가 현대사회, 특히 오늘날 한국사회 현실에 타당한 연대주의 이념을 제시하는 데 있다. 그래서 이 책은 서구사회와 한국사회에서 그동안 복잡하게 전개되어온 연대관념의 역사를 체계적으로 분석하는 내용과 한국사회에서 지금까지 반연대정신이 전개되어온 역사를 밝혀내는 내용을 주로 다루고 있다.

연대란 도대체 무엇인가

그렇다면 이 책에서 다루어질 모든 내용의 실마리가 되는 연대란 도대체 무엇인가?

단결 · 결속 · 통합 · 협력 · 지원 · 자선 · 연맹 · 연립 · 공동체 등과 연대관념이 공통적으로 갖는 특징과 차이점은 무엇인가? 연대는 과연 노동운동과 같은 사회운동에서 흔히 보듯이 투쟁을 위한 관념인가 아니면 사회갈등의 해결책으로 자주 제시되듯이 사회통합을 위한 관념인가? 노동운동가들과 사회주의자들이 연대를 중시하는 데서 보듯이 연대는 좌파 또는 진보적 가치인가 아니면 가족과 같은 공동체를 더욱 중시하는 유럽의 보수 정당들에서 보듯이 연대는 우파 혹은 보수적 가치인가?

뒤르켐 같은 사회학자들이 사용했듯이 연대는 객관적인 사회분석을 위한 용어인가 아니면 다분히 윤리적이거나 정치적인 용어인가? 한국의 여러 정당 강령이나 단체 이름이 보여주듯이 연대는 단지 수사적인 용어로만 통용되고 있는가 아니면 문화 · 제도 · 정책 등을 전반적으로 떠받치는 사회의 핵심가치 역할을 실제로 수행하는 경우도 있는가?

연대는 개인주의적인 관념인가 아니면 집합주의적인 뿌리를 갖는 관념인가? 연대는 개인 · 공동체 · 결사체 · 국가 가운데 무엇과 더 가까운 관념인가? 연대는 기본적으로 근대적인 관념인가 아니면 전근대인 관념인가? 연대는 과연 탈근대 시대에도 통용될 수 있는 관념인가?

연대는 민족국가 내에서만 통용되는 관념인가 아니면 초국가적으로도 통용될 수 있는 관념인가? 연대는 인간사회에만 적용되는가 아니면 인간을 넘어 더 넓은 자연계에도 적용될 수 있는가? 연대는 순수하게 서구적인 관념인가 아니면 한국의 전통사회에서도 뿌리를 찾을 수 있는 관념인가? 대한민국은 연대정신과 전혀 무관하게 건국되었는가 아니면 연대정신의 세례를 받고 출범했는가? 연대주의는 개인주의 · (신)자유주의 · 자본주의 · 계급주의 · 사회주의 · 공산주의 · 국가주의 · 민족주의 · 제3의 길 등과 어떤 관계에 있는 노선이며, 자유시장경제, 사회적 시장경제, 계획경제 등과는 어떤 관계에 있는가? 연대는 시민사회 · 정치체계 · 경제체계와 어떤 관련을 맺고 있으며, 특히 복지국가나 사회정책과는 어떤 관련이 있는가? 등등.

연대관념과 연대주의 노선을 둘러싼 이처럼 많고 복잡하지만 흥미로운 질문들에 대답하는 데 이 책은 크게 도움이 될 풍부한 내용을 담고 있다.

책은 크게 네 부분으로 이루어져 있다. 제1장은 도입부에 해당하며, 제2장에서 제4장까지는 서구사회와 한국사회에서 연대관념과 사상이 형성 · 전개되어온 역사를 다루고 있다. 세 번째 부분에 해당하는 제5장과 제6장은 모나디즘에 대한 이론적인 설명과 함께 현대 한국사회에서 형성 · 전개되어온 모나디즘의 역사를 기술하고 있으며, 마지막 제7장은 현대사회, 특히 오늘날 한국사회를 염두에 두면서 앞의 논의들을 바탕으로 시대에 부응하는 새로운 연대주의로서의 시민연대주의 이념을 제시하고 그 내용을 소개하는 부분이다.

이 책의 내용은 대부분 새롭게 씌어진 것이다. 다만 사회학적 연대론에 해당하는 일부 내용은 다른 곳에서 발표되었으나 이 책 내용의 체계상 꼭 필요하여 그 분량을 대폭 줄이거나 보완하는 식의 수정을 거쳐 포함시켰다. 그리고 몇 부분은 이 책을 위해 새로 씌어진 후에 학술지에 논문형태로 발표되었는데, 제2장 제2절이 '고전사회학의 연대 사상'이라는 제목으로 학술지 『사회이론』(제36호)에 그리고 제5장은 같은 제목으로 학술지 『사회와 이론』(제17집)에 각각 게재되었다. 아울러 제4장과 제7장의 일부 내용은 각각 한국사회학회가 주최한 전기한국사회학대회(2012)와 경상대학교 인권사회발전 연구소가 주최한 세미나(2011)에서 발표된 바 있음을 밝힌다.

이 책의 집필은 한국연구재단(과거의 한국학술진흥재단)이 시행한 인문저술 지원사업의 도움을 받아 이루어졌다. 이 프로그램을 제공한 한국연구재단에 감사하며, 이 책을 집필하는 동안 학문적인 소통을 통해 필자에게 지적인 자극을 꾸준히 제공해준 한국이론사회학회와 경상대학교 인권사회발전연구소 동료들에게도 고마움을 전하고 싶다. 그리고 인문사회과학 분야의 학술도서 출간을 통해 학문발전에 크게 이바지하고 있는 한길사에서 이 책을 내게 된 것을 매우 기쁘게 생각하면서 김언호 사장님과 편집부 여러분께 진심으로 감사드린다.

끝으로, 항상 그랬듯이 이 책을 집필하는 여러 해 동안도 늘 곁에서 눈에 보이지 않는 성원을 아끼지 않은 아내 박인옥과 두 딸 예랑, 예솔로부터 받은 큰 힘이 연대를 다룬 이 책에 고스란히 녹아 있음은 두말할 나위가 없다.

필자의 공부가 아직 많이 미흡하므로 연대에 관심을 갖는 많은 독자들께서 이 책 내용의 문제점을 지적해주실 뿐만 아니라 여기서 제시된 내용을 실마리 삼아 앞으로 여러 분야에서 논의를 더욱 진전시켜주시기를 희망한다.

2012년 8월
강수택

연대주의
모나디즘 넘어서기

일러두기

외래어표기법에 따르면 Pesch, Simmel, Tönnies는 '페슈', '지멜', '퇴니에스'로 표기
해야 하지만, 사회학계에서 더 많이 알려진 '페쉬', '짐멜', '퇴니스'로 표기했다.

1 열린 사유체계로서의 연대주의를 위하여

한국사회는 한편으로 전통적이거나 초기 근대적인 형태의 집합주의가 여전히 폭넓게 자리 잡고 있으면서 다른 한편으로는 극단적인 개인주의화가 급속히 진행되어왔다. 라이프니츠의 모나드 개념은 한국사회의 이러한 현실을 파악하는 데 흥미로운 통찰력을 제공해준다.

사회적 결속력이 낮은 한국사회

경제협력개발기구(OECD)에서 발표하는 사회지표 가운데 사회적 결속력(cohesion) 지표가 있다. 이 지표를 구성하는 항목은 매번 조금씩 바뀌지만 가장 빈번히 등장하는 항목은 자살률이다. 물론 자살률은 사회적 연대에 대한 연구로 가장 널리 알려진 뒤르켐(E. Durkheim)이 일찍부터 주목한 지표이기도 하다. 그런데 경제협력개발기구의 자료는 한국의 자살률이 조사 대상국 가운데 가장 높을 뿐만 아니라 자살률의 증가속도 역시 가장 빠르다는 사실을 보여준다(OECD, 2009a; 2009b).[1]

또한 2011년도 사회지표는 타인에 대한 일반적인 신뢰, 사회적 기관에 대한 신뢰, 친사회적 행동과 반사회적 행동, 투표, 관용의

---

1) 한국은 1990년대 중반까지만 하더라도 인구 10만 명당 비율로 계산하는 자살률이 경제협력개발기구의 평균보다 낮았다. 그런데 경제위기를 경험한 1998년에 자살률이 18.4까지 급격히 높아졌다가 경제위기 극복과 함께 떨어졌다. 그 후 2000년대에 다시 가파르게 상승하여 2000년 13.6이던 수치가 2009년에는 31.0까지 상승했다(OECD, 2009a; 통계청, 2010b).

다섯 항목으로 사회적 결속력을 측정했다. 그런데 여기서도 한국 사회는 반사회적 행동을 제외한 나머지 대부분의 항목에서 회원 국가들 가운데 매우 낮은 순위에 오름으로써 취약한 사회적 결속 력을 드러냈다.[2]

그렇다면 한국사회의 결속력이 이처럼 취약해진 이유는 무엇인 가? 그리고 자살률의 변화추이가 보여주듯이 1990년대 후반 이후, 특히 2000년대에 들어 사회적 결속력의 약화 경향이 더욱 심화 되어온 이유는 무엇일까?

그동안 한국사회가 압축적인 근대화 과정을 밟아오면서 전근대 적인 공동체가 해체되어온 반면, 시민들의 권리의식이 강화되고 사회의 다원화로 이해관계의 충돌 요인이 증가해온 것이 자연스 레 이러한 결과를 낳은 배경이 되었다고 말할 수 있을 것이다. 그

---

2) 한국은 30개국을 비교한 일반적인 신뢰도 수준에서는 25위, 34개국을 비 교한 나머지 항목들, 즉 사회적 기관들에 대한 신뢰도 수준에서는 32위, 자원봉사나 기부와 같은 친사회적 행동에서는 21위, 폭행이나 도난 같은 반사회적 행동에서는 31위, 투표율에서는 34위, 인종적 소수자나 이주민 혹은 동성애자에 대한 관용 수준에서는 28위를 각각 차지했다(OECD, 2011). 2011년도 사회지표 직전에 발표된 것은 2009년도 사회지표인데 여기서는 생활 만족도, 노동 만족도, 범죄 피해, 자살, 괴롭힘, 위험한 행동 의 노출의 여섯 항목을 통해 사회적 결속력을 측정했다. 이들 항목 가운데 한국이 조사대상으로 포함된 것은 생활 만족도, 노동 만족도, 자살의 세 항목인데, 한국인의 생활 만족도는 30개국 가운데 25위, 노동 만족도는 20개국 가운데 20위, 그리고 자살률은 29개국 가운데 1위로 나타나서 이 들 항목으로 측정된 사회적 결속력에서도 한국은 경제협력개발기구에 속한 다른 국가들에 비해 극히 취약한 상태에 있음을 알 수 있다(OECD, 2009a).

런데 문제는 현대 한국사회의 결속력 약화가 지나치게 진행되고 있다는 점이다.

비록 한국사회는 압축적인 근대화로 인해 경제발전과 민주화를 성공적으로 이룩한 모범적인 사회로 평가받고 있지만, 이와 함께 사회적 결속력이 매우 낮고 불필요한 사회갈등이 특별히 심하며 노동이나 생활에 대한 만족도가 아주 떨어지는 사회라는 점도 결코 간과할 수 없다.[3] 이러한 부정적인 모습들은 사회 구성원들의 삶의 질을 현저히 떨어뜨릴 뿐 아니라 지속가능한 사회발전을 어렵게 하며 더 나아가 예기치 못한 도전에 직면하게 될 때 이를 성공적으로 극복하는 데 심각한 장애가 될 수 있다. 이런 점에서 볼 때 한국사회의 결속력 약화 경향을 자연스럽거나 불가피한 현상으로 여기고 있을 수만은 없다. 따라서 한국사회의 결속력을 약화시켜온 원인이 무엇인지 찾아내고 이에 대한 해결방안을 제시하는 것은 매우 시급한 과제가 되었다.

그런데 지금까지는 사회의 결속력 약화를 시민들의 개인주의화 때문이라고 보면서 이를 불가피하거나 심지어 바람직한 변화로 인식하는 경향이 강했다. 그래서 사회의 결속력 약화를 심각한 문제로 간주하지 않거나 이를 더욱 촉진시켜야 한다는 주장까지 있었다. 한편 결속력 약화를 심각한 사회문제로 인식하는 경우에는 사회의 공동체성을 강화함으로써 이러한 문제에 대처해야 한다는

---

3) 삼성경제연구소에 따르면 한국은 사회갈등지수에서 경제협력개발기구의 27개 회원국 가운데 네 번째로 사회갈등이 심한 국가다(박준, 2009: 7쪽).

판단이 주를 이뤘다.

그러나 필자는 이러한 두 가지 인식 모두에 심각한 문제가 있다고 본다. 한국사회에서 개인화는 불가피하거나 필요한 측면이 분명히 있지만 사회의 개인주의화에는 심각한 사회적 역기능이 따르기 때문이다. 그렇다고 공동체를 대안으로 제시하는 것은 그동안 한국사회의 경험에 비추어 보건대 개인의 자율성을 침해하는 결과를 낳을 위험이 크다. 따라서 이러한 대안은 사회에서 폭넓게 받아들여지기보다 오히려 그 반작용으로 개인주의화를 가속화시키는 결과를 불러올 가능성이 크다.

필자는 개인주의적인 인식과 집합주의적인 인식은 둘 다 시민사회의 결속력을 약화시키는 주된 요인이라는 점에서 공통점을 갖고 있다고 본다. 왜냐하면 현대 시민사회에서는 기본적으로 사회구성원들 사이의 신뢰와 소통을 바탕으로 결속력이 형성된다. 그런데 개인주의와 집합주의는 공통적으로 개인들 사이에서나 집합체 사이에서 진정한 신뢰와 열린 소통을 어렵게 하는 닫힌 사유체계이기 때문이다.

그래서 필자는 이러한 닫힌 사유체계를 모나디즘(monadism)이라고 명명하고 한국사회를 지배하는 모나디즘 정신의 실체를 비판적으로 분석하고자 한다. 그리고 이러한 닫힌 사유체계에 대립되는 열린 사유체계, 즉 사회구성원들 사이의 신뢰와 소통의 바탕이 되는 사유체계를 연대주의(solidarism)라는 이념에서 찾아 이를 오늘날 한국사회에서 절실히 요청되는 대안적 사유체계로서 제시하고자 한다.

개인주의와 집합주의는 모두 극복 대상이다

필자는 근래에 와서 여러 글을 통해 사회적 결속력 약화를 극복할 방안으로 공동체성이 아닌 연대개념을 반복하여 제시해왔다. 그리고 연대성 회복을 통해 사회적 결속력이 견고하게 유지되는 시민사회를 시민연대사회(civil solidary society)라고 개념화한 후 이 시민연대사회의 특징과 구조에 관해 자세히 논의했다. 그런데 문제는 어떻게 시민사회의 연대성을 회복시킬 수 있을 것인가 하는 점이다. 이와 관련하여 필자는 제도와 문화의 양 측면에서 노력할 필요가 있음을 지적했지만 이 논의를 보다 구체적으로 진전시키지는 못했다.

그래서 이 책에서는 먼저 연대주의라는 이념 또는 정신을 이론적으로 정립함으로써 한국사회에 이를 확산시키고 이로써 시민사회의 결속력을 강화하는 데 이바지하고자 한다. 그렇다면 연대주의 이념을 보다 설득력 있는 이론체계로 정립하기 위한 전략은 무엇인가?

첫째, 연대주의 이념의 역사, 핵심요소, 유사한 다른 현대사상과의 관련성, 한국사회의 현실과 이념 지형과의 관계 등 연대주의 이념과 관련된 여러 측면을 체계적으로 논의하는 것이다. 둘째, 동시에 연대주의와 대립하는 정신을 찾아서 이것의 실체와 영향력을 드러낼 뿐 아니라 이 정신이 그동안 한국의 시민사회에서 결속력을 약화시키고 사회 분열과 원자화를 촉진시켜온 구체적인 모습을 보여주는 것이다. 이러한 방법은 한국의 시민사회에서 연대주의가 얼마나 시급히 요청되는지를 자연스럽고도 설득력 있게 제시하는 데 효과가 있을 것이다.

앞에서 연대주의와 대립하는 정신을 모나디즘이라고 명명했는데, 이것은 라이프니츠(G.W. Leibniz) 철학에서 핵심개념인 모나드(monad)로부터 유래한 것이다. 우리말로는 단자주의(單子主義)로 번역할 수 있겠으나 의역하면 닫힌 실체주의라고 표현할 수 있을 것이다. 라이프니츠의 개념에 주목해 모나디즘이라는 단어를 사용하게 된 가장 큰 이유는 이 표현을 통해 개인주의와 집합주의를 하나의 범주로 묶을 수 있기 때문이다. 말하자면 이 범주 속에서는 집합주의 또는 전통적인 공동체주의와 개인주의가 서로 대립하는 정신이 아니라 공통된 정신이 된다.

실제로 연대주의, 특히 필자가 시민연대주의라고 부르는 현대사회의 연대주의는 개인주의뿐만 아니라 집합주의도 극복할 대상으로 삼는다. 이런 점에서 연대주의와 대립하는 정신은 단지 개인주의나 집합주의 가운데 어느 하나일 수 없다.

모나드 개념은 세상을 이루는 다양한 수준의 실체를 가리킨다. 그런데 모나드가 가리키는 실체는 원자처럼 단순히 물리적인 것이 아니라 의식을 가진 실체, 즉 주체적이며 자기완결적인 실체다. 그러면서 세상을 향하여, 특히 다른 주체에 대해서는 닫혀 있는 실체들이다. 따라서 이들 사이에서는 열린 의사소통이나 호혜적 협력이 이루어지지 않는다. 그렇다면 이들이 어떻게 공존할 수 있는가? 라이프니츠는 이에 관해 여러 가지 흥미로운 논의를 제시했다.

라이프니츠가 제시한 이러한 모나드론적 사유방식이 한국사회에서 강력히 자리 잡고 있는 개인주의와 집합주의 사유방식들과 매우 유사한 특징을 갖고 있다는 점에 필자는 주목한다. 실제로 라이프니츠의 사유방식은 근대적 사유의 의미 있는 초보 형태로서 철학사에서는 그 후에 칸트, 후설 등을 통해 발전적으로 극복되어 왔다. 이처럼 한국사회도 사회에 대한 근대적인 인식이 초보적인 형태에 마냥 머물러 있을 것이 아니라 타자에 대한 인격적이며 열린 관계를 특징으로 하는, 좀더 현대적인 방식으로 발전되어가야 할 것이다.

물론 모나디즘 정신을 한국사회의 현실 또는 현대사에서 탐색한다고 할 때 이 정신이 구체적으로 드러난 양상은 시대에 따라 다를 수 있다. 때문에 한국사회에서 그동안 나타난 모나디즘의 다양한 양상을 시대별로 찾아내고 이들의 특징 · 배경 · 영향 등에 관해 살펴보고자 한다.

이처럼 그동안 한국사회에서 막강한 힘을 발휘해온 모나디즘 정신을 체계적이고 비판적으로 분석하게 되면, 앞에서 지적했듯이, 독자들은 연대주의 정신의 필요성에 대한 인식에 자연스레 이르게 될 것이다. 뿐만 아니라 연대주의 정신이 사회의 각 영역에서 어떤 형태로 자리 잡을 수 있을 것인지에 대해 더 구체적으로 논의할 수 있을 것이다. 그리고 더 나아가 그동안 모나디즘에 저항하면서 형성, 발전되어온 여러 영역의 연대관념과 연대사상에 주목하게 된다면 연대주의 정신의 확립과 확산에 효과적인 거점들을 확인할 수 있을 것이다.

사회적 연대론과 모나드론에 주목하다

한국 사회학계에서는 근대화 과정에서 붕괴된 공동체성에 대한 관심을 일찍부터 꾸준히 가져왔다. 그러나 전근대적인 공동체의 한계, 즉 집합주의 속성에 대한 비판적 인식이 커지면서 사회학계, 특히 이론사회학계에서는 2000년대에 들어서 근대적인 합리성과 조화를 이루는 공동체에 대한 연구를 적극적으로 시도했다. 그리고 이러한 맥락에서 사회적 신뢰, 사회적 자본, 의사소통, 사회적 연결망 등으로 관심분야를 확대해왔다. 필자도 이론사회학계의 동료들과 이러한 학문적인 관심사를 크게 공유하면서 사회적 연대라는 주제에 특별한 관심을 기울이기 시작했다.

그런데 필자가 이 사회적 연대에 특별한 관심을 갖게 된 개인적인 배경은 그 이전부터였다. 즉 일찍이 학위 과정에서 이 주제에 관해 강의를 듣고 독서를 한 것이 중요한 계기가 되었다. 그리고 당시의 서구사회, 특히 유럽대륙의 사회제도를 이해하는 데 이 개념이 매우 중요하다는 사실을 깨닫게 된 것도 큰 영향을 미쳤다. 하지만 그 후에 한국사회 현실 속에서 사회적 연대가 갖는 이중적인 의미를 생각하게 되면서 사회적 연대에 대한 연구를 미루어오다가 2000년대에 들어 이론사회학계의 동료들과 비슷한 관심을 나누며 본격적으로 이 문제를 다루기 시작하게 됐다.

물론 한국 사회학계에서 이전에 사회적 연대에 관한 논의가 전혀 없었던 것은 아니다. 하지만 대개 사회적 연대를 뒤르켐 사회학의 일부로 다루는 식이었다. 예외적으로 김필동처럼 우리 전통사회의 연대를 다룬 경우도 있었지만 이론적인 논의는 미흡했다. 이에 비해 여성주의 시각을 가진 젊은 사회학자들 가운데 일부가 비교적 일찍이 연대개념에 주목해 이론적인 논의를 제기했다. 그러나 이들은 주로 젠더 문제에만 한정시켜 연대를 다루었다. 비록 노동운동가들은 여성주의자들보다 더 일찍부터 연대개념에 친숙해져 있었지만, 연대성에 대한 이들 노동운동가의 이해방식은 대부분 도구적인 성격에 머물렀다. 이런 분위기로 인해 노동운동계에서 사회적 연대는 대부분 비학술적인 담론에서 논의되었을 뿐 학술적 논의의 관심 대상으로는 거의 주목받지 못했다.

따라서 필자가 사회적 연대문제를 학문적으로 다룬 것, 특히 이를 이론 차원에서 본격적으로 다룬 것은 국내 사회학계에서는 앞선 작업이었다. 실제로 지금도 여전히 이 문제를 학문적으로 집중해서 다루는 국내의 사회학자들은 드문 편이다. 이에 비해 사회적 연대에 대한 학문적인 관심은 확산되고 있으며, 사회적 연대에 대한 과거의 이해방식도 변하고 있다.

이런 형편을 볼 때, 이 책에서 개진하는 연대주의론은 사회적 연대에 대한 관심을 훨씬 더 빠르게 확산시킬 뿐 아니라, 사회적 연대 논의를 좀더 진전시키는 데 이바지할 것으로 기대된다. 왜냐하면 연대주의론은 한국사회의 모나디즘에 대한 비판적 분석을 통해 사회적 연대성의 필요성을 더 구체적으로 그리고 설득력 있게 제시하게 될 것이기 때문이다. 그러면서 또한 기존 연대논의들을 한 단계 더 진전시키는 것이기 때문이다.

필자의 모나디즘 논의는 독창적인 것이다. 라이프니츠의 모나드론은 철학계에서는 전통적으로 비교적 중요하게 다루어져온 편이지만, 사회과학계나 사회이론 분야에서는 시선을 끌지 못했다. 비록 현대에 와서 들뢰즈의 공간론이나 가상공간의 문제와 관련하여 라이프니츠 철학이 사회과학계 혹은 사회이론 분야에서 일부 주목을 받기도 하지만 그의 모나드론은 관심의 대상이 아니었다.

이런 가운데 한국사회에서는 한편으로 전통적이거나 초기 근대적인 형태의 집합주의가 여전히 폭넓게 자리 잡고 있으면서 다른 한편으로는 극단적인 개인주의화가 급속히 진행되어왔다. 한국사회의 이러한 특징적인 현실을 파악하기 위해서는 새로운 개념이 요구되는데 라이프니츠의 모나드 개념은 흥미로운 통찰력을 제공해준다. 왜냐하면 한국사회의 현실을 뒷받침하는 정신과 모나드론의 세계관 사이에는 매우 흥미로운 유사성이 존재하기 때문이다.

이러한 관점에서 새롭게 제기하는 모나디즘 논의는 기본적으로 슈츠(A. Schutz)의 현상학적인 모나드 비판론의 전통을 계승한 것이다. 그리고 이러한 모나드 비판론의 시각을 체계적인 사회이론으로 발전시킨 하버마스 같은 현대 사회이론가의 이론 자원을 바탕으로 했다. 필자는 이러한 이론적 논의를 토대로 한국 현대사에서 역동적으로 전개되어온 모나디즘에 대한 비판적 분석을 시도할 것이다.

왜 시민연대주의인가

필자는 시민적 연대가 확고히 자리 잡은 사회를 시민사회 가운데서도 특별히 시민연대사회라고 부른 적이 있는데 이러한 시민연대사회의 토대가 되는 이념 혹은 정신을 연대주의 가운데서도 특히 시민연대주의라고 부른다(강수택, 2007a: 323쪽).

그렇다면 왜 굳이 시민연대사회이며 시민연대주의인가? 가장 큰 이유는 시민사회에 특징적인 연대성이 특히 현대 한국사회에서 급속히 약화되는 경향을 보이기 때문이다. 따라서 시민사회에서 연대성을 회복하고 강화하는 것이야말로 시민들의 삶의 질을 향상시키기 위해서뿐만 아니라 한국사회의 지속적인 발전을 위해서도 무엇보다 시급한 과제가 되었다.

물론 연대성의 약화로 인해 나타나는 자살률 증가와 사회갈등의 심화 같은 현상에는 오늘날 학계나 시민사회뿐 아니라 정부도 매우 심각하게 주목하고 이를 극복하기 위해 노력하고 있다.[4] 그런데 이처럼 드러난 개별 현상들을 다루기 위한 진지한 노력도 중요하지만 더 근본적으로 요구되는 접근방법은 불필요한 사회갈등이나 자살 같은 현상의 발생 배경이 되는 연대성의 약화 혹은 상실 자체를 극복하는 것이다. 이러한 근본적인 접근방법을 고민할 때에 비로소 시민사회나 정부가 사회갈등이나 자살 같은 현상을 효과적으로 해결하기 위한 정책의 방향과 틀을 마련할 수 있을 것이다.

사회적 연대성이 강화된 시민사회를 일컫는 시민연대사회 개념은 바로 이런 점에서 의미가 있다. 만약 시민연대사회를 한국사회

---

4) 연대성의 약화로 생긴 사회갈등을 극복하기 위해 정부가 사회통합을 중요한 국정과제로 삼고 사회통합위원회를 설치하여 계층·이념·세대·지역 갈등을 극복하기 위한 정책방안을 모색하려 한 것이 그 사례다.

발전의 방향으로 삼게 된다면 불필요한 사회갈등이나 자살 같은 사회문제를 해결하려는 노력에 큰 도움이 될 것이다.[5] 또한 시민 연대주의는 이러한 노력의 이념적인 혹은 정신적인 토대가 될 뿐 아니라 특히 정책과 제도만으로는 해결이 어려운 부분에서 문화적인 노력을 기울이는 데에도 크게 기여할 수 있을 것이다.

그런데 연대성의 약화나 상실을 극복하기 위한 이념으로서 기존의 연대주의 혹은 사회적 연대주의 대신에 굳이 시민연대주의를 제시하는 이유는 무엇인가? 시민연대주의는 분명히 고전적인 연대주의 정신을 기본적으로 계승하고 있다. 하지만 다른 수많은 근대사상이 그러하듯이 연대주의도 그 형성과 발전의 역사에서 초기 근대의 시대정신에 큰 영향을 받았을 뿐 아니라 당시의 사회상을 뚜렷이 반영하는 경향이 있었음을 부인할 수 없다. 예컨대 초기 연대사상에서는 집합체와 조직을 매우 중시하는 경향이 있었으며 대부분의 고전적 연대주의가 계급사회 모델을 전제로 했다.

하지만 오늘날 사회에는 근대정신에 대한 비판적 성찰이 널리 자리 잡고 있을 뿐 아니라 초기 근대사회의 여러 특징이 사라지거나 급격히 변화해 새로운 모습으로 나타나고 있다. 예를 들어 집합주의나 보편주의를 거부하고 개인적 가치나 차별적 가치를 중시

---

5) 시민적 연대론의 관점은 갈등에 적대적이지 않다. 따라서 시민적 연대론에 기초한 시민연대사회론 역시 비록 불필요한 사회갈등을 극복하는 데관심을 갖지만 모든 사회갈등을 부정적으로 인식하지 않고 오히려 어떤 경우에는 사회발전에 필요하다고 본다. 이런 점에서 시민연대사회론은 사회갈등을 단순히 극복의 대상으로 삼는 경향의 사회통합론과는 구별된다.

하는 경향이 현저해졌으며 사회에서 계급의 영향력과 특징, 그리고 그 구성이 과거와는 매우 달라졌다. 따라서 고전적 연대주의는 이러한 새로운 시대정신과 사회상에 부합하기 어려운 점이 많다.

하지만 그렇다고 해서 연대주의의 기본적인 문제의식과 정신의 효력이 약화되거나 상실된 것은 아니다. 현대사회의 급속한 변화와 개인화는 오히려 연대주의 정신을 더욱 강력히 요구하고 있기 때문이다. 시민연대주의는 바로 이러한 요구와 변화된 시대상에 부응하게끔 수정된 연대주의를 가리킨다.

그렇다면 시민연대주의의 구체적인 내용은 무엇인가? 필자는 이 책의 마지막 장에서 두 가지 방식으로 이를 설명하려고 하는데, 하나는 시민연대주의가 추구하는 시민사회와 정치경제체계의 모습을 묘사하는 것이다. 물론 시민연대주의가 추구하는 시민사회는 시민연대사회이므로 먼저 시민연대사회의 구조·모습·행위자에 관해 간략히 소개한다. 그리고 시민연대주의가 추구하는 정치이념인 연대민주주의와 경제이념인 연대경제의 기본원칙들을 간략히 정리하여 제시한다.

다른 하나는 이렇게 묘사한 시민연대주의 입장의 성격을 더 분명히 드러내기 위해 이와 유사한 다른 이념과 비교하는 것이다. 따라서 여러 면에서 시민연대주의 입장과 유사한 기든스의 제3의 길 노선을 선택하여 그 기본입장을 기본가치·시민사회관·국가관·경제관의 네 가지 측면에서 시민연대주의와 간략히 비교하려고 한다.

시민연대주의에 관한 이러한 논의들이 최종적으로 추구하는 목표는 단지 그동안 한국사회에서 약화된 연대주의 정신을 회복할 필요성을 제기하는 것에 머물지 않는다. 여기서 더 나아가 시민연대주의론은 오늘날의 시대정신에 부합하는 연대주의 정신을 정립하고 이 정신을 바탕으로 사회 각 영역에 적용가능한 이념의 윤곽을 제시하려는 데 그 목표가 있다. 물론 이러한 이념화 작업이 설득력을 갖고 또한 세련되게 이루어지기 위해서는 보다 전문적인 식견이 요구된다. 이런 점에서 보면 필자의 작업이 어느 정도 한계를 갖고 있지만 시민연대주의의 기본정신과 이념의 큰 방향을 제시함으로써 전문가들의 후속연구를 가능하게 할 것이라는 점에서는 의미가 있다고 본다.

끝으로 이 책이 적어도 다음과 같은 점에서 학문적으로 기여하게 되기를 희망한다.

첫째, 이 책의 연대주의 논의가 19세기와 20세기 초의 연대사상과 연대주의 논의의 역사에 대한 학계의 비판적 관심을 환기시키게 되기를 바란다. 그리고 더 나아가 20세기 말과 오늘날 21세기 초에 철학·사회학·정치학 등 여러 학문분야에서 연대성에 대한 관심이 새롭게 확산되고 있는 배경이 무엇인지, 그리고 오늘날 새롭게 추구되는 연대정신은 과거의 것과 어떻게 구별되는지 등등 새로운 연대정신이나 연대성에 대한 국내 학계의 진지한 학문적 관심을 불러일으키게 되기를 기대한다.

둘째, 연대주의에 대한 체계적인 논의가 '개인주의와 집합주의' 문제에 관심을 기울여온 다양한 학문분야에서 기존의 논의를 새로운 시각에서 접근하게 되는 계기가 되기를 바란다. 예컨대 '공동체주의와 합리주의' 문제에 관심을 보여온 사회학이론 분야, '공동체주의와 개인주의' 문제를 다루어온 철학이나 사회학 분야, '공동체주의와 자유주의' 문제에 특별한 관심을 쏟아온 정치학과 정치철학 분야 등이 여기에 속할 것이다.

셋째, 한국사회의 모나디즘에 대한 비판적 분석이 한국사회 현실을 분석하는 새로운 관점을 제공함으로써 한국사회 연구의 지평을 넓히는 데 공헌하게 되기를 기대한다. 예컨대, 사회학에서 연고주의 문제를 다룰 때 종래의 공동체주의적 접근보다 모나디즘이라는 개념이 훨씬 더 큰 적합성을 가질 수 있다. 그리고 경제학에서는 극단적인 시장주의와 계획경제론을 상호 대립적으로만 볼 것이 아니라 시민사회의 폐쇄적 사회성을 초래한다는 점에서 공통점도 갖고 있다고 분석함으로써 시장주의에 대한 이해의 폭을 넓힐 수 있을 것이다.

물론 모나디즘 개념은 한국사회의 현실분석에서 사회과학뿐만 아니라 종교와 같은 문화영역의 연구에서도 유용한 도구가 될 수 있을 것이다. 예컨대 한국사회에서 보편종교들이 개인주의나 종파주의에 몰두하는 폐쇄주의 경향을 모나디즘 개념으로 포착한다면 이러한 경향의 정신구조와 그 사회적 원인을 찾아내는 데 유용한 통찰력을 제공하게 될 것이다.

넷째, 한국사회에서 그동안 전개되어온 연대사상의 발전양상과 앞으로의 전개방향, 한국사회 현실에서 연대주의가 갖는 의미, 새로운 대안으로서의 시민연대주의 등에 관한 이 책의 논의가 경제 · 국가 · 헌법 · 정당 · 사회정책 · 시민사회 · 시민운동 · 기본가치 등

인문사회과학 분야의 여러 중요한 주제에 관한 연구에 새로운 통찰력과 유용한 개념도구를 제공하는 계기가 되기를 기대한다.

끝으로, '연대주의-모나디즘'이라는 개념 쌍이 사회에 대한 새로운 인식틀을 제공할 뿐 아니라 사회적 이념의 새로운 축으로까지 발전되기를 기대한다. 즉 민주주의-권위주의, 생태주의-개발주의, 여성주의-남성주의 등과 같이 연대주의-모나디즘도 현대사회에서 의미 있는 새로운 이념의 차원으로 받아들여지기를 바란다. 그럼으로써 정치학·사회학·역사학 등 여러 학문분야에서 이념지형 연구나 이념사 또는 사상사 연구를 새로운 시각에서 발전시키는 계기가 되기를 바란다.

근대 사회사상사의 초기에 연대이념이 자리 잡고 확산
되는 데는 노동운동과 사회주의자의 역할이 매우 컸다.
이들 사회주의 사상가들은 고전사회학자들이 연대문제
에 큰 관심을 기울이게 된 데에도 크게 영향을 미쳤다.
가톨릭 역시 연대사상이 사회윤리로 자리 잡는 데 매우
중요한 역할을 수행했다.

연대이념의 형성과 확산

우리말에서 연대로 번역되는 용어 solidarity는 프랑스어 solidarité에서 나왔다. solidarité는 원래 연대보증을 뜻하는 법률용어로서 출현했지만 그 뿌리는 공동책임을 가리키는 로마법 용어였다. 연대보증이라는 법률적 의미의 연대개념은 18세기 이전에 형용사 형태로부터 시작해 부사형과 solidité라는 축약된 명사형으로 사용되었으나, 1765년 발간된 디드로(Denis Diderot)와 달랑베르(Jean Le Rond d'Alembert)의 『백과사전』에서 solidarité라는 명사형이 처음 발견된다(Wildt, 1995: 1005쪽; Zoll, 2008: 31~32쪽).

그런데 법률용어로서의 연대의 의미는 18세기와 19세기 초의 시기 동안 서서히 확장되어갔다. 볼테르(Voltaire)의 『철학사전』(1764)에서는 '연대적'이라는 단어가 연대보증이라는 법률적인 의미를 넘어 상호책임을 가리키는 새로운 의미로도 사용되었다. 촐(Rainer Zoll)에 따르면, 프랑스혁명기에도 이 단어는 새로운 의미에서 구어적으로 사용되었는데 이것은 국민의회에서 이루어진 미라보(Comte de Mirabeau)와 당통(Georges Jacques Danton)의 발언에서 발견된다고 한다. 이러한 의미변화의 결과, 1835년 판 『프랑스 학술원 사전』에서는 연대가 연대보증을 뜻하는 법률적인 옛 의미로 사용될 뿐만 아니라 일상어에서는 둘 이상의 다수자 사이에서 성립하는 상호적인 책임을 가리키기도 한다고 기술되기에 이르렀다(Zoll, 2008: 33~35쪽).

이처럼 연대개념이 법률적 개념을 넘어 그 의미가 서서히 확장된 결과 19세기 초에는 새로운 연대개념이 널리 사용되기 시작했다. 하지만 이 새로운 개념이 명확히 정의되고 체계적으로 논의되어 새로운 사상으로 자리 잡게 되는 데에는 생-시몽(Henri de Saint-Simon)과 푸리에(Charles Fourier)의 제자들이 크게 기여했는데 그 가운데 대표적인 인물이 생-시몽의 제자 르루(Pierre Leroux)였다. 연대의 수평적이며 상호적인 관계성을 강조한 르루는 1839년 『인간성』에서 기독교적 자선, 사회계약 사상, 그리고 유기체적 사회 개념을 비판하면서 기독교적 자선의 이념을 인간적인 연대의 개념으로 대체하려는 논의를 펼쳤다(Stjernø, 2004: 29쪽; Zoll, 2008: 37쪽; Wildt, 1995: 1005쪽).

이처럼 연대개념의 뿌리는 한편으로 공동체 구성원에게 강제적인 공동 책임과 의무를 부과한 채권법의 전통에 있다면, 다른 한편으로는 타인에 대한 자발적인 관심과 지원을 요구한 도덕적 · 종교적 전통에 있었다. 18세기 말과 19세기 초의 프랑스에서 법률적 연대개념에 더하여 새로이 생성된 연대개념은 도덕적 특성을 가졌으며 차츰 정치적 특성도 띠어갔다. 그런데 도덕적 개념으로서의 연대개념은 이 시기에 더욱 널리 통용되던 형제애 개념과 깊은 관련이 있다.

형제애 또는 박애로 번역되는 fraternity는 형제(brother)의 라틴어 어원인 frater에서 왔다. 형제애라는 단어는 비록 이전부터 있었지만 서구문화에 가장 깊은 영향을 미친 것은 기독교적 형제 개념이다. 같은 혈족을 포괄적으로 형제로 부르던 유대인의 풍습을 따라 초기 기독교에서도 같은 기독교인을 포괄적으로 형제로 부르면서 형제에 대한 사랑의 의무를 특별히 강조했다. 기독교적 형제애 이념은 중세에 와서 한편으로 수도회 형성에 큰 영향을 미쳤으며, 다른 한편으로는 세속화되어 길드의 조합원들 사이에서 사용되었다(Zoll, 2008: 54쪽 이하).

근대에 와서는 프리메이슨단이 형제애를 가장 중요한 이념으로 채택하여 인도주의적인 박애활동을 폭넓게 전개했다. 프리메이슨단은 회원들을 서열과 관계없이 형제로 부르는 한편, 형제애 · 자유 · 평등을 구호로 내세우면서 관계의 범위를 확장시켜갔다. 이들 구호는 프랑스혁명기에 3대 이념이 되었으나, 이들 가운데 형제애는 자유나 평등과는 여러 면에서 이질적인 이념으로서 혁명기에 자유와 평등에 비해 훨씬 덜 강조되었을 뿐만 아니라 가장 늦게 제도화되었다. 이것은 자유와 평등이 기본적으로 권리와 관련된 이념인 데 비해 형제애는 의무와 관련된 이념이며, 또한 형제애는 자유와 평등보다 계몽주의의 영향을 훨씬 적게 받은 이념이라는 사실과 관련 있다(Ozouf, 1989: 694~695쪽).

그럼에도 불구하고 프랑스혁명가들은 한편으로 혁명의 긍정적인 감정을 부추기기 위해 형제애라는 단어를 끊임없이 사용했다.

하지만 다른 한편으로 이들은 형제애의 원칙이 개인의 권리를 보증하는 동시에 자유와 평등의 두 원칙을 보완하는 역할을 한다는 사실도 잘 인식하고 있었다. 이러한 인식은 특히 자코뱅파 사람들에게 뚜렷하여 이들에 의해 혁명 과정에서 형제애가 자유·평등과 함께 핵심개념이 되었다(Zoll, 2008: 58~59쪽; Stjernø, 2004: 27쪽).

자코뱅파는 형제애의 감정이 평등을 실현하는 수단이 된다고 간주했을 뿐 아니라 혁명의 목표를 달성하기 위해 혁명가들 사이에서 형제애 단체도 설립하는 등 형제애를 정치적 개념으로 만들었다. 이로써 점차 형제애는 새로운 의미의 연대와 가까운 개념으로 되어갔다. 하지만 아직 이 시기에는 새로운 의미의 연대개념은 드물게 사용되었고 형제애 개념이 주로 사용되었다. 그 후 1848년 혁명 때까지 두 용어가 함께 사용되었으나 연대이념이 이 기간에 빠르게 발전했다. 또한 1848년 사회주의자들에 의해 연대이념이 채택되면서 마침내 형제애 이념을 점점 대체하게 되었다(Stjernø, 2004: 27쪽 이하; Wildt, 1995: 1006쪽).

이 시기에 이루어진 연대이념의 발전과정에는 특히 초기 사회주의자들의 공헌이 컸다. 푸리에는 1820년대 초에 출간한 *Théorie De L'Unité Universelle*에서 팔랑주라는 유토피아에 관해 묘사하면서 연대개념을 사용했는데, 셰르뇌(S. Stjernø)에 따르면, 보험·자원공유·공동체감정, 최저소득보장과 가족지원이라는 네 가지 의미로 사용했다. 하지만 그의 연대개념은 잘 정의되거나 철저히 토론된 것이라기보다는 다소 우연히 사용된 것으로서 그의 후기 저술에서는 사라졌다(Stjernø, 2004: 27~28쪽).

앞에서도 언급했듯이 연대개념이 정교화되고 이념으로서 체계화되기 시작한 것은 생-시몽의 제자 르루에 의해서였다. 그는 1839년 출간된 『인간성』에서 연대를 수평적이며 상호적인 관계성으로 다룸으로써 사회학적인 연대론을 출범시켰다. 그리고 연대개념을 팔랑주라는 제한된 범위에 적용시킨 푸리에와 달리 사회주의 사회처럼 훨씬 포괄적인 대상으로 확장시켜 적용했다. 뿐만 아니라 그의 연대사상은 개인주의 관점과 집합주의 관점 사이에서 균형을 추구함으로써 이후의 발전에 적절한 방향도 제시했다(Stjernø, 2004: 28~29쪽).

르루가 연대이념의 사회적 측면을 중시했다면, 푸리에의 추종자인 르노(Hippolyte Renaud)는 연대이념의 정치적 측면에 주목해 이를 확산시켰다. 르노는 연대라는 제목을 사용한 최초의 저서인 『연대, 푸리에 학설의 종합적 고찰』이라는 소책자를 1842년 출간해 연대의 정치사상을 폭넓은 대중의 관심사로 만드는 데 이바지했다. 하지만 그의 연대개념은 유토피아적 공동체인 팔랑주에 대한 푸리에의 사상에 근거한 단순한 것이었다(Stjernø, 2004: 30쪽; Zoll, 2008: 38쪽).

연대개념이 명백히 정치적인 개념으로 발전한 것은 블랑(Louis Blanc), 프루동(Pierre-Joseph Proudhon) 등에 의해서며, 특별히 1848년 노동자 혁명이 중요한 계기가 되었다. 프루동은 『노동계급의 정치적 역량』(1865)에서 연대를 노동의 권리와 자유에 연계시켰는데, 이것은 이 시기에 노동자 연대의 이념이 정치적 맥락에서 발전하기 시작했음을 보여준다(Wildt, 1995: 1006쪽; Zoll, 2008: 69~70쪽).

프랑스에서 등장해 발전한 연대이념은 1840년대 동안 독일과 영국으로도 확산되었다. 독일에서는 헤겔(Georg Wilhelm Friedrich Hegel)의 저술에서 "연대적으로"라는 표현이 발견되긴 하지만 1840년대 이전까지는 연대개념이 주목받지 못했다. 그러다가 프랑스에서 연대개념이 확산되면서 독일에서도 널리 사용되기 시작했는데 여기에는 르노의 소책자가 번역된 것도 기여했다. 1848년 출현한 노동자형제단(Arbeiterverbrüderung)의 지도자 보른(Stephan Born)은 자유경쟁의 원리와 연대의 원리를 대조시켰으며, 자유주의자 슐체-델리치(H. Schulze-Delitzsch)는 이러한 연대원리의 효과에 회의를 표명하는 등 연대이념에 대한 공개적인 논의가 발견된다.

이처럼 독일에서는 연대개념이 사회주의자들이나 노동운동을 중심으로 빠르게 확산되었는데 이 개념이 독일 노동운동의 중심개념으로 된 데에는 먼저 온건 사회주의자 라살레(Ferdinand Lassalle)의 공헌이 컸다. 그 후 이 개념이 노동운동에서 매우 대중화되면서 마침내 마르크스주의적인 노동운동에서도 공식적으로 사용되기에 이르렀다(Stjernø, 2004: 30쪽; Wildt, 1995: 1006~1007쪽).[1]

---

1) 라살레는 이미 1850년경부터 연대개념을 명확히 사용했을 뿐 아니라 1862년에 한 노동자 프로그램을 작성하면서 이익을 추구하는 연대에 관해 역설하는 등 노동운동에서 연대개념을 확산시키는 데 크게 이바지했다. 이에 비해 마르크스와 엥겔스에게서는 연대개념이 드물게 사

영국에서는 연대라는 단어가 정치적으로 중요한 용어로서 1848년 차티즘과 관련하여 처음 사용되었으나 그 의미는 불명확했다. 그리고 개인주의와 자유주의 전통이 강한 탓에 사회적인 문제에 접근할 때에도 자조(self-help), 자선(philanthropy) 등이 중요하게 취급되었지 연대는 중요한 용어로 사용되지 않았다. 그러다가 19세기 말에 신자유주의자들을 중심으로 자유주의 내부에서 개혁운동이 일어나게 되었다. 그 가운데 가장 대표적인 인물이 스펜서(Herbert Spencer)의 사회진화론을 계승한 홉하우스(Leonard Trelawny Hobhouse)다. 그는 사회발전이란 개인들 사이에 관계의 윤리적 내용이 증대되는 것이라고 보면서 국가가 법의 원리를 공공복지의 원리와 연결시킴으로써 이를 가장 잘 표현하게 된다고 주장했다. 그리고 사회진화가 이러한 윤리적 진보의 형태로 이루어짐에 따라서 사회적 연대가 발생하게 된다고 주장했다.

결국 홉하우스는 개인의 자조와 자선을 넘어서 집합적인 관용(forbearance)을 보장하는 국가를 통해 사회적 연대를 창출하는 것이 중요함을 강조했는데, 20세기 전반에 이러한 관점에서 국가의 새로운 사회적 의무를 요구하는 맥락으로 연대개념이 사용되었다. 그럼에도 불구하고 영국에서는 "사회적 책임" "복지" "공공의 부"(common wealth) 등과 같은 용어들이 훨씬 더 빈번히 사용됨으로써 연대용어는 이들에 의해 압도되는 경향이 있었다(Metz, 1999:

용되었을 뿐 아니라 중시되지도 않았다(Zoll, 2008: 71~76쪽; Wildt, 1995: 1006쪽).

197~201쪽).

이상의 논의를 간략히 정리하면, 연대개념은 프랑스에서 법률적 용어로부터 출현해 근대 초부터 윤리적 · 정치적 의미를 발전시켜 왔다. 연대개념이 윤리적 · 정치적 개념으로 발전하는 데에는 형제애 개념의 영향을 받았다. 원래 혈연관계를 가리키던 형제애는 기독교를 통해 종교영역의 동료관계에 확대 적용되었다. 그리고 중세에 세속화되면서 종교적인 영역 바깥에서도 적용되었으나 평등한 관계를 전제로 하는 세속적인 개념으로 발전한 것은 근대에 들어서였다. 프랑스와 영국을 중심으로 비교적 널리 사용되던 형제애 개념은 프랑스혁명과 함께 정치적 개념으로 발전했고 이 시기에 법률적 의미를 넘어 윤리적 · 정치적 의미를 새로이 형성해가던 연대개념의 발전에 영향을 미쳤다.

그 후 프랑스혁명가들과 초기 사회주의자들을 중심으로 형제애와 연대가 유사한 용어로 함께 사용되었으나 1848년 이후 연대이념이 사회주의자를 중심으로 형제애 이념을 대체하기 시작했다. 그리고 이 1840년대부터 연대개념은 프랑스를 넘어 독일과 영국 등 인근 국가로 확산되기 시작했다. 이후로 19세기 동안 독일에서는 연대개념이 노동운동을 중심으로 핵심이념으로 자리 잡아갔으나, 영국에서는 상대적으로 주변적인 개념으로 머물렀다.

고전사회학의 대표적인 연대이론

연대관념과 사회학의 결합, 오귀스트 콩트

푸리에의 연대론은 팔랑주라는 유토피아적인 공동체를 구현하려는 의도에서 개진된 매우 실천적이며 때로 정치적인 논의였다. 이에 비해 푸리에의 동료였던 르루의 연대사상은 비록 실천적 의도가 없었던 것은 아니지만, 기존 사회인식에 대한 근본적인 비판에 기초하여 연대를 보다 포괄적인 사회적 관계에 대한 문제로 다룬 점에서 이후에 전개될 사회학적인 연대론의 시초가 되었다.

연대관념을 사회학에 결합시킨 사람은 흔히 사회학의 창시자라고 불리는 콩트(Auguste Comte)다. 르루와 마찬가지로 생-시몽의 제자였던 콩트는 시민혁명을 통해 근대사회로 진입한 당시 서구사회의 발전을 한편으로 높이 칭송하면서도 다른 한편으로는 혼란스러운 정치상황과 새로운 사회문제들에 대한 생각을 바탕으로 당시에 새로이 출현한 근대 시민사회의 정체를 해명하고자 사회학이라는 새로운 학문을 수립했다.

그는 경제적 개인주의와 자유방임주의 이데올로기에 비판적이었으나 집합주의적인 공산주의 이데올로기도 거부하는 입장을 가졌다. 따라서 그는 이 두 가지 극단적인 이념 사이에서 새로운 길을 모색했고 이를 통하여 사회적 진보와 질서를 함께 실현시키고자 했다. 이를 위해 그가 제시한 사상이 실증주의였으며, 그가 수립한 사회학은 근대사회의 정체를 실증주의 관점에서 분석한 결실이었다. 이것은 그가 사회학을 사회질서에 관한 논의인 사회정학과 사회진보에 관한 논의인 사회동학의 큰 두 영역으로 나누어 제시한 데에 잘 나타나 있다(Comte, 2001: 14쪽 이하, 139쪽 이하).

콩트는 사회정학에서 서로 다른 기능들을 소유하고 있는 사회유기체를 통합하는 두 가지 가장 중요한 정신 또는 원리로서 연속성과 연대성을 제시했다. 연속성이란 이전 세대들과의 관계를 가리키며, 연대성이란 동시대인들과의 관계를 가리킨다. 그는 비록 근대에 발휘되고 있는 강한 추동력으로 인해 연속성을 연대성보다 더욱 강조했지만, 이 두 가지 모두가 인간사회의 질서를 안정화시키는 가장 중요한 원리라고 여겼다(Comte, 1973: 243쪽, 296쪽).

콩트는 세대가 서로 협력할 수 있는 능력은 인간사회에서만 발견되는 독특한 특징이라고 강조했다. 그러면서 인간이 이전 세대의 자원을 축적하고 이를 이용하는 세대 간의 연속성으로부터 연대성이 출현한다는 점에 주목했다. 물론 연대성은 한 세대 내의 동시대인들 사이에서도 출현한다. 그래서 콩트는 서로 다른 역할을 행하는 가족 구성원들, 특히 부부간의 연대의 중요성에 대해 설명했으나, 가족 바깥에서도 분업이 진전됨에 따라 기능적 상호의존의 필요성이 커져 사회적 연대가 초래될 수 있다고 지적했다(Comte, 1973: 293쪽; 1974: 510쪽; Durkheim, 1984: 23쪽; Stjernø, 2004: 31~32쪽).

그런데 콩트는 산업사회의 분업이 사회적 연대를 낳지만 사회해체의 원인이 될 수 있음도 인식했다. 그래서 그는 궁극적인 통합기제로서의 종교적 역할에 관심을 기울였다. 그에 따르면 종교는 각 개인에게서 이성과 감성을 통합시킴으로써 인격적인 통일을 이루어낼 뿐만 아니라 개인들 사이의 사회적 결속도 창출해낸다. 하지만 그가 산업사회에서 기대한 종교의 역할은 기독교처럼 초월적 존재인 신을 믿고 숭배하는 종교가 아니라 신을 배제한 채 철저히 인류를 지향하고 숭배하는 종교, 즉 그가 실증주의를 통해 창안한 새로운 종교인 인류교였다(Stjernø, 2004: 32쪽; Comte, 2001: 374쪽 이하).

이 같은 콩트의 연대론은 오늘날의 관점에서 보면 내용적으로 비판받을 뚜렷한 결점들을 안고 있다. 여성의 역할과 인류교에 관한 논의가 그 대표적인 예다. 뿐만 아니라 그는 비록 연대관념을 사회학이라는 거대한 지식체계에 결합시키는 데 기여했으나 연대에 관한 논의를 독립적이거나 체계적으로 행했다기보다는 사회통합에 관한 논의 속에서 다소 단편적으로 전개했다. 이러한 결점과 한계는 콩트의 뒤를 이어 연대를 사회학의 주요 주제로 삼은 후계자들에 의해 극복되어갔는데 주지하다시피 고전사회학자들 가운데서는 뒤르켐이 가장 중요한 역할을 행한 인물이다.

유기적 연대론을 전개한 에밀 뒤르켐

뒤르켐은 콩트의 사회학으로부터 여러 면에서 매우 큰 영향을 받았는데, 연대에 관한 논의에서만 보더라도 뒤르켐의 이론은 특별히 분업과 종교의 역할에 관한 콩트의 논의와 매우 유사하다. 실제로 뒤르켐은 자신의 연대론을 체계적으로 다룬 『사회분업론』(1893) 전체에 걸쳐 매우 빈번히 콩트에 관해 호의적으로 언급하면서 그의 저술을 인용하곤 했다.

예를 들어 그는 모든 사회학자 가운데 분업이 단순한 경제현상 이상의 것임을 지적한 최초의 인물이 콩트라면서, "이와 같이 사회적 연대의 주요소를 이루며 또한 사회유기체의 확대와 복잡성 증대의 1차적 원인이 되는 것은 바로 서로 다른 인간 업무의 지속적인 분배다"라는 콩트의 텍스트를 인용했다(Durkheim, 1984: 23쪽).

뒤르켐은 당시에 근대사회를 전근대사회와 대조시켜서 그 특징을 논한 스펜서, 메인(Sumner Maine), 퇴니스(Ferdinand Tönnies) 등과 비슷하게 전근대사회와 근대 산업사회를 대조시키면서 연대 개념을 유형화했다. 그는 『사회분업론』에서 전근대사회의 특징적인 연대를 기계적 연대로, 그리고 근대 산업사회의 특징적인 연대를 유기적 연대로 각각 표현했는데 이는 퇴니스의 『공동사회와 이익사회』(1887)의 영향을 받은 것이다.[2] 퇴니스는 이 책에서 전근

---

2) 이오닌은 뒤르켐이 퇴니스의 이 표현들을 계승함으로써 이 개념이 현대 서구사회학의 주요 유산이 되었다고 지적했다(Ionin, 1992: 197쪽). 실제로 뒤르켐은 이 책이 출간된 지 2년 후인 1889년에 서평논문을 발표했는

대사회의 특징을 공동사회로, 근대사회의 특징을 이익사회로 각각 묘사하면서 공동사회는 본질의지와 유기적 관계를, 그리고 이익사회는 선택의지와 기계적 관계를 기초로 한다고 주장했다. 그러나 뒤르켐은 이 관계를 뒤바꾸어 연결시켰다(Coser, 1984: xiv; Tönnies, 1887: 3쪽 이하).

전근대사회로부터 근대사회로의 사회변화에 대해 당시의 유럽에서는 스펜서와 메인처럼 이를 사회의 규제가 점차 약화되고 개인의 자유는 증대되는 인간진화의 과정으로 인식하는 관점과 이와 반대로 퇴니스처럼 진정한 사회적 결속력이 약화되는 경향을 심각하게 우려하는 관점이 있었다. 전자는 공리주의와 개인주의의 영향을 크게 받은 영국 사상가들에게서 비교적 뚜렷한 반면, 후자는 공동체주의 경향이 강한 독일 사상가들에게서 비교적 쉽게 발견되었다(Coser, 1984: xiv 이하).

하지만 뒤르켐은 개인주의 관점이나 공동체주의 관점을 모두 거부했다.[3] 스펜서와 메인은 개인 간에 자유로이 체결되는 계약들이 낡아버린 연대와 규제를 점차 대체하고 있다고 믿었다. 하지

데 여기서 "유기적," "기계적"이라는 두 표현에 주목하면서 근대의 이익사회가 과연 기계적인가 아니면 유기적인가 하는 문제에 관한 논의를 제기한 바 있다(Durkheim, 1978: 121쪽).

3) 뒤르켐이 거부한 것은 개인주의 전체가 아니라 영국 전통의 공리주의적 개인주의와 이기주의적 개인주의였다. 반면 그는 칸트와 루소의 전통을 따라 프랑스 인권선언이 정식화하고자 했던 입장을 도덕적인 개인주의로 간주하면서 적극 옹호했다(Durkheim, 1984: 332쪽; Durkheim, 1990: 172쪽 이하; 민문홍, 2001: 91~92쪽).

만 뒤르켐은 개인 간의 계약이 사회질서와 결속의 토대가 될 수 없으며, 이러한 안정된 사회적 결속 없이는 사회가 유지될 수 없다고 보았다. 왜냐하면 계약은 사회질서의 토대라기보다는 오히려 기존 사회질서 또는 규제를 전제로 하여 체결될 수 있기 때문이다. "계약은 그 자체로는 불충분하며, 오직 계약이 가능한 것은 사회적 기원을 갖는 계약 규정 때문이다"(Coser, 1984: xiv~xv; Durkheim, 1984: 162쪽).

그렇다고 뒤르켐은 퇴니스와 같은 독일 공동체주의 관점에도 동의하지 않았다. 비록 전근대적인 공동체가 강력한 사회결속력을 제공한 것은 사실이지만, 그렇다고 공동체의 쇠퇴가 필연적으로 사회결속력의 약화를 가져온다고 보지는 않았기 때문이다. 뒤르켐은 전근대적인 공동체가 쇠퇴함으로써 약화된 결속력을 근대사회의 계약관계가 대체할 수 있다고 보는 대신에 콩트가 제시한 분업의 사회적이며 도덕적인 효과와 연대개념에 주목했다. 그리고 전근대적 공동체가 제공한 결속력과 근대적 분업이 제공하는 결속력의 성격이 서로 다르다는 점에도 주목했다. 그래서 그는 근대사회에서 비록 전근대적인 결속력은 쇠퇴하고 있으나 분업이 진전됨에 따라서 새로운 사회적 결속력이 생성되고 있다고 주장했다.

그에 따르면, 전근대적인 결속력은 분화가 덜 이루어진 비교적 동질적인 사회의 집합의식과 이에 따른 억압적 규범으로부터 출현했다. 이에 비해 새로운 결속력은 고도로 분화되어가는 근대사회에서 분업으로 인해 개인 간의 상호의존성과 사회에 대한 개인의 의존성이 커짐으로써 출현한다. 전자의 결속에서는 사회 구성원들의 개별성이 드러나지 않는다. 만일 드러날 경우에도 전체사회의 집합의식에 의해 억압되지만, 후자의 결속은 구성원들 사이의 차이를 전제하기 때문에 개별성이 오히려 존중된다. 그러므로 전자는 무기체 요소들의 결합과 유사한 데 반해, 후자는 부분의 개별화가 진전될수록 통일성이 더욱 강화되는 유기체와 유사하다고 보고 뒤르켐은 이를 각각 기계적 연대와 유기적 연대로 표현했다(Durkheim, 1984: 64쪽, 84~85쪽).

그렇다면 뒤르켐이 특별히 사회의 결속을 표현하는 용어로서 연대에 주목한 이유는 무엇일까? 그의 저술에는 결속을 표현하는 다양한 용어들이 등장하지만 그가 분업론에서 특별히 연대개념을 중요하게 사용한 것은 무엇보다도 콩트의 저술, 특히 분업과 사회적 연대의 관계에 대한 그의 논의에서 비롯되었다고 볼 수 있다. 또한 르루와 콩트에게서 볼 수 있듯이 연대개념, 특히 사회학적인 연대 논의가 처음부터 당시의 개인주의적인 사회관과 집합주의적인 사회관 양자를 모두 거부하고 새로운 관점과 이론의 방향을 모색하려는 노력의 일환으로 발전된 것이라는 점에서 뒤르켐의 문제의식에 적합했기 때문이다.

뿐만 아니라 형제애, 결속 등의 유사한 개념들과 달리 연대개념은 근대에 들어 이제 막 새로운 의미를 획득하기 시작하면서 분석적인 의미와 도덕적·실천적 의미를 함께 내포하고 있었기 때문에 뒤르켐이 유기적 연대라 부른 새로운 사회적 결속을 설명하기에 큰 장점을 갖고 있었다. 뒤르켐의 기계적 연대와 유기적 연대는 분명히 사회적 연대의 성격 변화를 보여주는 분석적인 개념이다.

하지만 그의 연대논의는 근대사회로의 이행을 진보로 받아들이면서도 당시의 심각한 사회분열을 극복하고 결속을 회복하기를 염원한 지식인으로서의 실천적 문제의식이 사회학의 형태로 표현된 것이기도 하다. 그래서 그는 보수주의자들과 달리 근대적인 분업화와 개인화가 사회결속의 강화에 장해가 되기보다는 오히려 이를 산출하는 요인임을 밝히려고 했던 것이다.

그렇다고 뒤르켐이 새로운 사회적 결속, 즉 유기적 연대가 분업에 의해 자동 생산된다고 본 것은 아니었다. 사회에서 이루어지는 분업의 진전이란 기능의 분화를 의미하며, 이로 인해 사회 구성원들은 다른 기능을 수행하는 타인들에 대한 상호의존의 필요성을 더욱 강하게 인식하게 됨으로써 유기적 연대가 생성된다고 보았다. 물론 그는 행위자들의 의식과 행위를 강조하는 대신에 기능론적으로 설명하는 경향이 있다.

예컨대 "분업은 분화되어온 기능들 사이의 평화롭고 규칙적인 협력을 보장하기 위한 규칙들을 만들어낸다"(Durkheim, 1984: 338쪽)는 식이다. 하지만 그의 논의를 자세히 들여다보면, 집합의식이 약화되는 근대 산업사회도 집합의식을 여전히 필요로 한다는 점과 협력을 위한 규칙 또는 규범이 만들어지기 위해서는 타인에 대한 존중이라는 도덕적 전제가 구성원들 사이에서 요구된다는 점을 분명히 지적하고 있음을 알 수 있다(Durkheim, 1984: 331쪽 이하).

뒤르켐은 심지어 도덕이 연대의 원천이라고까지 표현했다. 물론 그가 여기서 의미하는 도덕은 사회적 조건과 무관한 추상적인 도덕이 아니다. 그래서 분업이 사회적 연대의 중요한 원천이 되므로 도덕적 질서의 토대가 된다고까지 표현했다. 하지만 그는 분명히 사회적 연대, 특히 새로운 사회적 연대의 문제를 결코 "무도덕적인" 관점에서 다루지 않았고, 철저히 사회적이면서 동시에 도덕적인 관점에서 다루었다. 이렇게 분석적인 의미와 도덕적 · 실천적 의미를 함께 지닌 용어인 연대는 근대 산업사회의 새로운 사회적 결속에 관한 그의 논의에 매우 적합한 것이었다(Durkheim, 1984: 331쪽 이하).

그런데 뒤르켐은 분업이 사회 구성원들의 상호의존성을 강화시키는 힘을 갖는 동시에 사회갈등의 원인이 될 수도 있음을 잘 인식하고 있었다. 뿐만 아니라 전근대적인 결속력이 현저히 약화되고 있는 분화된 근대사회는 종래의 동질적인 사회에서보다 훨씬 많은 결속력을 요구하지만 분업을 통한 유기적 연대로는 이를 충분히 제공할 수 없음을 점점 더 명백히 인식하게 되었다. 그래서 그는 분업론 이후에는 사회통합의 문제를 점점 더 직접적이고도 본격적으로 도덕의 문제에 결부시켜갔을 뿐 아니라, 도덕의 토대가 되는 다양한 근대적 집합의식과도 연관시켜갔다.

여기서 그는 근대적 도덕의 토대가 되는 집합의식들 가운데 최고의 정점에 위치하는 것이 인간에 대한 숭배라고 지적함으로써 그가 생-시몽과 콩트 사상의 많은 부분을 계승했음을 더욱 분명히 보여주었다(Durkheim, 1984: 333쪽 이하; 1994: 362~363쪽; 김종엽, 1998: 225쪽 이하, 257쪽).

막스 베버의 이해관계연대론

고전사회학자 가운데 뒤르켐이 콩트의 연대관념을 계승하여 발전시킨 대표적인 인물이었다면, 베버(Max Weber)는 콩트보다는 연대를 행위자들 사이의 사회적 관계 문제로 더욱 뚜렷이 인식한 르루에 더 가까운 인물이었다. '이해사회학(Verstehende Soziologie) 요강'이라는 부제가 붙어 있는 『경제와 사회』에서 베버는 다른 사회현상처럼 연대의 문제에 대해서도 행위론적으로 접근했다. 그래서 연대의 성격은 연대를 형성하는 행위자들의 행위 성격에 의해 규정되는데, 예컨대 연대형성에 참여하는 행위자들의 행위 유형이 전통적 유형, 정서적 유형, 합리적·합법적 유형 가운데 어떤 것이냐에 따라서 연대의 유형도 달라진다는 것이다 (Weber, 1997: 179쪽; Stjernø, 2004: 37쪽).

베버에 따르면, 연대는 복수의 행위자들 사이에 형성되는 일종의 사회적 관계다. 하지만 서로 투쟁하는 관계의 예에서처럼 모든 사회적 관계가 연대관계인 것은 아니다. 그렇다면 어떠한 사회적 관계가 연대관계인가? 베버는 연대관계를 특징짓는 핵심요소로서 책임성(Verantwortlichkeit)을 들었다. 연대관계란 "어느 참여자의 행위에 대해 그 자신뿐만 아니라 모든 참여자 전부가 책임 있는 것으로" 여겨지는 관계라는 것이다. 그리고 그는 이런 관계를 이루는 참여자들을 "연대동료"(Solidaritätsgenossen)라고 불렀다. 물론 연대동료는 어느 참여자의 행위를 통해서 "보장된 기회를 그 자신뿐 아니라 모두가 이용하는 것을 정당한 것으로" 여기기도 한다.

즉 연대동료는 공과를 함께 나누는 관계다. 하지만 베버는 후자의 관계, 즉 기회를 함께 나누는 관계에 대해서는 특별히 "권리동료" (Rechtsgenossen)라는 구별된 표현을 사용함으로써 책임의 공유를 연대동료의 특징으로 더욱 부각시켰다(Weber, 1997: 150쪽, 175쪽, 179쪽).

그런데 책임성은 종교적으로 주어질 수 있으며, 전통적인 관습이나 근대적인 법에 의해 부과될 수도 있다. 따라서 연대관계는 이러한 책임을 공유하는 행위자들의 종교 행위 · 관습 행위 · 합법적 행위 등을 통해 다양한 방식으로 형성된다. 그 결과 연대는 다음과 같은 다양한 유형의 집단에서 발견된다고 베버는 열거했는데, ① 전통적인 혈연공동체나 생활공동체 ②정치단체처럼 자체의 폭력을 통해 독점적인 기회를 주장하는 폐쇄적인 관계의 집단 ③참여자가 개인적으로 운영하는 경영체제를 지닌 영리 · 이익사회적 집단 ④노동단체가 그것이다. 이와 함께 베버는 고대 이스라엘이나 초기 기독교의 공동체와 같은 종교적인 공동체도 연대관계로 맺어진 중요한 역사적 사례였다고 지적했다(Weber, 1997: 179~180쪽).

이를 통해 베버가 연대를 전근대적인 공동체의 특징으로만 이해하지 않고 근대적인 이익사회에서도 발견되는 보편적인 사회현상으로 파악한 것을 알 수 있다. 다만 그는 근대 이익사회의 특징적인 연대를 특별히 "이해관계연대"(Interessensolidarität)라고 표현함으로써 종교적인 이유나 전통에 의거해 형성되는 전근대적인 연대와 구별했다. 이해관계연대는 이해관계를 공유하는 사람들 사이에서 형성되는 연대인데, 이해관계는 쉽게 공유되거나 조정되다가도 어느새 차별화되거나 충돌될 수 있기 때문에 순전히 이해관계만을 바탕으로 성립되는 연대는 불안정하다(Weber, 1997: 483쪽).

그런데 이해관계연대는 근대사회에서만 발견되는 것이 아니다. 특별히 조직, 그 가운데서도 행정조직에 매우 큰 관심을 가진 베버는 전근대사회에서 다양한 형태로 존재했던 행정간부들과 우두머리 권력자 사이의 결합에 결정적으로 중요한 요소가 바로 이해관계연대라고 지적함으로써 이해관계연대가 적어도 행정조직에서는 시대를 불문하고 존재했던 일반적인 연대유형이었음을 보여주고자 했다. 물론 전근대사회의 조직을 안정시키는 데에 전통과 같은 이해관계 외의 요소가 매우 중요한 역할을 수행했음은 두말할 나위 없다.

또한 순전히 가부장제적인 지배, 가산제적인 지배, 관료제적인 지배의 구조 아래서는 행정간부들이 행정자원으로부터 완전히 분리되어 있기 때문에 그만큼 더 우두머리 권력자에 의존하게 되어 강력한 이해관계연대가 존재하는 반면, 봉토처럼 신분제적인 전유가 이루어지는 경우에는 상대적으로 이해관계연대가 약하다. 그런데 우두머리 권력자와 행정간부 사이에는 이러한 전유 또는 몰수를 둘러싸고 투쟁이 끊임없이 발생했다. 이러한 점들을 고려할 때 연대, 특히 이해관계연대는 근대사 이전까지 확장된 역사적 분석의 중요한 과제라는 사실을 베버는 보여준 것이다(Weber, 1997: 483쪽 이하, 497쪽 이하).

이해관계를 기반으로 형성되는 연대는 곧이어 살펴보게 될 노동자 연대, 특히 마르크스주의 전통의 노동계급연대의 특징이기도 하다. 그래서 셰르노는 베버의 연대론이 콩트와 뒤르켐의 프랑스 전통보다는 마르크스와 더 긴밀히 대화한 결과라고 지적한 바 있다. 물론 마르크스 자신은 연대개념에 거의 관심이 없었기 때문에 이 용어를 드물게 사용했다. 하지만 이후에 마르크스 사상의 계승자들이 계급연대사상으로 발전시킬 수 있는 관점들이 그의 사상에 자리하고 있었다.

그 결과 19세기 말이 되면서 당시 유럽에서 영향력이 가장 큰 마르크스주의 이론가였던 카우츠키(Karl Kautsky)와 같은 인물을 통해 연대개념이 마르크스주의 사상에 적극 수용되면서 널리 사용될 수 있게 되었던 것이다. 어쨌든 이 시기에 본격적으로 등장해 발전하기 시작한 마르크스주의적 연대개념의 핵심은 이해관계를 공유하는 계급연대, 특히 노동계급연대였다. 그리고 바로 이 시기를 살면서 마르크스의 사상과 끊임없이 대화하고 싸웠던 베버는 실제로 자신의 이해관계 연대개념을 조직 내의 권력관계뿐만 아니라 계급에도 적용시킴으로써 마르크스주의적 연대관의 부분적인 영향을 보여주었다(Weber, 1997: 180쪽, 504쪽, 537쪽; Stjernø, 2004: 37쪽, 42쪽 이하).[4]

---

4) 이처럼 이해관계의 공유를 연대의 중요한 토대로 간주한 베버와 마르크스주의의 시각은 뒤르켐의 시각과 뚜렷이 구별된다. 왜냐하면 뒤르켐은 이해관계를 공유하는 것만으로는 연대를 형성하고 유지하는 데 매우 미흡하다고 보았기 때문이다. 그래서 그는 관념·신념·감정 등의 공유와 특히 도덕적 규범의 필요성을 강조했다(Durkheim, 1984: 152쪽; Stjernø, 2004: 36쪽).

하지만 베버가 이해관계연대와 관련해 가졌던 특별한 관심은 계급연대보다는 조직 내부의 연대, 특히 행정조직의 간부들과 우두머리 권력자 사이의 연대에 있었다. 이러한 관심은 근대 관료조직에서 결속력이 어떻게 유지되는지를 이해하는 데 중요한 새로운 통찰을 제공한다. 근대 관료조직이 수평적으로는 분업관계와 수직적으로는 권위관계를 특징으로 삼는다고 할 때 뒤르켐의 이론이 수평적 관계의 결속력을 설명하는 데 도움이 된다면 베버의 이론은 수직적 권위관계의 결속력을 설명하는 데 도움이 된다고 하겠다.

지금까지 일반적으로 관료제의 권위관계는 정당성 개념만으로 설명되는 경향이 있었다. 하지만 베버는 권력자에 대한 복종의 사슬이 정당성에만 기초해 있지 않고 복종하는 집단 개별 구성원의 이해관계를 자극하는 수단들, 즉 물질적 보상과 사회적 위신과도 밀접히 관련되어 있다고 설명했다. 중세사회에서는 가신의 영지, 봉건관리의 녹봉, 기사의 명예와 신분적 특권이 이러한 역할을 했듯이 근대 관료제에서는 관료의 급료와 명예가 이러한 역할을 한다는 것이다. 베버는 이것들을 상실하지 않을까 하는 두려움이 행정간부와 권력자 사이를 잇는 연대의 결정적인 토대라고 주장했다(Weber, 1990: 330쪽).

이상에서 보았듯이, 베버는 콩트, 뒤르켐 등 이전의 사회학자와 달리 연대개념을 엄격히 분석적인 용도로만 사용했음을 알 수 있다. 그리고 그는 이해사회학의 관점에서 명백히 행위론적으로 연대문제에 접근했다. 그래서 연대관념이 사회적 행위의 결과인 사회적 관계의 일종으로 이해되었을 뿐 아니라 이를 행위유형론과 결합함으로써 연대의 유형론을 발전시켰으며 사회집단 내부의 연대를 분석하는 데에도 이바지했다.[5)]

또한 베버는 역사사회학적인 접근을 통해 역사 속에 존재했던 다양한 연대현상에 관심을 가지면서 그 가운데에서도 이해관계연대에 특별히 주목했다. 그것은 이 유형이 무엇보다도 근대적 연대를 설명하는 데 유용하기 때문이다. 하지만 그는 마르크스주의자들과 달리 이해관계연대를 계급사회학보다는 정치사회학의 맥락에서 다루는 것을 선호했다. 그 결과 조직 내부의 권력관계, 특히 근대적 관료제 내부의 수직적 권위관계의 본질을 해명하는 데 연대논의를 활용했다.

이처럼 베버의 연대론은 그의 사회학이 그러했듯이 당시로서는 매우 독창적인 접근법을 보여주었을 뿐 아니라 사회학적인 논의를 넓히고 발전시키는 데 유용한 여러 새로운 통찰을 제공했다. 하지만 연대에 관한 그의 학문적인 관심은 뒤르켐만큼 크지 않았으며 그 결과 연대논의도 그렇게 집중적이거나 체계적이지 못했다. 그럼에도 그의 연대론은 콩트와 뒤르켐 전통의 사회학이 놓치거나 소홀히 여기기 쉬운 연대의 다른 측면들을 해명하는 데 필요한 새로운 이론전통을 이루었다는 점에서 큰 의의가 있다고 할 수 있다.

---

5) 사회집단의 연대에 관해서는 같은 시대를 살았던 독일 사회학자 짐멜(Georg Simmel)도 여러 가지 흥미로운 분석을 했다. 그 후에 사회집단의 연대에 대한 논의는 코저(Lewis A. Coser), 다렌도르프(Ralf Dahrendorf) 등과 같은 현대사회학자를 통해 중요한 연구전통으로 발전해갔다.

막스 셸러의 인격주의 연대사상

셸러(Max Scheler)는 베버와 비슷한 시기인 19세기 말과 20세기 초에 독일에서 활동했던 철학자 겸 사회학자로서 인식론 · 윤리학 · 인간학 등으로부터 지식사회학에 이르기까지 매우 폭넓은 영역에서 업적을 남겼다. 그는 후설의 현상학으로부터 큰 영향을 받아서 한편으로는 콩트의 실증주의와 스펜서의 공리주의에, 다른 한편으로는 마르크스의 유물론에 매우 비판적인 입장을 견지했다.

셸러는 고전사회학자 가운데에서 뒤르켐을 제외하고는 연대에 관한 학문적인 논의를 가장 집중적으로 전개한 인물이다. 그의 연대론은 르루에서 콩트를 거쳐 뒤르켐에 이르는 프랑스 전통의 그것처럼 윤리적인 성격과 분석적인 사회학의 성격을 공유하고 있다는 점에서 베버와 대조적이다. 하지만 연대의 문제에 분석적으로 접근하는 방식에서는 연대 참여자 개인들이 그들이 소속된 전체사회에 더 큰 관심을 기울이는 프랑스의 유기체론 전통보다는 참여자 개인들로부터 논의를 끌어가는 베버에 훨씬 더 가깝다. 셸러가 연대원리의 핵심요소 가운데 하나로 베버처럼 책임성을 강조했다는 사실은 이 점을 쉽게 확인시켜준다. 뿐만 아니라 셸러는 비록 비판적인 시각에서였지만 베버처럼 이해관계연대의 문제에도 큰 관심을 기울였다.

셸러는 퇴니스와 베버가 사용한 게젤샤프트(Gesellschaft)와 게마인샤프트(Gemeinschaft) 개념에 주목하면서 뒤르켐과 달리 근대사회의 연대에 매우 비판적인 견해를 제시했다.[6] 그에 따르면 게젤샤프트, 즉 이익사회는 개별 구성원 사이의 인위적인 결합으로 형성된 사회적 통일체로서 계약이 결합의 핵심이다. 이익사회의 개인들은 비록 자의식을 가진 인격체이지만 형식적으로 평등한 등가적인 존재들로서 각자의 이익을 좇아 타인과 계약을 맺음으로써 이익사회를 형성하게 된다는 것이다. 따라서 이익사회에는 실질적인 연대가 존재하지 않는다. 왜냐하면 구성원들이 기본적으로 자기이익을 지향하며 타인에 대한 책임도 결국은 공동책임성보다는 일방적인 자기책임성에 기초해 있기 때문이다(Scheler, 1998: 611쪽 이하).

물론 이익사회에서도 연대가 존재한다. 그것은 구성원들이 자신의 이익을 좇아 계약을 통해 형성한 연대, 즉 이해관계연대다. 하지만 셸러가 진정한 연대로 간주한 것은 도덕적 연대(sittliche Solidarität)이지 이해관계연대가 아니다. 왜냐하면 그가 보기에 이해관계연대에는 도덕적인 책임과 사랑, 무엇보다도 희생의 정신이 결여되어 있으며, 이로 인해 증오가 끝없이 확산될 수 있기 때문이다.

셸러는 이해관계연대를 비판할 때 특별히 스펜서의 공리주의 시각을 집중적으로 비판했을 뿐 아니라 근대적 이익사회의 분업이 낳는 연대효과가 도덕적인 연대를 대신할 수 있다는 주장에 대

---

6) 아래의 논의는 필자가 『시민연대사회』에서 기술한 내용의 일부를 보완한 것이다(강수택, 2007a: 176쪽 이하).

해서도 신랄하게 비판했다. 근대사회의 이해관계연대에 대한 셸러의 이러한 인식은 연대를 균형론 시각에서 낙관적으로 이해하려는 입장이나 갈등론 시각에서 도구적으로 다루려는 입장 모두의 한계를 깨닫게 하는 데 도움을 준다(Scheler, 2006: 397쪽 이하; 1972: 120쪽, 278쪽).

그런데 셸러가 이익사회의 연대에 비판적이었다고 해서 낭만주의자들처럼 전근대적인 게마인샤프트, 즉 공동체의 연대에 호의적이었던 것은 아니다. 그는 전근대적인 공동체를 삶의 공동체(Lebensgemeinschaft)라고 부르면서 구성원들이 자연스레 결합되어 있는 삶의 공동체에서는 사실상의 연대가 존재한다고 보았다. 하지만 그에 따르면 삶의 공동체의 구성원들에게는 인격적인 속성인 선택능력과 도덕적 책임감이 충분히 갖추어진 합목적적인 의지가 결여되어 있을 뿐만 아니라 구성원들이 서로에게 개별적인 주체로도 대상으로도 체험되지 않는다. 그 대신 여기서는 전통문화에 따른 비자의적이며 잠재의식적인 행위가 특징적이며, 공동감정·공동노력·공동사유·공동판단 등의 공동체험이 지배한다(Scheler, 1998: 609~611쪽).

그러므로 삶의 공동체의 연대는 구성원들 개개인의 체험이 공동체의 총체적 체험에 전적으로 의존하는 데서 기인하며 구성원들의 책임성도 공동체 전체의 의지와 행위에 대한 공동책임의 체험 위에서 구축된다. 따라서 개인의 책임은 공동체 구성원으로서 전체 공동체의 과제에 대해 갖는 책임일 뿐이지 개별 인격체로서의 책임이 아니므로 다른 구성원에 의해 쉽게 대체될 수 있다. 그래서 셸러는 삶의 공동체에 존재하는 연대를 대체가능한 연대(vertretbare Solidarität)라고 불렀다(Scheler, 1998: 611쪽).

셸러는 삶의 공동체가 이익사회에 선행하는 단계의 사회로서 이익사회의 전제이자 토대가 된다고 보았다. 왜냐하면 뒤르켐처럼 그도 이익사회의 공동의지와 의사소통 가능성이 최종적으로는 공동체에 뿌리를 두고 있다고 보았기 때문이다. 예를 들어 계약의무의 최종 기반은 계약을 지킨다는 계약에 있다기보다 공동체를 위한 구성원들의 연대적인 의무감에 있다. 이처럼 계약의 원리가 최종적으로는 공동체의 연대성 원리에 뿌리를 내리고 있듯이 이익사회의 협약과 인공적인 술어들도 자연언어에 뿌리를 내리고 있기 때문에, 결국 공동체 없이는 이익사회가 없다는 것이다(Scheler, 1998: 614~616쪽).

셸러는 스펜서처럼 이익사회를 공동체보다 상위의 형태로 여기는 입장이나 거꾸로 공동체를 상위에 두는 낭만주의자의 입장에 대해 모두 반대했다. 왜냐하면 삶의 공동체와 이익사회의 요소들로 형성되는 인격공동체(Personengemeinschaft)야말로 최고 형태의 사회라고 여겼기 때문이다. 그에 따르면 삶의 공동체는 이익사회가 제공하지 못하는 연대성과 전체적 통일성을 제공하며, 이익사회는 삶의 공동체에서 결여되어 있는 자립적이며 개인적인 인격성을 제공한다. 이를 통해 인격공동체는 자립적인 개별 인격체들로 이루어지면서도 이들 전체에 대한 하나의 정신적인 행위중심을 이루는, 질적으로 향상된 하나의 새로운 사회적 통일체로서 성립하게 된다(Scheler, 1998: 623쪽 이하).

셸러의 연대론은 간단히 인격주의적인 연대론이라고 할 수 있다. 그에 따르면 사회현상은 기본적으로 구성원인 개인들의 특성에 크게 의존하는데, 개별 인간은 생명체이면서 동시에 고유한 정신을 소유한 인격체다(Scheler, 1998: 442쪽 이하). 그래서 셸러는 이들 개별 인격체 사이에서 형성되는 연대야말로 진정한 연대라고 주장하면서 인격적인 연대의 특징을 다음과 같이 설명했다.

첫째, 그것은 다른 인격체의 존재방식에 직접적으로, 선의를 갖고, 긍정적으로 참여하는 인격적인 사랑의 태도에 기초해 있다. 이로써 인격적인 연대에서는 개별 인격체의 선이나 인격체들의 공동체, 즉 인격공동체의 선의 실현이 추구된다.

둘째, 인격적인 연대에서는 개별 인격체가 자신에 대해 책임을 지는 동시에 다른 인격체와 이들로 이루어진 인격공동체, 즉 그의 다른 표현으로는 총체인격체(Gesamtperson)에 대해서도 공동책임을 진다. 그리고 이와 함께 총체인격체도 그 구성원 각자에게 공동책임을 진다.

셋째, 인격적인 연대는 대체불가능한 연대(unvertretbare Solidarität)다. 개별 인격체는 다른 모든 개별 인격체에 대해 오직 총체인격체 속에서 그리고 그 구성원으로서 공동책임을 진다. 그런데 이것은 자신이 속한 사회적 지위와 관련하여 책임지는 것일 뿐 아니라 무엇보다도 유일한 인격체로서, 개체적 양심의 담지자로서 책임을 지는 것이다(Scheler, 1998: 617쪽 이하).

셸러의 인격주의적인 연대론과 인격적인 연대에 기초한 인격공동체론은 매우 독창적인 것이었다. 무엇보다도 전근대가 아닌 탈근대의 시각에서 근대를 비판하는 인식이 확산되어 있는 오늘날과 달리 당시의 사회학계에서는 공동사회와 이익사회, 신분과 계약, 기계적 연대와 유기적 연대 등의 이분법이 널리 자리 잡고 있었다. 따라서 바로 이런 상황에서 이분법을 극복하면서 제기한 새로운 논의는 내용의 한계와 무관하게 매우 도전적이며 선구적인 것이었음이 틀림없다.

물론 내용적으로도 그의 연대론은 현대 서구사상에 큰 영향을 미쳤다. 특히 그의 이론이 가톨릭교회의 제264대 교황 요한 바오로 2세의 사상에 매우 큰 영향을 미친 것은 잘 알려진 사실이다. 셸러의 인격주의적인 연대론은 오늘날 서구 기독교 사회이론, 특히 가톨릭사회론에서 연대사상이 핵심사상으로 발전하는 데 매우 크게 기여했다. 뿐만 아니라 그의 이론은 야스퍼스(Karl Jaspers)의 실존적 연대개념에도 영향을 미친 것으로 간주된다. 그리고 현대 시민사회 사상에서 뒤르켐 전통의 통합론이나 마르크스주의 전통의 갈등론에 의해 부적절하게 다루어져온 연대의 자발성·개별성·공동책임성 등의 요소를 균형 있게 다루도록 하는 데에도 이바지했다(Thiemer, 1996: 76쪽 이하; Wildt, 1995: 1009쪽).[7)

---

7) 티머(Elfi Thiemer)는 셸러의 연대론이 중요한 것이 가톨릭교회에 미친 큰 영향 때문만은 아니며, 왜 사람들이 자주 이웃이나 타 집단의 필요, 근심, 정당한 요구, 개별적 차이 등을 무시한 채 이해할 수 없는 방식으로 반연대적인 행동을 하는가라는 질문에 통찰력 있는 설명을 제공하는 분석 능력 때문이기도 하다고 평가했다(Thiemer, 1996: 78쪽).

그런데 셸러의 인격주의적인 연대론은 그 기초가 되는 정신 개념과 주로 연관된 약점들을 갖고 있다. 첫째는 정신적인 요소를 특별히 강조함으로써 전근대적인 사고의 소유자나 미성년자처럼 정신적으로 '미성숙한' 사람과 연대할 가능성을 평가절하할 수 있다. 둘째, 정신적인 지도자의 역할을 강조함으로써 엘리트주의에 빠질 위험이 있다. 셋째, 그의 정신 개념이 다분히 형이상학적인 성격을 띠고 있어서 그의 이론에 경험적인 사회과학으로 접근하기 어렵다. 끝으로, 인격적인 연대는 고차원적인 도덕의 성격을 띠고 있어서 실제 사회조직의 원리로서 현실세계 속에서 실현되는 데 한계가 있다.

노동운동과 사회주의 전통에서의 연대사상

　근대 사회사상사의 초기에 연대이념이 자리를 잡고 확산되는 데 노동운동과 사회주의자의 역할이 매우 컸다는 사실은 앞에서 이미 언급되었다. 뿐만 아니라 이들 사회주의 사상가들은 고전사회학자들이 연대문제에 큰 관심을 기울이게 된 데에도 매우 크게 영향을 미쳤다. 그런데 앞에서 살펴보았듯이 사회학적인 연대론은 관심의 초점을 근대사회에 새로이 출현한 결속력의 특성을 해명하거나 이에 기초하여 근대적 결속력의 문제를 해결하는 데 두었다. 이에 비해 사회주의 사상가들과 노동운동은 보다 구체적으로 근대적인 자본주의 사회의 문제를 극복하는 데 일차적인 관심을 갖고 있었다. 바로 이런 관점에서 볼 때 연대개념이 기존 질서를 변화시키기 위한 실천적인 도구로서나 대안적 사회질서를 묘사하는 이론적인 도구로서 매력을 갖고 있었기 때문에 이들은 일찍부터 이 문제에 관심을 기울였던 것이다.

피에르 프루동과 루이 블랑

근대 초기의 프랑스 사회주의자 푸리에와 그의 제자인 르노, 그리고 생-시몽의 제자인 르루의 연대론에 관해서는 앞에서 간략히 소개했다. 19세기 프랑스 사회주의 사상은 상호부조주의·협동조합주의·무정부주의·마르크스주의 등 다양한 형태로 전개되어 갔는데 연대개념은 이들 다양한 사회주의 전통 가운데 비교적 온건한 경향의 사상에서 특히 더 많은 주목을 받았다.

상호부조주의(mutualism)란 흔히 프루동과 그 추종자들을 일컫는 이름이다. 19세기 중엽의 프랑스 노동자들에 특별히 큰 영향을 미친 프루동은 1864년 프랑스에서 선거를 앞두고 노동자 후보를 위한 강령에 대한 의견을 자신에게 구한 일군의 노동자들에게 편지를 쓰면서 "이제 상호성의 체제에서 우리는 상호적인 소송의뢰인, 상호적인 지점, 상호적인 하인이다. 여기서 우리의 연대가 성립한다. 이 연대는 노동에 대한 권리, 노동의 자유, 신용의 협동조합적 특성 등을 통해 강령의 저자들을 뒷받침할 것이다"라고 했다. 그는 여기서 상호성이야말로 바로 연대의 기초라는 사실을 지적한 것이다(Cole, 1987: 221쪽; Zoll, 2008: 69~70쪽).

상호성이 연대의 기초적인 특성이라는 점은 이미 르루가 기독교적인 자선을 인간적인 연대이념으로 대체하면서 강조한 바 있다. 프루동도 이런 전통을 따라서 자유로운 개인들 사이의 호혜적인 관계로부터 출현하는 연대에 주목했다. 프루동에 따르면 대립과 모순은 삶과 사회, 그리고 더 나아가 우주의 근본 속성이다. 이 때문에 사회에서는 불가피하게 정의가 요청되는데 정의의 핵심은 적대적인 요소들의 상호적인 교호작용, 즉 호혜성이라는 것이다. 이렇게 본다면 호혜성은 대립과 모순을 내포한 사회현실의 원리이자 존재의 원리라고 할 수 있다(Cole, 1987: 226~227쪽).

프루동은 자유로운 개인들 사이의 상호적인 관계를 방해하는 일체의 권력과 지배현상에 대해 항상 신랄하게 비판했다. 자본소유의 독점을 가능하게 하는 자본주의 체제와 일체의 국가권력이 대표적으로 비판받은 대상이다. 그리고 그는 미래의 사회가 온전히 상호 자유로운 인간관계로 발전되기를 희망하면서 계약을 핵심원리로 삼았다. 여기서 그가 의미한 계약은 모든 사람이 자유로이 거래할 수 있으며 어떠한 권력이나 부의 독점도 이 거래의 공정성을 방해하지 않도록 보장하는 상태에서 각자가 원하는 협정을 타인과 자유롭게 맺는 것을 본질로 한다(Cole, 1987: 214쪽 이하).

경제적으로는 상호성이 자유로운 개인들 사이의 공정한 상호 교환관계로 표현되었다. 그래서 프루동은 개개인이 이러한 교환원칙에 따라서 자신들의 노동의 결실을 충분히 받아야 한다고 주장했다. 분업과 경쟁에 대해서도 그는 비록 이것들이 자본주의 체제에서는 노동자들에게 심각한 해를 끼치지만 자유로운 교환이 이루어지는 체제에서는 모두에게 많은 유익을 창출할 것이라고 보았다(Cole, 1987: 216쪽, 222~223쪽).

프루동은 이상적 사회상을 제시하고 이를 바탕으로 현실사회의 문제점들을 비판하는 데 그치지 않았다. 그는 무이자 또는 이에 준하는 수준의 최저 이자로 모든 생산자에게 자본을 제공하는 신용

제도인 무상대여(gratuitous credit) 제도처럼 상호적인 사회질서를 구현하기 위한 구체적인 방안을 제안하기도 했다. 그리고 국가권력에 대한 그의 비판적인 입장은 무정부주의 사상뿐 아니라 노동자 자조조합의 발전에도 큰 영향을 미쳤다. 그래서 촐에 따르면, 프루동의 이러한 사상에 의해 지속적으로 고무된 상호부조와 노동자 자조조합은 프랑스 제2제정 아래서 노동조합이 금지되었을 때에도 노동자들이 연대를 지속적으로 학습하고 경험하는 장이 될 수 있었다고 한다(Cole, 1987: 221쪽; Zoll, 2008: 70쪽).

프루동의 연대사상은 르루와 공통점이 많다. 상호성을 연대의 기초로 보았다는 점에서 그렇지만 연대를 이상적인 사회상의 특성으로 여긴 점이나 이러한 연대를 현실화시킬 수 있다고 생각하고 이를 위한 방안을 제시하려고 노력했다는 점에서도 그렇다. 또한 자유로운 개인들 간의 계약을 중시하면서 국가에 대해서는 극도의 경계를 드러낸 점에서는 프루동의 입장이 일견 스펜서와 같은 영국 개인주의자들과 비슷한 것으로 보인다. 하지만 스펜서의 사상이 진화론의 관점에서 적자생존의 원리를 수용함으로써 사회적 약자의 존재기반을 붕괴시킬 위험성을 내포하고 있다면, 프루동은 자유롭고 공정한 계약의 전제조건이 충족되지 않은 불의한 현실을 살아가는 사회적 약자의 존재기반을 강화시킬 방안을 모색하기 위해 노력했다. 스펜서와 달리 프루동에게 특별히 연대개념이 필요했던 것도 바로 이런 이유에서다(Zoll, 2008: 70쪽; Coser, 1981: 158쪽).

프루동이 상호부조론자이면서 동시에 무정부주의 운동의 시조였다면 같은 시기를 살면서 마찬가지로 프랑스 노동자에게 큰 영향을 미친 블랑은 현대 민주사회주의의 선구자로서 프랑스 협동조합 운동에 큰 영향을 미친 인물이다.[8]

생-시몽주의의 영향을 크게 받은 블랑은 프루동과 반대로 국가를 불가결한 권력기관으로 간주하면서 특히 경제계획과 복지서비스의 발전에서 국가에 핵심역할을 부여했다. 물론 국가가 이처럼 진보와 복지의 수단이 되기 위해서는 노동계급의 기구로 전환되어야 한다. 하지만 블랑은 이러한 전환이 계급의 힘을 통해서보다는 합의와 이성을 통해 이루어지기를 희망했다. 그리고 그는 보통선거권에 기초한 대의민주제에 대해 깊은 신뢰를 갖고 있었기 때문에 보통선거권을 통해 국가의 성격이 바뀌기를 기대했다(Cole, 1987: 180쪽, 183쪽).

블랑은 이처럼 민주화된 국가를 통해 복지체제를 만들어가게 되기를 기대했으나, 그렇다고 그가 국가사회주의자는 아니었다. 왜냐하면 그는 합리적인 고용과 노동조건 아래서 일할 기회를 모든 시민이 가질 수 있도록 국가가 보장하기를 기대했지만, 국가가 산업의 운영을 직접 떠맡기를 원하지는 않았기 때문이다. 그는 국가가 산업의 주체가 되어서는 안 되며, 상부에서 선택된 위계적인 산업관리자들이 모든 것을 통제해서도 안 된다고 보았다. 그보다

---

8) 영국의 저명한 사회주의 연구자 콜(G.D.H. Cole)에 따르면, 프루동은 무정부주의라는 말을 정치용어로 처음 소개한 사람일 뿐만 아니라 실제로 무정부주의 사상의 발전, 특히 비교적 온건한 성격의 무정부주의 발전에 큰 영향을 미친 인물이기도 하다(Cole, 1987: 212쪽, 228쪽).

는 국가가 새로운 체제를 도입하고 보장한 후에는 노동자들이 자치할 수 있도록 하는 것이 바람직하다고 보았다(Cole, 1987: 180쪽 이하).

그는 당시 자본주의 체제에서 노동자들이 겪는 큰 고통을 폭로하고 또한 자본주의를 비판하기 위해 노력했지만 마르크스주의자들과 달리 폭력적인 계급투쟁론에는 부정적이었다. 왜냐하면 그는 사회진보의 수단으로서 힘이 아닌 논쟁을 믿었으며, 혁명을 통하지 않고 설득과 동의와 같은 방식으로 자본주의를 극복하게 되기를 희망했기 때문이다. 그래서 그는 특정한 계급이 아닌 모든 계급에 속한 사람들 가운데 선의의 소지자들에게 호소했다. 그리고 더 나아가 그는 국가가 자본과 설비를 제공하여 기업을 설립하고 노동자 자치를 통해 전국단위의 사회주의적인 기업이 운영되면 사기업이 경쟁력을 상실하여 사라지게 된다면서 국가공장(Ateliers Nationaux, National Workshops) 설립을 제안하는 등 자본주의를 극복하기 위한 구체적인 방안을 제시하기도 했다(Cole, 1987: 180~181쪽; Brinton, 1963: 638쪽).

이처럼 인간정신의 점진적인 계몽을 통해 사회의 진보가 이루어질 수 있을 것으로 기대한 블랑의 목표는 사회공화국(social republic)이었다. 이곳은 어떠한 계급투쟁도 없으며 국제적으로든 국내적으로든 모든 사람의 연대가 보편적으로 인정되는 곳이다. 이처럼 블랑의 연대개념은 계급투쟁 개념과 대조되면서 공동체 전체의 조화를 추구한다는 점에서 르루나 프루동의 그것과 비슷하게 매우 도덕적이며 이상적인 성격을 갖는다(Cole, 1987: 180쪽).

하지만 프루동처럼 그도 도덕적인 주장을 하는 데 그치지 않고 연대를 현실화하기 위한 구체적인 방안을 모색하기 위해 노력했다는 점에서 콜의 표현대로 이들은 "공상적"(utopian)이지 않고 "이상적인"(ideal) 사상가였다고 할 수 있다. 하지만 연대실현의 방안에 대한 이들의 관점에는 큰 차이가 있었는데 무엇보다 블랑은 연대실현을 위한 국가의 역할을 긍정적으로 수용했다는 점에서 프루동과 대조된다. 물론 블랑은 국가의 지원보다는 궁극적으로 시민들, 특히 노동자들의 자발적인 결사와 자치를 더욱 중시했다. 그래서 연대실천의 장으로서 생산자 협동조합, 소비자 협동조합 등과 같은 협동조합의 역할을 매우 강조했다. 그런데 이 점에서는 블랑의 입장이 프루동과 다소 비슷하지만 여기서도 프루동은 블랑과 달리 개인의 자유를 침해하는 조직의 권력에 대한 경계심을 끝까지 늦추지 않았다(Cole, 1987: 186쪽).

이들이 19세기 프랑스 사회주의 사상에서 비교적 온건한 입장을 대변한다면, 계급투쟁과 프롤레타리아독재를 주장한 과격한 입장들로는 블랑키(Louis-Auguste Blanqui)와 그의 추종자들과 게드(Jules Guesde)로 대표되는 마르크스주의자들이 있었다. 연대사상의 발전이라는 관점에서 본다면 소수자의 독재를 주장하면서 대중정당 관념을 거부한 블랑키주의보다는 대중정당 관념을 수용한 마르크스주의를 주목할 필요가 있다. 다만 마르크스주의적 연대사상은 마르크스주의가 유달리 강해 사회주의의 주류를 형성했을 뿐 아니라 인근 국가의 마르크스주의 사상의 종주국 역할을 했던 독일 마르크스주의를 중심으로 살펴보고자 한다(Cole, 1987:

175쪽 이하).

카를 마르크스와 페르디난트 라살레

19세기 중엽의 독일 노동운동에서 마르크스가 급진적인 노선을 이끈 대표적인 사상가였다면, 라살레는 온건한 입장으로 영향력을 발휘한 대표적인 인물이었다. 마르크스는 연대라는 단어를 극히 드물게 사용했지만 이후에 그의 사상을 따르는 많은 사람들에 의해 마르크스주의적인 연대사상이 발전하는 데 필요한 관점과 실마리를 제공했다. 셰르노에 따르면 연대에 대한 마르크스의 인식은 크게 둘로 나뉘는데, 프랑스의 초기 사회주의 사상가들이 공유한 이상적 인식이 하나이며, 노동자들의 계급투쟁을 한층 고취시키기 위한 현실적인 필요성에서 나온 도구적 인식이 다른 하나였다.[9]

마르크스는 초기 저술 『독일이데올로기』(1846)에서 개인의 독창적이며 자유로운 발전이 이루어지는 공산주의 사회에 관해 묘사했다. 그는 여기서 이러한 개인의 발전이 "부분적으로는 경제적인 전제조건들 속에서, 부분적으로는 모든 사람의 자유로운 발전에 필수적인 연대 속에서, 그리고 마침내 현존하는 생산력의 토대 위에 행하는 개인들의 보편적인 활동방식 속에서 성립하는 개

---

9) 셰르노는 마르크스의 이 두 가지 인식에 따른 연대관념을 각각 이상적 마르크스주의 연대관념과 고전적 마르크스주의 연대관념이라고 표현했다 (Stjernø, 2004: 46~47쪽).

인들의 연관성을 통해 조건 지어진다"고 주장했다. 즉 마르크스는 프루동처럼 모든 개인의 자유로운 발전이 이루어지는 미래사회를 희망하면서 경제적인 조건뿐만 아니라 연대 역시 이를 위한 필수 조건이라고 보았던 것이다(Marx · Engels, 1983a: 424~425쪽).

또한 마르크스는 공산주의 사회를 진정한 공동체 사회라고 묘사하면서 여기서는 분업을 통해 물화된 인간관계가 다시금 인격적인 관계로 회복된다고 주장했다. 이처럼 회복된 진정한 "타인과의 공동체 관계 속에서 비로소 개인은 자신의 소질을 다방면으로 개발시킬 수단을 갖게 되며, 공동체 속에서 비로소 인격적인 자유도 가능하다"고 주장했다. 그럼으로써 마르크스는 연대를 인격적인 관계와 자유가 실현되는 공산주의 사회 또는 진정한 공동체 사회의 특성으로 간주한다는 것을 보여주었다(Marx · Engels, 1983a: 74쪽).

물론 공산주의 이전의 사회, 즉 봉건사회나 자본주의 사회에서도 공동체적 관계와 유대가 존재한다. 하지만 지역 · 혈연 · 신분 · 계급 등의 형태를 띤 공동체는 마르크스에 따르면 진정한 공동체가 아니다. 왜냐하면 공동체처럼 보일 뿐인 이것들은 언제나 개인들로부터 독립되어 있어 개인들을 자유롭지 않게 만들 뿐 아니라 피지배집단에게는 하나의 질곡이 되기도 하기 때문이다. 마르크스는 특히 계급관계에 더욱 주목했다. 그런데 계급적 이해관계를 공유함으로써 형성되는 공동체 관계의 경우에도 구성원들은 개인으로서가 아니라 계급구성원으로서 참여하기 때문에 진정한 공동체가 될 수 없다고 보았다(Marx · Engels, 1983a: 74~75쪽).

엥겔스의 글은 연대가 자유나 평등처럼 프랑스 사회주의자들에게 애용되는 것임을 마르크스도 일찍부터 알고 있었을 것으로 추측하게 한다(Marx · Engels, 1983a: 466쪽). 그런데도 마르크스는 이 용어를 거의 사용하지 않고, 그 대신에 결사(Assoziation), 단결(Vereinigung) 등을 매우 즐겨 사용했다. 이 가운데 결사는 개인의 자유가 모두의 자유로 이어지고 개인의 발전이 모두의 발전으로 연결되는 이상적인 결합방식을 의미하기 때문에 앞에서 살펴본 이상적인 의미의 연대개념에 매우 가깝다(Marx · Engels, 1983a: 74쪽; 1983b: 482쪽).

이에 비해 단결은 좀더 실천적인 맥락에서 노동자들의 결속력을 강화하는 수단으로 사용되는 편이었다. 잘 알려진 『공산당 선언』의 마지막 문구, 즉 "만국의 프롤레타리아여, 단결하라!"는 바로 이런 용법의 대표적인 예다(Marx & Engels, 1983b: 493쪽). 그런데 마르크스가 자신의 후기 저술에서 특히 1871년 파리코뮌이 있은 후에는 연대라는 단어를 바로 이러한 실천적인 맥락에서 노동자들의 단결을 호소하면서 사용한 것을 발견할 수 있다. 그는 1872년 국제노동자협회 헤이그 대회에서 다음과 같이 연설했다.

"시민들이여, 인터내셔널의 기본원칙인 연대에 대해 생각해봅시다. 만약 우리가 삶을 지탱해주는 이 원칙을 만국의 전체 노동자 가운데서 확실한 토대 위에 세우기만 한다면, 우리가 숨겨온 위대한 최종목표에 도달하게 될 것입니다. 파리코뮌의 위대한 실례가 우리에게 가르쳐주듯이 혁명은 연대적이어야 합니다. 파리코뮌이 실패한 이유는 파리의 프롤레타리아의 강력한 반항에 필적할 어떤 혁명적인 운동도 베를린, 마드리드 등의 중심지에서 등장하지 않았기 때문입니다. 저로서는, 저의 일을 계속할 것이며 미래에 결실을 가져다줄 이 연대를 모든 노동자 가운데 굳건히 세우는 일에 지속적으로 종사할 것입니다"(Marx · Engels, 1983c: 161쪽).

즉 마르크스는 이제 자본주의 사회라는 현실상황에서도 실천적인 맥락에서 노동자들의 연대를 주창한 것이다. 이후에 노동자 계급연대 또는 간단히 계급연대로 불리게 되는 것이 바로 마르크스의 이 연대개념이다. 하지만 마르크스가 실천적인 맥락에서 노동자들의 계급연대를 주창했다고 해서 계급연대를 순수히 도덕적인 차원에서 다룬 것은 아니다. 왜냐하면 그는 연대의 성립을 위한 물질적인 토대를 중요하게 생각했기 때문이다. 즉 자본주의적 생산양식이 극복된 공산주의 사회에서 진정한 연대가 성립될 수 있듯이, 노동자 계급연대도 자본주의 발달의 결과 비로소 형성될 수 있게 되었다는 것이다.

그에 따르면 자본주의는 이전에 지역 · 혈연 · 전통 등을 토대로 존재했던 사회적 유대관계를 파괴했지만 노동자들이 계급으로서 결속할 수 있도록 하는 새로운 조건들을 창출했다. 예컨대 노동자의 수가 증대했고, 노동자들이 도시와 공장이라는 공간에 밀집했으며, 교통과 통신수단이 발달했고, 노동자들의 생활조건과 이해관계가 점차 더욱 비슷해지는 등의 변화를 통해 비로소 노동자들이 하나의 계급으로 단결할 수 있게 되었다(Marx · Engels, 1983a: 470쪽 이하).

한편 마르크스는 노동자들의 단결을 도덕적 · 감성적인 차원에서 강조할 때에는 형제애라는 표현을 자주 썼다. 물론 프랑스에서 일어난 1848년 혁명을 보면서 마르크스는 이 표현에 비판적인 입장을 명확히 했을 뿐 아니라 노동운동에서 이 표현을 아예 쓰지 않기를 원하기도 했다. 하지만 마르크스는 그 후에도 노동운동의 실제 투쟁과 관련해 노동자들에게 호소하기 위해 형제애와 박애를 계속해서 언급하면서 이 표현들을 사용했다(Schieder, 1972: 577~578쪽; Stjernø, 2004: 44쪽).

이 같은 마르크스의 연대사상은 그를 따르는 여러 추종자에 의해 다양한 형태로 계승되었다. 노동자 계급연대사상 가운데 노동자 단결의 도구적 성격을 강조하는 부분은 특별히 레닌주의 전통에서 발전되어갔으며, 도덕적 · 감성적 측면은 여러 사회민주주의자에 의해 다듬어져갔다. 그리고 이상적 연대사상은 루카치에 의하여 부분적으로 계승되었다. 마르크스의 연대사상은 그 자체로는 체계성 · 일관성 등의 면에서 크게 부족하다는 한계를 갖지만, 이처럼 다양한 마르크스주의적인 연대에 대한 논의를 발전시키는 실마리를 제공했다는 점에서 무엇보다 큰 의의가 있다. 그리고 연대는 사회적인 조건, 특히 경제적인 조건을 요구한다는 점을 강조함으로써 연대에 대한 논의가 도덕적이거나 관념적인 차원의 논의로 환원되지 않도록 하는 데 크게 기여했다(Stjernø, 2004: 46쪽).

한편 19세기 중엽의 독일 노동운동에서 연대개념이 중심개념으로 자리 잡게 된 것은 마르크스가 아니라 라살레의 영향 때문이었다. 그도 마르크스나 엥겔스처럼 자본주의 사회에서 노동자층의 빈곤을 극복하는 데 기본적으로 관심을 가졌을 뿐 아니라 최종 목표로서 공산주의 사회를 추구했다. 하지만 혁명적 계급투쟁론을 주장한 이들과 달리 온건한 사회주의 입장을 대변한 라살레는 생산자 조합, 노동자층 국가, 보통 선거권 등을 중요한 방법으로 제시했다. 이런 점에서 보면 라살레의 입장은 오히려 프랑스 사회주의자 블랑과 닮은 점이 많다(Grebing, 1970: 51~52쪽; 小泉信三, 2004: 104쪽 이하).

특히 노동자층 국가론은 그의 독창적인 이론이었는데, 이것은 그가 마르크스와 달리 노동계급의 해방에서 국가의 적극적인 역할을 수용한 결과다. 헤겔의 영향을 크게 받은 그는 "……국가의 목적은 개인으로 하여금 개인으로서는 결코 도달할 수 없는 목적과 생존 단계에 결합을 통해 도달하도록 하며, 또 그들로 하여금 그들 전체의 개개인으로서는 미치지 못하는 교양 · 권력 · 자유의 총체를 획득하게 하는 것이다. 그러므로 국가의 목적은 인간을 적극적으로 전개시키고 진보적으로 발전하게 하는 일, 바꾸어 말하면 인간의 사명, 즉 인류의 능력인 문화를 현실적 것으로 만드는 일이다. 국가의 목적은 자유를 향한 인류의 교화와 발전이다"라고 주장했다(Lassalle, 1919〔1862〕: 197~198쪽).

하지만 이러한 국가의 이상적인 목표와 달리 현실 국가는 특권계급으로서의 부르주아지가 다른 계급에 대한 지배를 확보하기 위해 끊임없이 이용하는 대상, 즉 지배계급의 표현에 지나지 않음을 마르크스처럼 라살레도 인식하고 있었다. 그래서 라살레는 노동자층으로 대표되는 무산계급이 국가를 지배하는 것이 필요하다고 보았고 보통 선거권과 직접 선거권이 가장 근본적이며 중요한 수단이라고 주장했던 것이다(Lassalle, 1919〔1862〕: 174쪽 이하, 188쪽; 小泉信三, 2004: 110~111쪽).

라살레의 연대론은 기본적으로 그의 이러한 국가관과 밀접히 연관되어 있다. 부르주아지는 개인의 힘을 방해받지 않고 자유로이 행사할 수 있도록 하는 것을 최고의 도덕적 이념으로 여기기 때문에 이들은 국가의 목적을 "개인의 인격적인 자유와 소유를 보호하는 것"으로 한정시키는 야경국가관을 표명한다. 하지만 이렇게 되면 힘·재능·재산 등을 가진 자가 약자를 착취하는 결과가 초래되고 말기 때문에 노동자층에게는 이러한 이념과 국가관만으로는 불충분하다. 그래서 라살레는 개인의 자유와 함께, "이해관계의 연대, 공동성, 그리고 상호 발전"의 이념이 추가되어야 하며 국가는 이러한 도덕적 이념의 실현을 목표로 삼아야 한다고 보았다(Lassalle, 1919〔1862〕: 195쪽; 1919〔1863〕: 239쪽).

그리고 노동자층과 같은 사회의 하층계급은 "개인으로서는 이룰 수 없는 자유를 향한 진보적 발전을 모든 이들의 연합을 통해 이룰 수 있도록 돕는 것이 국가의 임무"라는 생각을 자신들의 어려운 처지로부터 갖게 되었다. 그렇기 때문에 부르주아지와 달리 새로운 어떠한 특권도 내포하지 않은 이들 노동자층이 지배하는 국가는 사회의 모든 계급을 분열시키고 대립시키는 대신에 통합하고 조정하게 된다. 그리고 이를 통해 가장 하층계급인 노동자층의 안위는 곧 전 인류의 안위가 되며, 이들의 자유가 곧 인류의 자유가 되므로 이들의 지배야말로 곧 모든 인간의 지배이며 인류의 발전을 의미한다고 주장했다(Lassalle, 1919〔1862〕: 186~187쪽, 198쪽).

라살레는 연대를 부르주아지의 원리인 개인적인 자유의 원리에 대립되는 중요한 원리로 여겼다. 그가 개인적인 자유의 원리라고 부른 것은 자유경쟁의 원리이기도 한데 이것은 모두가 모두에게 대립하는 투쟁의 원리, 모든 다른 생명을 없애버리는 호랑이의 원리다. 반면 연대의 원리는 각자의 업적이 모두에게 유익하며, 모두의 업적이 각자에게 유익한, 말하자면 모두를 위한 모두의 원리로서 이 원리를 통해 사회는 공동의 이해관계 속에서 연대적인 사회로 거듭나게 된다(Lassalle, 1972: 25쪽, 27쪽).

하지만 모든 연대가 이러한 연대의 원리에 부합하는 것은 아니다. 그래서 그는 이러한 성격에 부합하는 연대를 인간적인 연대(menschliche Solidarität)라고 부르며 때로는 보편적인 인간적 연대(allgemeine menschliche Solidarität)라 표현하기도 했다. 이러한 표현들은 그가 신분적인 연대(ständische Solidarität)라고 부른 개념과 구별하기 위해서 사용한 것이다. 그런데 신분적인 연대란 중세의 동업조합에서 볼 수 있듯이 구성원들이 자신들의 이해관계를 외부로부터 보호하기 위해 형성한 폐쇄적인 연대다. 여기서 동업조합 구성원들은 서로 경쟁하지 않고 공동체적인 이해관계나 조화로운 동행을 통해 자신들의 존립, 영업 등을 보장받는다. 그렇지만 이것은 명백히 배타적이며 독점적인 연대다(Lassalle, 1972: 24쪽, 26쪽).

물론 중세의 이 신분적인 연대는 근대의 등장과 함께 파괴되었으며 그 대신 개인의 자유의 원리가 발전하게 되었다. 그 결과 사회는 원자화된 개인들로 해체되었으며 결속력이 사라진 이 개인들은 생존에 대한 염려로 인해 서로에 대한 적대적인 투쟁을 일상적으로 일삼지 않을 수 없게 되었다. 하지만 이러한 상태가 지속될 수는 없다. 왜냐하면 이러한 상태는 곧 사회의 붕괴를 의미하게 때문이다.

여기서 다시금 개인의 자유의 원리를 극복하고 이를 대신하는 원리가 출현하게 되는데 그것이 바로 인간적인 연대의 원리다. 라살레가 보기에 개인의 자유의 원리가 인간적인 연대의 원리로 대체되는 시기는 이미 가까이 와 있었다. 그는 인간적인 연대의 원리가 결코 편협한 신분적인 연대로부터가 아니라 바로 개인의 자유의 원리, 즉 만인 대 만인의 조직적인 투쟁으로부터 출현한다는 점을 강조했다(Lassalle, 1972: 25~27쪽).

인간적인 연대에서는 동업조합의 신분적인 폐쇄성이 모든 사람을 아우르는 형제애의 세계(Welt von Brüderlichkeit)로 확장된다. 그래서 그는 보편적인 인간적 연대의 원리를 형제애의 원리라고도 불렀다. 그렇다면 이 형제들을 결합시키는 끈은 무엇인가? 그는 이 끈이 두 가지 성격을 갖는다고 보았는데, 하나는 우리가 모두 인간이므로 형제라는 도덕적인 형제애의 끈이다. 그리고 다른 하나는 공통된 이해관계의 끈인데, 이것은 "우리가 모두의, 즉 사회의 발전과 번영을 통해서 각자 자신의 생계 · 향유 · 번영에 도달하기 때문에" 갖게 되는 끈이다(Lassalle, 1972: 25쪽, 27쪽).

라살레의 연대는 기본적으로 개인의 자유와 대립되는 쌍을 이루면서도 이를 보완, 발전시키려는 이념이다. 이처럼 그는 연대와 개인의 자유를 서로 대립하는 단순한 관계가 아닌 서로 밀접히 영향을 미치면서 전개되는 역동적인 관계로 제시함으로써 연대개념을 근대적인 사상으로 발전시키는 데 의미 있는 통찰을 많이 제공했다. 그 가운데 특별히 중요한 것이 신분적인 연대와 인간적인 연대의 구분이다. 그는 이 두 연대유형을 개인의 자유와 연관시켜 설명한 후에 폐쇄적인 연대인 전자는 거부하고 보편적인 후자의 연대만이 인류의 발전을 위해 추구할 대상임을 명백히 했다. 그런데 그가 제시한 인간적인 연대는 매우 이상적인 유형이다. 하지만 라살레는 이것이 실현될 수 있다고 믿고 그 방안을 적극 모색했다. 뿐만 아니라 이를 현실화하기 위해 스스로 실천적인 노력도 기울였다는 점에서 르루 · 프루동 · 블랑 등의 프랑스 초기 사회주의자들과 유사한 점이 많다.

물론 그의 이상적 연대관념, 이를 실천하는 과정에서 노동자로 대표되는 무산자계급의 연대가 중요함을 강조한 점, 이러한 연대형성에 무산자계급의 공통된 이해관계가 중요한 토대임을 주목한 점, 노동의 중요성을 강조한 점 등에서는 마르크스의 연대사상과의 공통점도 발견된다. 또한 그가 미래의 이상적인 연대사회를 노동자 공산주의로 표현하기도 한 점 역시 마르크스를 연상시킨다 (Lassalle, 1972: 27쪽).

하지만 그는 이해관계, 특히 경제적인 이해관계 외에도 보편적인 도덕의 요소가 연대형성의 핵심적인 토대가 된다는 점을 마르크스보다 훨씬 뚜렷하게 인식했다. 그리고 앞에서 지적했듯이 그는 연대형성에서 국가의 적극적인 역할을 인정한 점에서 마르크스와 명백히 구별되며, 무산자계급을 넘어 모든 계급, 모든 사람에게로 그 범위를 확장시킨 인간적인 연대에 특별한 관심을 가진 점에서도 특별히 계급연대를 강조한 마르크스와 비교된다.[10]

라살레의 연대사상은 이후에 독일의 사회민주주의자들에게 큰 영향을 미치게 되는데, 특별히 19세기 말과 20세기 초에 베른슈타인이 라살레에게서 매우 큰 영향을 받아서 이를 계승 발전시켰다. 또한 마르크스의 연대사상은 독일 사회민주주의자들 가운데서 카우츠키를 통해 다듬어지고 더욱 적극적으로 계승되어갔다.

카우츠키, 베른슈타인 그리고 레닌주의

19세기 후반기에 독일뿐 아니라 유럽 전체에서 마르크스주의에 대한 가장 영향력 있는 해석자이자 이론가였던 카우츠키는 1891년 독일 사회민주당이 채택한 에어푸르트 강령을 작성할 때 베른슈타인(Eduard Bernstein)과 함께 가장 중요한 역할을 했으며, 1892년에는 이 강령에 대한 공식적인 해설서를 출간했다. 이 해설서는 당시에 마르크스주의에 대한 공식적인 해석으로 간주되어 많은 언어로 번역되면서 국제 노동운동에서 매우 큰 영향력을 갖

---

10) 라살레는 무산자계급 혹은 노동자층의 연대가 중요함을 주장하면서도, 특정한 직업, 계급 등의 이해관계를 기반으로 형성되는 폐쇄적인 연대에 대해서는 분명하게 비판했다. 좁은 집단과 연계된 연대의 제한성을 비판한 라살레의 이러한 문제의식이 미헬스(Robert Michels)보다 훨씬 앞선 것이라는 점에서 그를 긍정적으로 평가했다(Lassalle, 1972: 46쪽; Zoll, 2008: 76쪽).

는 문서가 되었다(Stjernø, 2004: 47쪽; Grebing, 1970: 108쪽).

카우츠키는 바로 이 해설서에서 마르크스주의 관점의 연대이념을 가다듬어 제시함으로써 연대라는 용어가 아직 낯설던 많은 사람들이 이를 널리 사용하게 되는 데 기여했다. 셰르노의 분석에 따르면, 카우츠키는 연대를 두 가지 의미로 사용했다. 하나는 좀더 일반적인 의미로 함께하는 감정을 가리키며, 다른 하나는 보다 구체적으로 노동자들이 자신들의 공통된 이해관계를 인식하게 될 때 이들에게서 발전하게 되는 공동체 감정을 의미한다(Stjernø, 2004: 48쪽).

이 가운데 전자는 르루를 비롯한 프랑스 초기 사회주의자들에게서 널리 발견되는 의미지만 마르크스가 "모든 사람들의 자유로운 발전에 필수적인 연대"라고 했을 때의 연대의 의미도 여기에 해당한다. 물론 마르크스는 이런 의미에서도 진정한 연대는 물화된 사회적 관계가 극복된 진정한 공동체, 즉 공산주의 사회에서 비로소 실현될 수 있다고 보았다.

카우츠키의 경우에는 이런 의미의 연대개념을 경험적인 맥락과 이상적인 맥락 모두에서 사용했다. 경험적으로는 그가 중세사회에 있었던 가노(家奴) 신분에 관해 묘사하면서 "주종 간의 연대"를 언급한 것이나 라살레처럼 "수공업 장인의 연대"를 언급한 것을 예로 들 수 있다(Kautsky, 2003a: 224쪽, 236쪽). 그리고 이상적인 맥락에서는 그가 『테러리즘과 공산주의』에서 "근대 프롤레타리아들의 연대감이 사회주의적 도덕성의 수준에 도달하는 것은 그 연대감이 인류 전체로까지 확대되었을 때이며, 이는 프롤레타리아 자신의 해방이 인류 전체의 해방 없이는 불가능하다는 의식에서 비롯되는 것이다"고 주장했을 때, 즉 인류 전체로까지 확대되는 연대에 관해 논의할 때 사용한 바 있다(Kautsky, 2006: 351쪽).

하지만 카우츠키가 훨씬 자주 사용한 연대의 용법은 후자, 즉 노동자 계급연대 혹은 프롤레타리아 연대를 의미하는 것이었다. 이 것은 마르크스가 자본주의 사회의 실천적인 맥락에서 주장한 것과 동일한 것으로서 마르크스주의의 매우 특징적인 연대사상이라고 할 수 있다. 물론 라살레도 공통된 이해관계에 기초한 무산자 계급연대에 관해 논의했지만 앞에서 지적했듯이 마르크스와 여러 점에서 구별되는 관점을 보였다. 이에 비해 카우츠키는 마르크스의 관점을 매우 충실히 계승하려고 노력했는데, 무엇보다도 그는 프롤레타리아 연대가 필연적이며 국제적이라는 점과 프롤레타리아 연대의 중심이 언제나 노동계급이라는 점을 특별히 강조했다.

카우츠키에 따르면 프롤레타리아 연대는 프롤레타리아의 공통된 이해관계에 대한 깨달음, 즉 계급의식의 결과이며 공통된 이해관계는 무엇보다도 비슷한 노동조건에서 기인한다. 그런데 자본주의적 생산은 프롤레타리아의 노동조건을 균등화시키는 방식으로 작용하기 때문에 결국 프롤레타리아 연대는 필연적이다. 물론 수공업 장인처럼 현대의 프롤레타리아에게도 다양한 직업과 직종이 존재함으로써 연대의 경계가 발생할 수 있다. 게다가 기업주는 인위적으로 노동조건의 불균등을 불러옴으로써 분열을 획책하기도 한다. 하지만 "근대 대공업의 평균화 작용은 대단히 강대하기 때문에……연대의식을 장기간 억제해둘 수 없다. 자본주의적 생산이 계속될수록 프롤레타리아 연대는 그만큼 강하게 발달하며 그만큼 깊이 프롤레타리아 속에 뿌리내려서 그만큼 프롤레타리아의 가장 현저한 특징이 된다"고 보았다(Kautsky, 2003a: 235~236쪽).

또한 카우츠키는 현대의 자본주의적 생산은 자본을 거대화시킴으로써 프롤레타리아의 연대를 더욱 공고히 하고 이를 확장시키며, 그 자연스런 결과로 프롤레타리아를 국제적으로 단결시키는 경향이 있다고 보았다. 물론 그는 프롤레타리아의 국제적인 단결을 요구한 마르크스와 엥겔스의 공산당선언과 이것이 조직적으로 실현된 인터내셔널이 이러한 경향에 미친 특별한 영향을 잊지 않았다. 하지만 어쨌든 그는 "가장 격렬한 국제적 투쟁이 한창일 때 그리고 지배계급의 가장 열성적인 전쟁준비 기간에 만국의 프롤레타리아는 결속했다"면서 "현대의 프롤레타리아는 그 감정과 행동에서 완전히 국제적이다"고 주장했다(Kautsky, 2003a: 236쪽, 291쪽 이하).

카우츠키는 프롤레타리아 연대의 범위가 이처럼 국제적으로 확장될 뿐만 아니라 국내적으로도 전체 노동계급으로 확산된다는 점을 지적했다. 즉 자본주의적인 대규모 산업의 지배 아래서 산업노동자가 갖게 된 사상과 감정이 점점 수공업노동자에게 영향을 주고 더 나아가 농업노동자, 서비스업노동자 등과 같은 비산업노동자에게도 확산됨으로써 결국 이들 역시 임금노동자 일반의 사상과 감정을 갖게 되며, 이에 따라 연대의 범위가 산업노동자로부터 임금노동자 일반으로 확장되는 경향이 있다는 것이다.

물론 연대가 이처럼 확장되더라도 그 출발점과 중심은 어디까지나 산업노동자들이다. "이들 노동자 위에 여전히 비산업 분야인 도시적 영업노동자가 점차로 가세한다. ……연대의식은 마침내 독립적 수공업자 중 가장 열악한 자를 정복하기 시작해 상황에 따라서는 농민에게도 전염되기 시작한다. 이리하여 노동 제계급은 점점 유일한 통일적 노동자계급으로 융합되기에 이른다. ……그들 사이에는 대공업 프롤레타리아 특유의 '동지적 결속, 조합적 훈련, 자본에 대한 적대정신'이 점점 확산된다"(Kautsky, 2003a: 238~239쪽).

그런데 카우츠키는 사회주의 실현에서의 민주주의의 역할을 마르크스보다 훨씬 더 적극적으로 받아들였다. 특히 1917년 러시아혁명은 그의 이러한 인식을 더욱 분명하게 만드는 계기가 되었다. 마르크스주의자로서 그는 여전히 프롤레타리아 혁명론을 견지했지만 러시아의 볼셰비키 혁명은 결코 마르크스주의적인 프롤레타리아 혁명이 아니라고 보았다. 왜냐하면 그의 관점에서는 마르크스주의가 사회주의 운동을 지배하게 된 이후에는 내전과 같은 유혈적인 사태나 공포정치 체제 등을 통해 사회주의를 실현하려는 생각이 설득력을 잃게 되는데, 볼셰비키는 오히려 이러한 역사의 수레바퀴를 거꾸로 돌리는 셈이었기 때문이다.[11]

카우츠키는 러시아혁명에서 벌어진 이러한 퇴행적 사태의 원인

---

11) 볼셰비키의 주장처럼 마르크스는 프롤레타리아 독재라는 말을 사용했다. 하지만 카우츠키는 이것이 정치적 상태를 표현하기 위한 것이지 통치형태를 가리킨 것은 아니라고 보았다(Kautsky, 2006: 159쪽).

은 무엇보다도 블랑키, 바이틀링, 바쿠닌 등 마르크스 이전의 사상이 만연한 당시의 러시아 프롤레타리아의 원시적 사고방식과 밀접한 관련이 있다고 보았다. 그래서 그는 이들 러시아 프롤레타리아가 지적이고 도덕적으로 발전을 이룩함으로써 이처럼 낙후된 사고방식을 극복하는 것이 무엇보다 필요하다고 주장했다(Kautsky, 2006: 318쪽 이하).[12]

카우츠키가 사회주의의 전제조건으로 간주한 도덕에는 연대가 속한다. 그런데 여기서 그가 의미한 연대는 러시아 노동자들에게서 흔히 발견되듯이 소규모집단 범위에 제한된 강력한 연대를 넘어서 사회 전체로까지 확대되는 연대다. 왜냐하면 만약 연대가 좁은 범위에 국한되어 "사회의 다른 구성원들을 희생시키면서 자신들의 이익을 추구할 경우 오히려 반사회적으로 작용할 수도 있기" 때문이다. 바로 이런 맥락에서 그는 인류 전체로까지 확대되는 프롤레타리아의 연대감에 관해 주장했던 것이다(Kautsky, 2006: 340쪽, 350쪽 이하).

이처럼 카우츠키의 연대사상은 기본적으로 마르크스의 관점을 계승하면서 보다 적극적으로 연대론을 발전시킨 것으로 볼 수 있다. 따라서 연대사상의 발전에서 그가 이룩한 가장 큰 공헌은 무

---

12) 카우츠키는 볼셰비즘의 비도덕성을 다음과 같이 비판했다. "볼셰비즘은 인류 전체를 해방시켜 좀더 높은 수준으로 끌어올리기 위한 사회주의 투쟁을 최악의 학대와 고문으로 점철된 개개인들에 대한 복수와 분노의 표출로 바꾸어버림으로써 프롤레타리아들의 도덕성을 높은 수준으로 끌어올린 것이 아니라 오히려 도덕적으로 타락시켜버렸다"(Kautsky, 2006: 353쪽).

엇보다도 마르크스가 매우 소극적으로 사용한 연대개념을 마르크스주의 사상에 적극적으로 결합시켜서 마르크스주의 사상의 기본개념으로 만들었다는 데 있다. 그리고 내용적으로는 카우츠키가 마르크스주의자로서 산업노동자들의 특별한 역할을 중시하면서도 마르크스가 경계심을 드러냈던 일부 집단들에게까지 연대의 범위를 넓히려고 시도한 점에서 특별한 주목을 받을 가치가 있다(Stjernø, 2004: 48~49쪽).

이처럼 연대의 범위를 넓히려 한 카우츠키의 시도는 그 후에 사회민주주의자들을 통해 더욱 적극적으로 추진되었으나 레닌주의자들은 순수한 노동자 계급연대를 여전히 강조했다. 카우츠키와 동시대인으로서 연대의 범위를 보다 적극적으로 넓히려고 노력한 대표적인 사회민주주의자 가운데 한 사람이 베른슈타인이다.

베른슈타인은 사회민주주의자 중에서도 특별히 수정주의자로 잘 알려진 인물이다. 그가 카우츠키와 같은 마르크스주의자들이 지배한 독일 사회민주당에서 마르크스주의 노선을 수정해 실용주의 노선을 취할 것을 주장했기 때문이다. 그는 19세기 말 자본주의 사회의 변화를 관찰하면서 마르크스주의자들이 예견한 자본주의의 붕괴에 관한 몇 가지 중요한 진단들이 현실에서 크게 벗어났다고 보았다. 그렇기 때문에 그는 이제 사회민주주의자들이 자본주의의 사망을 더 이상 기다리지 말고 구체적인 개혁정책을 개발하고 의회에서 다수를 이루기 위해 다른 계급이나 집단과 동맹을 추구하는 등 좀더 현실적인 노력을 기울여야 한다고 주장했다(Stjernø, 2004: 49쪽; Grebing, 1970: 118쪽 이하).

베른슈타인의 수정주의는 사상적으로 라살레의 영향을 그리고 실제에서는 영국 노동운동의 영향을 많이 받았는데, 특히 라살레의 영향은 그의 연대사상에서 잘 나타나 있다. 베른슈타인은 사회유기체론의 관점에 근거해 라살레를 비롯한 이전의 여러 사회주의자들처럼 연대를 사회주의 사회의 특성으로 간주했다. "사회주의는 합목적적인 집합경제이며 궁극적으로 사회유기체의 모든 구성원의 연대성이 더욱 더 실현되는 것으로, 사회적 결속의 실현으로 나아간다(Bernstein, 2002: 152쪽)." "우리는 희망을 가져도 좋다. ……억압받는 이들과 곤궁한 이들이 이익을 얻게 되고 전체의 계급폐지 위에 기초한 연대라는 근본원리가 실현되는 사회를 향해. 이미 성취된 것이 더욱 확대되는 것에 대해 살아 있는 이해관계와 뜨거운 감정을 지니는 모든 이가 만족하게 될 것(Bernstein, 2002: 156쪽)"이라고 말이다.

또한 라살레처럼 베른슈타인도 이러한 연대를 현실화시키는 과정에서 국가를 부정적으로만 대할 필요가 없다고 보았다. "노동자들은 국가를 적대할 수 있고 실제로 적대해왔으며 상황에 따라서는 적대해야만 한다. 그러나 그것은 특정한 형태의, 특정한 지배관계 아래의 국가에만 해당된다. 민족의 거대한 전체 통합체로서, 거대한 전체 이해의 적합한 보호자로서 국가의 기능에 관련된 것, 거기에 노동자들은 한 영역에서 국가와 함께 서 있다. ……이성적 법 관념에 의거한 국가가 스스로 기초로 삼고 있는 근본사상을 노동자들 역시 높게 평가한다(Bernstein, 2002: 139~140쪽)."

베른슈타인에 따르면, 연대의 실현은 국가 안에서 정치적인 투쟁을 통해서 이루어지며, 노동자계급에게는 이러한 정치적 투쟁이 오직 민주주의 안에서 가장 성공적으로 이루어질 수 있다. 왜냐하면 노동자계급만큼이나 전면적이고 무조건적으로 민주주의를 지지할 수 있는 다른 계급이 없기 때문이다(Bernstein, 2002: 141쪽).

여기서 그는 사회주의 실현을 위한 민주주의의 중요성을 특별히 반복해서 강조했다. 우선 그는 사회주의 투쟁의 수단으로서 보통 선거권의 중요성을 강조했는데, 그 이유는 이것이 비록 "민주주의의 한 요소에 불과하지만 마치 자석이 흩어진 쇳조각을 끌어모으는 것과 마찬가지로 시간이 흘러감에 따라 민주주의의 다른 요소들을 자신에게 끌어들이는 힘을 갖고 있기" 때문이다(Bernstein, 1999: 255쪽). 그리고 민주주의는 결국 모든 계급특권의 폐지를 뜻한다. 그러므로 민주주의는 "사회주의 투쟁의 수단이면서 동시에 사회주의의 실현형태", 목적 혹은 실체이기도 하다(Bernstein, 1999: 251쪽, 276쪽).

베른슈타인은 노동계급이 민주주의 원칙에 따라서 사회주의를 실현시키기 위해서는 평등 · 연대 · 자유의 세 가지 윤리가 중요하며 그 가운데서도 특히 연대는 노동운동에서 가장 강력한 힘을 발휘하는 이념이라고 보았다. "노동운동 내부에서는 연대실천의 필요성에 대한 인식보다 더 강한 힘을 발휘하는 어떠한 원리 혹은 이념도 없다. 사회적 권리의 어떤 다른 위대한 규범적 원리들도, 즉 평등의 원리나 자유의 원리도 이것과 겨룰 수 없다"(Bernstein, 1910: 134쪽).

이처럼 그는 연대가 노동운동의 핵심원리 혹은 이념이라고 보았는데 여기서 특별히 주목할 것은 그가 이것을 윤리라고도 표현했다는 점이다. 과학적 사회주의를 표방한 마르크스주의 관점에서는 연대의 형성과 발전을 물적인 조건의 변화에 따른 결과로 설명하는 경향이 있다. 자본주의 사회에서의 노동자 계급연대와 공산주의 사회에서의 연대에 대한 마르크스의 설명과 카우츠키의 해석이 그 예다.

하지만 베른슈타인은 이와 다른 견해를 보였다. 근대의 대규모 공업의 발달이 노동자 계급연대를 필연적으로 발생시키지 않았고 오히려 노동자들의 분화를 가져왔다는 것이다. 따라서 그는 매우 옅은 연대감만을 소유한 이들 노동자에게 무엇보다도 연대의 윤리가 필요하다는 사실을 강조했다(Bernstein, 1999: 196쪽 이하; 1910: 129쪽 이하).

협동조합운동은 프랑스와 영국에서는 노동자들이 연대의 윤리를 학습하고 자발적으로 실천하는 중요한 장으로 인식되어 매우 강조되었으나 마르크스주의자들이 주도한 독일 노동운동에서는 상대적으로 경시되었을 뿐 아니라 배척되는 경향도 있었다. 하지만 영국의 노동운동을 가까이서 경험한 베른슈타인은 협동조합 운동에 큰 의미를 부여하고 이를 매우 강조했다. 그가 보기에 협동조합운동은 하기에 따라서는 노동자들이 자율적으로 연대해 사회적 진보를 꾸준히 이루어나갈 수 있는 매우 의미 있는 실천방식이었기 때문이다(Bernstein, 1999: 204쪽 이하, 302쪽 이하, 317쪽).

베른슈타인은 노동자 연대의 범위를 국제적으로 넓힐 것을 강조한 마르크스주의자들과 마찬가지로 노동자 연대의 국제화 경향과 그 필요성에 적극 동의했다. 그러면서 그는 노동계급의 국제적인 연대가 "문화 인류의 연대라는 틀 속에서", 즉 "민족자결권을 토대로 이룩되는 민족들 간의 자유로운 결속"의 형태로 이루어져야 한다는 점을 강조함으로써, 노동자의 국제적인 연대가 자유의 원리, 이 경우에는 민족자결권의 원리와 조화를 이루어야 한다는 점을 분명히 했다(Bernstein, 2002: 112쪽).

끝으로 베른슈타인은 노동자 연대의 범위를 국제적으로 넓힐 뿐만 아니라 다른 계급으로 넓힐 것을 주장하기도 했다. 즉 그는 노동계급이 때에 따라서는 심지어 급진적인 부르주아와 연대하는 것도 필요하다고 보았는데, 이처럼 그가 연대의 범위를 기존 마르크스주의자들의 입장보다 훨씬 확대시킨 것은 사회주의 실현이 혁명을 통해 순식간에 이루어지기보다는 지속적인 개혁운동을 통해 점진적으로 이루어진다고 보았기 때문이다. 이러한 관점에서 그는 사회개혁의 쟁취에 필요하다면 노동계급을 훨씬 벗어난 범위까지도 연대를 모색할 수 있다고 생각했다(Bernstein, 1999: 317~318쪽; 2002: 154쪽 이하).

이와 같은 베른슈타인의 연대론은 사회주의적인 연대사상의 발전에서 다음과 같은 의미를 갖는다. 첫째, 마르크스주의가 주도하던 독일 노동운동과 사회주의 사상에서 연대의 도덕적 의미를 본격적으로 회복시키는 데 기여했다. 라살레는 연대를 국가가 실현시켜야 할 가장 중요한 도덕적 이념 가운데 하나로 간주했으나 과학적 사회주의를 주장한 마르크스주의자들에 의해 연대는 기본적으로 물질적 이해관계의 결과로 인식되는 경향이 강했다. 물론 대표적인 마르크스주의자 카우츠키는 계급투쟁이 과학뿐 아니라 도덕적 이상도 필요로 하며, 연대는 사회주의의 전제조건으로서 요구되는 도덕적 이상 가운데 하나라고 주장했다.

하지만 도덕과 과학의 관계를 깊이 고민한 그 역시 결국은 과학적 사회주의 관점에서 과학이 도덕을 초월한다고 봄으로써 연대를 "견실한 경제적인 고려 속에서" 이해했으며, 그 결과 연대의 범위를 실제로는 크게 넓히지 못했다(Kautsky, 2003b: 158쪽 이하).[13)]

이에 비해 과학적 사회주의의 한계를 카우츠키보다 더욱 분명히 인식한 베른슈타인은 첫째, 연대를 윤리로 더욱 분명히 개념화함으로써 그동안 독일 노동운동과 사회주의 사상에서 무시되어온 연대의 도덕적 의미가 본격적으로 회복되는 계기를 만들었다. 그리고 이로써 비로소 연대의 범위가 이해관계를 공유하는 계급의 경계를 벗어나 심지어 계급적 이해관계가 상충되는 집단에까지 확대될 수 있었다(Bernstein, 2002: 47쪽 이하).

둘째, 베른슈타인은 마르크스주의가 주도하던 독일 노동운동과 사회주의 사상에서 연대의 이념과 자유의 이념을 조화시키려는 노력을 회복시키는 데 기여했다. 연대와 자유의 상호 밀접한 관련성에 대한 논의는 마르크스의 초기 연대론과 라살레의 연대사상

---

13) 셰르노 역시 룩스(Steven Lukes)의 글을 인용하면서 과학과 도덕의 관계에 대한 바로 이러한 인식 때문에 카우츠키가 연대사상을 더욱 발전시키지 못했다고 평가했다(Stjernø, 2004: 49쪽).

에서 명백히 발견된다. 여기서 이들은 자유의 가치가 절대적이며 연대는 이러한 자유를 배척하는 것이 아니라 오히려 이를 실현시키는 가장 중요한 수단임을 강조했다. 하지만 마르크스주의 사상이 특별히 마르크스의 후기 사상을 기초로 확립되어가면서 개인의 자유의 가치에 대한 인식이 희미해졌을 뿐만 아니라 집단주의적인 사고가 지배한 분파에서는 계급연대를 위해 개인의 자유를 희생시키는 것을 당연시하는 경향도 있었다.

이러한 상황에서 베른슈타인은 자유의 이념과 가치를 다시 부각시켰다. 그는 당시 노동자계급에게 자유의 개념이 발전되어 있지 않음을 인정해야만 한다면서, 자결(自決, Selbstbestimmung) 혹은 자유의 윤리를 연대의 윤리, 평등의 윤리와 함께 노동운동의 세 가지 가장 중요한 윤리 또는 이념으로 제시했다. 그리고 노동자는 결사, 즉 노동운동을 통해 비로소 인격적인 자유에 이른다고 주장했는데 이러한 인식은 바로 마르크스의 초기 연대론과 라살레의 연대사상에서 발견되는 것이다(Bernstein, 1910: 140쪽).

마르크스주의 노선의 전술적인 수정을 요구한 베른슈타인의 수정주의 입장은 그 당시의 독일 사회민주주의자들로부터 외면받았을 뿐만 아니라 신랄한 비판도 감수해야만 했다. 하지만 그의 영향력은 특히 북유럽에서 컸으며, 그 후 사회민주주의 사상의 발전과정에서 수정주의와 개량주의 경향의 실질적인 영향력이 지속적으로 증대한 결과 마침내 현대 사회민주주의자들의 지배적인 조류가 되었다. 이로써 그의 명예는 온전히 회복되었다. 특히 그가 제시한 평등 · 연대 · 자유의 세 이념은 약 반세기 후인 1959년에 기넘비적인 문건인 독일 사회민주당의 고데스베르크 강령에서 채택됨으로써 현대사회민주주의 발전의 초석이 되었다(Stjernø, 2004: 49쪽 이하; 송병헌, 2002: 165쪽).

마르크스주의 계승자 가운데 개인의 자유를 희생시키는 것을 당연시하는 집단주의적 사고의 대표적인 흐름 가운데 하나가 레닌주의다. 사회민주주의자들과 비교할 때 레닌주의자들은 순수한 노동자 계급연대를 더욱 강조했으며 노동자 연대를 공산주의 혁명의 도구로 이해하는 경향이 강했다.

레닌(V.I. Lenin) 자신은 연대의 문제에 관심이 없었다. 그것은 그의 가장 대표적인 두 편의 글 「무엇을 할 것인가?」 「국가와 혁명」 어디에도 이 단어가 사용되지 않은데서 쉽게 알 수 있다. 그는 노동자계급의 단결을 추구했지만 그것은 어디까지나 정치적으로 올바른 노선에 입각한 단결을 의미했다. 그래서 그는 서로 다른 집단들을 결속시키는 데 관심을 기울이기보다는 오히려 노선이 다른 집단과의 경계를 긋는 데 더욱 몰두했다. 그는 올바른 노선 위에 있는 당의 지도를 충실히 따르는 것을 중요하게 생각했기 때문에 당 안팎의 반대자나 다른 노선의 지지자들과는 가차 없이 투쟁했으며 이들을 물리치려 했다. 이처럼 그에게는 정치적 단결과 투쟁이 중요했지 계급연대, 특히 서로 다른 계급 구성원들의 감정과 태도의 일치와 같은 문제는 주요 관심의 대상이 아니었던 것이다(Stjernø, 2004: 53쪽).

레닌주의자 가운데 연대개념을 다룬 중요한 인물로는 루카치(Georg Lukacs)가 있다. 그는 『역사와 계급의식』에서 자유에 관해 논의하면서 연대에 관해 언급했다. 그에 따르면 자본주의 사회에서 주장하는 인간의 자유란 사물화되고 고립된 개인의 자유이며 고립된 다른 개인에 대립된 자유다. 그러므로 이러한 자유는 이기주의적인 자유이며 자기폐쇄적인 자유로서 진정한 자유라고 할 수 없다. 그는 연대를 개인의 진정한 자유와 발전의 조건으로 여긴 마르크스의 관점을 따라 "연대와 하나가 된 자유"(die Freiheit in ihrer Einheit mit der Solidarität)가 진정한 자유이며 이러한 자유는 공산주의 사회에서 실현될 수 있다고 보았다(Lukacs, 1986: 430쪽).

그래서 그는 공산주의 사회를 자유의 왕국이라고 부르면서 이러한 목표를 바라고 의식적으로 그리고 조직적으로 실현시켜가는 과제를 철저히 공산당에 부여했다. 그에 따르면 공산당은 진정한 자유를 향한 전체의지(Gesamtwille), 즉 프롤레타리아 계급의식을 대변한다. 반면 자본주의 사회에서 말하는 개인의 자유는 타인의 부자유에 비연대적으로 기초해 있는 부패한 특권에 지나지 않는다. 그러므로 자유의 왕국을 바라는 자들은 자신을 전체의지, 즉 공산당에 의식적으로 종속시켜야 한다고, 즉 개인의 자유를 포기해야 한다고 주장했다(Lukacs, 1986: 429~430쪽).

이런 관점에서 루카치는 레닌과 마찬가지로 규율(Disziplin, discipline)의 중요성을 매우 강조했다. 그는 부르주아적 자유의 관념은 "전체의지의 성립을 방해하고 당을 개인들의 느슨하고 무력한 집합체로 변화시킨다"고 지적하면서, 당이 능동적인 전체의지로 될 수 있는 것은 오직 규율을 통해서며, "규율이야말로 개인에게도……오늘날 가능한 자유를 향한, 더구나 현재를 극복하는 방향의 자유를 향한 첫걸음을 의미한다"고 주장했다(Lukacs, 1986: 431쪽).

이처럼 루카치는 마르크스의 이상적인 연대상을 그리고 자유와 연대의 관련성에 대한 그의 기본인식을 계승했다. 하지만 자본주의 사회의 극복이라는 실천적인 맥락 속에서는 전체의지로서의 당의 지도적인 역할을 특별히 강조하고 개인적인 자유의 희생을 당연시한 레닌의 관점을 수용함으로써 그리고 이런 관점에서 자신의 계급의식론을 전개함으로써 노동자 단결에 대한 도구주의적이며 집합주의적인 논리를 강화시키는 데 공헌했다. 그리고 혁명적 계급의식으로 무장한 노동자계급의 연대를 강조함으로써 전투적이고 배타적인 연대논리에 기여했다. 이것은 카우츠키, 베른슈타인 등 사회민주주의자들이 연대의 범위를 넓히는 데 점점 더 큰 관심을 기울인 것에 반해, 루카치를 비롯한 레닌주의자들은 연대의 경계를 더욱 명확히 함으로써 내부 결속력을 더욱 강화시키는 데 관심을 기울였기 때문이다.

가톨릭의 연대사상 전통

  서구사회에서 기독교, 특히 가톨릭은 연대사상이 사회윤리로 자리 잡는 데 매우 중요한 역할을 수행했다. 뿐만 아니라 정당을 통해 연대사상이 정책으로 구체화되고 결국에는 사회제도로 자리 잡는 데에도 크게 기여했다. 그래서 여기서는 연대사상이 가톨릭의 중요한 사회사상으로 통합되는 데 매우 중요한 역할을 한 페쉬(Heinrich Pesch)의 연대주의 사상과 이로부터 큰 영향을 받아서 연대주의적인 사회관을 가톨릭교회의 공식입장으로 표명한 교황 비오(Pius) 11세의 회칙을 중심으로 제2차 세계대전 종전 이전까지의 기독교 연대사상을 살펴보고자 한다.[14]

---

14) 기독교 가운데 개신교에서는 연대사상의 도입이 매우 늦었을 뿐 아니라 중심개념으로 발전하지도, 다른 핵심개념들에 잘 통합되지도 않았다 (Stjernø, 2004: 83쪽). 1936년 루터교인이 대다수였던 노르웨이에서 기독교민중당(Kristelig Folkeparti, Christian People's Party) 강령에 연대용어와 사상이 간략히 언급되었다. 하지만 당시 이 정당의 의석수는 두 석에 불과하여 정치적 영향력이 크지 않았을 뿐 아니라 그 후 40여 년 이상 동안 연대용어가 이 정당의 강령에 다시 등장하지도 않았다(Stjernø,

가톨릭연대주의의 지적 배경

가톨릭사회론과 「새로운 사태」

서구사회의 근대화 과정에서 가톨릭은 전반적으로 방어적인 위치에 있었다. 그래서 산업혁명 이후에 출현한 빈곤, 노동착취 등과 같은 심각한 사회문제에 대해서도 다수의 가톨릭교회는 소극적이거나 무관심한 태도를 보였다. 하지만 초기 사회주의자들이 등장했던 시기부터 이미 평신도로부터 사제에 이르기까지 사회문제에 적극 관여하는 다양한 움직임들이 19세기 동안 계속되었다.

예컨대 프랑스에서는 생 뱅상 드 폴 협회(Société Saint Vincent de Paul), 자선경제협회(Société d'Economie charitable) 등을 통해, 독일에서는 가톨릭직인협회(Katholischer Gesellenverein), 가톨릭노동자협회(Katholischer Arbeiterverein) 등을 통해 가톨릭 사회운동이 전개되었다. 그리고 독일의 케텔러 주교(Wilhelm Emmanuel von Ketteler)처럼 자유주의 · 사회주의 · 노동자문제 등 사회문제에 직접 관련된 주제에 대한 저술을 통해 진단과 처방을 내놓은 인물들도 많았다(유은상, 1989: 96~97쪽).

하지만 가톨릭교회가 이 시기의 사회문제에 대해 적극적인 태도로써 공식적인 입장과 원칙을 밝힌 것은 19세기 말이 되어서였다. 교황 레오 13세는 회칙 「새로운 사태」를 오랜 기간 준비한 끝

2004: 230~234쪽). 개신교의 연대사상은 20세기 후반에야 특히 제3세계 상황과 관련해 확산되었기 때문에 여기서는 가톨릭의 연대사상을 중심으로 살펴보고자 하는 것이다.

에 마침내 1891년 반포했는데 이것은 가톨릭사회론 혹은 사회적 가톨릭사상의 새로운 시대를 여는 매우 중요한 계기가 되었다.[15]

「새로운 사태」의 부제가 '노동자문제에 대하여'라는 사실이 보여주듯이 이 회칙은 산업사회의 주요 쟁점에 대한 가톨릭교회의 기본입장을 제시했다. 먼저 회칙은 자본주의 사회에서 노동자가 처한 열악한 현실과 탐욕스런 소유자들의 악에 대해 신랄하게 비판했다. "노동자들은 점점 고립되어 무방비 상태로 부유한 소유자들의 무자비함과 고삐 풀린 경쟁의 탐욕에 내맡겨졌다. ……상공업은 소수에 의해 독점되다시피 했으며, 그 결과 소수의 지나친 부자들은 무산자 대중들에게 거의 노예와 같은 멍에를 씌울 수 있었다"(Leo XIII, 1891: 42쪽).

그렇다고 회칙이 사회주의자들의 입장을 옹호한 것은 결코 아니다. 회칙은 사회주의자들이 잘못된 주장으로써 무산자들을 선동하며 합법적인 사유재산을 부당하게 침해하려 한다고 비판했다.

"이 악을 제거하기 위해 사회주의자들은 부유한 자들에 대항해 무산자들을 선동하면서 사유재산이 폐지되어야 한다는 주장을 펴뜨린다. ……그들은 개인들이 갖고 있는 모든 소유를 전체의 소유로 전환함으로써 불의한 현실을 극복할 수 있다고, 재산과 이로 인한 혜택은 국가의 구성원들에게 단번에 분배되어야 한다고 잘못 생각한다. 하지만 이러한 프로그램은 문제해결에 기여하는 것과는

---

15) 케텔러의 가톨릭 사회사상은 「새로운 사태」에 영향을 미쳤다. 셰르노에 따르면, 케텔러의 텍스트와 연설에는 「새로운 사태」의 핵심요소들이 들어 있다(Stjernø, 2004: 206쪽).

매우 동떨어진 것이다. 그것은 오히려 노동계급 자신에게 해가 된
다. 더 나아가 그것은 합법적인 소유자에게 폭압을 행사하는 매우
불의한 일이다. 그것은 종국에는 국가의 과제에 반하며, 국가를 완
전히 해체하는 결과를 낳는다"(Leo XIII, 1891: 43쪽).

회칙은 사유재산을 소유할 권리가 명백히 자연권에 속한다고 보
았다(Leo XIII, 1891: 43쪽). 그리고 유산계급과 노동계급 간의 관
계에서도, 사람의 몸에서 보듯이 자연의 질서는 대립이 아닌 조화
를 보여주므로 계급투쟁을 추구하는 대신에 오히려 투쟁을 제거하
고 그 원인을 근절함으로써 계급 간의 균형과 조화를 이루어야 한
다고 보았다. 그래서 회칙은 한 계급이 다른 계급을 철저히 필요로
하므로, 노동 없는 자본이 존재할 수 없듯이 자본 없는 노동도 존
재할 수 없다고 선언했다(Leo XIII, 1891: 51쪽).

그리고 이런 관점에서 회칙은 유산자와 고용주에게 노동자와
노동에 대한 올바른 인식을 가질 것을 요구했다. 즉 "노동자를 노
예처럼 생각하고 그렇게 대해서는 안 되며, 크리스천으로서의 존
엄을 통해 높여진 노동자들의 인격적인 존엄을 언제나 거룩하게
지켜야 한다." 그리고 "이들의 정신적인 안녕과 종교적인 욕구를
존중해야 하며" "이들의 체력으로 감당할 수 있는 것보다 더 많은
노동의 부담을 부과하거나 이들의 연령이나 성별에 맞지 않은 성
과를 요구하는 것은 부당하다"는 것이었다. 더 나아가 회칙은 "노
동과 경제적 근심이 노동자들을 비천하게 만들지 않으며, ……이
것들을 오히려 명예로 여겨야 한다"면서 오히려 "인간을 다만 자
신의 이익을 위해 착취하고 노동력으로만 써먹는 것이 수치스러

우며 비열한 일이다"라고 강조했다(Leo XIII, 1891: 51~52쪽).

이와 함께 노동자들에게도 회칙은 노동과 고용주에 대한 윤리적 태도를 요구하면서 선동가를 경계하라고 주장했다. "자유롭고 정당한 계약을 통해서 하게 된 노동은 완전하고 진실되게 수행해야 하며, 고용주의 소유나 인격을 침해해서는 안 된다. 그리고 자신들의 이익보호를 위해 폭력을 행해서는 안 되고 어떤 경우에도 폭동을 일으켜서는 안 되며, 그들에게 믿지 못할 희망으로 속이지만 결국 노동자에게 쓰라린 실망과 파멸만 가져다주는 사악한 인간들을 가까이해서는 안 된다(Leo XIII, 1891: 51~52쪽)."

회칙은 비록 사유재산권을 자연적 권리로 간주하여 국가의 보호를 요구했지만, 이와 함께 무산자에 대한 국가의 특별한 지원도 요구했다. "국가는 사적인 권리를 보호할 때 하층의 무산자 대중을 위해 전적으로 특별한 배려를 해야 한다. 부유한 자들은 스스로 지원수단을 갖고 있는 만큼 공공적인 보호에 의지하지 않지만, 어떠한 기반도 없는 무산자는 국가의 지원에 거의 전적으로 의지한다. 그러므로 대부분 무산자인 임노동자는 국가로부터 특별한 돌봄을 받아야 한다"(Leo XIII, 1891: 63쪽).

물론 회칙은 야경국가론과 거리를 두었지만 지나친 개입주의 국가관으로부터도 명백히 거리를 두었다. 국가는 "악을 제거하고 위험을 멀리하는 데 필요한 만큼"은 시민생활에 개입할 수 있지만 그 이상은 허용되지 않는다. 시민의 재산권과 관련해서도 국가는 "공공선에 부합하도록 이 권리를 규제할" 수는 있지만 이것을 폐지하거나 지나친 세금으로 무력화시켜서는 안 된다는 관점을 회칙은 명백히 했다(Leo XIII, 1891: 62쪽, 69쪽).

이처럼 회칙은 당시의 자유주의 입장과 사회주의 입장 양자로부터 거리를 두면서 무산 노동자들의 문제를 중심으로 한 당시의 사회적 문제를 해결하는 데 국가의 적극적인 역할을 요구했다. 하지만 회칙은 사회문제를 다루는 일차적인 역할을 국가에 부여하는 국가주의 입장을 취하지는 않았으며, 오히려 노동자와 고용주 스스로가 사회문제를 해결하기 위해 함께 노력하는 것을 더욱 중요하게 여겼다. 회칙은 노동자와 고용주의 상호지원 단체들, 노동자와 그 가족을 지원하기 위한 여러 사적인 기관들, 어린이 또는 청년 보호기관 등의 활동이 이러한 노력에 속한다고 보았다. 그러면서 이들 가운데서도 특히 노동자단체의 중요성과 그것이 증대되는 경향에 주목했다. 물론 여기서 뜻하는 노동자단체는 노동자로만 구성된 것일 수도 있지만 노동자와 고용주가 함께 속한 것일 수도 있다(Leo XIII, 1891: 69쪽).

회칙은 이처럼 사람들이 사회문제를 해결하기 위해 다른 사람들과 다양한 형태로 결사체를 이루는 것이야말로 참된 사회라고 보았다. 이들 결사체는 국가에 비해 규모가 작고 구성원을 포괄하는 범위가 제한적이며, 일차적인 목표가 구성원의 유익에 있다는 점에서는 사적인 사회다. 하지만 결사체는 자연스런 결사의 욕구로부터 나온 것이며 따라서 자연권에 기초해 있다. 물론 권리와 도덕 혹은 공공복지에 명백히 반하는 목표를 가진 단체에 국가의 강제력을 행사하는 것이 정당화되는 경우가 많이 있다. 하지만 이때에도 국가에 의한 강제력의 집행은 매우 신중해야 하며, 국가가 결사체의 존립을 금하는 절대적인 전권을 가질 수는 없다고 회칙은 결사체에 대한 국가권한의 한계를 명백히 밝혔다(Leo XIII, 1891: 70~71쪽).

이러한 내용의 「새로운 사태」는 20세기에 가톨릭사회론이 발전하는 데 중요한 전기가 되었으며 이후의 교황들이 사회문제에 대한 가톨릭교회의 공식적인 입장을 정리해 사회회칙을 반포하는 중요한 계기가 되었다. 뿐만 아니라 「새로운 사태」는 세기 전환기에 사회법·연금·건강보험·재난방지 등 다양한 영역에서 노동자권리를 좀더 존중하는 방향으로 개혁을 행하도록 했으며, 가톨릭 정당을 비롯한 기독교 정치세력의 정치이념을 정립하는 데에도 큰 영향을 미쳤다(Johannes Paul II. 1991: §1, §2, §15).

프랑스 연대주의 운동과 레옹 부르주아

연대(solidarity)처럼 연대주의(solidarism)라는 용어도 프랑스에서 탄생했다. 프랑스에서 탄생해 빠르게 확산된 연대개념은 1852년 이후의 프랑스 제2제정 시대에는 주변적인 개념으로 되어갔다. 하지만 19세기 말 레옹 부르주아(Léon Bourgeois), 지드(Charles Gide), 뒤귀(Léon Duguit) 등 일단의 연대주의자들의 운동을 통해 연대관념은 다시금 주목을 받는 중심개념으로 부활하게 되었다.

프랑스 연대주의자들은 기본적으로 중간계급에 속했다. 이들은 프랑스혁명 이후 계속되어온 프랑스 사회의 불안을 극복하고 사회통합을 이룩하는 데 큰 관심을 가졌다. 마침내 1880~90년대 동안 이들 중간계급 출신 정치인들이 당시의 부르주아 자유주의 · 노동계급 집합주의 · 가톨릭 사회론의 관념들을 절충한 새로운 노선을 모색하면서 이 새로운 노선을 연대주의라고 명명했다(Stjernø, 2004: 146쪽).

이들 연대주의자 가운데 가장 중요한 인물은 노벨평화상 수상자이기도 한 레옹 부르주아다. 그는 연대사상에 관한 중요한 집필자였을 뿐 아니라 1895년 수상으로서 프랑스 최초의 순수한 좌파 민주주의 정부를 구성하여 연대주의 이념을 정책적으로 실현하고자 한 정치인이기도 하다.[16] 비록 그는 의회에서 다수의 지지를 얻는 데 실패함으로써 1896년 사임했지만 그와 연대주의자들은 연대를 핵심용어로 만들어 복지정책 이데올로기에 통합시킨 최초의 인물들이었다(Stjernø, 2004: 149쪽).

레옹 부르주아의 연대주의 사상은 다음과 같은 네 가지 내용으로 간략히 정리할 수 있다. 첫째, 그는 화학자이자 미생물학자인 파스퇴르(Louis Pasteur)로부터 박테리아에 대해 배우고 이에 대한 관심을 발전시켜서 인간의 상호의존성을 자연현상으로 설명하고자 했다. 그에 따르면 인간은 보이지 않는 박테리아의 끈을 통해 각자의 건강이 타인의 건강과 사회의 일반적인 건강 상태에 의존해 있듯이 서로에게 그리고 그들의 환경에 의존해 있다. 또한 그는 사회유기체론의 영향을 받아서 사회를 유기체로 생각해 개인들과

16) 레옹 부르주아의 저서 *Solidarité*는 1896년 출간되자마자 프랑스의 지성계와 정치계에서 엄청난 반향을 불러일으켰다(Hayward, 1961: 21쪽).

일차적인 공동체들이 유기체의 세포가 되며 국가는 유기체를 규제하는 중심기관이라고 간주했다.

이처럼 인간의 상호의존성은 자연현상이자 과학적인 사실이기 때문에 자유주의적인 개인주의가 결코 타당한 사회이론이 될 수 없다. 따라서 이러한 과학적 사실에 입각해 상호의존성에 대한 도덕이론이나 사회이론이 발전되어야 한다고 그는 주장했다 (Stjernø, 2004: 147쪽).

둘째, 사회적 부채론과 준계약론이다. 콩트의 영향을 크게 받은 레옹 부르주아는 사람들은 태어날 때부터 이전 세대에 의해 축적된 문화적인 자본과 물질적인 자본의 혜택을 누리므로 사회의 빚을 진 자들이라고 보았다. 그렇기 때문에 사람들은 이 빚을 미래세대에 되갚아주어야 한다. 또한 사회적 부채는 같은 세대의 다른 사람들에게도 지고 있다. 그러므로 그는 사람들이 다른 이들로부터 받은 혜택을 돌려주기 위해서, 모든 종류의 불의 · 위험 · 악으로부터 다른 사람들을 보호할 책임을 갖게 된다고 보았다(Hayward, 1961: 29쪽).

준계약(quasi-contract) 이론은 사회구성원의 사회적 의무에 윤리적인 차원을 넘어 법적인 차원의 의미를 부여한 독창적인 이론이다. 그가 프랑스 민법에서 빌려온 이 개념은 당사자들이 비록 명시적으로 계약을 체결한 것은 아니지만 만약 이들이 사전에 자유로이 계약의사를 표명할 수 있었다면 그렇게 했을 것이라는 해석에 근거한 계약, 즉 암묵적인 계약을 뜻한다. 그는 루소의 사회계약론과 달리 사회구성원들 사이에는 사회계약에 대한 사전 동의가 사실상 존재하지 않는다고 보았다. 그렇지만 사회가 존재하고 사회구성원들의 암묵적인 수락을 통해 사회가 유지되고 있으므로 이들 사이에 준사회계약이 존재한다고 볼 수 있는 것이다. 따라서 구성원들에게는 계약을 이행할 의무가 주어져 있다는 것이다(Hayward, 1961: 28~29쪽).[17]

셋째, 레옹 부르주아의 연대주의 사상은 사회개혁을 추구하면서 복지정책과 같은 적극적인 공공 사회정책을 매우 중요한 도구로 삼았다. 레옹 부르주아는 개인주의의 한계를 명확히 제시하면서 전체사회 또는 타인에 대한 개인의 책임을 강조했지만 개인에 대한 사회의 책임도 함께 강조했다.[18] 사회는 개인이 태어난 조건에 책임을 갖고 있기 때문에 이전 세대로부터 물려받은 공통의 사회적 · 문화적 유산에 개인들이 평등하게 접근할 수 있도록 교육, 고용, 사회보장, 그리고 사회적 서비스를 통해 보장할 책임도 져야 한다는 것이었다(Stjernø, 2004: 147쪽).

그래서 그를 비롯한 연대주의자들은 개인에 대한 사회의 책임을 행할 수 있도록 국가와 자발적인 상호부조 조직의 적극적인 역할을 인정했다. 특히 레옹 부르주아는 국가의 존재이유가 사람들 사이의 정의를 수립하는 것이라면서 국가의 책임을 강조했다. 그

---

17) 사회적인 의무를 매우 중요하게 여긴 레옹 부르주아는 프랑스혁명이 만든 권리선언에 의무선언이 덧붙여져야 한다고 주장했다. 그리고 이런 맥락에서 그는 프랑스혁명의 세 가지 이념을 바른 순서대로 배열하면 박애 · 평등 · 자유가 되며, 박애를 보다 과학적인 용어인 연대로 대체하면 연대 · 평등 · 자유가 된다고 보았다(Hayward, 1961: 26~27쪽).

18) 그는 "개인이 전체를 위해 존재하듯이 전체가 개인을 위해 존재하는 것을 뜻하는 개인과 전체 사이의 균형이 최상의 조직형태다"라고 주장했다.

리고 이런 관점에서 새로운 상속세 · 재산세 · 누진세 체계를 제안했으며, 산재 · 실업 · 노령에 대한 사회보험을 제안하는 등 확대된 사회개혁 프로그램을 발전시켰다. 이와 함께 그는 노동조합, 생산자 협동조합, 소비자 협동조합 등과 같은 자발적인 조직을 발전시키거나 강화시키고자 했다(Zoll, 2008: 95쪽; Stjernø, 2004: 148쪽; Hayward, 1961: 34쪽 이하).

끝으로 레옹 부르주아의 연대주의는 자유주의도 사회주의도 아닌 제3의 정치이념을 추구했으며 개인주의도 집합주의도 아닌 제3의 사회철학을 제시했다. 사회적 부채론과 준계약론의 관점에서 본다면, 인간은 결코 자신의 이익만을 자유로이 추구할 수 없으며 에너지와 창의성을 자신의 유익을 위해서뿐만 아니라 사회의 공동선을 위해서도 활용해야 한다. 그리고 국가는 구성원을 보호할 뿐 아니라 이들에 대한 사회의 책임을 다하기 위한 역할을 수행해야 한다. 그런데도 국가의 불개입을 주장하는 자유주의는 오히려 타인의 이익을 침해하기 위해 힘을 사용하는 것을 정당화하는 논리가 된다.

하지만 교황 레오 13세의 회칙 「새로운 사태」에서 표명된 가톨릭교회의 입장처럼, 레옹 부르주아를 비롯한 연대주의자들이 자유주의의 야경국가론을 비판하고 국가의 적극적인 역할을 인정했다고 해서 이들을 국가주의자로 볼 수는 없다. 왜냐하면 연대주의자들은 국가를 사회를 위한 하나의 도구이며 백성의 처분에 맡겨져 있는 것으로 간주했기 때문이다. 이들은 사회구성원들의 경제활동에 국가가 개입하는 것이 필요하지만 거기에는 한계가 있어야 한다고 보았다. 레옹 부르주아의 연대주의는 개인과 사회의 상호의존성을 강조하면서도 연대의 뿌리를 국가가 아닌 사회에서 찾는 사상이었다(Stjernø, 2004: 147~148쪽).

회칙 「새로운 사태」에서 확립된 가톨릭사회론과 레옹 부르주아의 연대주의 둘 다 사회에 대한 개인의 책임을 경시하는 자유주의적 개인주의와 개인의 자유와 자발성을 경시하는 사회주의적 집합주의 양자로부터 거리를 둔 사상체계라는 공통점이 있다. 하지만 새로운 통치세력을 형성하게 된 세속적인 중간계급은 세속적인 제3의 사회철학과 정치이념을 필요로 했다. 따라서 레옹 부르주아의 연대주의는 세속적 공화주의 전통에 굳게 입각하여 가톨릭 사회론과 구별되는 대안적인 사회철학을, 그리고 이에 기초한 제3의 정치이념을 제시했던 것이다. 연대주의는 바로 이 점에서 성공을 거두어 세기 전환기에 프랑스 제3공화국의 공식적인 사회철학이자 정치이념으로서 자리 잡을 수 있었다(Stjernø, 2004: 149쪽; Hayward, 1961: 20쪽).

페쉬의 연대주의 사상과 교황 비오 11세의 「사십 주년」

독일 가톨릭연대주의의 아버지, 페쉬

「새로운 사태」에서 확립된 가톨릭교회의 공식적인 사회론의 영향 아래 프랑스 연대주의 이념은 20세기 초에 특히 독일에서 가톨릭 사회개혁자들과 신학자들에게 전해지면서 더욱 발전되어갔다(Wildt, 1995: 1008쪽). 이들 가운데 가장 널리 알려진 인물이자 독일 기독교연대주의(Christlicher Solidarismus)의 아버지라 불리는 이가 예수회 소속 경제학자로서 『국민경제학 교본』(*Lehrbuch der Nationalökonomie*)〔제1권~제5권, 1905~23〕의 저자인 하인리히 페쉬다.

그는 한편으로 레오 13세의 「새로운 사태」에서 확립된 가톨릭 사회관으로부터 깊은 영감으로 받고 다른 한편으로는 콩트·뒤르켐·레옹 부르주아 등 통합론적인 프랑스 연대사상과 연대주의 이념에서 큰 영향을 받아서 기독교연대주의 사상체계를 정립하고 자 노력했다.[19] 이 과정에서 그는 연대개념과 연대주의 정신을 가 톨릭 사회윤리 일반에 적용함으로써 가톨릭사회론의 발전에 크게 기여했을 뿐 아니라 경제학자로서 이들 개념과 정신을 좀더 구체 적으로 경제이론과 통합시킴으로써 연대주의 사상의 발전에도 크 게 이바지했다.

페쉬는 공동의 도덕적인 목표를 위해 모든 노력을 질서 있게 결 합시키는 것, 즉 도덕에 기반을 둔 공동의 노력을 연대로 이해했 다. 그러므로 범죄단체처럼 비도덕적인 이해관계를 공유하는 경 우에는 비록 그것이 연대라는 이름을 쓰거나 연대의 모습으로 나 타나더라도 그에 따르면 진정한 의미의 연대라고 말할 수 없다 (Pesch, 1998: 43쪽).

이 연대개념을 한 국가의 정치와 경제에 적용시키면, 연대는 정 치사회와 국민경제의 목표인 공공적이며 일반적인 복지를 위해

---

19) 페쉬는 프랑스 연대사상과 연대주의가 실증주의·생물학·사회주의· 공리주의·진화론 등으로부터 너무 많은 영향을 받은 점을 한계로 지적 했다(Pesch, 1998: 81쪽; Stjernø, 2004: 207쪽).

개인 · 사회 · 국가가 함께 노력하는 것을 가리킨다.[20] 여기서 공공적이며 일반적인 복지는 전 국민의 경제적인 안녕을 포함한 국가 전반의 복지를 뜻하므로 금권주의적인 개인주의와 집단 또는 계급 이기주의와는 명백히 구별된다. 이런 입장에서 페쉬는 연대라는 용어가 개인이나 계급 이기주의를 위한 포장이나 장식으로 사용되는 것을 비판했다. 그리고 도덕적 질서에 굳게 자리 잡은 참된 연대는 국가와 경제에서 개인들과 집단들을 서로 분열시키고 이들 사이에 갈등을 낳기보다는 오히려 조화와 통일을 증진시키는 데 공헌한다고 주장했다(Pesch, 1998: 44쪽, 60쪽).

페쉬가 연대주의라는 개념을 도입한 것은 바로 이런 관점에서, 특히 연대개념을 국민경제의 조직화를 위한 원리로 활용하고자 한 뜻에서였다. 그래서 그는 연대주의를 "국민경제의 조직화를 위한 사회법적인 원리인 연대원리를 이용하는 하나의 사회체계"라고 정의했다(Pesch, 1905: 379쪽). 그리고 다른 곳에서는 "연대성 원리에 부합되는 국민경제의 조직화를 사회생활에 대한 도덕적-유기체적인 관점에서 요구하는 하나의 사회체계"가 연대주의라고 정의함으로써 자신의 도덕적-유기체적인 관점을 드러냈다(Pesch, 1905: 481쪽).[21]

---

20) 페쉬는 대표적인 사회적 연대를 결합하는 사람들의 범위에 따라서 ① 보편적인 인간적 연대, ② 한 국가의 국민적 연대, ③ 계층 또는 직업구성원의 연대, 이렇게 세 유형으로 나누었으며, 다른 곳에서는 여기에 가족의 연대를 덧붙이기도 했다. 앞의 논의는 이 가운데 두 번째 유형에 관한 것이다(Pesch, 1905: 384쪽; 1998: 68~70쪽).
21) 페쉬가 주장한 도덕적-유기체적 관점은 단순히 생물학적인 유기체적

이처럼 도덕적-유기체적인 사회관에 근거해 국가의 복지를 위해 국민경제의 조직화를 보장하려고 한 페쉬의 연대주의 사상을 주요 내용과 특징을 중심으로 간략히 소개하면 다음과 같다.

첫째, 페쉬의 연대주의가 기초로 삼은 인간은 타인과의 관계를 본질적인 속성으로 삼는 인격체다. 이것은 자유주의가 인간을 기본적으로 원자화된 개인으로 파악하는 개인주의적인 인간관에 기초해 있는 것과 구별된다. 그리고 종(種)으로서의 인간을 강조하면서 개인을 집합적 인간의 부분으로 이해하는 사회주의적 인간관과도 명백히 다르다. 그래서 페쉬는 인간이 단순한 종으로서의 인류나 단순한 개인이 아니라 인격체라고 표현했다(Koslowski, 2000: 373쪽).

이러한 인간은 타인의 도움을 받아서 자신의 부족을 보완할 필요와 능력을 함께 가진 이중적인 존재다. 그렇기 때문에 인간에게는 노동의 분화, 즉 분업과 노동의 결합, 즉 협업이 함께 필요하다. 이처럼 연대주의는 분업과 협업이 인간의 사회생활에 함께 속해

관점과 구별된다. 그의 도덕적-유기체적 관점에 따르면, 사회는 유기체이지만 도덕적 유기체이기 때문이다. 우선 유기체라는 점에서 본다면, 사회는 하나의 내적인 원리에 의해 질서 잡혀 있으며 통일되어 있다(유기체적 통일의 원리). 그리고 각 부분의 발전은 다른 부분들과 전체를 통해 조건지어진다(사실적 연대의 원리). 하지만 사회는 도덕적이며 자유로운 존재의 통일체라는 점에서 도덕적인 유기체다. 즉 각자는 자연권을 소지한 자로서 스스로가 목표이지 사회의 지체에 불과한 것은 아니다(자립성의 원리). 그리고 모든 이들은 보편적인 안녕(Wohl)을 위해 정의의 의무를 통해 연대적으로 결합되어야 한다는 점에서 결속은 도덕적인 의무다(의무로서의 연대원리)[Pesch, 1905: 379~380쪽].

있으면서 결코 분리될 수 없는 관계라고 보았다. 하지만 개인주의는 인간이 개인적으로 거래와 교환을 통해 스스로를 보완할 수 있는 능력을 갖고 있다는 점만을 강조하는 경향이 있다. 그리고 사회주의는 인간이 자립적인 개인으로 교환관계에 들어가기 어려워서 타인의 도움을 필요로 하고, 그래서 오직 집합적으로만 인간의 본성을 실현할 수 있다고 본다. 그 결과 자유주의자들은 분업의 중요성만을 강조하며, 사회주의자들은 노동과 노조의 결합의 필요성만을 강조하는 경향이 있다(Pesch, 1905: 400쪽; Koslowski, 2000: 373쪽).

둘째, 페쉬의 연대주의는 사회가 국가의 목표를 위해 그 일부로 출현한 하나의 유기적 단위라고 생각한다. 그러므로 사회는 하나의 연대적인 공동체로서, 여기서는 국가의 목표가 통제요소로 작용한다. 이러한 관점은 사회가 독립된 경제 단위들의 단순한 공존이거나 합이며 국가로부터 독립해서 국가와 나란히 존재한다고 보는 자유주의적인 사회관과 구별된다. 그리고 사회가 모든 독립적인 경제단위를 흡수함으로써 이들을 폐지하고 궁극적으로는 국가도 해체하는 일종의 공동의 경제조직이라고 보는 사회주의적인 사회관과도 구별된다.

페쉬는 사회가 자유로운 사적 경제 단위들의 복합체와 유일한 경제적 통일체 사이에 존재하는 일종의 중간지점이라고 보았다. 이러한 관점에서는 통일성이 다양성과 결합하고 자유 개념이 통일 개념과 결합한다. 그러므로 연대주의 사회관에서는 개별적 경제 단위들의 독립 · 책임 · 다양성 · 자유 · 자율적 목표 등이 사라지지 않으며, 국가가 사회를 대신하지도 국민경제를 침해하지도 않는다(Pesch, 1998: 71~72쪽).

셋째, 페쉬는 자유주의의 사경제적(私經濟的)인 원리와 사회주의의 공동경제적(共同經濟的)인 원리만을 주장하는 것이 모두 극단적이라고 지적하면서 이 둘을 새로운 원리에 따라서 적절히 결합한 연대주의적인 국민경제 조직원리를 제시하고자 했다(Pesch, 1905: 398~399쪽).

우선, 페쉬는 국민경제가 단순히 국가와 분리되어 작동하지 않고 정치적으로 통일된 민족공동체의 사회생활을 구성하는 한 부분으로서 이 공동체 내부에서 작동한다고 보았다. 그렇기 때문에 국민경제의 통일성이 이 민족공동체로부터 나오며, 그 조직의 토대가 되는 다양한 경제적 구조들은 원자론적이거나 집합주의적인 특성이 아닌 도덕적-유기체적인 특성을 갖는다고 보았다(Pesch, 1998: 72~73쪽).[22]

페쉬는 사회주의자와 달리 개인과 사적인 집단의 자기주도적인 능력발휘와 자조(自助)가 국민경제에 가장 기본이 된다고 보았다. 그런데 사적인 활동에는 커다란 장점과 함께 여러 한계도 수반

---

22) 국민경제의 토대가 되는 경제구조의 특성이 도덕적-유기체적인 것은 다음과 같은 점에서다. 첫째, 개별적인 경제단위와 전체 간의 관계가 유기적이며, 경제적인 직업들이 전체의 유기적 구성부분으로 형성되는 방식이 유기적이다. 둘째, 경제 주체들이 국가목표의 실현을 위해 수립된 질서에 노력을 기울일 도덕적인 의무를 소유하고 있기 때문에 도적덕으로 유기적이다. 셋째, 경제 주체들은 실제로 자신의 개인적인 책임과 자율성에서 마땅한 인정을 받는 자유로운 인격체다(Pesch, 1998: 73쪽).

된다. 그래서 그는 자유주의자와 달리 법과 공동선이 요구하는 범위 안에서, 약자를 지원하고 약자를 억압하는 힘을 규제하며 공권력을 개입시키는 것을 연대주의의 기본원리로 삼았다.[23] 물론 공동선이 쉽게 확인되거나 달성되는 것은 아니다. 대립하는 이해관계를 정의롭게 조화시킴으로써 공동선을 확인하고 이를 달성하는 일은 민족공동체가 지혜와 지속적인 노력을 통해 이룩해야 하는 법적이며 도덕적인 목표다(Pesch, 1905: 386~387쪽).

넷째, 페쉬는 이러한 목표에 도달하기 위해 개인과 사회 그리고 국가가 함께 그러나 각자에게 적합한 방식으로 노력해야 한다고 보았다. 먼저 개별 시민들은 자신의 능력을 발휘하기 위해 경제영역을 비롯한 여러 영역에서 자기주도적인 노력을 기울여야 한다. 하지만 이와 함께 시민들의 양심·헌신·이웃사랑·자기절제·공동체의식을 강화하고, 또한 정의·공동선을 위해 사적 이익을 희생시킬 필요가 있다는 확신을 강화할 필요가 있다. 페쉬는 이를 위해 전체사회의 정의와 국가의 도덕적 목표를 강조하고 이와

---

23) 이런 관점에서 그는 자유경제, 경쟁 등에 대해서도 접근했다. 그는 강제적인 폐쇄경제보다 자유경제를 선호했으나, 자유경제(free economy)가 자유주의적 경제(libertarian economy)를 뜻하는 것은 아니라고 주장했다. 왜냐하면 "올바른 자유(freedom) 개념을 위한 최상의 보장과 최고의 원리는 해방적 자유(liberty)가 아닌 질서"이기 때문이다(Koslowski, 2000: 387). 그리고 그는 경쟁을 필수적인 것으로 간주했으나, 절대적인 자유경쟁 체계보다는 규제된 경쟁이 더욱 진보적이라고 주장했다. 왜냐하면 절대적 자유경쟁은 독점을 불러오며 중간계급의 쇠락과 노동계급의 손상을 가져오기 때문이다(Pesch, 1998: 77~78쪽).

관련된 시민들의 의무를 강조하는 것이 중요하다고 보았다(Pesch, 1905: 387~389쪽).[24]

다음으로 페쉬는 동일한 직업적 이해관계를 국민경제에 효과적으로 대변함으로써 국가적인 공동선에 기여할 수 있는 계층적 결사체(Standesassoziation)를 두 번째 요소로서 제시했다. 결사체는 구성원들의 이해관계를 대변하고 이들이 법적으로 보호받도록 하는 데 유익하다. 중세의 동업조합이 이러한 역할을 했으며 오늘날 노동자층의 결사체들도 이러한 역할을 요청받는다. 하지만 페쉬는 이러한 직업적 결사체나 계층적 결사체의 역할이 전체의 관점에서 모든 개별 계급이나 계층의 안녕에 이바지하는 공동선의 요구와 결합되어야 함을 강조했다. 그리고 결사의 자유뿐 아니라 결사의 의무도 원칙적으로 정당하다고 보았다. 뿐만 아니라, 동일한 종사상 지위에 있는 노동자들의 결사와 노동자 및 고용주가 함께 속하는 결사도 중요하다고 보았다(Pesch, 1905: 390~391쪽).

국민경제의 목표인 공동선을 달성하기 위해서 페쉬가 제시한 세 번째 요소는 국가다. 그에 따르면, 국가는 무엇보다 개인의 이해관계나 결사체의 이해관계가 아닌 전체 국민의 총체적 이해관계 내지는 공동이익을 실현시켜야 하며 갈등하는 수많은 특수한 이해관계들 사이의 균형을 평화스럽게 조정해야 하는 과제를 갖는다. 이처럼 공동선을 존중하는 국가는 경제주체들의 자기이익

---

24) 그래서 예를 들어 시민들이 개인의 능력에 따라 할당된 세금을 납부할 때, 국가로부터 어떤 반대급부를 기대해서가 아니라 사회정의와 연대의식에 기초해 행할 수 있어야 한다는 것이다(Pesch, 1905: 388~389쪽).

에 따른 계약과 교환을 통해 자유로이 규제되는 경제 대신에 국가 개입이 이루어지는 법적으로, 그리고 사회적으로 질서 잡힌 국민 경제 체계를 옹호한다. 왜냐하면 국가가 다루지 않을 수 없는 수 많은 거대한 경제적·사회적 과제들이 그동안 근대적 발전과정에서 출현해왔기 때문이다.

물론 자유주의자들은 국가가 권력을 남용할 가능성을 우려한다. 하지만 페쉬는 이러한 두려움 때문에 국가의 역할을 축소하려는 것은 짧은 생각에 지나지 않는다고 지적하면서 국가는 오히려 공동선을 위해 복지라는 목표를 뚜렷이 해야 한다고 주장했다(Pesch, 1905: 392~393쪽).

이처럼 페쉬의 연대주의는 일방적인 체계인 자유주의나 사회주의와 달리 개인의 힘·사회적인 힘·국가의 힘이 모두 민족공동체의 목표 내지는 공동선을 달성하는 데 함께 작용하는 매우 중요한 요소라고 보았다. 그리고 이들 요소가 작용할 때, 사랑을 비롯한 여러 동기가 중요한 역할을 하지만 연대주의 체계에서는 무엇보다도 도덕적 세계질서에 확고히 근거한 사회정의와 연대가 중심적인 역할을 한다고 강조했다(Pesch, 1905: 394쪽).

페쉬의 연대주의는 당시에 계급과 이념에 따라 분열되어 있던 사회를 사회정의와 연대의 원리에 의거해 통합시키는 데 매우 큰 관심을 갖고 있었다. 그래서 이러한 역할을 국가와 국민경제의 과제로 삼았을 뿐 아니라, 노동자와 고용주가 함께 참여하는 협동적 결사체의 설립을 제안하기도 했다. 그는 무산자와 유산자의 결속이 전체사회의 복지와 문화발전에 결정적으로 중요하다고 보았으며, 당시의 계급갈등에 대해서도 국민경제에서 연대를 회복시키기 위한 투쟁이라고 해석하는 등 계급타도나 계급억압이 아닌 계급통합을 철저히 추구했다. 그 결과 페쉬의 연대주의는 당시에 특히 독일에서 연대가 계급투쟁적 개념으로부터 전체사회의 통합을 추구하는 개념으로 전환되는 데 크게 이바지했다(Pesch, 1905: 400쪽; Pesch, 1998: 63쪽; Kolokowski, 2000: 392쪽; Metz, 1999: 204쪽).

그리고 페쉬의 연대주의는 자유주의와 반대로 개인과 개인주의를 향한 사회의 권리와 연대공동체들의 권리를 보장하기 위해 노력하면서 동시에 사회주의와 반대로 사회를 향한 개인의 권리를 보장하기 위해서도 노력했다(Koslowski, 2000: 391쪽).[25] 이를 통해서 그는 개인의 권리나 사회의 권리 가운데 어느 하나만을 극단적으로 주장하는 이념들과 명백히 구별되면서도 이들을 매개하는 독자적인 중도이념으로서 연대주의를 정립했던 것이다(Pesch, 1905: 381쪽, 400쪽).

끝으로 페쉬의 연대주의는 이후에 가톨릭사회론 혹은 기독교사회론으로 불리게 된 가톨릭 사회윤리를 확립하는 데 매우 중요한 영향을 미쳤을 뿐만 아니라 가톨릭 정치세력의 연대관을 발전시키는 데에도 크게 기여했다.

---

25) 페쉬는 당시의 역사주의 경제학자들처럼 경제와 연대의 민족적 성격을 강조했지만, 더 큰 연대공동체로서의 인류와 더 작은 연대공동체인 직업이나 가족이 민족과 상호 보완관계에 있음을 제시함으로써 민족주의의 한계를 극복했다(Koslowski, 2000: 389쪽, 391쪽).

당시의 대표적인 가톨릭 정치세력으로는 독일 중앙당(Deutsche Zentrumspartei)이 있었다. 이 정당은 독일에서 종교적으로 소수자였던 가톨릭의 이익을 대변하기 위해 1870년에 창립되었으며 20세기 초의 독일 제국의회 선거에서 약 20%의 득표율을 이룩한 정당이다. 그런데 이 정당이 1909년 베를린 대회에서 채택한 강령에서 독일 정당 역사 최초로 연대개념을 넣었는데 이것은 페쉬의 연대주의 사상에 명백히 제시된 "모든 계층과 직업집단들 사이의 연대"였다. 이 초계급적 연대개념은 그 후 독일 중앙당의 강령에서도 반복해서 등장했으며, 제2차 세계대전이 끝난 후에는 서독의 가장 대표적인 집권정당인 기독교민주당(CDU)의 이념을 이루는 핵심요소가 되었다(Stjernø, 2004: 208쪽; Wildt, 1995: 1009쪽).[26]

교황 비오 11세의 회칙 「사십 주년」

페쉬의 연대주의는 정치인에게뿐 아니라 이론가에게도 매우 큰 영향을 미쳤다. 넬브로이닝(O. v. Nell-Breuning), 군트라흐(G. Gundlach) 등은 그의 대표적인 제자로서 그의 연대주의 사상을 계승하여 가톨릭사회론으로 발전시켜갔을 뿐만 아니라 사회적 이슈에 대한 가톨릭교회의 가장 중요한 공식적인 입장표명 형태인 교황회칙의 내용에도 매우 중요한 영향을 미쳤다.

---

26) 독일 사민당이 연대용어를 강령에서 처음 사용한 것은 1925년 하이델베르크 강령에서였으며 다른 계급과의 연대라는 의미로 사용한 것은 1950년대의 고데스베르크 강령에서였다(SPD, 1925; 1959).

함께 상트 게오르겐 철학·신학대학교의 교수였던 넬브로이닝과 군트라흐는 브리프스(G. Briefs), 브라우어(T. Brauer) 등 이른바 쾨닉스빈터 그룹에 속한 가톨릭 지식인들의 지원을 받아서 교황 비오 11세의 회칙 「사십 주년」의 초안을 작성하는 데 깊숙이 관여했다(Nell-Breuning Institut, 2006). 이 회칙은 제목이 가리키듯이 교황 레오 13세의 회칙 「새로운 사태」가 반포된 지 40주년이 되는 해인 1931년에 이 회칙의 영향과 그동안의 사회변화를 돌아보면서 사회적인 쟁점과 사회의 일반 원리에 관해 가톨릭교회의 공식적인 입장을 밝힌 것이었다(Pius XI, 1931).

「사십 주년」은 지난 40년 동안 자본주의적인 경제방식이 엄청나게 확대되었다고 묘사했다.[27] 그리고 자본뿐 아니라 권력과 경제적인 지배력도 엄청나게 집중되었다고 관찰했다. 이처럼 경제력이 집중된 것은 신용의 처분과 분배에 무제한적인 권한을 가진 금융자본을 지배하고 관리하는 자들에 의해서 이루어졌는데, 「사십 주년」은 이러한 현상이 고삐 풀린 자유경쟁의 자연스런 결과라고 지적했다. 그리고 이러한 경제력의 집중은 전체 경제생활에 끔찍한 경직성을 가져올 뿐 아니라, 정치적으로는 오직 공동선과 정의만을 고려한 국가의 고결함을 이기적인 이해관계의 노예로 격하시키며 국제적으로는 지나친 민족주의와 제국주의를 초래한다고 비

---

27) 비오 11세는 자본주의적 경제 자체가 악은 아니며, 자본이 노동자의 인간존엄성, 경제의 사회적 성격, 공동선과 정의를 고려하지 않은 채 다만 자본의 법칙에 따라 이익을 추구하려고만 임노동자들을 고용함으로써 잘못이 시작된다고 보았다(Pius XI, 1931: 138쪽).

판했다(Pius XI, 1931: 138~140쪽).

「사십 주년」은 그동안 이루어진 사회주의의 변화에도 주목했다. 사회주의는 그동안 강경한 공산주의 노선과 온건한 사회주의의 노선으로 분화되어왔다. 공산주의는 극단적인 계급투쟁론과 사유재산폐지론을 추구하며 이를 위해 공개적으로 폭력을 사용했다. 이와 달리 여전히 사회주의라고 부르는 온건한 노선은 조악한 폭력의 사용을 포기하고 계급투쟁론과 사유재산에 대한 적대적인 태도를 완화함으로써 기독교적인 사회개혁론과 거리를 좁혔다. 그럼에도 이 회칙은 사회주의와 기독교 사회관 사이에는 인간관과 사회관 등에서 해소할 수 없는 불일치 또는 대립이 남아 있다고 보았다(Pius XI, 1931: 141~145쪽).

「사십 주년」은 사회적 질문에 대면하기 위해서는 사회적 상황의 개혁과 도덕의 개선이 요구된다면서 사회적 상황의 개혁을 위해 특별히 세 가지를 지적했다. 첫째는 경제의 규제원리에 관한 것이다. 이 회칙에 따르면, "인간 사회의 통일이 계급대립 위에서는 세워질 수 없듯이 올바른 경제질서 역시 자유경쟁에서는 주어질 수 없다." 그런데 개인주의적인 경제학은 경제의 사회적이고 도덕적인 속성을 간과한 채, 시장, 즉 자유경쟁에 경제의 완전한 규제원리가 있으므로 공권력은 경제를 시장에 자유롭게 내버려둬야 한다는 근본적으로 잘못된 견해를 주장함으로써, 경제력의 집중과 권력화를 초래했다고 비판했다. 그래서 회칙은 경제적인 권력을 엄하고 지혜로운 틀로 제어할 수 있는 더 높고 고결한 힘이 요구된다면서, 사회정의와 사회적 사랑이 바로 그것이라고 주장했다

(Pius XI, 1931: 134쪽).

둘째는 국가에 관한 것이다. 「사십 주년」에 따르면, 한때 다양하고 풍부한 공동체 속에서 발전되었던 인간적인 사회생활이 그동안 개인주의 정신에 의해 붕괴되어 거의 고사 직전에 이르렀으며, 그 결과 마침내 개인과 국가만이 남게 되다시피 했다. 그리고 이전에는 소규모 공동체에 의해 수행되었던 수많은 과제들이 이제는 국가의 과제와 의무로 주어지게 되었다.

여기서 회칙은 국가의 역할에 관한 매우 중요한 원칙을 제시했다. 비록 회칙은 개인주의자들과 달리 사회정의와 공공선을 위한 국가의 적극적인 역할과 과제를 인정했지만 국가에 지나친 권한을 부여하는 국가주의를 용인하지는 않았다. 그 대신 국가와 같은 상위의 기관은 개인이나 하위의 집단이 스스로 행할 수 있는 것에 대해서는 이들에게 맡기는 것이 정당하다고 보았다. 다만 이들이 행하기 힘든 과제에 대해서는 이를 지원하는 보조적 역할을 수행해야 한다는 입장을 명백히 제시했다.

이처럼 사회를 이루는 행위주체들의 권한과 책임의 관계를 정리한 이 입장을 회칙은 보조성(Subsidiarität)의 원칙이라고 명명했다. 이 원칙은 그 후에 가톨릭사회론의 핵심원칙 가운데 하나로 자리 잡았을 뿐 아니라 세속적인 현실정치에서도 중요한 사회조직 원리로서 매우 큰 영향을 미쳤다(Pius XI, 1931: 130~131쪽).[28]

28) 국가의 보조적 역할에 관한 관념은 이미 레오 13세의 「새로운 사태」와 페쉬의 연대주의 사상에서 발견된다. 「사십 주년」은 이러한 관념을 계승하여 보다 분명한 원칙으로 정립한 것이다.

셋째는, 직업집단적 질서에 관한 것이다. 「사십 주년」은 사회개혁을 위한 노력이 개인과 국가 사이의 사회적인 수준에서도 이루어져야 한다고 보면서 회칙 「새로운 사태」에서 지적되었듯이 결사체의 역할을 강조했다. 그리고 페쉬의 연대주의 사상에서 다루어졌듯이 특별히 직업적 결사체의 역할에 크게 기대했다.

「사십 주년」에 따르면 당시의 사회는 계급대립으로 인해 너무 심각하게 분열되어 있었다. 시장은 노동자를 존엄한 인간으로 간주하기보다는 노동이라는 상품을 판매하는 자로 간주했다. 그 결과 사람들은 노동시장에서 계급으로 나뉘어 정치적으로 격렬히 투쟁했다. 이러한 상태를 해결하기 위해서는 무엇보다도 사람들을 노동시장의 위치에 따라서가 아니라 사회에서 행하는 기능에 따라 결합시켜서 사회유기체의 지체를 형성하게 하는 것이 필요한데, 직업집단은 이런 점에서 매우 중요한 결사체였다.

왜냐하면 근로자든 고용주든 같은 직업집단에 속한 자들에 의해 만들어지고 제공되는 재화와 용역은 사회유기체의 지체들을 결합시키는 힘을 갖기 때문이다. 그러므로 회칙은 각각의 직업집단들이 헌신적으로 노력하게 된다면 사회적 유대도 그만큼 강해질 것으로 보았다. 뿐만 아니라 각각의 직업집단이 기여하는 사회의 공동선도 이러한 결합력을 갖는다고 보았다. 그렇기 때문에 직업집단이 형성되어 공동선을 위해 활동하는 것이 사회유기체의 결속에 크게 이바지할 수 있다는 것이다(Pius XI, 1931: 131~133쪽).

「사십 주년」은 「새로운 사태」 이후의 중요한 사회변화들, 예컨대 자본주의 확대, 금융자본주의 발전, 사회주의 노선의 분화, 국가주의의 등장 등에 대한 심각한 인식을 반영했다. 그리고 페쉬로 부터 비롯된 기독교연대주의 사상을 적극 수용함으로써「새로운 사태」에서 제시된 가톨릭교회의 독자적인 산업사회관을 더욱 논리적으로 발전시켰을 뿐 아니라 사회통합을 위한 제안들도 보다 구체적으로 제시했다.[29]

이처럼「사십 주년」은 사회적 · 정치적 · 이념적 분열과 대립이 극심했던 상황에서 사회통합에 큰 관심을 가진 가톨릭교회가 독일 가톨릭, 특히 연대주의자들로부터 매우 큰 도움을 받아서 작성한 역사적으로 매우 중요한 회칙이지만, 정작 연대 혹은 연대주의라는 용어는 여기서 한 번도 사용되지 않았다. 셰르노는 그 이유를 당시에 연대개념이 이질적인 계급투쟁 사상이나 노동운동과 너무 밀접히 결합된 방식으로 널리 통용되고 있었기 때문이라고 설명했다(Stjernø, 2004: 66쪽).

---

29)「사십 주년」에서 발견되는 연대주의적인 내용은 위에서 소개한 것보다 훨씬 풍부하다. 예를 들어 노동과 자본은 홀로 존재할 수 없으며 이 중 어느 하나가 경제적 가치의 유일한 원천이 아니라는 점을 분명히 밝힌 노동과 자본에 관한 논의, 또 노동은 개인적 속성과 사회적 속성을 함께 갖고 있기 때문에 정당한 임금을 규정할 때에는 노동자와 노동자 가족의 생활의 필요, 기업 또는 기업가의 능력, 보편적 복지의 관점들이 고려되어야 한다는 임금정의론 등이 있다. 국가 혹은 상급기관의 역할에 관한 보조성 원칙도 발전된 연대주의 논리에 해당되는 부분이라고 할 수 있다(Pius XI, 1931: 120쪽 이하).

서구를 중심으로 한 현대 사회민주주의자들은 연대를 자유, 정의와 함께 민주적인 사회주의의 핵심가치로 받아들이면서 이를 노동의 영역뿐 아니라 정치·경제·문화, 심지어 환경과 같은 다양한 영역에 그리고 남녀, 세대, 비장애인과 장애인 등과 같은 다양한 사회집단에도 폭넓게 적용시켜왔다.

현대사회학의 새로운 연대론[1]

파슨스의 통합론적 연대론과 헥터의 합리적 선택론의 연대론

파슨스(T. Parsons)와 헥터(M. Hechter)는 모두 미국 사회학을 넘어 현대사회학에 매우 큰 영향을 미친 중요한 학자들이다. 하지만 파슨스가 체계론과 기능주의 시각에서 거시적으로 사회에 접근했다면, 헥터는 이와 반대로 사회적 행위론, 특히 합리적 선택론의 시각에서 미시적으로 접근했다. 이러한 차이에도 불구하고 이들은 연대개념을 자신들의 독특한 이론체계에 결합시키는 데 성공함으로써 연대에 대한 사회학적인 인식의 폭을 넓히는 데 기여했다.

먼저 파슨스는 콩트나 뒤르켐처럼 연대를 사회적 통합의 관점에서 파악했다. 그에 따르면 사회적 통합이란 사회체계의 유지를

---

1) 이 부분은 이미 발표된 필자의 글「근대, 탈근대, 사회적 연대」가운데 해당되는 내용을 대폭 줄이고 일부 보완한 내용이다(강수택, 2007a: 175~199쪽).

위해 충족되어야 하는 네 가지 기본 기능 가운데 하나로서, 사회체계의 구성단위들 간의 상호관계를 조정하고 유지하는 기능, 즉 이해관계나 목표의 차이에서 기인하는 분열을 방지하고 결합을 유지하는 기능이다. 그는 충성과 규범을 통합 기제의 핵심요소로 간주해, 사회의 구성단위들이 서로에 대해 또는 소속된 사회에 대해 갖는 충성이 의무로 규정됨으로써 통합이 이루어진다고 주장했는데, 이처럼 통합이 제도적으로 이루어진 것을 그는 연대라고 불렀다(Parsons, 1964: 77쪽; 1971: 11~12쪽).

파슨스는 근대사회의 분화와 다원화에 주목하면서 당시 근대화를 선도한 미국사회가 어떻게 해서 인종이나 종교 등에 의한 부분적인 연대를 극복하고 더 포용적인 공동체의 연대를 이룩함으로써 성공적으로 통합에 이를 수 있었는지 해명했다. 그는 사회통합을 중심과제로 삼는 사회의 영역을 특별히 사회공동체(societal community)라고 부르면서 미국 사회공동체의 통합에 기여한 점들을 하나씩 제시하는 가운데, 특히 보편주의 가치체계와 행동주의적인 헌신을 통한 결사체의 발전, 민주혁명과 밀접히 결부된 시민권의 발전, 법체계의 발전 등을 강조했다(Parsons, 1971: 90쪽 이하).

이처럼 그는 제도화된 형태의 사회체계 통합에 주로 관심을 가졌다. 비록 그가 연대에 대해 명시적으로 그렇게 많은 내용을 다룬 것은 아니지만 그의 사회통합론은 대부분 연대론이었다고 볼 수 있다. 파슨스는 뒤르켐으로부터 계승한 연대의 문제에 독창적이면서도 풍부한 통찰로써 접근할 수 있도록 자신의 기능주의적인 사회체계론을 구축한 것이다(Parsons, 1964: 97쪽; 1971: 10쪽 이하).

사회를 체계론의 시각에서 접근한 파슨스와 달리 합리적 선택론자들인 헥터, 콜먼(J.S. Coleman) 등은 개인의 이기적 관심이 낳는 연대에 관한 설명모델들을 제시했다. 사회현상을 설명할 때 구성원들 개인의 합리적 행위를 적절히 고려할 것을 강조한 헥터는, 집단연대의 핵심요소인 규범적 의무가 확대되거나 구성원들이 이를 따르는 이유를 특정한 조건 아래에서는 이렇게 하는 것이 구성원들 개인에게 합리적이기 때문이라고 보았다. 그래서 헥터는 집단 구성원들이 의무를 확대하고 따르는 것이 합리적이도록 만드는 조건들을 해명하는 집단연대 이론을 제시했다.

합리적 선택이론은 무임승차의 문제를 매우 중요하게 취급한다. 왜냐하면 무임승차는 사회질서와 같은 공공재를 생산하고 유지하는 것과 개인의 합리적인 선택이 서로 충돌하도록 하는 핵심적인 문제이기 때문이다. 이런 이유에서 헥터는 연대의 문제를 무임승차를 방지하고 집단의 규범적 의무를 창출해 구성원들이 이에 따르도록 하는 문제로 이해했다. 그리고 집단연대의 수준을 좌우하는 기본조건을 집단의 공식적인 통제능력과 집단에 대한 개인의 의존성에서 찾아 이들 문제에 특별히 주목했다(Hechter, 1987: 9쪽 이하).

집단의 공식적인 통제능력은 헥터에 따르면, 이윤을 위해 판매할 상품을 생산하는 집단보다는 판매가 아닌 구성원들의 소비를 위해 공동재화를 생산하는 집단에서 훨씬 더 커진다. 그리고 공동재화를 생산하는 집단이라도 그 규모가 커지면 통제능력이 떨어진다. 그러므로 공동으로 생산·소비되는 재화에 대한 의존도가 높은 집단, 재화의 생산과 소비를 관찰할 수 있어서 감시가 쉬운 소규모 집단, 마지막으로 재화의 획득 여부가 곧 제재의 성격도 갖는 집단에서만 높은 수준의 연대가 달성될 수 있다. 왜냐하면 이러한 조건에서는 사람들이 사적인 자원을 공동재화의 생산에 보다 많이 투여할 것이기 때문이다(Hechter, 1987: 37쪽 이하; Turner, 2001: 388쪽).

이처럼 연대를 개인들의 합리적인 선택의 결과로 이해한 후에 이러한 결과를 낳게 하는 조건들을 제시하는 데 노력을 기울인 헥터와 같은 합리적 선택론자들은 기본적으로 개인은 사적인 이익을 합리적으로 추구한다고 전제한다. 그러면서도 이들은 개인의 행위가 이타적이거나 친사회적인 목표를 추구할 수 있다고 보지만 이러한 이타적이거나 친사회적인 행위도 어디까지나 사적인 이익을 추구하는 개인의 합리적인 계산의 결과로 설명된다(Hechter, 1987: 11쪽).

이와 같은 합리적 선택론자들의 연대론은 스펜서를 비롯한 영국 공리주의 전통을 계승한 것으로 볼 수 있다. 그러므로 공리주의적인 연대관에 매우 비판적이었던 뒤르켐, 셸러 등과 같은 고전사회학자의 지적은 헥터에게도 적용될 수 있다. 합리적 선택의 결과로 형성되는 연대는 결코 안정적인 연대, 사회의 유지에 충분한 연대가 될 수 없다는 것이다. 물론 헥터는 안정된 연대를 위한 의존과 통제에 관해 다룸으로써 논의를 진전시켜갔다. 하지만 자발적이며 안정된 연대에 중요한 상호의존성과 도덕적 의무감은 여전히 그의 이론에서는 주변적인 문제에 지나지 않는다.

하버마스의 소통이론적 연대론

파슨스의 기능주의적인 사회체계론과 헥터의 합리적 선택이론은 각각 사회현상에 접근하는 대조적인 두 가지 방식을 보여준다. 즉 거시적인 접근과 미시적인 접근 혹은 구조론적 접근과 행위론적 접근이 그것이다. 그렇지만 이 둘은 뚜렷한 공통점을 소유하고 있는데 연대와 같은 사회적 현상에 매우 근대적인 시각으로 접근했다는 점이다. 이들은 연대형성에서 합리적인 개인의 역할을 중시했으며 연대의 안정화에 관해서는 근대적인 제도 혹은 규범의 역할을 강조했다(강수택, 2007a: 186~187쪽).

이에 비해 하버마스(J. Habermas)는 기본적으로 근대적인 시각을 계승했으면서도 이를 비판할 수 있는 새로운 이론적 자원을 많이 제공한 인물이다. 무엇보다도 그는 연대논의를 셸러, 헥터 등과는 달리 처음부터 개인 사이의 상호작용에서 끌어내는 접근법을 취했다. 처음에는 『후기자본주의의 정당성문제』『소통적 행위 이론』 등의 저서를 통해 연대를 보다 사회학적인 논의 맥락에서 뒤르켐, 파슨스 등과 흡사하게 기본적으로 사회통합의 관점에서 다루었다.

하버마스에 따르면 근대의 출현과 더불어 생활세계의 물질적인 토대가 체계로 분화되어나감으로써 남게 된 생활세계는 상징적인 구조를 특징으로 하며, 이의 재생산은 문화적 재생산, 사회적 통합, 사회화를 통해서 이루어진다. 여기서 특별히 사회적 통합은 구성원들의 행위가 정당한 규제를 통해 조정되어 사회적 연대가 형성되는 상태로서, 이런 상태에서는 어떤 상황이 발생하더라도 기존의 정당한 질서에 의해 새로운 상황이 조정된다. 하지만 사회적 통합이 실패하면 아노미와 사회적 갈등이 발생하고 사회적 연대가 결핍된다. 하버마스는 이러한 사회적 통합과 연대가 형성되는 데 생활세계 구성원들의 의사소통이 특별히 중요함을 강조했다 (Habermas, 1981: 180쪽, 208쪽 이하).

그는 의사소통에 참여하는 자들은 중요한 판단기준들을 상호주관적으로 인정함으로써 자신의 행위를 조정할 수 있게 되며, 이를 통해 사회적인 유대와 통합이 강화된다고 설명했다. 이처럼 언어와 이를 통한 의사소통 행위는 연대에 관한 규범과 심지어 정신의 토대로 이해되지만, 성공을 지향하는 합리적인 선택 행위는 이러한 의사소통 행위와 대립되는 전략적 행위로 해석되어 적어도 생활세계에서는 경계의 대상이 된다.

그런데 하버마스의 연대론은 이러한 사회학적인 논의 맥락보다는 그 후에 전개된 윤리학적인 논의 맥락 속에서 좀더 집중적으로 제시되었다. 그는 자유주의자와 공동체주의자 사이의 논쟁을 염두에 둔 채 현대 다원주의 시대에 제기되는 도덕적 규범에 대해 논의하면서, 정의와 연대라는 상호보완적이며 상호의존적인 두 과제를 양대 축으로 하는 담론윤리를 제시했다. 여기서 "정의는 자신을 스스로 규정하는 대체 불가능한 개인들의 평등한 자유와 연관되어 있으며, 연대는 상호주관적으로 공유된 생활형식을 통해 밀접한 관계를 맺고 있는 동료들의 복지와 이 생활형식 자체의 불가침성을 보호하는 것과 연관되어 있다"(Habermas, 1997: 88쪽).

여기서 하버마스가 도덕의 원리로 제시한 연대는 앞에서 생활세계의 재생산에 핵심적인 요소로 제시된 연대를 넘어서는 것이다. 그에 따르면 생활세계의 구성원들에게 일찍부터 자연스레 주어지는 연대는 가족·계급·민족·인종 등의 서로 다른 경험, 전통, 가치 등에 근거해 있어서 폐쇄적인 집단의 한계를 넘어서기 힘들다. 하지만 근대사회의 제도화된 담론 속에서는 이러한 한계가 적어도 원리적으로는 극복될 수 있다. 왜냐하면 계속되는 담론과정을 통해 생활세계 속의 도덕적 가치들이 성찰되고 그 내용이 추상화·일반화됨으로써 생활세계는 그 한계가 극복된 이상적 의사소통 공동체로 확대될 수 있기 때문이다(Habermas, 1997: 89~91쪽).[2]

하버마스의 담론윤리적 연대론은 셸러의 인격윤리적 연대론처럼 칸트의 형식윤리학에 대한 비판적 인식으로부터 출발했다. 그러나 셸러의 이론이 형이상학적인 정신론에 근거를 둔 데 반해 하버마스는 의사소통이론을 활용하여 형이상학의 굴레를 벗어나려고 노력했다. 이런 과정에서 하버마스는 담론과정을 통해 도덕적 가치가 통용되는 범위를 이상적 의사소통 공동체로까지 넓힐 수 있다면서 특정한 생활세계를 넘어 확장되는 연대윤리를 주장했다. 하지만 의사소통은 인격적인 상호인정 관계를 전제로 하기 때문

---

2) 연대의 가장 중요한 토대는 상호 인정하는 인격적 관계다. 이것은 의사소통의 전제조건이며 의사소통 공동체에서 자연스레 경험된다(Habermas, 1997: 87~88쪽).

에 이 관계를 확장하는 것은 결코 쉬운 일이 아니다. 특히 이해관계의 대립으로 인해 갈등하는 집단들이나 서로 다른 문화권 사이에서 이를 기대하는 것은 더욱 어렵다.[3] 또한 이러한 현실적인 어려움을 넘어서 리오타르(J.F. Lyotard) 같은 탈근대주의자는 보편적인 도덕을 추구하는 것 자체가 폭력적이라는 점에서 하버마스 이론의 근본문제를 지적했다(Lyotard, 1994: 159~161쪽).

리오타르의 다원적 연대론과 바우먼의 탈관용적 연대론

리오타르와 바우먼(Z. Bauman)은 근대적 사회질서의 쇠락과 탈근대의 출현에 주목하면서 탈근대적인 관점에서 새로운 사회적 연대론을 전개한 인물들이다. 급진적인 탈근대주의 관점을 가진 리오타르는 『탈근대적 조건』에서 민족국가, 정당, 제도, 역사적 전통 등 사회적 연대의 옛 기둥이 현 단계 자본주의 사회에서 그 힘을 상실해가고 있다고 보면서 사회적 연대에 관한 기존의 대표적인 사회이론 모델들의 수정이 필요하다고 주장했다(Lyotard, 1994: 54쪽 이하).

리오타르는 사회적 연대를 언어게임의 연결망으로 특징지었는데, 언어게임은 지시적 발화뿐 아니라 규범적 발화·평가적 발화·수행적 발화 등을 통해서도 이루어진다. 그의 이러한 관점은 사

---

3) 셰르노 역시 하버마스의 이런 입장을 낙관주의라고 비판했다. 그는 이처럼 갈등하는 집단들 사이에서는 투쟁의 결과로서 보편적인 연대가 아닌 특수주의적인 연대가 발전한다고 지적했다(Stjernø, 2004: 305~306쪽).

회적 연대의 언어적 성격과 게임이론적 측면을 뚜렷이 부각시킨 것인데, 특히 게임이론적 논의는 의사소통을 중요시하는 하버마스의 접근법과 비교된다(Lyotard, 1994: 63~67쪽, 110쪽).

의사소통이론은 지시적 발화, 규범적 발화 등 서로 다른 발화 유형 사이의 차이를 놓치며 사회적 관계의 게임적인 측면을 간과하는 경향이 있다. 그래서 하버마스는 모든 화자가 합의에 도달할 수 있다면서 논증적 대화, 즉 담론을 통해 보편적인 합의에 도달하는 방향을 제시했다. 그러나 각각의 발화유형은 서로 다른 게임규칙들을 따르며, 토론의 목적 역시 합의가 아닌 이견의 추구에 있다.

이런 관점에서 보면 언어게임의 이질성을 간과한 하버마스의 시도는 일종의 테러에 해당된다. 그래서 리오타르는 이러한 테러를 포기할 것을 주장했다. 그리고 게임을 정의하는 규칙과 그 게임에서 둘 수 있는 '수'들에 대한 합의는 현재 게임에 참가하고 있는 사람들 사이에서 이루어지는 국지적인 것이어야 하며 궁극적으로는 철회될 수 있어야 한다고 주장했다(Lyotard, 1994: 66쪽, 159쪽 이하).

리오타르에 따르면 이러한 방향의 사회변화는 현실적으로 발생하고 있다. 사회의 각 영역에서 항구적인 제도들이 잠정적인 계약에 의해 대체되고 있는 것이 이러한 변화를 보여준다. 그리고 그는 특별히 사회의 정보화가 이러한 변화에 크게 기여할 수 있다고 보았다. 정보화는 비록 수행성(遂行性) 원칙에 의해 지배됨으로써 테러를 낳을 수 있지만 사회집단에 필요한 정보를 제공함으로써 게임의 규칙, 즉 규범을 논의하는 데 도움을 줄 수도 있다는 것이다. 물론 이를 위해서는 공중이 메모리와 데이터 뱅크에 자유로이 접근할 수 있어야 한다. 이렇게만 된다면 언어게임은 완전한 정보의 게임 그리고 비영합(非零合, non-zero-sum) 게임이 될 것이라고 리오타르는 보았다(Lyotard, 1994: 66쪽, 162~163쪽).

급진적 탈근대주의자 리오타르와 달리 바우먼은 탈근대성을 근대성의 급격한 종말이나 전면적인 거부로 이해하지 않고 근대성에 대한 새로운 기회로 이해한다.[4] 바우먼에 따르면, 근대의 세 가지 기본가치는 자유·평등·박애였으나 탈근대성의 출현과 함께 이들 근대적인 기본가치의 입지가 약화됨으로써 다양성과 관용 같은 새로운 정신이 이를 대신하게 되었다. 하지만 관용은 타인에 대한 무관심과 무책임성을 초래하는 등 이들 새로운 정신도 한계를 갖고 있다. 그래서 바우먼은 적극적인 관심과 책임성에 토대를 두고 있는 연대를 그 대안으로 제시했다. 그는 관용이 연대로 전환되는 것은 타인을 향한 도덕의 완성이자 자신의 생존조건이기도 하다고 주장했다(Bauman, 1991: 98쪽, 236쪽, 251쪽 이하, 270쪽).

그런데 타인의 차이에 대한 관용 없는 연대는 불가능하기 때문에 연대는 관용을 전제조건으로 삼는다. 이런 점에서 연대는 획일적인 근대 박애 정신을 넘어서는 새로운 정신이 된다. 하지만 관

---

4) 그는 근대성이 탈근대성과 함께 지속되지만 탈근대적 정신과 사회조건에 의해서 비판되고 주변화되는 것으로 파악한다.

용이 자연스럽거나 필연적으로 연대로 전환되는 것은 아니다. 관용이 무관심과 소외를 낳을 수 있듯이 연대로 전환될 개연성을 가질 뿐이다. 그렇기는 하지만 바우먼은 관용이 무관심과 소외를 낳는 탈근대적인 사회조건들을 인식함으로써 관용으로부터 연대로 이르는 쉽지 않은 전환이 시작될 수 있다고 보았다(Bauman, 1991: 98쪽, 238쪽, 257쪽 이하).

즉 탈근대적인 소비사회는 구성원들을 원자화시키고 사회적 쟁점을 사적인 관심거리로 만드는 경향이 있지만, 이러한 탈근대적인 조건을 인식함으로써 새로운 출발의 계기로 삼을 수 있다는 것이다. 바우먼은 안전과 확실성에 대한 공동체적인 보장을 받을 권리와 의무가 모든 개인에게 있음을 확고히 인식하고 박애적인 나눔에 참여함으로써 탈근대사회에서 연대적인 윤리공동체가 형성될 수 있다고 보았다(Bauman, 1991: 261~262쪽; 2001: 72쪽, 149쪽).

바우먼의 연대론은 사회중심적인 접근과 인격주의적인 특성 모두를 보여준다. 그는 사회중심적인 접근을 통해 탈근대사회에서 근대적 성격의 연대가 약화되는 대신 새로운 경향이 출현하는 데 주목했다. 그리고 타인에 대한 인격적 관심과 자율적 책임성을 강조하는 인격주의적인 접근을 통해 원자화 경향에 대한 대처방안으로서의 탈근대적인 연대개념과 이에 기초한 공동체 논의를 전개했다.

바우먼과 리오타르는 공통적으로 근대의 사회적 연대가 약화되는 경향에 주목했으며 하버마스의 보편주의적인 접근을 거부하고 차이를 강조했다. 하지만 리오타르가 근대의 사회적인 연대를 비판하고 차이를 강조하는 데 그친 데 비해, 바우먼은 탈근대사회의 새로운 대안을 모색하기 위해 더 적극적으로 연대논의를 펼쳤다. 무엇보다도 바우먼은 차이와 경계를 넘어 소통하고 이해하며 함께 살아가는 방법을 모색했던 것이다.

벡의 능동적 연대론과 기든스의 탈전통적 연대론

리오타르, 바우먼 등의 탈근대주의자들과 달리 벡(U. Beck)과 기든스(A. Giddens)는 근대적 사회질서의 변화에 주목하면서도 이를 근대주의적인 시각에서 비판적으로 성찰하려고 한 사회학자들이다. 벡은 현 시대를 초기 근대성과 구별되는 새로운 근대성 혹은 이차적 근대성의 시대로 보았다. 초기 근대사회가 산업사회와 계급사회였다면, 후기 근대, 즉 이차적 근대사회는 위험사회다. 산업사회 혹은 계급사회의 연대는 물질적 필요 때문에 형성되었으나 위험사회의 연대는 공유된 불안 때문에 형성된다. 즉 위험사회는 불안으로부터 연대가 형성되어 정치적인 힘이 되는 사회인 것이다(Beck, 1997: 97~98쪽).

뿐만 아니라 이차적 근대는 성찰적 근대화 과정의 두 측면인 개인화와 지구화 경향이 두드러진 시대이기도 하다. 먼저 근대 이후, 특히 1960년대부터 선진 서구사회의 복지국가라는 조건 속에서 뚜렷이 진행되기 시작한 개인화는 주관적이며 생애사적인 측면이 강조되는 문명화 과정을 가리킨다. 개인화가 곧 시장개인주의, 소비지상주의, 원자화, 사회의 종말, 이기주의 등을 가리키는 것은 아니지만, 급속한 개인화는 종래의 공동체 속에 자리 잡아 있던 기계적 연대, 즉 개인의 판단과 선택을 집합적으로 강제하던 연대를 더 이상 허용하지 않는다. 따라서 이제는 공동체적인 가치나 연대를 구축하려면 개인성과 다양성, 그리고 회의주의의 정신을 인정하는 데서 출발해야 한다(Beck 외, 1997: 211쪽, 1998: 37쪽 이하; 1999: 265쪽 이하; 2000: 81쪽).

벡은 개인화된 구성원들이 능동적으로 이루는 새로운 연대를 능동적 연대라고 불렀다. 능동적 연대의 가능성은 가족·취업노동·초국가적 정치공동체에서 발견되지만 벡은 가족과 취업노동보다는 초국가적 정치공동체에서 훨씬 더 큰 가능성을 발견했다. 초국가적 정치공동체는 일종의 위험공동체다. 위험이 공유되는 곳에서는 가족, 계급, 심지어 국가의 경계도 가로지르는 능동적 연대가 형성될 수 있다. 이런 연대를 바탕으로 형성되는 위험공동체는 책임공동체이지만 강제적인 공동체는 아니다. 그리고 여기서는 공통점뿐 아니라 차이점도 강조되기 때문에 능동적 연대성은 언제나 반복해서 강화되어야 한다(Beck, 1999: 276쪽 이하).[5]

벡은 바우먼처럼 위험공동체의 활동 가운데에서 특별히 '번역' 활동에 주목했다. 문화 사이의 소통을 돕는 번역활동은 낯선 세계에

---

5) 이와 같이 공통점과 차이점, 연대와 개별성, 의무와 자발성 등을 함께 중시하는 위험공동체는 하나의 통합적인 가치나 지배의 원칙을 따르지 않는 다층적인 연결망을 이루는 경향이 있다. 그리고 시민운동을 통해 구성원들이 자조(自助)할 수 있게 도덕적인 의무를 행하는 정치적 공동체, 도덕공동체이기도 하다(Beck, 1999: 287쪽 이하).

대한 대립과 폐쇄를 극복하고 상호 접촉과 균형을 이루어내기 때문이다. 다른 한편 소비사회가 연대성에 미치는 부정적인 효과에만 주목한 바우먼과 달리, 벡은 문화적 신뢰성이 결여된 소비사회의 시장적 조건이 정치적 참여활동을 만남으로써 시민운동과 연대형성의 성공적인 계기가 될 수 있다고 보았다. 개인화와 관련해서도 이를 소비사회에 의한 원자화 효과라는 관점에서 부정적으로 인식한 바우먼과 달리 벡은 오히려 능동적 연대가 형성되는 계기로 받아들였다(Beck, 1999: 290쪽 이하).

기든스도 벡처럼 현 시대를 이차적 근대성 혹은 후기 근대성의 시대로 보았지만 위험사회 개념을 기초로 한 벡과 다르게 기든스는 탈전통사회 개념에 주목했다(Giddens, 1997: 100~103쪽). 탈전통사회에서는 구성원들이 사회가 해체될 가능성으로 인해 불안해하며 공동체와 연대성의 회복을 갈망한다. 하지만 그러는 동시에 구성원들이 능동적이며 성찰적이기 때문에 강제적인 연대나 전통적인 공동체를 복구시킬 수는 없다(Giddens, 1997: 109쪽, 142~143쪽).

그래서 기든스는 탈전통사회에 적절한 새로운 연대를 제시했는데 그것은 신뢰, 특별히 능동적 신뢰와 민주주의에 기초한 연대다. 능동적 신뢰는 탈전통사회에서 전형적인 신뢰 형태로서 사람이나 제도 사이에서 능동적으로 생산되고 조정되는 신뢰다. 신뢰관계 속에서는 타인이 의존할 수 있는 대상이 될 뿐 아니라 의존성 자체가 서로에 대한 의무가 되므로 타인에 대한 능동적 신뢰는 시공을 초월한 연대를 발생시킨다. 물론 능동적 신뢰로 인한 의무감은 차이의 의사소통에 기초해 있으며 상호 성실성을 전제로 한다. 그러므로 타인에 대한 불성실성을 초래하는 도덕적 무책임성은 의무감의 적이자 결국 사회적 연대의 적이 된다(Giddens, 1997: 110쪽, 144~145쪽; Beck 외, 1998: 258쪽).

기든스가 능동적 신뢰에 기초한 새로운 연대의 조건으로 특별히 강조한 민주주의는 대화민주주의다.[6] 대화는 능동적 신뢰를 창출하는 능력을 지니고 있기 때문에 대화민주주의가 진전되면 능동적 신뢰가 창출되어 사회적 연대를 재건하는 데 실질적으로 이바지할 수 있게 된다는 것이다. 또한 대화민주주의는 구성원들의 자율성을 전제하면서 타인과 더불어 살아가는 수단을 제공한다는 점에서 자율성과 연대를 잇는 주춧돌이 된다. 그리고 대화민주주의는 동의의 획득보다는 사회적 성찰성의 확산에 더 큰 의미를 부여하기 때문에, 연대성이 강한 곳에서 발생하는 충돌과 배제를 피하면서 연대를 새롭게 확장시키기 위해서도 중요하다(Giddens, 1997: 130쪽 이하).[7]

---

6) 대화민주주의는 자율적인 의사소통이 여러 정책과 활동을 형성할 수 있도록 대화를 구성하는 상황이다.

7) 셰르뇌는 기든스의 대화민주주의론이 하버마스를 되풀이했지만 연대와 관련된 그의 논의는 하버마스보다 불분명하며 능동적 신뢰에 관한 논의도 불분명하다고 지적했다(Stjernø, 2004: 302쪽). 하지만 하버마스 중심의 이러한 평가는 부적절하다. 기든스의 대화민주주의론은 하버마스의 영향에도 불구하고 많은 독창성을 지니고 있을 뿐만 아니라 대화민주주의가 연대의 조건이 되는 이유도 비교적 분명히 제시했다. 그리고 기든스가 능동적 신뢰의 연대형성 효과에 대해서 분명히 강조한 데 비해 하버마스는 신뢰의 문제를 이론적으로 그렇게 중요하게 취급하지 않았다.

이처럼 기든스는 하버마스, 바우먼 등과 같이 사회적 연대를 형성하는 과정에서 의사소통 또는 대화가 매우 중요하다는 점을 강조했다. 그러나 하버마스와 달리 기든스는 담론이나 대화 자체가 민주화를 함축한다고 보지는 않았으며 또한 대화를 통하여 반드시 동의를 추구하지도 않았다. 기든스의 대화와 사회적 연대논의는 차이와 관용을 전제로 하면서 관용이 낳을 수 있는 타인에 대한 무책임성을 비판했는데 이런 점에서 기든스는 바우먼과 비교적 가까운 관점을 갖고 있음을 알 수 있다(Giddens, 1997: 133쪽 이하; Beck 외, 1998: 259쪽 이하).

　이와 같이 기든스는 벡과 함께 개인의 판단과 선택을 중시하는 개인화 경향을 후기 근대성의 중요한 특징으로 간주하면서, 구성원들의 자율성과 능동성에 기초한 새로운 연대에 관심을 기울였다. 하지만 능동적 연대를 형성하는 계기로서 벡이 위험의 공유에 주목한 데 비해 기든스는 탈전통사회의 능동적 신뢰에 주목함으로써 이들은 새로운 연대가 형성되는 장에 대한 관심의 차이를 보이기도 했다. 즉 벡은 위험공동체로서의 초국가적 정치공동체와 시민운동에서 능동적 연대의 큰 가능성을 발견하고 여기에 특별히 큰 관심을 기울인 데 비해 기든스는 다양한 사회적 연대에 관심을 기울이면서도 특별히 가족을 포함한 사적인 영역의 연대에 크게 주목했던 것이다(Giddens, 1997: 144쪽; Beck 외, 1998: 258쪽).

현대 사회민주주의의 연대사상

노동운동 정당은 연대관념을 어떻게 다루었나

여기서는 현대 사회민주주의 연대사상의 발전에 특별히 큰 영향을 미친 제2차 세계대전 종전 이후의 독일 사민당 강령과 사회주의 인터내셔널의 선언을 중심으로 연대사상의 발전과정을 살펴보고자 한다. 독일 사민당과 달리 마르크스주의적 사회주의 전통이 아닌 영국 노동조합주의 전통을 계승한 영국 노동당의 경우는, 셰르노의 연구에 따르면 초기 강령부터 일관되게 연대라는 용어를 회피해왔다. 자유와 평등, 때로는 정의와 인권 등과 같은 가치들이 지속적으로 강조되어왔으나 연대는 예외였다.

물론 연대와 유사한 몇몇 용어가 쓰이기는 했으며 연대라는 용어도 20세기 말에 와서는 극히 드물게 사용되었다. 하지만 이도 그렇게 중요한 개념으로서 취급된 것은 아니다. 현대 공동체주의 사상과 기든스의 제3의 길 사상 등에 영향을 받은 블레어(Tony Blair)의 경우도 가끔 연대라는 용어를 언급했지만 이를 중요하게 다루지 않았다. 이처럼 영국 노동당은 유럽의 사회주의자 혹은 사회민주주의자 가운데서는 예외적으로 연대사상의 발전에서 비켜 있었다(Stjernø, 2004: 132쪽 이하).[8]

영국 노동당과 달리 프랑스 · 이탈리아 · 스페인 등과 같은 남유럽의 사회주의 정당들은 마르크스주의와 무정부적인 조합주의(anarcho-syndicalism)가 혼합된 영향을 받은 초기 노동운동을 계승했다. 이들 정당의 연대사상을 분석한 셰르노에 따르면 이들 정당은 초기 단계에는 고전적 마르크스주의 사상을 취했으며, 노동자 단결, 국제주의, 형제애, 연대처럼 서로 다른 용어들을 사용해서 이를 표현했다. 그리고 어느 정당도 노동계급 연대를 뛰어넘어서 잠재적인 동맹들을 단순한 도구 이상의 의미로 포함시키는 그러한 연대사상을 발전시키지 않았으며 연대를 20세기 후반이 될 때까지 핵심개념으로 삼지도 않았다고 한다. 이처럼 이들 정당에서는 마르크스주의 연대개념이 사회민주주의 연대개념으로 늦게 바뀌었을 뿐만 아니라 연대용어가 정당 강령에 도입된 것도 뒤늦은 일로서 현대 사회민주주의 연대사상의 발전에 기여하지도 못

---

8) 셰르노는 영국의 사회주의 이념에 연대개념과 심지어 형제애나 우애 같은 대체 개념조차 유기적으로 통합되지 못한 이유를 몇 가지 제시한 바 있다. 그가 가장 중요한 요인으로 거론한 것은 영국은 이미 자유주의가 헤게모니 이념으로 확립된 곳이어서 연대의 집합적 측면이 자유주의와 충돌하는 것으로 여겨졌다는 점이다. 그 외에도 영국 노동당은 결코 마르크스주의의 강한 영향을 받은 적이 없었다는 점, 영국 노동운동에 미친 기독교의 영향력, 연대용어의 기원이 영어가 아닌 프랑스어였다는 점 등을 열거했다(Stjernø, 2004: 141쪽 이하).

했다(Stjernø, 2004: 161쪽, 164쪽).

영국과 남유럽 노동운동 정당들과 달리 스칸디나비아 사회민주주의자들과 독일 사회민주주의자들은 서로 영향을 주고받으면서 현대 사회민주주의 연대사상을 발전시키는 데 크게 이바지했다. 스칸디나비아 국가들의 사회주의 정당은 일찍부터 연대개념을 사용했을 뿐만 아니라 노동자계급이 아닌 다른 계급과의 연대에 더욱 앞섰다. 독일 사회민주주의자들은 비록 이들 스칸디나비아 사회민주주의자들의 연대사상에 큰 영향을 미쳤지만, 연대를 정당의 공식 언어로 채택하고 연대개념을 확장시키는 데서는 오히려 뒤졌다고 할 수 있다. 하지만 독일 사민당은 연대를 정당의 기본가치로 일찍 확립함으로써 유럽의 다른 자매 정당들뿐만 아니라 이들이 중심이 된 국제조직의 연대담론과 사상에도 매우 큰 영향을 미쳤다. 이런 점에서 현대 사회민주주의 연대담론의 확산과 연대사상의 발전에 결정적인 기여를 한 독일 사민당의 공식적인 연대담론을 정당 강령을 중심으로 살펴보는 것은 매우 의미 있는 일이라고 할 수 있다(Stjernø, 2004: 160쪽).

사회주의 인터내셔널의 프랑크푸르트 선언

제2차 세계대전 종전 이후 서구의 사회민주주의자는 한편으로 파시즘과 세계대전의 경험으로부터 얻은 역사적인 교훈을 진지하게 받아들이고자 했다. 그러면서 다른 한편으로는 러시아와 동구권 공산주의로부터 명백히 거리를 둠으로써 서구사회에서 사회주의 존립의 근거를 확보하기 위해 노력했다. 이러한 노력의 중심에는 민주주의와 실질적으로 결합된 사회주의라는 정신이 자리 잡고 있었다. 비록 종전 이후에도 다양한 노선의 사회주의와 공산주의 사상이 경쟁했으나 전체주의를 겪은 경험은 사회주의가 노동자들의 경제적인 해방을 위한 투쟁을 의미할 뿐 아니라 폭력과 압제에 대한 자유와 권리를 위한 투쟁도 의미하는 것으로 받아들이게 했다.

그 결과 "민주주의는 대수롭지 않은 것이며 사회주의가 모든 것"이라는 독일 바이마르 공화국 시대의 사회주의자들의 입장이 이제 "민주주의 없는 사회주의란 생각할 수 없는 것"으로 바뀌게 되었다. 파시즘을 직접 경험한 독일에서는 종전 후 독일 사회민주당 재건에 가장 큰 역할을 한 서독의 사회민주당 지도자 슈마허(Kurt Schumacher)가 바로 이러한 입장을 명백히 강조했다 (Grebing, 1970: 234~235쪽).

물론 이러한 입장 변화가 단지 독일 사회민주주의자들에게서만 있었던 것은 아니다. 1951년 프랑크푸르트에서 창립된 사회주의 정당의 국제조직인 사회주의 인터내셔널(SI)의 선언문이 이를 잘 보여준다.[9] 오늘날 전 세계에서 정치적 영향력이 가장 막강한 조직 가운데 하나가 된 사회주의 인터내셔널의 프랑크푸르트 선언 「민

---

9) 사회주의 인터내셔널의 공식 홈페이지 자료에 따르면 최근의 소속 정당과 단체는 170개나 된다. 55개 이상의 나라와 영토에서 60개 이상의 소속 정당들이 정부를 이루고 있으며 많은 나라에서 소속 정당들이 주요 야당의 위치에 있을 정도로 정치적으로 영향력이 매우 크다.

주적 사회주의의 목표와 과제」는 사회주의가 볼세비키 혁명 이후의 공산주의와는 명백히 다른 최고 형태의 민주주의임을 강조하면서 정치적 민주주의, 경제적 민주주의, 사회적 민주주의와 문화적 진보, 그리고 국제적 민주주의를 자신들의 과제로 설정했다(SI, 1951).[10]

이처럼 전후 사회민주주의 사상에서 민주주의의 가치가 더욱 명백히 수용됨에 따라서 사회민주주의의 연대관념에도 뚜렷한 변화가 나타났다. 사회주의 인터내셔널의 프랑크푸르트 선언은 연대라는 용어를 세 번 사용했는데, 첫 번째는 "파시즘이든 공산주의든 독재로 고통당하는 모든 사람과의 연대"였으며 그 목표는 자유를 획득하는 것이었다. 두 번째는 사람들로 하여금 자신의 능력에 따라 일하게 만드는 유인들 가운데 비경제적 유인으로 자부심과 함께 연대를 제시했다. 연대를 경제적인 보상과 함께 노동의 중요한 동기로 간주한 것이다. 마지막은 "노동하는 모든 사람(all working men)의 연대"였다. 이것은 노동하는 다양한 계급을 포괄하는 연대로서, 자유와 평화의 세계, 착취와 예속이 없는 세계, 개인의 인성의 발전이 인류 발전의 토대가 되는 세계를 위한

10) 민주사회주의(democratic socialism)와 사회민주주의(social democracy)는 같은 개념으로 간주될 수 있다. 독일 사회민주주의자들은 러시아 볼세비키 혁명과 나치즘을 경험한 이후에 볼세비키형의 "강제사회주의"(Zwangssozialismus)나 나치스트의 "민족사회주의"(National-sozialismus)와 자신들을 구별하면서 민주주의를 더욱 강조하기 위해 민주사회주의라는 표현을 적극적으로 사용하기 시작했다(Brandt, 1990: 158~160쪽).

투쟁을 목표로 삼는 것이었다.

여기서 알 수 있듯이, 프랑크푸르트 선언은 자유를 연대의 목표로서 매우 강조했으며, 연대의 대상을 특정한 계급에 제한하지 않고 노동하는 모든 사람, 더 나아가 고통당하는 모든 사람으로 확대시켰다.

독일 사회민주주의와 연대사상

고데스베르크 강령

연대관념의 변화는 독일 사회민주당에서도 뚜렷이 나타났다. 20세기 초에는 독일 사회민주당이 연대의 범위를 전체 노동계급으로 한정시켰으며 그 중심에는 산업노동자가 위치했다. 그렇기 때문에 연대의 범위를 계급적 이해관계가 상충되는 집단에까지 확대시킬 것을 주장한 베른슈타인은 신랄한 비판을 받았다. 그러나 그 후 발생한 세계대전, 파시즘 등과 같은 역사적인 경험은 이러한 입장의 수정을 요구했으며, 사회주의 인터내셔널의 프랑크푸르트 선언은 좋은 길잡이가 되었다. 게다가 1920년대와 1930년대부터 집권당이 된 스칸디나비아 사민당들과 달리 바이마르 공화국의 짧은 기간을 제외한 오랜 기간을 야당으로 머물러 있어야만 했던 독일 사민당이 현실적으로 민주적인 절차를 통해 집권당이 되기 위해서는 중간계급과의 연대를 불가피한 선택으로 받아들이지 않으면 안 되었다.

이런 배경으로 인해 이루어진 독일 사회민주주의자들의 연대관의 변화는 고데스베르크 강령(Godesberger Programm)에 뚜렷이 반영되었다. 1959년 바트 고데스베르크(Bad Godesberg)에서 개최된 독일 사민당 전당대회에서 채택된 이 강령은 독일 사민당의 기본입장을 공식적으로 표명한 것이다. 그런데 그 내용을 보면 사회주의의 기본가치로부터 국가관·경제관·가족관·종교관·교육관 등 사회의 모든 방면에 걸쳐 기본입장을 표명했다(SPD, 1959).

고데스베르크 강령은 사회민주주의 혹은 민주적 사회주의가 유럽에서는 기독교 윤리, 휴머니즘, 고전 철학에 뿌리를 두고 있다면서, "연대, 즉 공동의 결합에 따른 상호 의무"를 자유, 정의와 함께 민주적 사회주의의 세 가지 기본가치 가운데 하나라고 선언했다. 베른슈타인이 사회주의의 3대 윤리 내지는 이념으로 제시한 자유·평등·연대를 기억나게 하는 이 선언은 더 나아가 이러한 연대 정신의 형성에 근본적으로 중요한 교육에 대해서도 언급했다.

이 선언은 노동조합을 통한 연대의 중요성에 대해서도 강조했는데 이때 전통적인 의미의 노동자(Arbeiter)뿐만 아니라 이른바 화이트칼라 노동자(Angestellten)와 공무원도 포함하는 모든 근로자(Arbeiternehmer)의 연대를 주장했다. 그리고 국제적 연대의 중요성도 강조했는데, 이때도 연대의 대상을 만국의 노동자에 국한시키지 않고 모든 국가, 특히 많은 국민들이 가난과 무지로 고통받는 제3세계 국가들과 연대를 형성하는 것이 중요하다는 사실을 강조했다.

또한 고데스베르크 강령은 국가의 민주적인 기본질서에 대한 사회민주당의 분명한 입장을 밝혔을 뿐 아니라 독일 사민당이 계급정당이 아닌 국민정당임을 선언했다. 그리고 사회주의는 결코 종교의 대체물이 아니므로 독일 사민당은 종교공동체를 존중하며 이들과 동반자적인 협력을 추구한다고 주장했다. 이러한 정치적 · 종교적인 입장변화는 연대범위의 확장을 실질적으로 어렵게 만든 중요한 장애물들을 제거하는 것을 의미했다. 이러한 개방적인 정신이 이 선언의 곳곳에 배어 있음을 발견할 수 있다. 그러나 그럼에도 불구하고 이 선언은 연대를 기본가치로서 인식하고 그 교육의 중요성을 강조한 것 외에 구체적으로는 종래의 사회민주주의자들처럼 근로자의 연대와 국제적인 연대에 국한시켜 연대용어를 사용하는 인식의 한계를 보여주었다.

현대 사회민주주의 연대사상의 발전에서 고데스베르크 강령이 갖는 특별한 역사적 의미는, 유럽의 사회민주주의자들에게 매우 큰 영향력을 가졌던 독일 사민당에서 연대를 사회주의의 기본가치로 공식화하고 이를 현대적인 의미의 사회민주주의적인 개념으로 정당의 기본강령에 도입한 첫 사례였다는 점에서 찾을 수 있다.

물론 노르웨이 노동당(DNA)은 1887년 설립 초기부터 강령에서 연대용어를 사용했으며 강령을 통해 연대개념의 외연을 고전적 마르크스주의 개념보다 더 넓혀가기 시작한 것도 1909년이었다. 이에 비해 독일 사회민주당은 연대용어를 1925년 하이델베르크 강령에서 처음 사용했다. 뿐만 아니라 제2차 세계대전 이후 1950년대에 이르러서야 이 용어를 공식적으로 다른 계급과의 관계에 적용시켰으니, 연대관념, 특히 현대 사회민주주의적인 연대관념이 당의 강령을 통해 공식적으로 제도화되는 데는 독일이 노르웨이보다 늦었다(Stjernø, 2004: 101쪽, 110쪽 이하).[11]

하지만 유럽 사회민주주의자들에게 소규모 국가인 노르웨이 노동당의 영향력은 독일 사민당의 영향력에 비할 바가 못 되었으며, 스칸디나비아 사회민주주의자들을 제외하고는 독일 사민당이 유럽에서 현대 사회민주주의적인 연대개념을 정당의 강령에 가장 먼저 도입했다. 게다가 연대를 정당 강령에서 기본가치로 선언한 것은 스칸디나비아 국가들을 포함한 유럽 전체에서 독일 사민당의 고데스베르크 강령이 첫 사례였다(Stjernø, 2004: 166쪽 이하).

제2차 세계대전 이후 치러진 총선에서 연패하던 독일 사민당은 고데스베르크 강령을 채택한 이후 기업, 교회 등 다른 세력에 대한 적극적인 개방과 유연화를 통해 1966년 기민련의 파트너로서 대연정에 참여하게 되었으며, 마침내 1969년 자민당과의 연정을 통해 집권정당이 되었다. 그리고 독일 사민당의 집권은 1982년까지 계속되었다.

베를린 강령

독일 사민당은 베를린 장벽이 무너진 직후인 1989년 12월 베를

---

11) 독일 사민당 강령의 역사에서 연대라는 용어가 처음 사용된 것은 카우츠키와 힐퍼딩(Rudolf Hilferding)이 집필을 주도한 하이델베르크 강령에서였다. 명사 혹은 형용사 형태로 네 번 사용된 이 강령의 연대개념은 마르크스의 관점을 계승하려 애쓴 카우츠키의 개념을 벗어나지 않은 것으로서, (프롤레타리아의) 국제적인 결속과 자본주의가 극복된 사회적인 관계를 뜻했다(SPD, 1925).

린 전당대회에서 새로운 강령을 채택하게 되었는데 그것은 한편으로 고데스베르크 강령의 입장을 계승하면서도 다른 한편으로는 1970년대와 1980년대의 생태적 · 경제적 · 정치적 변화로 인한 새로운 도전들에 응답하기 위한 것이었다. 비록 그 직후에 독일 통일과 현실 사회주의권의 붕괴라는 세계사적인 변화가 발생함으로써 베를린 강령의 효력은 약화되었지만 이 새로운 강령은 현대 사회민주주의의 토대를 이루는 과정에서 중요한 표석이 되었다고 할 수 있다.

베를린 강령은 고데스베르크 강령이 선언한 세 가지 기본가치를 그대로 계승하면서 "자유롭고 정의롭고 연대적인 사회"를 사회민주당이 추구하는 사회상으로 제시했다. 이 강령은 연대를 "법적인 의무를 넘어 서로에 대해 기꺼이 책임지는 것"이라고 정의한다. 그러는 한편, 연대가 "권리를 위해 투쟁하는 약자들의 무기"라는 도구적인 의미를 넘어 인간을 함께 하는 자를 필요로 하는 존재라고 인식한 결과가 연대의 존재론적 의미 역시 가져왔다고 지적한다. 이런 의미에서 본다면 연대가 없는 인간적인 사회란 존재할 수 없다(SPD, 1989).

베를린 강령은 연대 · 자유 · 정의 사이의 관계에 대하여 고데스베르크 강령보다 훨씬 자세히 설명했다. 연대는 타인의 자유를 전제로 하며 결코 강요될 수 없지만 개인의 자유로운 결정이나 발전을 위해 필요한 것이다. 그리고 연대는 사회적 약자를 포함한 모든 사람이 인간다운 노동조건과 생활조건을 갖추도록 책임지는 것을 의미하지만, 그렇다고 해서 연대가 각자의 자기책임을 대신하는 것은 아니라고 지적했다.

또한 베를린 강령은 고데스베르크 강령에 비해서 연대를 구체적으로 적용시키는 범위를 매우 확대했다. 고데스베르크 강령은 고전적 사회주의 전통을 따라서 노동조합의 연대와 국제적인 연대를 언급하는 데 머물렀다. 반면 베를린 강령은 다양한 영역의 신사회운동으로부터 영향을 받아서 연대개념을 남녀간의 연대, 세대 간의 연대, 부모와 자녀 간의 연대, 건강한 사람과 환자 간의 연대, 비장애인과 장애인의 연대, 그리고 심지어 문화 간의 연대로도 확장했다.

베를린 강령은 "여전히 남성적으로 규정된 사회" 속에서 여성들이 불리한 노동과 사회생활을 한다는 점을 특별히 지적하면서, 남녀가 평등한 사회에서 자유롭고 연대적으로 사는 것을 추구한다고 선언했다. 그리고 콩트의 연대관을 상기시키는 세대 간의 연대에 관해 지적했다. 그러면서 급격한 문화적·기술적인 변화 속에서 긴장과 갈등이 커질 수 있는 세대 사이의 관계, 특히 젊은 세대와 노인 세대 사이의 관계가 몰이해와 경쟁의 관계가 아닌 연대의 관계로 되어야 한다고, 그리고 이를 위해 문화·교육·사회정책을 활용하고자 한다고 선언했다. 뿐만 아니라 미래세대의 삶의 기회를 결정하는 현재의 세대에 대해서도 미래세대에 대한 연대적인 책임이 있음을 지적했다.

문화 간의 연대란 문화의 다양성을 긍정적으로 평가하면서 "서로 다른 민족들과 문화 사이의 이해·존중·협력을 촉진시키는 것"을 의미한다. 고데스베르크 강령에서 표명되었고 또한 베를린 강령에서도 계승된 제3세계와의 연대개념이 제3세계 백성들을 특별히 경제적으로, 사회적으로나 문화적으로 어려움을 당하는 자로 여겨 이들을 지원하는 의미를 갖는다면, 문화 간의 연대는 국내적으로뿐만 아니라 제3세계를 포함한 국가들 사이에 존재하는 다양한 문화를 존중하고 협력하는 것이다. 이렇게 본다면 베를린 강령에서 표명한 문화 간의 연대개념은 연대의 계기를 전통적인 사회주의 사상에서 강조하던 경제로부터 문화로 전환시켰을 뿐만 아니라 연대관계의 성격도 약자에 대한 책임이라는 불균형적인 관계로부터 상호존중이라는 수평적인 관계로 전환시켰다는 점에서 큰 의미를 갖는다.

물론 베를린 강령 역시 노동자 연대의 중요성을 결코 간과하지 않았다. 그래서 "연대는 자유와 평등을 위해 투쟁하는 노동자운동을 형성하고 또한 이를 고무시켜왔다"고 지적했다. 그런데 베를린 강령은 1980년대 들어 독일을 비롯한 유럽 각국에서 매우 심각한 사회문제로 부각된 대량실업의 문제를 간과할 수 없었다. 그것은 대량실업의 위험이 노동하는 사람들에게 위기감을 조성해 이들간에 경쟁을 심화시키고 연대를 방해하기 때문이다. 그래서 고데스베르크 강령에서 제시된 근로자들 사이의 연대를 넘어서 베를린 강령은 실업자에 대해 근로자가 책임지는 것, 즉 근로자와 실업자 사이의 연대를 주장했다.

이처럼 다양한 사회집단들 사이에서 연대관계가 형성된 사회를 베를린 강령은 "연대적인 사회"(solidarische Gesellschaft)라고 표현했는데, 다양한 사회적 약자들에 대한 책임을 더욱 강조하는 맥락에서 "연대공동체"(Solidargemeinschaft)라는 표현을 사용하기도 했다. 그러면서 이러한 사회를 실현하는 정치적인 행위의 수단으로서 사회정책을 매우 중시했다. 그래서 강령은 사회정책을 "실현된 연대"(verwirklichte Solidarität)라고 표현하기도 했다.

하지만 연대를 지도이념으로 삼는 사회정책은 발생한 문제를 사후적으로 수습하는 데 그치는 소극적인 것이어서는 안 된다. 그래서 베를린 강령은 사회정책이 효과적이기 위해서는 예방적이며 생태적이어야 한다고 강조했다.

현대 사회민주주의 연대사상의 발전에서 베를린 강령은 적어도 다음과 같은 점에서 크게 기여했다. 첫째, 연대를 사회민주주의, 즉 민주적 사회주의의 기본가치로 선언한 고데스베르크 강령의 정신을 계승하여 이를 더욱 발전시킴으로써 연대를 현대 사회민주주의 사상의 핵심가치로 확고히 만들었다.[12] 둘째, 연대개념

---

12) "연대" 혹은 "연대적"이라는 용어를 고데스베르크 강령이 8회 사용한 데 비해 베를린 강령은 앞부분의 목차를 제외하고 44회나 사용했으며, 후에 베를린 강령을 대체하게 된 함부르크 강령은 39회 사용했다. 이것은 베를린 강령이 다른 강령에 비해 연대개념을 얼마나 중요하게 여겼는지를 쉽게 보여주는 사실이다. 베를린 강령의 작성을 처음 주도한 인물로서 서독 총리와 사회주의 인터내셔널(SI)의 의장을 지낸 독일 사민당 지도자 브란트(Willy Brandt)는 "자유와 정의를 연대정신으로 결합하는 평화롭고 민주적인 세계사회의 비전"이 문화와 세계관이 다른 각국의 현대 사회민주주의자들을 하나로 만들고 있다고 주장했다. 즉 자유 · 정의 · 연대는 독일 사회민주주의자들뿐만 아니라 다른 나라의 사회민주주의자들에게도 기본가치로 널리 확산되어 있다는 것이다(Brandt, 1990:174쪽).

의 적용범위를 노동하는 사람들뿐만 아니라 남녀, 세대, 건강한 사람과 환자, 비장애인과 장애인 등 다양한 사회집단으로 확대했다. 셋째, 문화적 연대개념은 국제적인 연대가 경제적이거나 정치적인 관계뿐 아니라 문화적인 관계에도 적용될 수 있게 했으며, 다소 불균형적이었던 연대관계로부터 대등한 관계로 전환되도록 했다. 넷째, 노동하는 사람들, 즉 근로자에 대해서도 연대를 근로자들 사이에서뿐만 아니라 근로자와 실업자 사이에 적용시킴으로써 인식의 범위를 더욱 확장했다. 그 외에 사회정책을 '실현된 연대'로 간주함으로써 이를 사회민주주의적인 연대사상의 중심부로 끌어들이는 데에도 이바지했다.

함부르크 강령

1989년 채택된 베를린 강령은 독일통일과 옛 동구권의 붕괴, 그리고 그 후에 진행된 세계화의 물결을 반영하지 못했다. 그래서 독일 사민당은 1998년 라이프치히 전당대회에서 독일통일과 동구권의 붕괴라는 역사적인 사건들을 반영하는 방향으로 베를린 강령을 일부 수정했다. 하지만 새로운 강령의 필요성이 강력히 제기됨으로써 독일 사민당은 마침내 2007년 함부르크 전당대회에서 베를린 강령을 대신할 새로운 강령을 채택하게 되었다.

함부르크 강령은 21세기의 도전들에 대한 사회민주주의자의 입장을 정리한 "21세기 사회민주주의"의 선언을 표방했다. 여기서 사회민주주의자들은 새로운 도전 가운데에서도 특히 경제적인 세계화를 중심으로 한 세계화의 도전에 가장 주목하면서 독일 사민당의 입장과 대처방안을 제시했다. 이들은 국제적인 수준에서도 경제적인 이해관계보다 민주주의가 우선임을 분명히 했으며 세계화에 대처하는 중요한 전략으로서는 유럽의 강화, 특히 "사회적 유럽"(soziale Europa)의 발전을 강조했다(SPD, 2007).

함부르크 강령도 이전의 강령들처럼 연대를 자유, 정의와 함께 사회민주주의 혹은 민주적 사회주의의 기본가치로 선언했다. 이 강령은 연대를 "상호적인 결속, 공동소속(Zusammengehörigkeit), 도움"이라고 정의하면서 연대가 한편으로는 변화를 위한 권력을 창출하는 동시에 다른 한편으로는 사회를 결속시키는 강한 힘이라고 지적했다.

물론 연대가 변화의 수단이라는 인식이 노동운동의 경험에서 왔음을 함부르크 강령은 적시했다. 하지만 베를린 강령처럼 이 강령 역시 연대개념의 적용대상을 매우 확대했을 뿐 아니라 연대논의의 초점도 노동하는 사람들 사이의 연대보다는 오히려 남녀, 세대, 건강한 자와 환자, 비장애인과 장애인 등과 같은 다양한 사회집단들 사이의 연대로 이동시켰다. 물론 이 강령에서 사용된 "강자와 약자" 사이의 연대라는 표현은 노동하는 사람들에게 적용될 수 있는 것이지만 이것은 또한 다른 사회적 약자들도 포괄하는 개념이다. 게다가 베를린 강령처럼 이 강령에서도 "노동하는 자와 실업자" 사이의 연대가 언급되었는데, 이는 노동하는 자가 오히려 사회적으로 수혜자의 위치에 놓여 있음을 가리키는 것이었다.[13]

---

13) 그렇다고 해서 이 강령이 노동자의 권익옹호를 소홀히 한 것은 결코 아

또한 함부르크 강령은 다양한 문화 사이의 상호이해와 존중, 협력의 필요성을 강조함으로써 베를린 강령이 문화연대라고 표현한 것의 정신을 이어갔다. 그리고 정치적인 면에서 연대의 실현을 위한 사회정책의 역할과 그 토대로서 사회국가를 강조한 점도 베를린 강령과의 연속성을 보여준다.[14]

함부르크 강령의 연대사상이 베를린 강령과 구별되는 중요한 특징은 첫째, 세계화의 거센 도전에 주목하면서 국제적인 연대의 필요성을 매우 강조했다는 점이다. 물론 국제적인 연대는 고전적인 사회주의자들이나 이전의 독일 사민당 강령들도 빠짐없이 언급했다. 하지만 여기서는 국제적인 계급연대나 제3세계에 대한 경제적인 협력을 넘어서 국제적인 긴장완화를 위한 정치적인 협력, 생태체계의 보호를 위한 협력 등과 같이 지구공동체가 큰 관심을 공유하고 있는 다양한 영역으로 국제적인 연대의 범위를 확장했다.

둘째, 통일독일의 현실을 반영해 범독일연대(gesamtdeutsche Solidarität)에 대해 강조했다는 점이다. 지역 간의 경제력의 차이가 커지고 있는 현실을 주목한 독일 사민당은 이 강령에서 평등한

니다. 근로자들의 권익강화를 위해서는 자유로운 노조가 전 세계적으로 필요하다는 점과 세계화 추세 속에서 국제통화기금(IMF), 세계은행(WB), 세계무역기구(WTO), 국제연합(UN) 등이 의사결정을 내릴 때 국제노동기구(ILO)의 핵심적인 노동규범을 보다 중시해야 한다는 점을 명확히 했기 때문이다.

14) 베를린 강령이 사회정책을 "실현된 연대"라고 표현했듯이, 함부르크 강령은 사회국가를 "조직화된 연대"라고 표현했다.

생활조건을 추구한다는 점을 선언했다. 그리고 독일의 각 지역들 사이에는 연대적인 지원의 의무가 있다. 따라서 구동독지역은 범독일연대를 주장할 권리를 갖는다고 강조했다.

가장 중요한 세 번째 특징은 독일 사민당 강령의 역사에서 처음으로 등장한 현대적인 시민사회 개념과 연대사상이 밀접히 결합되었다는 점이다.[15] 함부르크 강령은 "사람들이 의견의 자유와 결사 및 집회의 자유를 누리는 강력하고 활기 있는 시민사회"를 희망하고 특별히 "연대적 시민사회(solidarische Bürgergesellschaft)의 강화"를 추구한다고 밝혔다. 이 강령에 따르면 "시민사회에서는 사람들이 공공복리의 관점에서 타인에 대한 책임을 자발적으로 갖게 되며" 이처럼 "사람들이 타인들을 책임지는 곳에서는 책임감 · 정의감 · 상호인정 · 연대 · 개인자유의 적절한 사용 등을 경험하게 된다."

연대적 시민사회란 이처럼 시민사회에 내재해 있는 속성인 연대성을 부각시킨 개념이다. 함부르크 강령은 시민들이 공공이익을 위해 개인적으로나 혹은 사회단체 · 환경단체 · 노조 · 교회 등 다

---

15) "시민사회"라는 표현은 1891년의 에어푸르트 강령에서 한 번 사용된 바 있다. 하지만 이때 사용된 "bürgerliche Gesellschaft"는 마르크스주의 전통에 따라 자본주의 사회 또는 부르주아 사회를 뜻하는 개념이었다. 반면 함부르크 강령에서 처음 사용된 표현은 "Bürgergesellschaft"인데 이것은 기본적으로 비계급적인 개념인 시민들(Bürgerinnen und Bürger)로 이루어진 사회로서 분석적으로 국가와 구별되는 영역이다. 함부르크 강령은 이 표현과 "Zivilgesellschaft"라는 표현을 같은 의미로 함께 사용했으며 영어로는 모두 "civil society"로 번역했다.

양한 비정부조직을 통해 자발적으로 활동함으로써 연대적 시민사회를 강화시키는 것을 적극 지지하며 이들을 동반자로 삼고자 한다고 밝혔다. 또한 이러한 시민사회의 발전은 민주주의를 한층 향상시키며, 민주주의는 다시금 연대를 창출하는 효과를 갖는다고 보았다.

독일 사민당은 이와 같은 연대적 시민사회상을 토대로 해 이제는 더 이상 특정한 계급이 아닌 "연대적인 다수" 시민의 지지를 획득함으로써 21세기에 적절한 사회민주주의 이상, 즉 "자유롭고 정의롭고 연대적인 사회"를 실현하고자 했다.

사회주의 인터내셔널의 스톡홀름 선언

독일 사민당이 베를린 강령을 채택한 1989년 6월에 독일 사민당의 지도자 브란트(Willy Brandt)가 총재였던 사회주의 인터내셔널은 스톡홀름 총회에서 「사회주의 인터내셔널의 원칙선언」(declaration of principles)을 채택했다. 사회주의 인터내셔널의 뿌리라고 할 수 있는 "제2 인터내셔널"(The Second International)이 1889년 파리에서 만들어진 지 100주년이 된 것을 계기로 채택된 것이다. 이 선언은 사회주의 인터내셔널 창립대회에서 채택되었던 프랑크푸르트 선언을 대체하면서 향후 수십 년 동안 지도적인 행동강령의 역할을 하게 된다. 따라서 매우 중요한 문건으로서, 연대라는 용어가 무려 19회나 사용되었다.

그러나 이 용어가 사용된 횟수보다 더 중요한 점은 독일 사민당의 고데스베르크 강령처럼 이 선언도 자유 및 정의와 함께 연대를 민주적 사회주의의 기본가치로 규정했다는 점이다.[16] 그리고 이들 기본가치 가운데 어떤 것을 희생시키면서 다른 것을 강조하는 자유주의 · 보수주의 · 공산주의와 반대로 이 선언은 이들 가치가 상호의존적이며 동등하게 중요하다고 주장했다. 그런데 이러한 주장은 반년 후에 채택된 독일 사민당 베를린 강령에서도 발견된다.

스톡홀름 선언의 연대사상에서 발견되는 또 다른 주목할 점은 최근에 가속화되고 있는 세계화가 연대에 미치는 영향에 주목하면서 특별히 세계적 연대를 강조한 사실이다. 이 선언은 최근의 세계화가 개인들 사이 혹은 국가들 사이의 상호의존성을 유례없이 강화시킴으로써 연대의 중요성을 증대시키고 있다고 보았다. 이 선언이 특별히 주목한 연대는 세계적인 것인데, 그 가운데서도 남북 간의 연대, 즉 부유한 국가와 가난한 국가 사이의 연대와 환경보호를 위한 연대가 세계 차원의 인간연대를 성공적으로 형성할 잠재력이 가장 크다고 지적했다.

이런 관점에서 이 선언은 "연대는 보통의 인간애의 표현이자 불의의 희생자에 대한 공감의 표현"이라고 정식화하면서 이와 함께 "연대는 포괄적이며 세계적(global)이다"라고 주장했다. 그리고

---

16) 이 선언은 연대를 기본가치로 규정함으로써 연대가 다른 기본가치들과 함께 교육의 중심 메시지가 되어야 한다고 주장했다. 이처럼 연대가 교육의 중요한 목표로 제시된 것은 고데스베르크 강령에서부터 최근의 함부르크 강령에 이르기까지 연대를 기본가치로 제시한 모든 독일 사민당 강령에서 공통적으로 발견된다.

사회주의 인터내셔널은 이러한 연대와 협력의 작업을 촉진하는 것을 목표로 삼는다고 이 선언은 덧붙였다.

이처럼 연대의 가치와 특별히 세계적 연대의 중요성을 강조한 스톡홀름 선언은 실제로 그 후의 사회주의 인터내셔널 활동에 매우 큰 영향을 미쳐왔다. 3~4년에 한 번씩 개최되는 총회에서 연대가 가장 중요한 주제 가운데 하나로 다루어져온 것이 이를 단적으로 보여준다. 예컨대 1992년 베를린 총회의 대주제는 "변화하는 세계에서의 자유와 연대"였으며, 최근 2008년 아테네 총회의 대주제는 "세계적 연대: 차이를 만들 용기"였다. 1999년 파리 총회는 두 개의 주요 주제 가운데 하나를 "평화와 연대의 길"로 잡았다.

이상에서 살펴본 바와 같이 서구를 중심으로 한 현대 사회민주주의자들은 연대를 자유, 정의와 함께 민주적인 사회주의의 핵심 가치로 받아들이면서, 이를 노동의 영역뿐 아니라 정치·경제·문화, 심지어 환경과 같은 다양한 영역, 그리고 남녀, 세대, 비장애인과 장애인 등과 같은 다양한 사회집단에도 폭넓게 적용시켜왔다. 그리고 노동의 영역에서도 기존의 생산직 노동자뿐만 아니라 농민, 서비스직 종사자, 사무직 종사자 등을 포함하는 모든 형태의 노동 종사자들에게, 그리고 심지어 실업자에게까지 연대의 폭을 넓혀왔다.

더 나아가 급속한 세계화와 함께 국제적인 연대 혹은 세계적 연대의 중요성에 대한 이들의 인식도 뚜렷이 강화되어왔다. 그리고 여기서도 고전적 사회주의자들이 강조했던 노동자계급의 국제적 단결론은 선진국(국민)과 개발도상국(국민) 사이의 연대론을 거쳐 정치경제 · 사회문화 · 기술 · 환경 등 다양한 영역에서 세계적으로 주목받는 쟁점을 둘러싼 세계적 연대론으로 발전해왔다. 그 결과 이들은 마침내 "연대는 포괄적이며 세계적이다"라고 규정하기에 이른 것이다.

현대 기독교사회론과 기독교민주주의 연대사상

20세기 후반의 교황 회칙과 가톨릭연대사상

제2차 세계대전 종전 이후의 가톨릭교회는 연대개념을 공식적으로 사용하는 데 주저하지 않게 되었을 뿐 아니라 이를 사회문제를 다루는 중심개념으로서 점점 더 적극적으로 사용했으며 그 적용범위도 넓혀갔다. 그 결과 가톨릭교회에서 연대개념은 사회의 다양한 영역을 넘어 국제관계에서도 가장 기본적인 가치 또는 원리 가운데 하나로 정립되고 발전되어갔다.

오스발트 폰 넬브로이닝

가톨릭교회의 최종적인 공식입장은 교황의 여러 문서들을 통해 표현되기 때문에 이 문서들 가운데서도 앞에서 살펴본 바와 같이 특별히 교황의 회칙에 담긴 연대사상을 살펴보는 것이 가톨릭교회의 연대사상을 파악하는 지름길이다. 그런데 이들 회칙은 교황의 자문가들을 통해 매우 신중하게 준비되는데 이 과정에서 중요한 가톨릭 지식인들의 영향이 여러 방식으로 반영된다.

군트라흐와 더불어 페쉬의 가장 중요한 제자였던 넬브로이닝은 바로 이러한 인물로서, 그는 「사십 주년」을 반포한 비오 11세뿐만 아니라, 제2차 세계대전 종전 이후에도 예컨대 요한 23세, 바오로 6세, 요한 바오로 2세처럼 중요한 연대사상이 담긴 회칙을 반포한 여러 교황들에게 지적으로 큰 영향을 미쳤다(Zoll, 2008: 107쪽).

기독교 연대주의자로서 넬브로이닝은 군트라흐와 사회에 대한 많은 기본적인 관점을 공유했다. 연대성과 보조성의 원리를 사회 질서의 가장 중요한 원리로 삼은 것이 그 대표적인 예다. 여기서 연대성 원리는 개인주의와 집합주의의 일방적이며 환원주의적인 입장을 극복하기 위해 개인과 사회가 같은 비중을 갖고서 상호 연관되어 있음을 강조하는 것이다. 그리고 보조성 원리는 사회에 대한 개인의 자립성과 자기책임성을 강조하면서 동시에 거꾸로 개인에 대한 사회의 지원의무를 강조하는 원리다. 따라서 이 관계는 사회에서 소규모의 하위집단과 포괄적인 대규모의 상위집단 사이에서도 적용된다(Nell-Breuning · Sacher, 1954: 71~72쪽).

하지만 넬브로이닝은 군트라흐에 비해 노동자문제에 훨씬 더 큰 관심을 기울였으며 사회민주주의와 노동조합에 대해서도 훨씬 더 우호적인 입장을 표명했다. 비록 그는 가톨릭 사회론자로서 마르크스주의와 명백히 구별되는 입장을 견지했지만, 독일 사회민주당이 채택한 고데스베르크 강령은 그가 보기에 가톨릭사회론의 개론과 다름없었다. 이런 관심과 입장으로 인해 그는 가톨릭 내부에서 1950년대부터 1970년대에 이르기까지 노조, 공동결정 등 당시에 쟁점이 되었던 여러 노동문제와 관련해 커다란 영향을 미쳤다. 뿐만 아니라 그는 교회 밖에서도 독일 사회민주당, 기독교민주연합, 그리고 노조의 강령과 정책을 둘러싼 토론을 직간접적으로 이끄는 등 지적으로 매우 큰 영향을 발휘했다(Kettern, 1993; Nell-Breuning Institut, 2006).

이처럼 그는 사회통합론적인 가톨릭 연대사상에 기반을 둔 비당파적이며 균형 잡힌 관점과 태도를 갖고 있었기 때문에 통합노조, 노동자의 공동결정, 소유의 재분배 등 여러 사회쟁점을 둘러싸고 정당·계급·사회세력 등의 이해관계가 첨예하게 대립했을 때 이들 정당과 노조, 기업가에게 자문을 제공하고 타협안을 제시함으로써 사회통합을 이끌어내려고 노력했다.

또한 그는 패전 이후에 서독정부가 구성되어 자리를 잡아갈 때 오랫동안 정부의 자문위원으로 참여하고 독일노조연맹(DGB)의 경제학연구소 구성원으로 참여하는 등의 다양한 노력을 통해 서독이 사회국가(Sozialstaat)로서 사회적 시장경제를 제도화해가는 데에도 크게 이바지했다. 이처럼 넬브로이닝의 연대주의 사상은 한편으로 20세기의 여러 교황들을 통해 가톨릭교회가 통합을 추구하는 공식적인 사회관을 발전시키는 데 기여했을 뿐 아니라 다른 한편으로 그의 조국 독일이 통합적인 사회제도를 발전시켜가는 데에도 크게 기여했다(Kettern, 1993; Nell-Breuning Institut, 2006).[17]

---

17) 페쉬로부터 시작된 독일의 기독교연대주의 사상은 제2세대의 군트라

요한 23세의 「어머니요 스승」

교황이 연대용어를 공식적으로 사용한 것은 이전에도 발견되지만 교황의 회칙에서는 요한 23세의 「어머니요 스승」에서 처음으로 사용되었다.[18] 이 회칙은 연대주의자 넬브로이닝으로부터 연대사상의 영향을 많이 받은 교황 요한 23세가 1961년 '사회생활의 최근의 발전과 기독교 가르침이 조명한 사회생활의 형상에 관하여'라는 부제로 반포한 것이다(Zoll, 2008: 107쪽).

요한 23세는 이 회칙 앞부분에서 먼저 레오 13세의 「새로운 사태」가 자유주의자들의 경쟁이나 마르크스주의자들의 계급투쟁과 달리 인간적 연대와 기독교적 형제애에 입각한 노동자와 고용주 관계를 주장했다는 점을 강조했다(Johannes XXIII, 1961: 217쪽).

그리고 비오 11세의 「사십 주년」을 통해 더욱 분명해지고 발전된 보조성 원칙, 노동자 임금론 등에 관해 설명하면서 이 논의들을 계승했다. 그런데 「어머니요 스승」은 여기서 정의의 원칙이 단지 임금에 대해서뿐만 아니라 전체 경제활동에 대해서도 적용되어

흐, 넬브로이닝 등을 거쳐 제3세대의 회프너(J. Höffner), 제4세대의 빌헬름 베버(W. Weber), 드라이어(W. Dreier) 등으로 계승되었다(Zenz, 2004).

18) 비오 12세는 1945년 이탈리아 기독교 노동자단체 대표자들에게 행한 연설에서 비오 11세의 「사십 주년」을 인용하면서 근로자와 고용주를 모두 포함하는 초계급적인 연대의 필요성을 강조하는 가운데 연대용어를 수차례 사용했다(Pius Xii, 1945: 198쪽). 비오 12세의 통합론적인 연대사상에는 그의 자문가이던 연대주의자 군트라흐의 영향이 컸다(Zoll, 2008: 106쪽).

야 한다는 점을 강조했다. 즉 생산적 노동을 행하는 자가 이 노동 과정을 함께 결정하고 이 노동을 통해 인성을 발달시키려는 욕구는 인간의 본성에 근거한 것이므로, 기업의 규정과 절차가 정의의 원칙에 부합하려면 이들의 창의력과 책임감을 저하시키거나 인간 존엄성에 상처를 주는 것이어서는 안 된다는 것이다(Johannes XXIII, 1961: 224~233쪽).

이런 관점에서 「어머니요 스승」은 전통적인 수공업이나 농촌의 가족기업들이 기술발전을 위한 스스로의 노력, 동업조합적인 결사의 형성, 국가의 적절한 보호와 장려 정책 등을 통해서 창의성과 책임감을 향상시키고 인간 존엄성에 부응하는 경제활동을 할 수 있도록 해야 한다고 주장했다(Johannes XXIII, 1961: 234쪽).

그리고 이 회칙은 노동자들은 고용된 기업에 능동적으로 참여할 권리를 가지며 이 참여가 기업을 인간적인 공동체로 만들려는 목표를 추구해야 한다고 보았다. 이런 관점에서 회칙은 특히 중견기업과 대기업 노동자들의 경우, 고용주 및 관리자와 협력하고 서로 존중하며 선의로 대해야 한다고 주장했다. 노동은 단순한 영업 수단이 아니라 공동체에 대한 봉사와 의무완수로 간주되어야 한다. 따라서 기업의 확장과 같은 중요한 사안에서 노동자의 목소리에 귀 기울이고 이들의 공동책임을 요구해야 한다고 보았다(Johannes XXIII, 1961: 235쪽).

더 나아가 회칙은 노동자들의 이러한 책임 있는 공동작용이 개별 기업의 수준과 경제영역을 넘어 사회의 전 수준으로 확대될 필요가 있다고 주장했다. 당시의 노동자조직들이 전국 수준과 국제

수준에서 법적인 지위를 보편적으로 인정받음으로써 노동자들을 더 이상 계급투쟁이 아닌 사회적인 동반자 관계로 이끌고 있다고 보면서, 회칙은 노동자들이 그들의 비중과 견해를 기업을 넘어 사회생활 전 영역에서 유효하게 만드는 것이 매우 필요하며 적절하다고 본 것이다. 이런 관점에서 회칙은 국제노동기구(ILO)가 지난 수년 동안 경제뿐 아니라 사회생활에서 정의와 인간성을 실현시키는 데 가치 있는 기여를 해왔다고 높이 평가했다(Johannes XXIII, 1961: 236~238쪽).

「어머니요 스승」은 정의라는 기준이 공평이라는 기준과 함께 노사관계뿐 아니라 다양한 경제분야와 한 국가 내의 여러 지역들 사이에서도 마찬가지로 적용되어야 한다고 보았다. 이런 점에서 회칙은 특별히 불리한 위치에 놓여 있는 농업경제와 그 종사자들을 주목하면서, 한편으로는 국가의 여러 정책과 공공서비스를 통해서 농업경제가 다른 경제분야와 균형을 이루는 성장을 단계적으로 이루어갈 수 있어야 한다고 지적했다.

그러면서 다른 한편으로는 농업 종사자들이 연대적인 결속감을 갖고 다양한 협동조직과 전문단체를 결성해야 한다고 주장했다. 왜냐하면 이는 농민들이 경제발전과 기술발전의 혜택을 누리고 '농산물 가격을 형성하는 데 영향을 미치며, 다른 조직된 직업들과 동등한 위치에 서고' 국가의 행정에서 정당한 영향력과 비중을 획득하기 위해서 시급히 필요하기 때문이다(Johannes XXIII, 1961: 243~250쪽).

회칙은 또한 한 국가 내에서 발전 수준의 차이를 보이는 다양한 지역들과 발전 정도가 다른 국가들 사이에서도 정의와 공평 혹은 균형의 원칙이 적용되어야 한다고 주장했다. 그리고 이를 위해서는 인간적인 연대와 기독교적인 형제애가 요구되며 이것들을 통해 여러 실제적인 지원이 이루어짐으로써 재화 · 자본 · 사람의 교류가 활성화될 뿐 아니라 불평등 완화에도 기여할 수 있다고 보았다.[19] 이들 지원에는 물자의 지원뿐 아니라 재정적인 지원과 과학기술적인 지원 등이 포함된다. 하지만 이러한 지원을 할 때 자신들의 고유한 생활양식도 상대방에게 강요하는 일은 방지되어야 한다고 강조했다(Johannes XXIII. 1961: 251~257쪽).

「어머니요 스승」은 연대용어를 처음으로 도입한 회칙이지만 여기서 중심역할을 한 개념은 연대보다는 오히려 정의였다. 그래서 정의와 비교할 때 연대는 몇 차례 사용되지 않았지만, 이 회칙에서 인간적 연대는 기독교적 형제애와 함께 정의의 실현을 위한 가장 중요한 기반으로 간주되었다. 그리고 이전의 교황 회칙들과 기독교 연대론에서 발전된 통합론적인 연대사상이 계승되어 여기서도 연대는 기본적으로 초계급적인 개념으로 사용되었으며, 국가의 보조 역할과 직업 결사체의 역할이 강조되었다. 그런데 요한 23세는 이 회칙에서 통합의 관점을 기존의 계급관계뿐 아니라 경제분야 간의 관계 및 지역 간의 관계와 더 나아가 국제관계에도 확대 적용시킴으로써 통합론적인 연대개념의 적용범위를 확장했다.[20]

19) 회칙은 이런 관점에서 유엔 식량농업기구(FAO)의 활동에 대하여 높이 평가했다(Johannes XXIII, 1961: 253쪽).
20) 요한 23세가 연대개념을 국제관계에 뚜렷이 적용시킨 사례는 1963년

바오로 6세와 국제적 연대론

요한 23세는 가톨릭교회와 다른 교파 간의 화해를 위해 노력했을 뿐 아니라 시대의 요구에 귀 기울이면서 가톨릭교회의 쇄신을 위해서도 애썼다. 그의 이러한 노력은 1962년 역사적인 제2차 바티칸 공의회 개최로 이어졌으나 공의회가 진행 중이던 1963년 그가 서거했고, 공의회는 후임인 바오로 6세의 재위 시기인 1965년까지 계속되었다. 이 바티칸 공의회는 여러 중요한 문서를 확정했는데, 그중에서도 「기쁨과 희망」(Gaudium et Spes)이라는 표제가 붙은 사목(司牧)헌장은 시대의 주요 문제들에 대한 해결책을 발견하는 데 공동 협력하려는 가톨릭교회의 진지한 노력을 잘 보여주었다.

「기쁨과 희망」은 먼저 세계가 정치·경제·사회·인종·이념 등 여러 방식으로 심각하게 분열되고 있음을 안타까워했다. 그러면서 인간과 사회는 본래부터 상호의존적인 존재일 뿐 아니라 현대세계에서는 이 상호의존성이 더욱 긴밀해지며 전 세계로 확산

그의 서거 직전에 반포된 회칙 「지상의 평화」에서도 발견된다. '진리·정의·사랑·자유를 토대로 한 모든 백성 간의 평화에 대하여'라는 부제가 달린 이 회칙은 연대개념을 국제관계에 적용시켜서 국가 간의 상호관계가 진리·정의·자유와 함께 연대의 규범에 의해 규정되어야 함을 강조했다. 그리고 실제로 경제·복지·정치·문화·보건·스포츠 등 여러 분야에서 이러한 연대적인 상호협력이 성공적으로 이루어지고 있다고 평가하면서 이를 더욱 촉진시킬 필요성을 강조했다. 또한 이런 관점에서, 발전된 국가들은 상대방의 문화를 존중하고 정치적인 지배욕을 배제한 상태에서 개발 도상국가들과의 협력과 지원을 강구할 것을 주장했다(Johannes XXIII, 1963: 304~315쪽).

되고 있기 때문에, 모든 인간은 개인주의적인 윤리를 넘어서야 하며 이를 통해 전 세계로까지 확대되는 공동선에 기여해야 한다고 강조했다. 그리고 특별히 세계적인 인간공동체의 발전에 필요한 사항들에 관해 자세히 언급하면서, 한편으로는 국제적인 연대정신과 이에 근거한 선진국들의 지원이 중요하다는 점과, 다른 한편으로는 정의의 규범과 보조성 원리가 국제관계에도 적용되어야 한다는 점을 지적했다(Paul VI, 1965: 334쪽, 352~358쪽, 418쪽 이하).

요한 23세의 회칙에서 중요하게 다루어지기 시작한 국제적 연대, 특히 선진국과 개발도상국 사이의 연대는 이처럼 제2차 바티칸 공의회에서 중요한 주제 가운데 하나로 부상했다.[21] 그리고 이처럼 증대된 관심은 2년 후에 반포된 바오로 6세의 회칙, 「민족들의 발전」(Populorum Progressio)에서 보다 뚜렷한 형태로 표현되었다.

「민족들의 발전」에서 본론의 절반은 '인류의 연대적 발전을 위하여'라는 제목을 달았다. 여기서 회칙은 개인과 사회 간의 관계에 대한 연대주의 인식을 확장해 개인과 전 인류는 서로를 지원하면서 함께 발전해가야 한다고 보았다. 그리고 민족들로 이루어진 인류공동체를 위해서 각 국가의 국민들, 특히 부유한 국민들은 삼중의 의무, 즉 연대의 의무, 사회정의의 의무, 만인에 대한 사랑의 의무 내지는 만인을 위해 좀더 인간적인 세계를 조성할 의무를 지닌다고 주장했다. 여기서 연대의 의무는 부유한 국민들이 개

---

21) 1962년 제2차 바티칸 공의회의 2,500명 참석자 가운데 40%가 제3세계 출신이었다(Stjernø, 2004: 68쪽).

발도상국에게 행해야 할 지원의 의무를 가리킨다(Paul VI, 1967: 461~463쪽).

그런데 이러한 지원은 빈부 차가 있는 국가 사이의 무역관계가 갖는 문제점들이 시정되지 않으면 헛된 것이 될 수 있다. 그래서 회칙은 부유한 국가가 점점 더 부유해지는 대신 가난한 국가는 점점 더 가난해지는 무역관계에 주목했다. 그 결과 경제조건이 불평등한 국가들 사이에서는 자유무역의 게임규칙만이 지배하도록 해서는 안 되며 정의롭고 사회적인 경쟁, 즉 인간적인 경쟁이 되도록 경쟁에 한계를 두어야 한다고 주장했다. 그리고 보편적 규범에 따라 가격을 적정하게 규제하면서 산업의 건설을 지원하는 등 무역관계에서 보다 큰 정의를 이루기 위해 공동으로 노력하는 국제조약의 유용성을 강조했다(Paul VI, 1967: 466~468쪽).

회칙은 이처럼 빈부 차가 있는 국가 사이의 무역관계에 대한 자유주의적인 접근은 뚜렷한 한계를 갖는다고 보았다. 하지만 동시에 민족주의와 극단적인 인종주의 역시 정의롭고 상호 연대적인 세계를 조성하는 데 또 다른 장애물이라고 여겼다. 물론 회칙은 민족주의, 특히 신생 독립국가의 민족주의가 갖는 순기능에 대해 이해를 표명했다. 그러나 이러한 감정은 민족분열과 갈등을 초래하고 결국 민족의 안녕도 해칠 수 있기 때문에 인류애를 통해 드높여야 한다고 주장했다(Paul VI, 1967: 467~468쪽).

이처럼 회칙은 연대적인 세계의 장애물들과 이로 인한 현실의 어두움에 대하여 설명했지만, 여기서 멈추지 않았다. 즉 점점 뚜렷해지는 협력의 필요성과 연대감을 통해 이들 장애물과 그 정신적인 표현인 이기주의와 이해부족이 결국은 극복될 것이라는 희망의 메시지를 제시한 것이다. 그리고 민족들 간의 연대가 점점 더 현실화되는 듯 보인다면서 그 실현 가능성을 강조했다(Paul VI, 1967: 469쪽).

「민족들의 발전」은 이전의 회칙들과 기독교연대주의가 한 국민국가 내에서 국민경제를 전제로 제시했던 연대개념과 여러 논의를 전 세계 수준의 공동체와 그 속의 국제경제에 확대 적용한 것을 볼 수 있다. 마찬가지로 국민국가 내에서의 초계급적인 사회통합을 추구했던 이전의 가톨릭 연대논의도 여기서는 선진국과 개발도상국, 즉 부유한 국가와 가난한 국가 사이의 갈등과 대립의 극복을 추구하는 방향으로 확대 적용했다. 이처럼 이 회칙은 연대논의를 국제관계, 특히 남북 국가들 간의 관계에 비교적 뚜렷이 적용했다는 점 외에, 연대가 현실적인 갈등과 대립의 극복을 추구하는 방향·전략·희망의 근거로서 갖는 의미를 분명히 제시하면서 이를 부각시켰다는 점에서도 연대사상의 발전에 기여했다.

요한 바오로 2세와 가톨릭연대사상의 현대적 발전

요한 바오로 2세는 역대 교황 가운데 연대개념을 가장 중시하고 애호했던 인물이다. 그는 레오 13세와 그 후의 여러 선임 교황의 사회적인 회칙 속에 표명된 가톨릭사회론과 특별히 점점 더 강조되어온 연대론의 영향을 크게 받았다. 하지만 그가 연대개념을 특히 중시한 것은 교황이 되기 훨씬 전부터 이미 인격체와 연대를 중심으로 한 독자적인 철학을 구축했기 때문이다. 이때 그는 페쉬와 동시대인으로서 인격체와 연대에 관한 탁월한 학문적 업적을 남긴 독일인 철학자이자 사회학자인 셸러의 현상학과 특히 그의 저서 『윤리학에 있어서 형식주의와 실질적 가치윤리학』으로부터 매우 큰 영향을 받았다(Doran, 1996: 25쪽; Thimer, 1996: 77쪽).[22)

요한 바오로 2세는 1981년 「새로운 사태」 반포 90주년을 맞아 자신의 첫 사회회칙 「노동하는 인간」(Laborem Exercens)을 반포했다. 이 회칙은 그가 공산주의 치하의 폴란드 출신으로서 오랫동안 가졌던 경험과 문제의식을 기반으로 거의 스스로 작성한 것인데, 여기서 그는 무엇보다도 노동의 중요성을 선임자들보다 훨씬 더 뚜렷이 강조했다. 즉 노동은 "전체 사회적인 현안들의 결정적인 추축"이며, 따라서 "점점 새롭게 제기되고 또한 복잡해지는 사회적인 현안들을 해결하는 데 서서히 접근하려는 우리들의 노력이……만약 인간생활을 보다 인간적으로 만들려는 것을 목표로 삼아야 한다면, 인간의 노동이라는 바로 이 추축이 근본적이며 결정적인 의미를 갖게 된다"는 내용이었다(Johannes Paul II, 1981: 575~576쪽).

그는 노동의 주체인 인간이 존엄하므로 노동 또한 존엄하다고 보았다. 노동은 "인간이 이를 통해 자연을 변화시켜서 자신의 필요에 부응하게 하기 때문만이 아니라 스스로를 인간으로 실현

---

22) 요한 바오로 2세의 연대사상과 교황이 되기 전 보이티와(Karol Wojtyla)의 연대이론 사이의 관계, 그리고 셸러의 이론과의 관계에 대해서는 도란의 저서에 자세히 소개되어 있다(Doran, 1996).

시키기 때문에, 즉 '보다 더 인간으로 되기' 때문에도 인간에게 하나의 특전이며," "인간 존엄성에 상응하는 선"이라는 것이다 (Johannes Paul II, 1981: 590~591쪽). 그러므로 인간 노동을 오직 경제적인 유용성의 관점에서만 바라보거나 인간을 노동의 주체나 생산과정의 원인이 아닌 경제관계의 산물로 이해하는 것은 모두 노동과 그 주체인 인간의 존엄성에 반하는 경제주의 혹은 물질주의 시각이기 때문에 그는 이들을 거부했다(Johannes Paul II, 1981: 601~602쪽).

이 회칙은 노동에 관한 여러 주제 가운데 특별히 노동하는 인간들의 연대에도 크게 주목했다. 노동과 그 주체인 인간이 존엄한데도 불구하고 19세기의 노동현실, 특히 산업노동의 현실은 열악했다. 이런 상황에서 노동자들이 노동의 단순화, 임금착취, 극히 열악한 노동조건 등에 반발하여 연대를 이룬 것과, 이들에게 연대를 호소한 일을 이 회칙은 정당한 것으로 평가했다. 또한 이들의 연대가 이후에 많은 것을 성취했다고 보았다. 하지만 다양한 이념적인 체계들과 권력집단들 때문에 불의는 여전히 존속할 뿐 아니라 새로운 불의도 생겨났으며, 더욱이 세계적인 수준에서 더욱 광범위하고 새로운 불의들이 드러났다고 지적했다(Johannes Paul II, 1981: 586쪽 이하).

이러한 인식에 바탕을 두고 회칙은 "세계의 여러 지역, 여러 나라, 그리고 이들 사이의 관계에서 사회정의를 실현시키기 위해서는 노동하는 자들의 그리고 이들과 함께하는 늘 새로운 연대노력이 필요하다. 또한 노동주체가 갖는 위엄의 사회적인 추락, 근로자

착취, 궁핍 혹은 기아의 증대가 연대를 불러일으키는 곳에는 언제나 이 연대가 있어야 한다"면서 노동하는 사람의 연대의 필요성을 강조했다. 그리고 여기서 더 나아가 이것이 교회의 사명이자 봉사에 속하며, 그리스도에 대한 교회의 신실성의 시금석이 된다고까지 표현했다(Johannes Paul II, 1981: 589쪽).[23]

요한 바오로 2세는 「새로운 사태」를 기념하면서 「노동하는 인간」을 준비했듯이 1987년에는 「민족들의 발전」 반포 20주년을 맞이해 이를 기념하는 회칙 「사회적 관심」(Sollicitudo Rei Socialis)을 반포했다. 「노동하는 인간」이 노동자문제에 초점을 맞춘 「새로운 사태」의 문제의식을 계승해 특별히 노동의 의미와 노동하는 사람들의 연대에 관한 논의를 발전시켰다면, 「사회적 관심」은 지구상의 약자에 초점을 맞춘 「민족들의 발전」의 문제의식을 따라서 발전의 의미와 국제적 연대에 관한 논의를 더욱 발전시켰다.

이를 위해 「사회적 관심」은 「노동하는 인간」에 비해 연대의 의미를 훨씬 더 자세히 그리고 폭넓게 설명했다. 우선 연대는 무엇보다도 인간의 존엄성을 전제로 한다. 만인이 인격체로서 존엄하다

---

23) 「노동하는 인간」은 노동조합이 사회질서와 연대를 위해 쉽게 간과될 수 없는 긍정적인 요소라면서 그 중요성을 강조했다. 회칙에 따르면 노동조합은 노동하는 사람들의 정당한 요구와 사회정의를 위해 앞에서 투쟁하는 것으로서 인식되어야 한다. 물론 이때 노동조합이 추구하는 것은 사회정의라는 선이어야 하지 '투쟁'을 목적으로 삼거나 상대방을 제거하려는 의도를 갖고 투쟁하는 것이어서는 안 된다. 그리고 노동조합의 요구가 집단이기주의나 계급이기주의로 변질되어서도 안 된다(Johannes Paul II, 1981: 621~622쪽).

는 점을 인식하는 것과 서로서로를 이러한 존엄한 인격체로 인정할 때에만 진정한 연대가 이루어질 수 있다는 것이다. 이와 함께 「사회적 관심」은 상호의존성 역시 연대의 중요한 토대임을 지적했다. 그리고 이런 관점에서 회칙은 인권의식과 사람들 및 국가들 사이의 상호의존성에 대한 의식이 증대되고 있다는 점에 주목했다(Johannes Paul II, 1987: 704쪽, 717쪽).

이처럼 「사회적 관심」은 연대의 기초를 인격주의적인 관점과 사회학적인 관점에서 설명했지만 연대의 윤리적이며 신학적인 특성을 이전의 회칙들보다 훨씬 더 뚜렷이 주장했다. 먼저 회칙은 "이런 점에서 상호의존성이 인정된다면, 도덕적이며 사회적인 태도이자 '덕'인 연대가 이에 상응하는 답이다"고 연대의 도덕성을 규정했다.

그리고 "연대는 원근의 그 많은 사람들의 고통 때문에 갖는 막연한 동정심이나 피상적인 정서가 아니다. 반대로 그것은 '공동선'을 위해 진력하겠다는, 즉 우리는 모두에게 책임이 있기 때문에 만인과 각자의 선을 위해 진력하겠다는 굳건하고 지속적인 결단이다"라고 연대의 의지적 성격을 강조했다. 연대의 이러한 윤리적 성격은 종국에는 자기희생의 감수까지 요구하게 되는데, 회칙은 예수의 희생과 이웃사랑 등과 관련된 연대의 신학적인 의미를 제시함으로써 이를 뒷받침했다(Johannes Paul II, 1987: 704쪽, 707쪽, 714쪽).

「사회적 관심」은 이러한 연대관에 기초해 지구상의 여러 민족 간의 국제적인 연대에 대한 논의를 전개했다. 먼저 회칙은 「민족들의 발전」에서 바오로 6세가 지적한 '연대의 의무'를 다시 언급하면서, 부유한 국가의 정치 지도자와 시민은 공적이거나 사적인 결정을 할 때 "세계적인 관계, 즉 자신들의 행동과 수많은 사람들의 궁핍 및 저발전 사이에 존재하는 상호의존성"을 고려해야 한다고 주장했다(Johannes Paul II, 1987: 666쪽).

그리고 사회학적인 시각에서 회칙은 오늘날의 세계가 비록 각종 갈등으로 분열되어 있지만 동시에 깊은 상호의존성에 대한 확신과 연대를 향한 요구가 확산되고 있다고 보았다. 이러한 연대의식의 증대는 만인에게 닥칠 각종 재난에 대한 두려움으로 인간이 공동운명체라는 인식을 과거 어느 때보다도 더 뚜렷이 갖게 되었기 때문이다(Johannes Paul II, 1987: 685쪽).

이처럼 세계적인 상호의존성과 이로 인한 연대의식이 과거보다 뚜렷이 증대되고 있지만 이 회칙이 반포된 당시의 세계는 여전히 이념에 의해서 두 진영으로 나뉜 채 여러 형태의 제국주의가 연대를 대신하여 지배한 세계, 즉 '죄의 구조'에 속한 세계였다. 이 세계에서는 이윤과 권력에 대한 갈망이 민족들의 온전한 발전과 공동선을 가로막는다. 그래서 온전한 발전을 위해 애쓰는 민족들에 연대해야 할 국가들이 상대방 진영으로부터의 안보에 자원을 사용하고 약소국에 대한 영향력을 강화하는 등 평화와 발전에 반하는 결과를 초래해왔다(Johannes Paul II, 1987: 681쪽, 700쪽, 704쪽, 706쪽).

회칙은 이와 같은 죄의 구조를 극복하기 위해 필수적으로 요구되는 것이 연대라고 보았다. 연대의 틀 안에서 이루어지는 모두의 협력, 특히 국제공동체의 협력 없이는 아무것도 실현될 수 없다는 것이다. 이런 점에서 강대국은 제국주의와 패권유지 의도를 버리고 진정한 국제체계가 창출되기까지 다른 국가들에 대해 도덕적인 책임을 느껴야 한다. 하지만 개발도상국들도 자기들끼리 그리고 가장 가난한 국가들과 함께 연대를 행할 의무를 갖는다. 그리고 경제적인 약소국이라 하더라도 다른 민족이나 국제공동체의 지원을 통해 스스로 소유한 인류와 문화의 보화로써 공동선에 기여할 수 있어야 한다(Johannes Paul II, 1987: 705쪽, 707쪽, 714쪽).[24]

연대는 이처럼 타인이나 다른 민족 혹은 다른 국가를 저비용으로 착취하다가 쓸모없다고 버리는 수단이 아니라 우리와 동등한 사람, 조력자, 그리고 이웃으로 여기게 하는 데 도움을 준다. 그래서 요한 바오로 2세는 이 회칙에서 연대가 평화에 이르는 길이자 동시에 발전에 이르는 길이라고 주장했다. 상호의존성은 이미 진영정치를 극복하고, 경제적·군사적·정치적인 제국주의를 단념

---

24) 회칙에 따르면 강자는 약자에 대한 책임을 느끼고 가진 것을 나눌 자세를 가져야 하며, 약자들은 연대정신으로써 자신의 정당한 권리를 주장하면서 공동선을 위해 할 수 있는 바를 행해야 한다. 그리고 중간층의 집단들은 자신의 이익만을 이기적으로 주장할 것이 아니라 타인의 이익도 존중해야 한다. 회칙은 이러한 연대적 태도를 국제관계에 적용했다(Johannes Paul II, 1987: 704쪽). 그리고 국제적인 연대의 관점에서 비동맹운동에 대해 비록 그것이 어려움과 모순을 안고는 있지만 긍정적인 의미도 갖고 있다고 평가했으며, 또한 「민족들의 발전」에서 제기된 강대국의 군축 필요성도 주장했다(Johannes Paul II, 1987: 680쪽 이하).

하며 상호불신을 협력으로 전환시킬 것을 요구하고 있는데 이러한 사실을 책임 있는 국가들이 받아들여야지만 세계평화가 가능하다. 그래서 비오 12세가 "평화는 정의의 열매"라고 한 것에 대해 요한 바오로 2세는 "평화는 연대의 열매"라고 불렀다(Johannes Paul II, 1987: 706~707쪽).

이처럼 「노동하는 인간」과 「사회적 관심」에서 제시된 요한 바오로 2세의 연대사상은 회칙 「백 주년」(Centesimus Annus)에서 더욱 새롭고도 포괄적인 형태로 표명되었다. 「새로운 사태」의 반포 백 주년이 되던 1991년에 반포된 이 회칙은 먼저 「새로운 사태」의 특징과 의미를 재조명하는 내용을 담고 있다. 그리고 지난 한 세기 동안 벌어진 역사적인 사건들, 예컨대 전체주의국가 출현, 전쟁 발발, 유태인학살, 국제연합 탄생, 신생 독립국가 건설, 냉전과 군비경쟁, 핵 위협, 1980년대의 제3세계 독재정권 붕괴, 그리고 특히 1989년과 1990년 사이의 동구권 변화를 가톨릭사회론의 관점에서 해석한 후 20세기 말의 새로운 사태들에 대처하는 원리·방향·방법 등을 제시했다.

연대개념이 회칙 전반에 걸쳐 빈번히 등장하는 「백 주년」은 연대사상에 철저히 근거해 있음을 알 수 있다.[25] 실제로 이 회칙은 연대의 원리가 사회질서와 정치질서에 대한 기독교적인 견해의 기본원리를 이룬다고 명백히 선언하고 있다(Johannes Paul II,

---

25) 바티칸 교황청의 공식적인 독일어판 회칙에서는 연대용어가 21회 사용되었다.

1991: §10).

　그리고 이런 관점에서「새로운 사태」를 인용하면서 경제활동 참
여자들이 지배와 예속의 관계에 빠지지 않고 존엄한 노동을 행할
수 있도록 광범한 사회개혁이 이루어져야 함을 강조했다.「백 주
년」은 이러한 개혁에 노동조합과 국가의 역할이 특별히 중요하다
는 점을 지적했다. 그런데 여기서 국가는 연대의 원리에 따라 약자
들을 보호하기 위해 노동조건의 결정에 제한을 가하며 실직 노동
자에게 최저생계를 보장하는 등 직접적인 방식으로 개혁에 기여
할 수 있다고 보았다. 그뿐 아니라 많은 취업기회와 번영의 토대를
제공하는 자유로운 경제활동에 유리한 조건들을 보조성의 원리에
따라서 창출하는 간접적인 방식으로도 기여할 수 있다고 보았다
(Johannes Paul II, 1991: §15).

　「백 주년」은 그동안 국가의 이러한 노력과 노동자운동의 쟁취를
통하여 개혁이 이루어져왔다고 평가하면서, 이에 덧붙여 자조집단
들의 개혁 노력에도 주목했다. 즉 이들이 경제성장과 인간존중을
결합할 능력을 지닌 효과적인 연대형태를 만들기 위한 노력, 예컨
대 생산협동조합, 소비협동조합, 신용협동조합 등의 설립, 국민교
육과 직업교육 활동, 기업과 일반 사회생활에서의 공동참여 활동
등을 통하여 개혁에 기여해왔다고 보았다(Johannes Paul II, 1991:
§16).

　「백 주년」은 1989년 이후 동구권에서 진행된 변화에 대해서도
주목하면서 이를 연대의 관점에서 다루었다. 회칙은 먼저 동구권
체제의 위기가 폴란드에서 연대의 이름으로 발생한 노동자운동

과 더불어 시작되었다는 점을 지적했다.[26] 그리고 노동자를 위한 체제를 자임하던 동구권 체제가 붕괴하게 된 결정적인 계기가 노동자운동으로부터 비롯되었다는 아이러니는 곧 이 체제의 이념적 기반인 마르크스주의의 실패를 의미하는 것으로 보았다(Johannes Paul II, 1991: §23~24).

하지만 회칙은 이처럼 현실사회주의 체제가 붕괴되었다고 해서 이것이 곧 자본주의의 승리를 뜻하거나 자본주의가 유일한 경제조직 모델이 되었음을 가리키는 것은 결코 아님을 반복해서 강조했다. 왜냐하면 자본주의 체제에도 개혁해야 할 요소들이 많다고 보았기 때문이다. 여전히 수많은 사람들이 커다란 물질적인 빈곤과 정신적인 빈곤 상황에서 살고 있으며 수많은 민족이 발전의 주변에 머물러 있다. 이러한 문제들은 시장에 대한 맹목적인 믿음에 모든 해결책을 내맡기는 과격한 자본주의 이념으로는 결코 해결되지 않는다는 것이 회칙의 관점이었다(Johannes Paul II, 1991: §35, §42).

회칙은 지구상의 너무나 많은 사람들이 여전히 빈곤하게 살면서 "거의 노예와 같은 멍에"에 매여 있는 상황을 지적했다. 그리고 이러한 현실에 대처하기 위해서는 사실상 국가자본주의와 다름없는 사회주의 체제도, 그렇다고 자본의 절대적인 지배체제도 적절하지 않다고 보았다. 그 대신 결코 시장에 반대하지 않되 사회의

---

26) 회칙은 폴란드에서 일어난 이 노동운동이 가톨릭사회론의 영향과 깊이 관련되어 있다고 지적했다(Johannes Paul II, 1991: §23).

기본욕구 충족을 보장하도록 국가와 사회의 제 세력이 시장을 적절하게 통제하는, 그러한 "자유로운 노동, 기업, 참여의 사회질서"가 바람직하다고 주장했다. 이러한 질서는 현대의 회칙들이 그동안 인간의 존엄성을 핵심으로 삼아서 꾸준히 주장해온, "협력과 연대의 정신에 기반을 둔 억압 없는 사회질서"나 다름없다(Johannes Paul II, 1991: §35, §61).

이런 연대의 관점에서 「백 주년」은 노동의 의미와 함께 노동과 사유재산의 바람직한 관계를 설명했다. 인간은 노동을 통해 자신뿐 아니라 타인을 위해서도 진력하며 타인과 함께 진력한다. 즉 자신뿐 아니라 가족 · 민족 · 인류 등의 필요를 위해서도 노동하며, 기업동료의 노동, 물품공급자의 노동, 구매자의 소비 등과 연대적인 연쇄관계를 이룬다는 것이다. 생산수단의 소유는 이처럼 유익한 노동에 기여할 때에는 정당하지만, 반대로 이러한 노동세계의 연대를 분쇄함으로써 오는 이윤을 획득하려고 추구한다면 결코 정당화될 수 없다고 회칙은 단언했다(Johannes Paul II, 1991: §43).

그리고 발전의 의미도 연대의 관점에서 설명했다. "중요한 것은 오늘날의 부유한 국가들이 향유하는 수준으로 모든 민족을 향상시키는 것이 아니라, 연대적인 협력을 통해 보다 인간적으로 존엄한 생활을 하게 만드는 것이며, 각자의 존엄성과 창의성을 효과적으로 향상시키는 것이며, 자신의 소명과 그 속에 포함된 신의 부름에 응답할 능력을 향상시키는 것"이다(Johannes Paul II, 1991: §29).

이밖에도 회칙은 인권, 환경, 평화, 군비, 선진국에서의 소비주의, 소외, 가정, 주변집단, 개발도상국의 외채 등 오늘날의 세계가 마주해 있는 여러 다른 중요한 새로운 사태들에 관해 설명하면서 연대의 관점을 다양한 방식으로 표현했다. 그리고 마침내 회칙의 마지막 부분에서는 이러한 도전에 대한 교회와 신앙인의 책임 있는 자세를 호소했을 뿐만 아니라, 이를 넘어 "선한 의지를 가진 모든 사람들, 특별히 국가와 국제 수준의 정치 · 경제 · 사회 분야에서 특별한 책임을 가진 사람들과 집단들에게 대화와 협력의 자세를 요구"했다. 이처럼 요한 바오로 2세는 이 회칙에서 연대개념을 여러 현안에 적용함으로써 연대사상의 현대적인 발전에 기여했을 뿐만 아니라, 이들 시대적인 현안의 해결에 연대가 특별히 중요함을 다양한 방식으로 제시함으로써 현대적인 연대사상이 가톨릭사회론의 가장 중요한 축을 이루고 있음을 분명히 보여주었다 (Johannes Paul II, 1991: §60).

개신교 사회윤리에 나타난 연대사상

산업사회의 출현으로 인한 여러 가지 심각한 사회문제는 가톨릭뿐 아니라 개신교에도 심각한 도전이 되었다. 그래서 일찍부터 노동문제를 중심으로 한 사회문제 해결에 뛰어든 개인이나 단체들이 개신교계에서도 많았으며, 이들 가운데는 영국의 기독교 사회주의자처럼 사상적으로 후대에 큰 영향을 미친 이들도 적지 않았다(Grebing, 1970: 84쪽 이하, 129쪽 이하; 유은상, 1990: 71쪽 이하).

그럼에도 불구하고 개신교계에 연대사상이 도입되어 자리 잡게 된 것은 매우 늦은 20세기 후반에 이르러서이며 기독교연대사상의 발전에 제공한 개신교의 기여도 가톨릭에 비해 크지 않다. 이에 대하여 셰르노는 개신교에서 연대사상의 도입이 지체된 이유가 개신교의 교리와 관련 있다고 설명한다. 즉 개신교의 대표적인 교리 가운데 하나인 루터(M. Luther)의 교리는 신국과 세속국가라는 두 개의 왕국 교리를 가르쳐왔기 때문에 세속국가가 통치하는 사회질서에 교회가 적극 개입하는 것을 꺼리게 했다는 것이다(Stjernø, 2004: 77쪽).

하지만 이 설명은 신자들의 정치참여에 대해 적극적인 태도를 취하는 칼뱅주의 개신교나 루터주의, 칼뱅주의와 무관한 다른 수많은 개신교에 대해서는 적용되지 않는다. 오히려 개신교 조직이 이처럼 다양한 교리에 기초한 수많은 교파로 분권화되어 있다는 점이 하나의 중요한 배경이 되었다고 볼 수 있다. 이는 위계서열이 분명한 가톨릭교회 조직의 수장이었던 레오 13세, 요한 23세 등과 같은 교황들이 사회회칙을 통해 교회 전체에 큰 영향을 쉽게 미칠 수 있었던 것과 비교된다. 물론 조직의 특성보다 더 중요한 배경이 있다. 그것은 페쉬로부터 비롯된 가톨릭교계의 연대주의자들처럼 연대사상에 몰두한 영향력 있는 지식인 집단이 개신교계에서는 오랫동안 등장하지 않았다는 점이다.

제2차 세계대전의 종전과 함께 개신교에도 많은 변화가 일어났다. 독일 파시스트 체제를 직접 경험한 루터파 교회는 두 개의 왕국교리에 대한 종래의 이해방식을 수정하게 됨으로써 사회윤리의 전기를 마련했다. 그리고 1948년 가톨릭교회에 속하지 않은 다양한

184

종파의 기독교 교회들이 참여한 세계교회협의회(World Council of Churches)가 창설되어 교회 일치 및 협력 운동과 함께 기독교적인 봉사와 나눔의 촉진, 세계적인 현안에 대한 입장표명 등과 같은 활동이 더 적극적으로 이루어지게 되었다. 이러한 변화들은 개신교회에서 연대사상이 서서히 수용되는 중요한 전기가 되었다 (Stjernø, 2004: 78쪽 이하; WCC, 2009a).

하지만 연대사상이 개신교회의 핵심문서에 도입될 정도로 자리 잡게 되는 데에는 많은 시간이 걸렸다. 루터교세계연맹(The Lutheran World Feferation)의 공식문서를 분석한 셰르노에 따르면 1960년대 말의 학생운동과 정치환경의 변화로 인해 루터교세계연맹은 1970년부터 사회에 대한 책임을 명확히 인식하고 점차 사회적·정치적·경제적인 쟁점들에 몰두하게 되었다. 그리고 그 결과 1977년 총회는 교회가 세계와의 연대의 표현으로서 각 사회에 대한 비판적인 참여를 발전시켜야 한다고 선언했으며, 2003년 총회 준비용 문서는 경제의 세계화에 대한 반응으로서 연대의 세계화를 요청하는 내용을 담았다고 한다(Stjernø, 2004: 81~82쪽).

칼뱅주의 교회의 세계기구인 개혁교회세계연맹(World Alliance of Reformed Churches)의 공식 회의문서에서도 1970년대에는 연대용어가 매우 드물게 사용되었다. 하지만 2004년 아크라에서 개최된 회의에서는 여러 문서에서 이 용어가 사용되었을 뿐 아니라 이 회의의 공공쟁점 위원회 보고서에서는 이 용어가 여섯 차례 등장하는 등 최근 들어 개혁교회세계연맹의 공식문서에서도 연대개념의 사용빈도가 빠르게 증가하고 있다(WARC, 2004).

이에 비해 세계교회협의회는 가톨릭 외의 다른 어떤 기독교 기구보다도 연대에 비교적 일찍부터 많은 관심을 기울여왔다. 이것은 세계교회협의회가 비록 유럽교회를 중심으로 교회 일치와 협력 운동을 주된 목적으로 출범했지만 점차 제3세계 국가의 교회들이 많이 참여하게 되고 이들 교회 안팎의 여러 환경에 대한 관심이 커졌기 때문이다.

세계교회협의회를 통한 기독교적 봉사의 역사를 기술한 보고서에 따르면, 세계교회협의회는 이미 1961년 뉴델리 총회에서 교회 간 지원을 담당하는 분과조직의 목표와 접근법을 재정의했다. 그래서 교회들의 연대를, 특히 교회 주변의 세계에 봉사하는 데 교회가 연대하는 것을 분과의 임무로 삼았을 뿐 아니라 이것을 표현할 때도 의도적으로 디아코니아(diakonia)라는 기독교적 봉사의 언어를 썼으며 교회 간의 연대보다는 세계에 대한 봉사로서의 연대에 관해 말하기 시작했다. 그럼에도 1950년대에는 동정심이, 그리고 1960년대 말과 1970년대에는 사회정의가 각각 기독교적 봉사의 기조를 이루다가 1980년대가 되면서 비로소 연대가 역량강화(empowerment)와 함께 기독교적 봉사의 표제어로 되었다(WCC, 2002: 7쪽, 9쪽).

실제로 1980년대부터는 세계교회협의회 공식문서에서 연대가 비중 있는 용어로서 매우 빈번히 등장함을 쉽게 발견할 수 있다. 예를 들어 1986년 라르나카(Larnaca) 심의회의에서는 정의와 평화를 위해 투쟁하는 사람들과의 연대를 밝히는 선언문이 채택되었다. 그리고 1987년 엘 에스코리알(El Escorial) 심의회에서 채택된 문서 「나눔을 위한 지침」은 교회가 모든 사람, 특히 가난하고 억압받는 자와 연대하고 이 세계의 가치체계에 도전하도록 부름을 받았다고 주장하면서 여성 및 젊은이들과의 연대 필요성을 특별히 강조했다. 또한 2006년에 채택된 세계교회협의회의 정체성과 비전에 관한 문서에서도 연대는 국제연대, 여성과의 연대, 박해받는 교회와의 연대 등 다양한 맥락에서 여러 번 반복해서 사용됨으로써 세계교회협의회의 정체성을 설명하는 중요한 개념임을 보여주었다(WCC, 1986; 1987; 2006).

뿐만 아니라 「연대로부터 책임성으로」처럼 문서의 제목에서 연대가 등장하고, '디아코니아와 연대 팀'처럼 연대활동을 본격적으로 수행하기 위한 조직이 구성되고, '에큐메니컬 연대기금' (Ecumenical Solidarity Fund)처럼 연대활동을 지원하기 위한 구체적인 프로그램이 만들어지는 등 근래에 와서 연대는 그야말로 세계교회협의회에서 가장 중요한 개념 가운데 하나가 되었다(WCC, 1998; 2004a; 2009b).

이처럼 개신교계에서도 근래에 와서 연대가 매우 중요한 개념으로 빠르게 자리 잡아가고 있다. 뿐만 아니라 연대대상이 종전의 교회나 신자로부터 전 인류에게로 확대되어왔으며 연대방법도 단순히 정치적이거나 경제적인 지원을 넘어 다양화되고 심층화되어왔다. 하지만 이러한 변화는 새로운 시대상황에 대응하기 위한 이론이나 사상적인 문제의식에 매우 큰 영향을 받았던 가톨릭의 연대담론과 달리 처음부터 매우 실천적인 맥락에서 진행되어온 것이다.

그 결과 개신교계의 연대담론에서는 연대개념의 엄격한 정의, 다른 핵심개념들과의 관계규정, 사회철학적인 토대, 연대개념이 사회질서상에 대해 갖는 관계에 대한 체계적인 논의 등이 거의 생략된 채 연대가 일반적이며 설명이 불필요한 자명한 방식으로 사용되는 경향이 있다. 이러한 점에서 개신교계의 연대담론은 연대정신의 실천에 매우 많이 기여해왔지만 연대사상 자체의 이론적인 발전에는 가톨릭 연대담론에 비해 별로 기여한 것이 없다고 말할 수 있다.[27]

이처럼 개신교계의 연대담론에서 연대이론의 독창적인 발전이 지체되어온 것은 연대에 대한 기본적인 인식의 틀이 가톨릭보다 좁은 것과 무관하지 않다. 가톨릭은 윤리 차원뿐 아니라 분석적 사회론 또는 사회학의 차원에서도 연대개념을 적극적으로 발전시킨 데 비해 개신교의 연대개념은 신학적 의미를 부여받은 윤리적인 개념으로서 주로 발전되어왔다. 이러한 차이는 가톨릭의 경우 근대의 산물인 자유주의와 사회주의에 대해 개신교보다 훨씬 더 뚜렷한 문제의식을 갖고 있어서 이들 이념에 대한 대안을 모색하는 데 연대담론을 적극 활용하려는 동기가 강했던 것으로 설명할 수 있다.

그리고 이와 관련된 다른 중요한 차이도 있다. 가톨릭 담론에서는 연대가 다른 목표를 달성하기 위한 수단으로서 의미를 가질 뿐

---

27) 개신교계의 연대실천은 국가정책을 통한 연대실천에 큰 영향을 미친 가톨릭과 비교할 때 다양한 자발적인 중간조직을 통한 연대실천에 더욱 크게 이바지해왔다.

아니라 인간의 삶을 이루는 본질적인 요소 가운데 하나로도 인식되어왔다. 이러한 관점에서 가톨릭에서는 특별히 가족이 연대의 일차적인 산실로서 중시된다. 하지만 가톨릭에 비해 공동체적인 전통이 약한 개신교의 담론에서는 연대가 정의, 평화, 기독교적 봉사 등과 같은 다른 핵심가치를 실현시키는 수단으로서 주로 인식되어온 경향이 강하다.

물론 그렇다고 개신교의 담론이 연대사상의 발전에 독창적으로 기여한 바가 전혀 없다는 것은 아니다. 예컨대 세계교회협의회는 1990년대에 성서의 희년(禧年, jubilee year)사상에 특별히 주목해 이를 연대개념에 연결했다. 50년마다 노예를 풀어주고 빚을 탕감해주던 성서의 전통을 따라서 특별히 어린이, 여성, 정치경제적인 주변인, 망명자, 그리고 갈등과 재난 가운데 사는 사람들을 '희년백성'으로 규정한 후 이들을 연대활동의 주된 대상으로 삼았던 것이다. 그리고 과중한 해외채무를 가진 빈곤국가들의 채무를 탕감해 기아를 줄일 것을 요구했다(WCC, 2004b; 2009c).

세계교회협의회는 또한 국제경제의 불의와 지구파괴를 불러오는 경제적인 세계화에 대해 크게 염려하면서 연대사상에 기초한 대안적인 세계화와 연대적인 경제체계에 기초한 새로운 국제체계를 주창했다. 즉 '민중과 지구를 향한 대안 세계화'(Alternative Globalization Addressing People and Earth)의 약칭으로서 이타적 사랑을 뜻하는 아가페(agape) 개념을 채택해 아가페 연대경제(agape economy of solidarity) 또는 연대경제와 지속가능한 공동체를 발전시킴으로써 경제적인 불의를 극복하고 빈곤을 근절하자고 주장했다.

2008년의 세계경제 위기를 맞이해서도 이를 극복하기 위한 노력이 단순히 책임 없는 일반 백성들에게 부담을 지우는 식으로 이루어져서는 안 되며, 새로운 패러다임의 재정체계를 구성해 사회적인 연대경제, 새로운 개념의 부, 적절한 일자리, 인권충족, 식량주권, 환경존중, 문화다양성에 기초한 새로운 민주적인 국제체계를 발전시키는 데 기여하게 할 것을 제안했다(WCC, 2005; 2009d).

기독교민주주의 정치이념과 연대사상의 발전

기독교의 사회윤리와 특히 교황의 회칙을 통해 표명된 가톨릭교회의 사회론은 실제로 사회에 매우 큰 영향을 미쳐왔다. 이러한 영향은 교회, 신자, 자발적 결사체 등을 통해서뿐만 아니라 국가를 통해서도 이루어졌다. 국가를 통한 영향에 중요한 역할을 행한 것은 정당인데, 제2차 세계대전 이후에 유럽에서는 기독교민주주의 정당들이 이러한 역할을 수행했다.

독일 기독교민주연합의 창립

대표적인 사례는 독일로서, 독일에서는 1945년 독일 기독교민주연합(Chistlich Demokratische Union Deutschlands, CDU)이 창립되었다. 이 정당은 가톨릭의 중앙당과 여타의 기독교 정당들을 기반으로 종파를 초월한 기독교정당으로 창립되었으나 일부 보수주의자들도 합류했다. 전후 독일에서 독일 사회민주당과 함께 양대 정치세력을 이루면서 오랫동안 집권해온 독일 기독교민주연합의 기독교 민주주의자들은 정당 창립 초기부터 국가주의적인 사회주의체제와 사적인 자본주의체제에 대한 강한 비판적 문제의식을 드러냈다. 또한 1949년 뒤셀도르프 원칙에서 사회적 시장경제를 대안적 경제체제로 명백히 제시한 이후에는 사회적 시장경제를 점점 더 강조했다(Tempel, 1987: 97~98쪽, 108쪽).

그 후 독일 기독교 민주주의자들은 1975년 만하임 선언을 통해 '새로운 사회적인 현안'의 문제를 제기하면서 사회정책의 개혁을 요구했는데, 이 선언은 자유·연대·정의라는 기본가치에 대해서도 언급했다. 그리고 이 기본가치는 1978년 루드빅스하펜 전당대회에서 채택된 기독교민주연합 최초의 기본강령에 아주 분명하게 반영됨으로써 독일 사회민주주의자들과 독일 기독교 민주주의자들이 공유하는 기본가치로 자리 잡게 되었다(Tempel, 1987: 110~111쪽).

루드빅스하펜 기본강령

루드빅스하펜 기본강령은 '자유, 연대, 정의'를 강령의 표제로 삼았다. 이 강령에서 독일 기독교민주연합은 먼저 모든 계층과 집단을 포함하는 국민정당이라는 점과 독일 기독교민주연합의 정치가 인간에 대한 기독교적인 이해와 신 앞에서의 책임에 기초를 두고 있다는 점을 명백히 밝혔다. 즉 국민의 다양한 관점을 공통의 가치와 목표를 통해 결합시키려 한 것이다. 이런 관점에서 기독교민주연합은 정당의 기본가치를 매우 중요하게 여겨서 자유·연대·정의를 3대 기본가치로 제시했다. 그러면서 모든 구성원에게 연대의지, 타협자세, 관용정신 등을 요구했다(CDU, 1978: §1, §4).

이 강령은 연대란 "서로를 위해 존재하는 것"(füreinander dasein)이라고 정의하면서, 연대는 사람들을 결합시키며 공동체의 토대가 된다고 그 기능을 소개했다. 그리고는 연대에 관해 다음과 같이 설명했는데, 첫째, 연대는 공동체와 개인 간의 상호관계, 특히 상호책임 관계를 가리킨다고 보았다. 그래서 개인은 공동체가 책임지고 자신을 돌보며 지원할 것을 요구할 권리, 즉 연대의 권리를 가질 뿐만 아니라, 모든 이의 공동체에 대해서 책임지는 연대의 의무도 갖는다고 주장했다. 이런 입장은 개인주의와 집합주의로부터 동일하게 거리를 두는 입장이다(CDU, 1978: §21~22).

둘째, 이러한 연대사상은 사회보장의 기초가 된다. 즉 각 개인은 홀로 다룰 수 없는 위험들에 대해 공동체를 통해 보호받아야 하는데 사회보장이 개인들에게 안전에 대한 권리를 확보해준다는 것이다. 여기서 각 개인은 공동체가 개인을 위험으로부터 보호해줄 수 있도록 자신의 노동과 업적으로 공동체에 기여해야 하며, 연대의 원리는 사회보장 체계가 오용되는 것에 반대한다(CDU, 1978: §23).

셋째, 연대성과 보조성은 별개가 아니라 하나에 속한다. 보조성 원리에 따르면 공동체 특히 국가는 시민들을 지원하되 우선은 시민들이 스스로 책임을 갖고 주도적으로 자신들을 돕는 자조를 요구해야 하며 이것이 쉬워지도록 만들어야 한다. 그런데 실제로도 오늘날 시민들은 물질적인 결핍 외에 인간적인 공동체와 도움의 결핍으로 점점 더 많은 고통을 당하고 있기 때문에 인격적으로 행하는 사회봉사가 더욱 필요하다. 게다가 사회봉사는 수혜자뿐 아니라 제공자에게도 큰 가치를 부여한다. 따라서 타인에게 인격적인 돌봄을 자발적으로 제공하는 연대야말로 시민들에게 가장 중요한 지원 형태다(CDU, 1978: §24).

넷째, 개인으로서는 무력한 자들이 자신을 보호하기 위해 집단 연대를 이루어 공통된 이해관계를 효과적으로 대변하려는 것도 의미가 있지만, 연대는 이해관계를 공유하는 이들의 투쟁공동체 이상의 것을 요구한다. 즉 연대는 이익집단들을 결속시킬 뿐만 아니라 다투는 이해관계들을 넘어서서 강자에게 약자를 위해 힘을 쏟도록, 그리고 모두가 전체의 선을 위해 협력하도록 의무를 지운다. 이러한 연대의 계명은 권력이 불평등한 자들 사이에서 그리고 이해관계가 대립되는 자들 사이에서도 적용되어야 한다. 그리고 개인 간의 인격적인 관계뿐만 아니라 적대적인 사회세력 간의 동반자 관계와 민족 간의 관계, 특히 전 세계의 개발과제에 대해서도 적용되어야 한다. 이에 덧붙여서 강령은 이처럼 불평등한 관계 속에서도 연대는 가능하다는 사실을 역사가 보여준다고 지적했다(CDU, 1978: §25).

이처럼 강령은 연대가치의 기본성격을 다각도로 설명한 후에, 가족, 교육, 노동, 경제 및 사회질서, 자유국가 및 사회국가로서의 과제, 정당의 과제, 유럽정책, 전 세계 차원의 국제관계 등 다양한 영역에서 기독교 민주주의자들이 추구하는 바가 연대가치에 기초해 있음을 여러 가지 방식으로 구체적으로 제시했다.

필자는 이 가운데서 루드빅스하펜 기본강령이 사회적 시장경제에 특별히 큰 비중을 두고 다루면서 이를 연대사상과 결부시킨 데 주목한다. 왜냐하면 이 강령은 사회적 시장경제에 대하여 가장 비중 있게 다룬 강령이면서, 사회적 시장경제를 연대사상의 관점에서 명시적으로 취급한 독일의 첫 정당 강령이기 때문이다.

강령에 따르면, 사회적 시장경제는 자유·연대·정의의 기본가치에 입각한 경제질서로서 사람들이 그 속에서 자유롭게, 사회적으로 뜻을 펼쳐가는 경제질서이며 모두를 위한 경제·사회정책 프로그램이기도 하다. 다르게 표현하면, 사회적 시장경제는 업적과 사회정의, 경쟁과 연대, 자기책임과 사회보장을 기반으로 삼기 때문에 개인자유, 기회균등, 소유, 경제성장, 사회진보를 모두에게 실현시키며 또한 이를 보장하기에 가장 적절한 질서다. 이런 점에서 보면 사회적 시장경제는 생산수단을 사회화하거나 자유권을 제약하는 질서와 대립될 뿐 아니라 통제되지 않은 자유주의적인 경제 형태와도 대립되며 어떤 형태의 국가주의적 경제로부터도 거리를 둔다(CDU, 1978: §66~67).

사회적 시장경제에 기반을 둔 사회정책은 자유·연대·정의의 가치를 실현하는 것으로서 인격적인 지원과 능동적인 연대를 추구하며 사람들로 하여금 자유를 누릴 뿐 아니라 책임도 질 수 있도록 한다. 물론 사회정책은 보조성 원리를 따르기 때문에 소규모 공동체가 스스로 행할 수 있는 것을 국가와 같은 대규모 공동체가 대

신해서는 안 된다(CDU, 1978: §68).[28]

마지막으로 강령은 경제정책과 관련해 특별히 세대연대의 관점에서 생태주의적 접근이 필요하다는 점을 강조했다. 비록 경제정책은 완전고용 · 통화안정 · 지속성장을 목표로 삼지만 미래세대와의 연대를 보장하는 것도 중요하다. 만약 오늘날 생명체의 자연기반을 무책임하게 착취하고 생태계를 교란시킨다면 그것은 세대 간의 연대를 해치는 결과를 낳게 된다. 그래서 강령은 경제정책의 목표를 공동체의 생태주의적 미래를 보장하는 방향으로 확대함으로써 장기적으로 지속가능한 경제발전의 틀을 마련할 수 있어야 한다고 주장했다(CDU, 1978: §81, §88).

함부르크 기본강령

루드빅스하펜 기본강령은 1994년 함부르크 기본강령에 의하여 대체되었다. 함부르크 강령은 옛 동구권의 현실사회주의 붕괴와 독일통일이라는 역사적 사건을 경험한 지 얼마 되지 않은 때에 나온 것이라서 '책임 속의 자유'인 표제에서 볼 수 있듯이 자유를 부쩍 강조했다. 그럼에도 불구하고 이 강령은 루드빅스하펜 강령의 기본정신을 계승하여 자유 · 연대 · 정의를 여전히 독일 기독교민

---

28) 강령에 따르면 사회적 시장경제에 입각한 사회질서 정책의 기반이 되는 요소들은 사회적 균형과 필요의 정의(Bedarfsgerechtigkeit), 자조와 자기주도에 대한 지원, 업적정의와 보장의무, 분권화와 자율행정, 다원주의와 소수자 보호, 협상의 자율성과 사회적 동반자관계, 예방적이며 생산적인 사회정책, 기초생활조건의 선택자유와 평등가치, 세대 간 계약과 양성평등이다(CDU, 1978: §68).

주연합의 3대 기본가치로 삼았을 뿐만 아니라 국경을 넘어 적용되어야 할 불가분의 인권으로 격상했다(CDU, 1994: §12).[29]

함부르크 강령이 기본적으로 루드빅스하펜 강령의 연대사상을 뚜렷이 계승하고 있다는 점은 연대의 정의, 연대의 권리와 의무론, 상호책임론, 사회보장의 기초로서의 연대관, 연대성과 보조성의 관계 등 여러 면에서 쉽게 확인된다(CDU, 1994: §21~23).

이처럼 연대사상을 계승한 후 함부르크 강령은 이를 특별히 통일된 독일에 적용했다. 즉 통일된 독일에서는 내적인 통일을 실현하는 것이 가장 중요한 과제이므로 인격 · 정신 · 재정 · 물질 등의 영역에서 무엇보다도 연대가 요구된다는 것이다. 그래서 강령은 모든 독일인이 연대공동체로 여겨질 수 있을 때 비로소 내적인 통일이 이루어졌다고 할 수 있다고 보았다. 그리고 구동독에 속했던 지역들의 재건은 독일 전체를 현대화시키는 데 기회가 될 것이라는 점에서도 이들 지역과 옛 서독 지역 사이의 연대가 중요함을 강조했다(CDU, 1994: §24, §35).

또한 함부르크 강령은 이전의 기본강령에서 다루어진 생태주의적 시각을 훨씬 더 뚜렷이 강조했다. 그래서 '사회적 시장경제' 개념을 '생태적 사회적 시장경제'(Ökologische und Soziale Marktwirtschaft)로 대체하면서 생태적 차원을 중심으로 사회적 시장경제론을 더욱 발전시키고자 했다.[30] 그 결과 이 강령은 루드

---

29) 강령은 기독교민주주의를 사회주의와 민족주의뿐 아니라 자유주의와 도 구별되는 입장으로 명확히 규정했다(CDU, 1994: §12).

30) 이 강령은 생태적 사회적 시장경제가 다른 어떤 경제 · 사회질서보다도

빅스하펜 강령에서 언급된 바 있는 세대연대개념을 특별히 강조하면서 자주 사용했다(CDU, 1994: §25, §67 이하).

세대연대개념은 기본적으로 우리가 자녀나 그 후 세대를 희생시키면서 살아서는 결코 안 되므로 다음 세대의 삶의 가치를 존중하고 배려하는 것으로부터 출발하지만, 이에서 그치지 않고 윗세대, 즉 노인 세대의 삶과 경험을 존중하고 더불어 사는 것도 포함한다. 오늘날의 기성세대는 파괴된 자연환경을 다음 세대에 전승시키거나 인구변화의 관점에서 볼 때 복지비용의 과도한 부담을 다음 세대에 떠안기지 않도록 하기 위해 노력해야 한다.

뿐만 아니라 젊은 세대가 노인 세대와 더불어 살면서 서로의 경험을 교환함으로써 서로에게서 배워가는 것도 중요하다. 강령은 이러한 세대연대의 경험이 가정에서 가장 잘 이루어지므로 가정에서 더불어 사는 것이야말로 우리 사회 연대의 전제조건이며, 이런 점에서 가족이 사회의 근본이라고 주장했다. 이처럼 강령은 세대연대개념을 환경 · 가족 · 노인 · 연금체계와 같은 사회정책 등의 다양한 맥락에서 적극적으로 활용함으로써 이를 발전시키는 데 이바지했다(CDU, 1994: §25, §43, §52, §69, §100).

하노버 기본강령

독일 기독교민주연합의 최신 기본강령은 2007년 채택되어 함부

자유 · 연대 · 정의의 기본가치 실현에 적합하며, 생태적 사회적 시장경제는 경제 · 사회정의 · 생태의 종합을 창출하는 데 목표가 있다고 주장했다(CDU, 1994: §67, §70).

르크 기본강령을 대체한 하노버 기본강령 「자유와 안전」이다. 121
쪽에 이르는 방대한 분량으로 다양한 주제를 다룬 이 강령 역시 이
전의 기본강령의 입장들을 원칙적으로 계승한 토대 위에서 새로
운 논의를 전개했는데 연대에 관한 논의도 마찬가지다. 하노버 강
령은 함부르크 강령처럼 자유 · 연대 · 정의를 정당의 3대 기본가
치이자 불가분의 인권으로 규정했으며, 인간관, 사회관, 정당의 정
체성 등에서도 같은 입장임을 명백히 했다. 그리고 특별히 연대와
관련해서도 연대의 권리와 의무론, 상호책임론, 사회보장의 기초
로서의 연대관, 연대성과 보조성의 관계, 세대연대론 등 여러 면에
서 함부르크 강령을 계승했다(CDU, 2007: §1, §5, §10, §19~22,
§27~28).

하지만 연대의 정의에서 미묘한 변화도 발견된다. 함부르크 강
령은 "서로를 위해 존재하는 것"으로 연대를 정의하면서 연대가
"특히 자신의 권리를 스스로 대변할 수 없는 사람에게 적용되어야
한다"고 주장했다. 이에 비해 하노버 강령의 연대정의에서는 "서
로를 위해 존재하는 것"이라는 표현이 빠졌으며, 연대가 "특히 스
스로 자유로운 생활의 토대를 아직, 더 이상, 혹은 지속적으로 창
출할 수 없는 사람에게 적용되어야 한다"고 주장했다.

또한 함부르크 강령에서는 "희생 없이는 연대를 생각할 수 없
다"며 희생을 연대에 밀접히 결부시켰으나 하노버 강령에서는 희
생이라는 단어가 연대와 관련하여 한 번도 사용되지 않았다. 그 대
신 함부르크 강령에서는 연대와 관련해 한 번도 사용되지 않은 자
기책임성 개념이 하노버 강령에서는 연대의 정의와 관련해 명시

적으로 사용되었다. 이러한 차이는 하노버 강령이 비록 여전히 연대의 가치를 매우 중시하지만 연대의 실천에서 보조성의 원리를 과거보다 더욱 중시한다는 것을 보여준다. "연대성은 보조성을 요구한다. 보조성은 자기책임적 행위를 요구한다."(CDU, 1994: §21, §23; 2007: §18, §21).

뿐만 아니라 하노버 기본강령은 세계화, 지식사회의 발전, 생태학적 위험과 자유에 대한 위협의 증대 경향에 이전의 강령들보다 훨씬 큰 관심을 보이면서 연대개념을 이들 현상에 적용했다. 예컨대 세계화와 관련해 강령은 비록 이것이 경쟁의 심화, 일자리와 사회보장에 대한 위협증대 등을 불러오지만 되돌릴 수 없는 정치적 · 경제적인 발전과정이라고 보았다. 이러한 관점에서 강령은 세계화 시대에도 자유 · 연대 · 정의에 기초한 사회적 시장 모델은 여전히 유효하며, 세계화는 사회적 · 생태적인 세계표준을 설정할 기회를 제공한다고 평가했다. 그리고 세계의 다른 지역 사람들의 희생 위에서 생활하지 않도록 민족공동체들의 세계적 연대가 형성되어야 하며, 세계적인 수준에서 가난 · 기아 · 인권침해 · 전쟁 등과 싸워나가는 데 오히려 세계화, 특히 국제무역망의 성장과 시장개방의 진전은 중요한 추진력이 될 수 있다고 주장했다(CDU, 2007: 서론, §22, §43, §45, §138, §150).[31]

---

31) 하노버 강령은 이처럼 세계화 경향에 특별히 주목해 사회적 시장경제를 세계화 시대에 요구되는 방향으로 새롭게 하는 데 관심을 기울인 결과 함부르크 강령에서 등장한 생태적 사회적 시장경제 개념을 단 한 번 사용하는 데 그쳤다. 그렇지만 하노버 강령이 생태적 시각을 경시한 것은

끝으로 '자유와 안전'이라는 표제처럼 하노버 강령은 자유와 안전의 두 개념을 매우 강조했는데 이런 맥락에서 기본강령으로는 처음으로 '기회의 사회'(Chancengesellschaft)라는 개념을 도입하여 적극 활용했다. 기회의 사회란 시민들이 자유롭고 안전하게 사는 사회로서, 자유와 안전 사이의 균형, 개인의 자유로운 발전의 권리와 타인에 대한 책임 사이의 균형을 고려한 개념이다. 사람들에게 능력을 제공하고 가능성을 열어주는 기회의 사회는 개인의 성취와 성공을 존중하지만 실패하는 경우에도 새로운 기회를 가질 권리와 약자에 대한 연대를 옹호한다. 물론 여기서 뜻하는 안전은 여러 차원의 의미를 갖지만 사회적 안전은 연대와 떼려야 뗄 수 없는 관계에 있다. 그래서 강령은 "연대에 의지할 수 있는 사람은, 세계적 지식사회에 참여할 기회가 늘 다시 제공되며 또 새롭게 제공되는 사람은 사회적으로 안전하게 생활한다"고 표현했다(CDU, 2007: 서론, §55~58).[32]

이처럼 강령은 연대를 3대 기본가치의 하나로 그리고 인권의 하나로 간주했다. 그러면서 세계화와 지식사회의 발전과 같은 최근의 새로운 시대변화 상황에도 연대가치가 여전히 중요함을 선언했을 뿐 아니라 연대원리를 새로운 시대상황에 적용하려고 노력

아니다. 함부르크 강령처럼 하노버 강령도 생태계의 보존과 인간생명의 존엄성 보호에 관한 독립된 장에서 이를 다루었으며 특히 생태계의 보존을 세대연대의 관점에서 이해했다(CDU, 2007: §22, §231 이하).
32) 강령은 노동시장에서의 기회향상을 위해서는 동일한 교육기회와 평생학습이 특별히 중요하다고 보았다(CDU, 2007: 서론, §24).

했다. 이런 과정에서 하노버 강령은 연대의 정의와 기회의 사회론에서 보듯이 특별히 개인의 자기책임성과 자유로운 발전처럼 개인 혹은 하위단위의 자기주도성을 강조하는 방향으로 연대개념을 재정립하려 한 것을 알 수 있다. 즉 연대에서 보조성의 원리를 보다 강조한 것이다.

이것은 지식사회의 발전과 같이 급격히 변화하는 새로운 시대 상황에서는 개인의 창조성의 전개가 이전보다 훨씬 더 중요해진다는 인식과 밀접히 관련되어 있다. 물론 그렇다고 하노버 강령이 시대의 변화로 인해 연대나 안전보다 자유가 더욱 요구된다고 주장한 것은 아니다. 강령은 많은 것이 변화하는 시대에서는 사람들이 안전한 생활을 더욱 필요로 한다는 인식에서, 보다 안전한 생활을 가능하게 하는 조건을 창출하는 것을 중요한 정치적 과제로 삼았다(CDU, 2007: §28, §56~58).

유럽민중당

유럽민중당(European People's Party, EPP)은 국제적인 기독교민주주의 정당 운동에 뿌리를 두고 1976년 창설된 중도우파 성향의 유럽정당으로서 2009년 현재 38개국의 74개 정당이 회원정당으로 참여하고 있으며 유럽의회에 265석을 점하고 있는 유럽의회의 최대 정치세력이다(Martens, 2009).

독일 기독교민주연합처럼 이 정당도 유럽 각국의 기독교민주주의 정치세력과 온건한 보수주의 정치세력으로 구성되어 있을 뿐만 아니라 스스로 비종파적인 정당임을 내세우기까지 하지만 유럽민중당은 과거의 뿌리에서부터 현재의 정당 정체성에 이르기까지 기독교민주주의 정치이념과 불가분의 관계를 맺고 있다. 이러한 점은 이 정당의 유일한 기본강령인 1992년 아테네 기본강령에 잘 나타나 있다(EPP, 1992: §163~166).

그 결과 유럽민중당의 기본입장은 여러 면에서 독일 기독교민주연합과 유사함을 보여준다. 예컨대 모든 인간은 양도 불가능한 존엄성을 가진 존재이고, 자유롭고 평등할 뿐 아니라 상호의존적인 존재이며, 그렇기 때문에 권리와 함께 자신과 타인에 대한 책임도 소유한 존재라는 인간상에 기초해 있다. 그리고 정치이념으로는 기독교민주주의 입장에서 사회주의 이념과 거리를 둘 뿐 아니라 신자유주의에 대해서도 자유시장경제의 사회적 차원을 무시한다는 점에서 거리를 둔다(EPP, 1992: 서론, §101 이하).[33]

기본가치에 대한 인식과 특히 연대관에서도 큰 유사성이 발견된다. 유럽민중당 강령은 자유 · 평등 · 정의 · 연대를 기독교민주주의 사상과 정치활동의 기초가 되는 가치라고 선언했다.[34] 여기

---

33) 유럽민중당은 생태주의 정치이념에 대해서는 긍정적인 기여를 인정하면서도 그 속에 있는 위험 때문에 거리를 두었으며, 민족주의 이념에 대해서는 가장 위험한 정치이념으로 평가했다(EPP, 1992: 서론).

34) 자유는 책임과 무관한 자유가 아니라 책임을 수반하는 자유, 즉 자율과 책임을 함께 의미하는 자유다. 그래서 강령은 첫 번째 기본가치로 자유와 책임을 나란히 열거하기도 했다. 그리고 평등은 동등한 인간 존엄성에 근거한 것으로서, 혈통, 성, 연령, 사회적 지위 등과 무관하게 동일한 권리가 인정되고 능력에 따른 동등한 의무가 부과되어야 함을 의미한다(EPP, 1992: §108~109, §117~119).

서 연대는 "개인들과 그들의 공동체들 간의 상호의존성과 상호연관성을 인식하는 것"이며, "개인들과 그들의 공동체들에 관련된 실천행위, 나눔, 효과적인 지원, 권리와 의무"를 뜻하기도 한다. 특히 "기독교 민주주의자들에게 연대는 우리 사회와 세계에서 특히 가장 약한 자들을 보호하는 것을 의미한다." 시공간의 시야를 더욱 넓히면, 연대는 "같은 세대와 같은 장소의 사람들 사이의" 연대를 넘어 "미래세대의 정당한 이해관계를 고려하고 또한 창조된 자연세계에 대한 존중을 포함하는" 연대로 확장된다. 여기서 유럽민중당 강령은 연대개념을 일반적인 동료와의 연대뿐 아니라 약자와의 연대 및 세대연대도 넘어 생태계와의 연대로 확장시키고 있음을 볼 수 있다(EPP, 1992: §108~127).

강령은 연대를 비롯한 이러한 기본가치가 정치 · 경제 · 사회 · 문화 전 영역에서 적용되어야 한다고 보았다. 그래서 예컨대 경제의 경우에는, 경제 그 자체가 목표가 아니며 개별 인간에 기초한 사회, 즉 자유와 연대에 기초한 사회라는 개념에 봉사하는 수단이 경제라는 관점에서 유럽민중당은 환경을 존중하는 사회적 시장경제를 추구한다. 그리고 그 결과 경제권력이 지배나 불의의 도구로 남용되지 않도록 시장세력 간의 경쟁을 보호하고자 하며, 경제발전의 과실이 개인의 생활조건 개선과 인격발전에 도움이 되도록 평등하게 분배될 필요가 있으므로 집합적인 연대체계를 지원하고 발전시키고자 한다. 유럽이 추구하는 단일 시장도 경제적으로, 사회적으로 균형 잡힌 기초 위에서 완성될 수 있도록 보장해야 한다고 주장했다(EPP, 1992: §137~139, §243, §248).

유럽민중당 강령은 독일 기독교민주연합 강령처럼 이들 기본가치와 함께 보조성 원리도 매우 중시했다. 그래서 사회에 대한 기독교 민주주의자들의 비전은 위에서 언급한 기본가치들과 함께 보조성 원리에 기초해 있다고 밝혔다. 물론 보조성 원리도 연대의 가치에 기초해 있다. 그래서 강령은 "보조성 원리란 권력의 행사가 연대 · 효과 · 시민참여에 요구되는 수준으로, 달리 표현하면, 가장 효과적이면서도 개인에게 가까운 곳에서 행사되어야 함을 뜻한다"고 설명했다. 이런 관점에서 유럽민중당 강령은 유럽의 통합이 유럽 국가들과 지역들 사이의 연대뿐 아니라 보조성 원리에도 기초해서 이루어지도록 보장해야 한다고 주장했다(EPP, 1992: §141~142, §248).[35]

물론 유럽민중당이 추구하는 목표는 유럽을 넘어 전 세계적으로 인권을 증진시키는 것, 정의, 자유, 그리고 더 큰 연대를 위해 투쟁하는 모든 개발도상국들을 지원하는 것으로까지 확장되어 있다. 그래서 유럽민중당은 민중을 분열시키는 옛 증오와 새 원한의 자리를 협력과 공동작업 노력이 대신하는 그러한 유럽과 세계를 이루는 데 기여하고자 한다고 밝혔다. 그리고 더욱 큰 정의, 연대, 민

---

35) 유럽민중당은 2001년 베를린대회에서 21세기를 맞이하여 '가치의 연합'이라는 표제를 가진 결의문을 채택했다. 이 결의문은 비록 기본강령은 아니지만 내용과 분량 면에서 기본강령과 매우 비슷하다. 이 결의문은 마지막 부분에서 유럽민중당의 기초가 되는 가치들을 제시했는데, 아테네 기본강령에서 제시된 자유 · 책임 · 평등 · 연대 · 정의에 보조성과 지속가능성을 추가했다(EPP, 2001: §600 이하).

주주의에 기초한 더 나은 세계를 함께 건설하는 데 모두가 동참할 것을 요청했다(EPP, 1992: §279, 후기).

유럽민중당은 개별 국가가 아닌 유럽 차원의 정당이기 때문에 당연히 기본강령에서 유럽에 관한 내용을 독일 기독교민주연합의 강령에서보다 더욱 비중 있게 다루었지만, 인간관, 사회관, 세계관, 기본가치, 정치이념의 정체성과 선호하는 사회경제적 체계 모델 등 매우 많은 면에서 양자의 기본강령 사이에는 커다란 공통점이 존재한다. 연대가치의 중요성에 대한 인식과 다른 기본가치와의 관계, 연대의 의미에 대한 이해, 연대의 가치 또는 원리를 정치 · 경제 · 사회 · 국제관계 · 환경 등 현실의 여러 영역에 적용하는 방식 등에서도 큰 유사성이 발견된다.

이러한 공통점과 유사성은 정치이념으로 기독교민주주의라고 표현되는 입장에서 기인하는 것이지만 더 근본적으로는 기독교연대주의를 중심으로 한 가톨릭사회론의 전통과 이를 적극 수용하여 가톨릭교회의 공식적인 입장으로 발전시킨 교황들의 회칙으로부터 큰 빚을 지고 있는 것이 분명하다.

어쨌든 기독교민주주의를 표방하는 정당들은 현대적인 사회민주주의 정당과 마찬가지로 연대를 정당의 3대 기본가치 가운데 하나로 여길 만큼 핵심개념으로 간주하고 있다. 하지만 양자의 이념정당 사이에서 발견되는 연대관의 차이도 적지 않다. 첫째, 기독교민주주의자들은 연대에서 개인이나 하위단위의 역할을 우선시하고 상위단위, 특히 국가의 역할을 어느 정도 제한하기 위해 보조성원리를 매우 강조하는 데 비해서, 사회민주주의자들은 비록 최근에 와서 이 원리를 공식적으로 수용하게 되었지만 덜 강조하는 경향이 있다.

둘째, 기독교 민주주의자들은 일찍부터 사회적 시장경제를 연대적인 경제체제로 간주하여 지속적으로 강조해온 데 비해, 사회민주주의자들은 최근에 와서야 이를 기본강령에 수용해 강조하기 시작했다.

셋째, 기독교 민주주의자들은 처음부터 초계급적인 연대의 필요성을 특별히 강조했으며 이를 바탕으로 사회통합을 추구하는 경향이 강했는 데 비해, 사회민주주의자들의 경우 연대개념이 계급연대로부터 출발한 전통으로 인해 사회통합에 대한 강조가 늦게 이루어졌다.

넷째, 기독교 민주주의자들은 사회민주주의자들에 비해 일반적으로 가족의 중요성을 훨씬 더 강조하는데, 이것은 연대와 관련해서도 그대로 적용된다. 예컨대 독일 기독교민주연합의 함부르크 기본강령과 하노버 기본강령은 가족과 연대의 밀접한 연관성에 대해 명백히 반복해서 주장하고 있다.

끝으로, 사회민주주의자들은 전통적으로 재산 혹은 소득의 재분배를 통해 경제적인 평등을 실현시키는 것이 사회적 연대에 중요하다는 점을 특별히 강조해왔으나 기독교 민주주의자들은 오히려 재산권을 자연권으로서 보호해야 할 필요성을 강조하는 경향이 있다.

어쨌든 연대사상의 발전이라는 관점에서 본다면 페쉬에 의해 본격적으로 시작된 기독교연대사상이 지난 약 1세기 동안 여러 형

태로 매우 큰 발전을 이루어온 것을 알 수 있다. 기독교연대사상
은 특히 가톨릭 지식인들과 학자들에 의해 이론적으로 발전되면
서 가톨릭교회를 중심으로 교회의 공식적인 사회교리의 핵심요소
가운데 하나로 수용되고 발전되어왔다. 그리고 비록 늦게 시작되
었지만 개신교계에도 연대사상이 빠르게 확산되어 최근에는 여러
개신교회와 개신교의 공식적인 국제기구에서 매우 중요한 역할을
하게 되었다.

뿐만 아니라 기독교연대사상은 공식적인 교회조직을 넘어서 현
실세계 속에서 신자나 사회의 일반 구성원에게 기본가치 또는 윤
리로서 폭넓게 수용된 후 다양한 개인적인 실천이나 결사체 형태
의 집합적인 실천을 통해 구현되어왔다. 그리고 이 사상을 기본가
치로 삼은 영향력 있는 정당들을 통해 국민국가 수준에서나 유럽
과 같은 지역수준에서 제도와 정책의 형태로 실현되어왔다. 더 나
아가 이들 정당은 환경정책, 인권정책 등에서 보이듯이 대외정책
을 통해 자국이나 유럽지역의 경계를 넘어 전 세계 수준에서도 연
대사상의 실현을 추구해왔다.[36]

---

36) 하지만 이론이나 교리 수준의 연대사상과 달리, 정당을 통한 연대의 실
천은 정당의 여러 다른 현실적인 고려 때문에 실제로는 제대로 이루어지
지 않을 수 있으며, 심지어 연대사상에 반하는 다른 정책들로 인해 그 효
과가 가려질 수도 있다. 그러므로 정당이 표방하는 이념이나 추구하는
목표와 달리 실제로 드러난 연대실천의 효과는 사례별로 냉정히 분석될
필요가 있다.

4 한국사회 연대사상의 전개

그동안 연대관념의 적용대상이 다양해지고 적용범위가 시공간적으로 확대·심화되어왔지만 아직까지 과거의 도구주의적인 연대관념이 연대논의에서 압도적이다. 연대관념과 사상의 발전을 위해서는 무엇보다도 현재 만연해 있는 소박한 도구주의적 연대관에서 탈피할 필요가 있다.

연대관념의 형성기: 1970년대까지

한국사회에서는 근대적인 연대관념의 등장과 이에 대한 논의가 언제부터 시작되었으며 연대관념의 확산과 연대사상의 발전은 언제 어떤 식으로 이뤄지기 시작했는가? 서구사회에서 오래전부터 전개되어온 연대논의의 다양한 전통들은 각각 한국사회에서 어떤 방식으로 수용되었으며 또한 한국의 연대사상이 형성되고 발전되는 과정에서 이들은 어떠한 역할을 수행해왔는가? 최근 한국사회의 연대논의에서 발견되는 발전양상은 어떠하며 이후의 발전을 위해 개선되거나 더욱 진전되어야 할 점들은 무엇인가?

이러한 질문들에 대답하기 위하여 필자는 우선 근대적인 연대관념이 처음 등장하기 시작한 이후 지금까지의 시기를 연대관념의 형성기, 연대관념의 확산기, 연대사상의 발전기의 세 단계로 크게 나눈 후 이들 각 단계별로 여러 전통의 연대논의들을 살펴보고자 한다. 이때 중점을 두고 살펴보게 될 연대논의의 전통으로는 사회통합론 중심의 사회학 전통, 투쟁주의 시각이 지배하는 사회운동론 전통, 가톨릭을 비롯한 종교적인 전통, 프랑스 연대주의 전통

등이 있다.

이들 다양한 전통은 각각 구별되는 특징을 갖고 있으면서 때로는 서로에게 대립하는 모습을 보이기도 한다. 하지만 이들 전통의 논의주제는 모두 영어의 연대(solidarity)에 해당하는 관념과 사상에 대한 것으로서 비록 정도의 차이는 크지만 전근대적인 유대나 결속과는 달리 연대의 구성원, 특히 개인에 대한 존중을 기본전제로 삼는다. 물론 이들 가운데는 개인의 역할을 무시하거나 경시하는 전근대적인 결속에 관한 논의를 포함하는 사회학의 분석적인 연대론도 있다. 하지만 이러한 사회학의 연대론을 포함한 대부분의 연대논의 전통들은 개인이 중시되는 근대와 그 후의 사회를 배경으로 사회적 분열, 갈등, 지배 등의 문제를 극복하려는 실천적 문제의식의 결과로서 등장한 것이다.

이 글에서는 이들 다양한 전통의 연대논의를 중심으로 한국사회 연대사상의 형성, 전개, 발전 과정을 추적해 제시할 때, 이 연대사상에 영향을 미친 외국의 연대논의 전통과 같은 여러 지적인 요소뿐 아니라, 배경이 되는 시대의 여러 현실적인 요소들, 예컨대 정치경제적·사회문화적인 요소에 의한 영향도 가능한 한 고려하고자 한다.

한국사회에서 근대적인 연대관념은 조선 말부터 1970년대까지의 긴 시간 동안 서서히 그리고 다양한 방식으로 형성되어왔다. 서구 근대 민법의 도입과 함께 널리 사용되기 시작한 연대용어가 순수히 법률적인 관념으로부터 사회적·윤리적·정치적인 관념으로 의미를 확장해가는 과정에서 다양한 전통의 근대적인 연대관넘과 연대사상이 소개되어 영향을 미치게 된 것이다.

1920년대에 사회주의적인 연대관념이 국내에 소개되기 시작한 것을 필두로 사회학의 연대개념과 프랑스 연대주의 사상, 그리고 가톨릭연대관념이 1960년대까지 서서히 소개되었다. 그 결과 1960년대와 1970년대의 대중매체에서는 근대적인 연대개념이 드물지 않게 등장했을 뿐 아니라 1970년대에는 국내 필자들이 여러 영역에서 연대에 대한 주체적인 논의를 펼치기 시작했다. 하지만 아직 1970년대까지는 근대적인 연대개념이 일반적으로 그렇게 친숙한 것은 아니었으며 그렇기 때문에 연대담론이 널리 확산되지도 않았다.

법률적 연대용어의 사용과 개념 확장: 연대책임과 연대보증

근대적인 연대개념이 탄생한 프랑스에서처럼 우리사회에서도 연대(連帶)가 처음 쓰인 근대 초에는 매우 법률적인 의미로 사용되었다. 즉 로마법 전통에서 기인하는 연대보증, 연대책임 등과 같은 용어들의 일부로서 사용되기 시작한 것이다. 예컨대 1884년 우리나라 최초의 근대신문인 『한성순보』에 실린 「직포국집고설」(織布局集股說)이라는 글과 「보명국(保命局)에 대한 논설」이라는 글에서는 연대보증이라는 표현이 나온다(『한성순보』, 1884년 3월 18일, 4월 6일).

1904년 『황성신문』에는 「추원헌의」라는 제목의 기사에서 "국무대신의 국법상 책임은 연대로 부담하고"라는 내용이 나오며,

1905년의 기사 「도지부령 제15호」와 기사 「상업회의소 청원서」에서는 각각 "기부족액은 수형상에 채무자가 연대하야 부담하는"이라는 문장과 "정부는 상당한 자금을 민간에 신용이 유한 상사급농민의게 연대책임으로써 대하홀 사"라는 문장이 나오는데 여기서는 연대가 책임 혹은 (채무)부담이라는 용어와 더불어 사용된 것을 볼 수 있다(『황성신문』, 1904년 3월 19일, 1905년 10월 5일, 1905년 11월 16일).

이들 연대책임과 연대보증은 일제 식민지 시기에도 계속 사용되었을 뿐 아니라 연대책임의 경우는 법률적 개념을 넘어 점차 사회적·윤리적 개념으로 의미가 확대되어갔다. 1927년 『동아일보』는 한 농민단체가 개최한 대중강연회에서 김일대가 '사회적 연대책임'에 대해 열변을 토하는 강연을 했다고 보도했다(『동아일보』, 1927년 11월 22일). 그리고 김태흡은 「종교와 사회사업발달의 연구」라는 논문에서 사회를 유기체론의 관점에서 설명하면서 개인을 포함한 사회 구성단위들에게 사회연대책임 관념이 필수적으로 요청되므로 이를 확대 보급할 필요성이 있음을 역설했다(김태흡, 1927: 18~21쪽).

또한 1939년 가톨릭 잡지인 『경향잡지』에 게재된 「조선천주교 순교자현양회 발기인회의 성명」에는 "우리 위대한 순교자들을 현양함은 일즉이 우리 반도 가톨릭 대중에게 연대적으로 지워진 무거운 책임이어늘……"이라는 내용이 나오는데 여기서 사용된 연대적인 책임이라는 표현은 매우 윤리적인 의미로 사용된 것임을 알 수 있다(조선천주교 순교자선양회 발기인회, 1939: 388쪽).[1]

사회주의적 계급연대와 투쟁적 국제연대관념의 등장

이처럼 연대책임 개념이 법률적인 것으로부터 윤리적인 것으로 확장되는 동안 식민지 한국에서는 사회주의 사상에 뿌리를 둔 근대적인 연대개념이 일본으로부터 들어와서 지식인들 사이에서 사용되기 시작했다. 1925년 『조선일보』에 실린 「조선과 노국과의 정치적 관계」라는 제목의 사설에서는 "조선의 관계는 일체의 전통적 장벽이 옛부터 존재해 있지 않기 때문에 단지 적나라한 계급적 연대감정을 가질 것을 확신하고 강조한다"는 내용이 나온다. 여기서 사설 집필자는 공산주의 혁명으로 수립된 소련에 대한 조선의 관계를 계급적 연대관계로 설정한 것을 알 수 있다(『조선일보』, 1925년 9월 8일).[2]

그리고 1933년 같은 신문에 게재된 한 기사에서 기자는 에스페란토어를 배우고 또한 조선에 프롤레타리아 에스페란토 동맹 같은 에스페란토 조직을 결성할 것을 제안하면서 다음과 같이 주장했다. "외국 형제들에게 우리 지방의 정세를 바르게 통신함으로써

---

1) 이와 비슷한 의미로 사용된 연대적 책임이라는 표현은 1948년 『경향잡지』 기사에서도 발견된다.
2) 소련 영사관이 서울 정동 러시아 공사관 자리에 들어선 것을 계기로 게재된 이 사설로 인해 『조선일보』는 세 번째 발행정지를 당했다. 총독부는 이 사설이 "극단적으로 조선통치에 대한 불평불만을 시사했을 뿐 아니라 제국(일본)의 국체와 사유재산제도를 부인하고, 그 목적을 이루는 실행수단으로서 적로(赤露)의 혁명운동의 방법에 의해 현상을 타파할 것을 강조한 기사"였기 때문에 발행정지를 명했다고 주장했다.

그 인식을 정확히 하며 제(諸) 외국 사정 특히 소련의 사정을 통신에 의하여 직접 알게 함으로써 자본가 세계의 광대한 통신 보도망으로 하는 계획적 역선전을 편편이 분쇄할 수 있다. 이 통신으로 의하여 우리의 국제 연대성의 진가를 발휘할 수 있다." 즉 기자가 국제적인 계급연대를 중시하면서 이를 위한 에스페란토어 통신의 역할을 강조한 것이다(『조선일보』, 1933년 6월 13일).

하지만 당시의 식민지 조선은 아직 노동계급이 제대로 형성되기 전이었으며 오히려 제국주의에 의한 식민통치를 겪고 있던 상태였다. 그렇기 때문에 사회주의적인 계급연대개념은 자연스레 약소민족 간의 반제국주의적인 국제연대관념으로 전개되는 경향이 있었다. 예컨대 『조선일보』는 1927년 「전 세계 동지를 규합. 연대로 생존권 주장」이라는 제목의 기사에서 브뤼셀의 반식민지압박민족회의 소식을 상세히 전하면서 이것을 열강에 대항하는 피압박민족들의 생존권 보존을 위한 연대적인 노력의 일환으로 다루었다(『조선일보』, 1927년 3월 21일).

물론 이 시기에 사용된 국제연대개념이 모두 사회주의 사상에 뿌리를 둔 투쟁적 연대관념을 담았던 것은 아니다. 비록 서구에서는 국제연대관념이 일찍이 사회주의 연대사상가들에 의해 투쟁주의 관점에서 특별히 강조되어왔지만 이와 다른 전통의 레옹 부르주아 같은 연대주의자들에 의해서도 강력히 주장되었다.[3] 그 결

---

3) 국제 연맹의 제창자인 레옹 부르주아는 통합론적인 연대주의 사상에 근거해 국제적 협력을 위해 크게 노력한 결과 1920년 노벨 평화상을 수상했다.

과 이 시기에 국내에서도 세계평화를 위한 이러한 국제적인 노력이 국제적인 연대협력으로서 이해되곤 한 것을 발견할 수 있다.[4]

어쨌든 1945년 해방과 더불어 한반도가 분단되면서 남한에서는 사회주의 이념을 둘러싼 갈등과 대립이 심화되었고, 그 결과 오랫동안 사회주의 사상의 전개와 이에 뿌리를 둔 개념의 사용이 억압되어왔다. 뿐만 아니라 노동계급이 본격적으로 형성되기 시작한 시기가 1960년대 후반부터였기 때문에 노동자계급 연대관념을 사용할 필요성이 내부로부터 강력하게 표출되는 데에는 시간이 걸렸다. 이런 이유로 인해 해방 이후 1970년대 말까지는 사회주의적인 연대사상이 개진되거나 노동계급 연대개념이 사용되는 것이 공개적으로는 매우 드물었다.

다만 해외소식을 전할 때에 북한·중국·소련 등 당시 공산권 국가들 사이에서 적극 사용되던 사회주의적인 국제연대관념, 일본 내의 노동조직이나 적군파 같은 게릴라 조직이 사용하던 국제연대관념, 비동맹국회의에서 사용되던 신흥국들 간의 연대관념 등이 간간히 소개되는 정도였다.

물론 1960년 4월 혁명 이후 지식인층을 중심으로 지속된 민주화투쟁 과정에서 연대투쟁이라는 용어가 간간히 사용되었다. 하지만 이 시기에 사용된 연대투쟁관념은 아직 노동자와 지식인 사이의 연대를 뜻하지 않았고 대부분 민주화투쟁을 위한 지식인 내

---

4) "범미회의에 대한 정식 회답서 발표. 다변적 연대 상호협력에 의한 서반구 연맹화를 강조"(『조선일보』, 1936년 4월 14일).

부의 연대를 가리키는 것이었기 때문에 사회주의적 연대사상과는 전혀 무관한 것이었다.

이 시기 대한민국에서 사회주의적인 연대사상에 대한 관심과 논의가 적어도 공개적으로는 매우 드물었다는 것은, 이 사상이 학술적으로 다루어질 만한 당시의 대표적인 사회과학 학술지 『한국사회학』과 『한국정치학회보』뿐 아니라, 『사상계』 『신동아』 『창작과 비평』 『씨알의 소리』 『정경문화(정경연구)』 등 이 시기의 지식인들에게 널리 읽혔던 일반 잡지와 『동아일보』 『조선일보』 『경향신문』 『매일경제신문』 등의 중앙일간지에서도 사회주의적인 연대사상에 대한 논의를 발견하기 어렵다는 사실을 통해 어느 정도 확인할 수 있다.

한국 사회학의 연대이론

한국 사회학의 역사에서도 초기부터 연대는 비교적 친숙한 개념이었던 것으로 보인다. 예컨대 배용광의 『사회학강의안』(1957)에서는 뒤르켐의 분업, 기계적 연대, 유기적 연대개념이 간략히 소개되어 있으며, 이와 함께 만하임(K. Mannheim)의 집단적 연대(Gruppensolidarität)의 사회가 근대사회 극복의 방향을 제시하는 개념으로 언급되어 있다(배용광, 1957: 125쪽, 211쪽, 226쪽). 노창섭의 『사회학』(1960)에서도 뒤르켐의 기계적 연대와 유기적 연대개념이 사회분업론과 함께 각각 환절적인 고대사회와 조직적인 근대사회의 특징으로 간략히 소개되어 있으며(노창섭, 1960: 196

쪽), 김대환의 『사회학』(1963)에서는 뒤르켐의 이러한 연대유형 론이 비교적 자세히 다루어져 있다(김대환, 1963: 79~81쪽).

이만갑은 1963년 티마셰프(N.S. Timasheff)의 『사회학이론』을 번역 출간했는데, 이 책에서는 뒤르켐의 연대유형론이 비교적 자세히 소개되었을 뿐 아니라 분업론적인 연대개념의 선구자 콩트의 연대론, 섬너(W.G. Sumner)의 집단 연대론, 사회진화론자 노비코프(J. Novicow)의 연대관, 러시아 주관주의 사회학자 라브로프-미르토프(P.L. Lavrov-Mirtov)의 연대개념 등 다양한 사회학적인 연대논의가 다루어졌다(Timasheff, 1963).

또한 이만갑은 1970년대까지 한국 사회학계에서 유일한 학술지였던 『한국사회학』에 게재된 논문 가운데 제목에서부터 연대를 명시적으로 언급한 최초의 논문 「의항리 연대에 대한 구조적 연구」의 저자이기도 하다. 하지만 이 글은 충남의 한 촌락에 대해 인류학적인 연구를 수행한 외국학자의 학위논문에 대한 짧은 서평논문으로서 연대에 대한 학문적인 논의를 본격적으로 다룬 것은 아니다. 그런데도 이만갑, 변시민 등 여러 1세대 사회학자의 글을 살펴보면 연대가 낯선 개념이 아니었음을 알 수 있다. 이것은 가장 중요한 연대론자인 뒤르켐이 가장 중요한 고전사회학자 가운데 한 사람이기 때문이기도 하지만, 1세대 사회학자의 대부분이 연대논의에 매우 친숙한 일본 사회학계와 지적으로 밀접한 연관을 맺고 있었다는 점과도 무관하지 않은 것으로 여겨진다.[5]

5) 가장 먼저 설립된 서울대학교 사회학과(1946)의 이상백, 이만갑, 변시민,

이처럼 사회학적인 연대개념이 비교적 일찍부터 소개되어 사회학계에서는 친숙한 개념이 되었지만 국내 사회학자들이 이 개념을 교과서를 통해 소개하는 수준을 넘어서 사회현상이나 사회이론을 분석하는 데 주체적으로 활용하기까지는 많은 시간이 걸렸다. 이러한 점은 1970년대까지 『한국사회학』에 게재된 일반 논문 가운데 연대에 대해 명시적으로 다룬 논문이 한 편도 없다는 사실이 잘 보여준다.

그런 가운데 1970년대 말 황성모는 「'연대'에의 사상과 정책」이라는 글을 『정경문화』에 게재하여 근대화의 문제 극복을 위한 전략적 개념으로서 연대를 다루는 매우 흥미로운 논의를 펼쳤다. 그는 여기서 1970년대를 돌아보면서 그동안의 급속한 근대화가 야기한 사회해체에 대처하는 창조적인 방안을 모색하고자 했는데 이를 위해서 연대관념이 매우 중요하다고 보았다. 그에 따르면 근대화가 야기한 사회문제를 해결하기 위해서는 무엇보다 국가·직장·가정으로 대표되는 사회집단이나 생활환경에 대한 개인의 일체감 혹은 화해가 선결조건이지만 이와 함께 이들 생활환경이 개인에게 접근하는 것도 중요하다.

그는 이들 생활환경과 개인의 상호 접근관계를 연대라고 표현하면서 개인과 국가, 인간과 직업, 개인과 가족 간의 연대관계의 회복 방향에 대해 논의했던 것이다. 그러면서 그는 이러한 논의

양회수, 최문환 교수, 두 번째로 설립된 경북대학교 사회학과(1954)의 배용광 교수 등이 모두 일본에서 유학했다.

가 문화적인 것이며 경제계획, 도시계획 등의 근대화 계획이 이러한 문화적인 계획 혹은 문화체계에 기반을 둘 때라야 비로소 근대화의 문제들이 극복될 수 있다고 주장했다. 이를 통해 그는 근대화 과정이 급속하게 진행되고 있는 한국의 역사적인 현실 속에서 연대사상의 중요성을 부각시키고자 했는데, 사회학계 내부에서는 그의 이러한 논의가 오랫동안 이어지지 못한 것으로 보인다(황성모, 1979: 224~227쪽).[6]

사회연대주의 사상의 소개와 전개

하구천과 레옹 부르주아의 사회연대주의

한편 갈등론적인 계급연대관념과 대조되는 통합론적인 초계급적 연대관념도 서서히 등장했다. 서구 사상사에서 초계급적인 연대관념은 한편으로 콩트에서 뒤르켐으로 이어지는 사회통합론 전통의 사회학적인 연대이론을 통하여 발전했다. 다른 한편으로는 사회학적인 연대개념에 기초하면서도 보다 실천지향적인 사상으로 전개된 레옹 부르주아의 연대주의 사상과 이를 가톨릭 세계관과 결합시켜 탄생한 가톨릭 연대주의 사상을 통해 크게 발전했다.

---

6) 황성모의 연대론이 게재되기 몇 개월 전에 정치학자 이택휘는『정경연구』에「'연대성' 속의 갈등과 통합」이라는 글을 게재했다. 이것 역시 연대문화의 중요성을 부각시키는 글이었지만 프랑스 정당들과 압력 단체들 사이에 폭넓게 자리 잡은 정치문화로서의 연대문화에 관한 글이어서 역사적 맥락이나 연대의 성격 등에서 황성모의 글에 비해 의미가 많이 떨어진다고 할 수 있다(이택휘, 1978).

이 가운데 레옹 부르주아의 연대주의 사상은 사회학적인 연대 이론처럼 일찍부터 일본에 소개되었기 때문에 일본의 지식사회를 접한 한국인 지식인들을 통해서 국내에도 사회연대주의 혹은 유사한 이름으로 서서히 알려지게 되었다(丸山岩吉, 1923). 예컨대 앞에서 언급된 김태흡의 1927년 논문에 소개된 사회연대책임 관념은 사회연대주의 사상의 여러 관념과 매우 유사해 그 영향을 쉽게 짐작할 수 있다. 그리고 해방 이후에는 사회사상·정치사상·문예사상·철학사상의 사조를 개괄한 하구천의 『사조개설』(1955)에서 레옹 부르주아의 연대주의가 사회연대주의라는 이름으로 공상적 사회주의, 과학적 사회주의, 사회민주주의, 공산주의, 무정부주의 등과 함께 사회주의 사상의 일종으로서 비중 있게, 그리고 비교적 자세히 소개되었다(하구천, 1955: 126~138쪽).

하구천에 따르면 레옹 부르주아의 사회연대주의는 사회개량주의 가운데 가장 진보된 것으로서 생디칼리즘이나 산업조합주의와 더불어 프랑스의 가장 뚜렷한 사조 가운데 하나다. 사회연대주의는 개인주의에 대립하는 노선으로서, 개인주의가 자연도태와 적자생존의 원칙으로부터 출현해 자유경쟁을 진보의 유일한 원인으로 제시하는 데 반해서 사회연대주의는 조직체 또는 유기체 이론으로부터 출현해 연대관계, 즉 각 개체의 조화, 협력관계를 특별히 강조한다. 그리고 이런 관점에서 연대관계를 사회전체의 발전뿐 아니라 각 개인의 발전을 위해서도 가장 필요한 요소로 간주한다.

하구천은 이러한 연대관계를 좀더 설득력 있게 설명하기 위해 레옹 부르주아의 준계약 개념을 자세히 소개했다. 그러면서 만약 어떤 사람이 타인으로부터 부당이익을 얻거나 타인에게 부당한 손해를 끼친다면 무의식 가운데 맺어진 준계약 관계로 인해서 그 타인에게 손해를 배상할 책임이 생긴다고 보았다. 예컨대 자신의 노동에 의하지 않은 자산상속은 부당이익이며 자본가로서 아무런 수고를 하지 않고 안일한 생활을 한다면 노동자에게 부당한 손해를 끼치는 것이므로 이런 경우에는 사회를 위해 재산을 사용하고 노동자에게 이익을 분배할 의무가 생긴다는 것이다.

하지만 하구천은 사회연대주의가 개인의 소유권을 인정하고 국가의 간섭을 되도록 배제하는 동시에 상호주의 정신을 강조한다는 점에서 종래의 사회주의와 구별된다고 보았다. 뿐만 아니라 레옹 부르주아가 조화를 유기체 발달의 요소로 보아 마르크스의 계급투쟁주의를 신랄하게 비판했다는 점도 부각시켰다. 이런 관점에서 그는 사회연대주의를 넓은 의미의 사회주의에 포함시키기도 했으나 사회주의와 구별해 제시하기도 했다(하구천, 1955: 62쪽, 136~137쪽).

최종적으로 하구천은 사회구성원의 상호의존성을 강조하는 사회연대주의가 사회사상이나 사회정책노선을 넘어 우리의 생활 전체를 지배할 수 있는 하나의 인생원리 혹은 인생관이라고 평했다. "또한 사회연대주의는 하나의 문화주의다. 우리의 생활이 물질적이고 정신적으로 사회문화의 혜택을 입은 것이라면, 우리는 사회채무 또는 사회은(社會恩)을 갚기 위해서 사회문화에 공헌할 의무가 생긴다. 인간의 자유와 사회생활을 조화할 수 있는 인생관이고 현 사회의 이기적 결함을 보충할 수 있는 사회정책이라는 것이 과거의 정평이었다"(하구천, 1955: 137~138쪽).

이와 같이 사회연대주의 사상이 이 시기의 지식인들 사이에서 새로이 주목받게 된 결과 1962년에 발간된 『신문어(新聞語)사전』에 사회연대주의가 하나의 항목으로 포함되었을 뿐 아니라 1966년에는 이것을 하나의 항목으로 다룬 일반상식 문제집이 등장하기까지 했다(김광섭, 1962: 127쪽; 풍년사 편집부, 1966: 378쪽).

김윤환과 복지국가 이념으로서의 사회연대주의

1970년대부터는 서구의 복지국가에 대한 관심이 점차 커지면서 김윤환이 사회연대주의를 복지국가의 이념으로서 적극 주장하기 시작했다. 그는 1973년 『매일경제신문』에 실린 「복지국가의 이념과 체제」라는 글에서 남을 도우면서 나도 잘산다는 상호부조의 원리를 사회연대주의의 핵심으로 제시하면서 이것이 복지국가의 이념이라고 주장했다. 물론 이러한 원리는 과거의 전근대사회에서도 존재했다. 하지만 김윤환에 따르면 전근대적인 상호부조 정신은 자조정신에 의하여 자취를 감추었다가 산업사회가 성숙함에 따라 사회연대정신으로 부활하게 되었다. 이렇게 해서 부활한 사회연대정신과 상호부조의 원리가 제도화된 것이 사회보장제도이며 이것을 중심정책으로 삼는 것이 복지국가라고 그는 주장했다(김윤환, 1973).

김윤환이 사회연대주의를 복지국가 이념으로 제시한 주장은 1970년대 말 통일한국의 가장 중요한 이념으로 전개되었다. 그는 1979년 '통일한국의 미래상'이라는 주제 아래 개최된 한 학술대회에서 복지사회, 좀더 구체적으로는 민족적 복지민주주의를 통일한국의 체제모델로 제시했다. 그러면서 그는 "복지국가를 뒷받침하는 이념은 사회연대주의이고 그 방법은 사회보장제도를 중심으로 한 복지정책"이라고 주장했다(『경향신문』, 1979년 12월 3일).

김윤환의 이러한 주장들은 그 후에 좀더 학술적으로 다듬어지고 발전된 형태로 학술지에 발표되었으며 1984년에는 국민윤리 대학교재의 한 부분으로 편집됨으로써 1980년대의 학자들과 대학생들에게 사회연대주의 사상을 확산시키는 데 기여했다(김윤환, 1980; 임원택 외, 1984: 455쪽 이하).

김윤환의 사회연대주의론은 1960년대 하구천의 논의와 달리 레옹 부르주아의 사상이나 프랑스 사회연대주의를 소개하는 대신에 이를 한국사회와 미래의 통일한국에 적합한 복지국가 이념을 주체적으로 구성하는 자원으로 삼았다는 데 큰 의의가 있다. 그의 사회연대주의 논의에서는 레옹 부르주아에 대한 언급이 발견되지 않는 대신 전근대적인 상호부조의 원리를 사회연대주의 정신의 뿌리로 간주함으로써 사회연대주의가 실학사상, 불교사상, 동학사상 등 한국의 전통사상과 연결되는 가능성을 열어두었다. 그리고 사회연대주의를 평화주의와 생활우선주의의 모태로 제시함으로써 사회연대주의의 지평을 확장시키는 동시에 구체화하려 했다(김윤환, 1980: 18쪽 이하).[7]

___

7) 그는 사회연대주의 · 평화주의 · 생활우선주의의 세 사상을 기초로 한국 사회의 바람직한 복지사회 이념으로서 민족적 복지민주주의라는 개념을 구성했다(김윤환, 1980: 18쪽 이하).

가톨릭연대관념의 출현: 연대성 원리

종교계에서는 가톨릭연대관념이 가장 먼저 등장해 확산의 기틀을 마련해갔다. 우선 프랑스 연대주의 기본관념들을 가톨릭 세계관에 입각해 재구성하고 발전시킨 가톨릭연대주의 사상이 교황의 사회회칙을 소개하는 가톨릭 매체들을 통해 국내에 전해지기 시작했다. 연대개념이 처음으로 등장한 회칙「어머니요 스승」의 반포를 앞두고 교황 요한 23세가 1961년 5월「새로운 사태」반포 70주년이 되는 날을 맞아 성 베드로성당의 광장에 모인 군중들에게 새로 반포될 회칙에 대해 소개하면서 연대성 원리의 중요성을 지적한 내용이 『경향잡지』의 1961년 7월호에 소개되었다(『경향잡지』편집부, 1961: 347쪽 이하).

연대성 원리를 중시한 요한 23세의 후임자 바오로 6세도 기회가 있을 때마다 연대의 필요성을 역설했는데 이런 내용을 담은 그의 메시지는 1960년대 중엽부터 이 잡지를 통해 지속적으로 소개되었다. 특별히 국제적 연대의 필요성을 매우 강조한 그가 1967년에 회칙「민족들의 발전」을 반포했을 때에는 빈국과 부국 사이의 연대 또는 인류의 연대를 강력히 요청하는 내용의 전문이 몇 차례에 걸쳐 계속해서 게재되기도 했다.

이처럼 20세기 후반에 들어서 교황들이 연대성의 중요성을 매우 의식적으로 강조하기 시작했으나 1970년대까지는 한국 가톨릭교계에서 연대성 관념이 그렇게 뚜렷하게 주목받지 못했다. 그 결과 이 시기의 『경향잡지』에서 발견되는 연대용어의 대다수는 교황의 메시지나 교회 헌장 등을 소개하는 기사에서 나온 것이며, 한국인 필자들이 이 개념에 주목해 이를 주체적으로 다룬 글은 1970년대 중엽 이후부터 등장했다. 이 시기에 연대관념에 대한 관심이 부족했던 것을 보여주는 사례로서는 1970년과 1976년에 각각 「민족들의 발전」을 비롯한 역대 교황의 여러 사회회칙을 소개하는 글이 실렸는데 두 글에서 모두 연대용어가 일체 등장하지 않은 것을 들 수 있다(『경향잡지』 편집부, 1970: 15~18쪽; 오경환, 1976: 43~45쪽).

한국인이 가톨릭 잡지에서 연대의 문제를 본격적으로 다룬 글로는 1975년 고범서가 『사목』에 게재한 글과 1977년 안경렬이 『경향잡지』에 게재한 글이 있는데 이것들은 각각 제목에 연대용어가 포함된 최초의 글이기도 하다. 필자들은 이 글에서 사회문제 해결을 위한 신자들 사이의 연대와 주변집단에 대한 신앙공동체의 연대 필요성을 강조했다. 그리고 1979년에는 연대성을 핵심원리로 삼는 가톨릭사회론을 체계적으로 정리한 회프너의 단행본 『그리스도교 사회론』이 우리말로 번역되어 연대성 원리의 의미, 근거 등에 관한 자세한 설명을 소개했다.

이와 같이 한국 가톨릭교계에서는 연대관념에 대한 본격적인 관심이 1970년대 중엽경부터 나타나기 시작해 1980년대에 이 관념이 빠르게 확산되는 기틀이 되었다(고범서, 1975: 101~107쪽; 안경렬, 1977: 45~48쪽; Höffner, 1979).

한편 이 시기 국내 개신교계에서는 연대관념에 대한 관심이 극히 미미했다. 해외 개신교계에서는 세계교회협의회가 다른 어떤 기구보다 일찍부터 연대관념에 관심을 기울여왔으나 연대가 표제어로 등장할 만큼 비중 있는 용어로 사용된 것은 1980년대부터였다. 국내에서는 1957년 창간된 개신교 잡지 『기독교사상』이 일찍부터 세계교회협의회를 비롯한 주요 국제 개신교 기구의 소식을 지속적으로 전했다.

특히 세계교회협의회의 경우 1968년 웁살라 총회, 1975년 나이로비 총회 등 주요 대회 소식과 여기서 논의된 주요 의제에 대해 자세히 소개했다. 그런데도 이들 소개 기사에서 연대에 관한 언급이 발견되지 않는다. 이것은 가톨릭교계와 달리 이 시기의 해외 개신교계에서는 연대관념에 대한 관심이 그리 크지 않았기 때문이기도 하겠지만 더 큰 이유는 정의·자유·평화 등 다른 관념과 달리 연대관념에 대한 인식이 국내 개신교계에서 아직 제대로 형성되지 않았기 때문이다.[8]

---

8) 1970년대 중엽경에 개신교 잡지 『신학전망』과 『기독교사상』에 각각 연대성에 관한 글이 한 편씩 게재된 것이 발견되지만 둘 다 번역된 외국 학자의 글이다. 그리고 1978년에는 세계교회협의회의 사회사상에 대한 앙드레 뒤마의 논문이 번역 소개되었는데 이 글에서도 연대개념은 주목받지 못했고 한 번 등장한 연대용어도 '결속'으로 번역되었다(헤링, 1973: 102~126쪽; 볼프, 1975: 124~139쪽; 뒤마, 1978: 125쪽).

연대관념의 확산기: 1980년대와 1990년대 전반

　1980년대에 들어서면서부터 연대관념은 빠르게 확산되기 시작했다. 우선 1970년대까지 다양한 근대적 연대관념이 국내에서도 서서히 자리를 잡으면서 확산의 정신적 토대를 마련했다고 볼 수 있다. 사회적으로도 1960년대 말 이후 노동운동과 농민운동이 빠르게 성장하는 한편 지식인 중심의 민주화운동이 1980년 광주민주화항쟁 실패 이후 이들 민중운동과 빠르게 결합하게 되면서 연대운동의 필요성이 크게 대두되었다.

　게다가 나라 밖에서도 1980년대 초부터 연대에 대한 관심을 국내에까지 크게 고조시키는 일들이 많이 발생했다. 그 가운데 특별히 주목할 것은, 연대개념을 누구보다도 중시한 교황 요한 바오로 2세가 1978년 등위한 이후 교황의 모국 폴란드에서 '연대'라는 이름의 자유노조가 1980년 공산주의 체제 아래서 결성되어 전국적인 파업을 주도함으로써 전 세계적인 주목의 대상이 된 것이다. 그리고 교황은 1981년 회칙 「노동하는 인간」을 반포해서 노동의 중요성을 매우 강조함과 동시에 노동자 연대와 노동자에 대한 연대의 필요성을 역설했다.

가톨릭연대관념의 확산과 개신교계와 불교계의 준비

가톨릭연대관념의 빠른 확산

1981년 『경향잡지』는 회칙 「노동하는 인간」의 반포에 대해 소개하면서 연대성, 특히 노동자들의 연대와 노동자들을 향한 연대 필요성에 대해 비교적 자세히 다루었다. 이 잡지는 그 후 요한 바오로 2세의 근황을 다룰 때도 그가 국가 간의 연대를 촉구한 내용이나 연대와 발전을 평화의 요체로 설정한 내용 등을 소개하는 등 연대성 원리를 강조하는 기사를 꾸준히 게재했다. 특히 교황이 1987년 지구상의 여러 민족 간의 국제적인 연대에 관한 논의를 더욱 발전시킨 회칙 「사회적 관심」을 반포한 후에는 이 회칙을 해설하면서 연대성을 강조한 여러 편의 글을 싣는 식으로 가톨릭 연대성 관념을 가톨릭교계에 확산시키는 데 이바지했다.

이 시기에 이루어진 가톨릭연대관념의 확산은 가톨릭 대중잡지인 『경향잡지』뿐 아니라 성직자를 대상으로 하는 잡지 『사목』을 통해서도 이루어졌다. 1980년대 초에 『사목』은 회칙 「노동하는 인간」에 대한 해설서를 게재했을 뿐 아니라 교황이 제네바 국제노동기구에서 행한 긴 연설 「노동에 바탕한 연대성」의 전문도 두 차례에 걸쳐 게재했다. 그런데 교황의 이 연설문에는 노동과 연대성의 관계에 대한 가톨릭의 관점이 여러 측면에서 압축적으로 소개되어 있다.[9] 이 잡지는 그 후에도 교황의 메시지를 중심으로 한 가톨릭교회의 문헌들을 지속적으로 다루는 가운데 가톨릭 성직자들에게 가톨릭연대관념을 확산시키는 데 기여했다.

이러한 움직임 속에 1980년대부터 가톨릭계에서 연대관념이 빠르게 확산된 점은 『경향잡지』 같은 대중적인 가톨릭 잡지에 실린 글의 변화를 통해 추정할 수 있다. 이 잡지에 게재된 글 가운데 연대용어가 등장하는 횟수의 변화추세를 살펴보면 1970년대까지는 매년 10회 미만의 한 자리 수였던 것이 1980년대 초부터 두 자리 수로 늘어나기 시작하다가 1989년에는 연 75회까지 급증했다. 1990년대 전반에는 이 수치가 어느 정도 떨어졌으나 평균 약 34회 정도를 유지했다.

하지만 이 당시 가톨릭계의 대표적인 두 잡지인 『경향잡지』와 『사목』을 중심으로 볼 때 1980년대와 1990년대 전반에도 가톨릭연대관념을 소개하는 대신에 이에 대해 주체적이며 집중적으로 논의한 국내 필자의 글은 여전히 드문 편이었다. 1970년대 중엽경부터 국내 가톨릭교계에서 나타나기 시작한 연대관념에 대한 본격적인

---

9) 교황은 이 연설에서 국제노동기구가 사회정의 촉진을 통해 영속적인 평화에 이바지하기 위해 노력해온 점을 높이 칭송하면서 노동의 중요성과 의미를 재확인시키는 한편, 인간 노동의 진정한 의의에 바탕을 둔 새로운 연대성을 이루어내는 일이 오늘날 시대적으로 요청되고 있다는 점을 강조했다. 그에 따르면 국제적인 성격을 띠는 이 새로운 연대성은 "사회를 '대결'이라는 맥락에서, 사회관계를 타협 없는 계급투쟁이라는 맥락에서 개념화하기를 거부"하고, "적을 타도하려고 함이 없이 대립을 해소하기 위해 필요한 대화와 협력의 기제를 창출해낸다"고 역설했다(『사목』 편집부, 1982: 131쪽).

관심과 새로 등위한 요한 바오로 2세의 연대사상에 크게 힘입어서, 이 시기 국내 가톨릭교계에서 연대관념이 매우 빠르게 확산되어 성직자뿐 아니라 일반 신자들에게까지 어느 정도 친숙해지기는 했지만 아직 연대관념의 발전이 이루어지지는 않았다고 볼 수 있다.

개신교 연대관념의 발전을 위한 준비

한편, 1970년대까지 연대관념에 대한 관심이 매우 적었던 개신교계에서는 1980년대에 들어서부터 연대에 대한 관심이 비교적 빠르게 형성되어갔다. 이 과정에서 세계교회협의회 및 한국기독교교회협의회와 밀접한 관계를 맺고 있던 『기독교사상』이 매우 중요한 역할을 했다.

이 잡지는 1980년 1월호에서 세계교회협의회의 문헌 「가난한 자들과 유대를 함께하는 교회를 바라보며」를 게재해 세계교회협의회의 연대사상을 압축적으로 소개했다.[10] 그리고 1982년에는 연대용어를 제목에 사용한 최초의 글 「연대성의 지평」을 게재했는데 이 글은 연대의 범위를 민족이나 파당을 넘어 온 인류에게로 확장시키는 보편적 연대성이야말로 성서의 가르침이라고 지적하면서 차별 없는 보편적 연대성을 주장했다(최성묵, 1982). 그 후 이 잡지에는 세계교회협의회에 관해 다룬 글들과 세계교회협의회 임

---

10) 하지만 이 글에서 연대용어 대신에 유대 혹은 결속이라는 표현이 우리말로 사용된 것을 보면 아직 연대관념에 대한 인식이 명백히 자리 잡지 못한 상태임을 알 수 있다(『기독교사상』 편집부, 1980).

원과의 대담에서 연대문제가 다루어지는 등 1980년대 말까지 연대용어가 꾸준히 등장했다.

하지만 이 잡지에 게재된 글을 통해 볼 때, 1980년대에는 개신교계에서 연대용어가 주로 세계교회협의회, 개혁교회세계연맹 등 해외 개신교계에서의 논의를 소개하는 맥락에서 등장하는 경향이 있었을 뿐, 연대관념을 주체적이며 집중적으로 다룬 논의는 별로 확산되지 않았다.[11] 그럼에도 불구하고 이 잡지가 특별한 관심을 갖고 소식을 전한 이들 주요 개신교계가 1980년대부터 연대관념에 대한 관심을 여러 공식 논의와 문헌을 통해 훨씬 뚜렷이 표명하면서 연대에 대한 개신교의 신학적인 관념도 명료해지기 시작했다. 그리고 이러한 신학적인 논의를 담은 문헌이 국내에 소개됨으로써 국내 개신교계가 이후에 연대관념을 주체적으로 발전시킬 수 있는 지적인 토대가 제공되기 시작했다.[12]

---

11) 물론 이 시기에도 국내 필자의 의미 있는 연대논의가 비록 드물기는 했지만 분명히 있었다. 예컨대 종교 간의 연대를 다룬 송길섭의 역사논문, 생명의 연대성을 다룬 김경재의 신학논문 등이 그것이다(송길섭, 1984; 김경재, 1988).

12) 예를 들어 이 잡지는 1983년 세계교회협의회 제6차 총회의 논제를 소개했는데 이들 가운데 '정의와 인간 존엄성을 위한 투쟁'이라는 제목의 논제에서는 교회를 향해 "실제적이며 희생적인 연대에의 소명"을 요청하는 글이 들어 있다. 이 글은 교회를 향해 "중요한 점은 피압박자들에게 능력을 배양시켜 그들이 스스로 그들의 상황을 극복하게 해야 한다. 그러려면 교회는 그들의 영성의 통합성과 본래성을 있는 그대로 인정하여 그들의 진정한 동반자가 되어 그들과 진정한 연대체를 이루어야 한다. ……정의와 인간의 존엄성을 위한 투쟁 역시 무척 고통스럽고 무한한 자기 희생이 뒤따른다. 그러나 예수께서 죽음을 이기셨듯이 희망이 있는

물론 1980년대에 발간된 이 잡지 외의 개신교 매체에서도 연대담론이 발견되지만 특별히 의미 있는 담론을 발견하기가 쉽지 않다. 그리고 골비처(Helmut Gollwitzer)의 『신학의 연대성』(1983)처럼 신학적인 연대논의를 다룬 단행본도 있지만 국내 저술가의 단행본은 찾을 수 없다(Gollwitzer, 1983). 이렇게 본다면 가톨릭 교계와 달리 개신교계의 경우에는 1980년대는 여전히 연대관념의 형성기에 머물렀고 1990년대 이후에 연대관념이 본격적으로 확산되고 발전되기 위한 준비과정에 있었다고 할 수 있다.

이러다가 1980년대와 달리 1990년대, 특히 말기에 가면 연대의 가치를 매우 강조하는 국내 필자들의 글이 많이 발견된다. 하지만 연대를 강조하면서 이 관념을 집중적으로 다룬 이러한 글은 1990년대 초부터 시작해 전반기에도 비교적 꾸준히 발견된다. 예컨대 세계교회와의 연대성에 힘을 쏟을 것을 이 잡지에 요구하는 글과 아시아 약소국가들의 연대체제와 아시아 민초들의 교회연대 구성의 필요성을 역설한 글이 1990년에 실렸다. 그리고 1992년에는 대통령선거를 앞두고 한국교회를 향해 민주주의를 지향하는 민주적 · 민중적 세력의 정치 연합으로서의 연대를 요구하는 글이 발표되었으며, 1994년에는 여성의 연대성을 강조하는 신학적인 글이 게재되었다. 이처럼 1990년대 전반에는 개신교계에서도 교회 · 평화 · 민주화 · 여성 등 다양한 영역에서 연대관념을 적용시키는 주체

것이며 그 예수께서 크리스천들에게 그 투쟁에로 부르고 계신 것이다"라고 주장했다(『기독교사상』 편집부, 1983: 101~102쪽).

적인 연대논의가 전개되기 시작했다(김희보, 1990; 노정선, 1990; 조희연, 1992; 이경숙, 1994).

불교사회 연대관념의 형성

불교계에서는 1981년에 발간된 『현대사회와 불교』에 사이토 에이사부로(齋藤榮三郎)의 「불교의 사회사상」이 게재되었는데 여기서 필자는 불교의 경제사상을 특징짓는 두 개념인 보시(布施)와 복전(福田) 가운데 복전이 사회연대사상의 기초가 되며 사회정책의 기초 이념이 된다고 지적했다(齋藤榮三郎, 1981: 245~246쪽).

방귀희는 1987년의 한 논문에서 보은(報恩)사상을 불교복지의 한 기본사상으로 제시하면서 이 보은사상이 상의상관(相依相關)의 관련성을 중시하는 불교적 사회연대주의에 바탕을 두고 있다고 간략히 언급했다. 그 후 이정학은 불교사회복지에 관한 1994년의 한 논문에서 불교사회연대주의를 불교의 보은사상으로써 설명하려고 시도했다(방귀희, 1987: 180쪽; 이정학, 1994: 237~239쪽).

1992년에는 불교사회연대주의의 특징에 관한 보다 자세한 설명이 포함된 오노 신조(大野信三)의 『불교사회경제학』(1992)이 우리말로 번역되었는데, 이 책에서 필자는 복전 및 보은관념과 함께 업(業)의 관념이 불교적 사회연대사상에 중요하다고 지적했다. 그러면서 그는 사회의 구성원이나 구성부분은 시간적으로나 공간적으로 상호의존과 상호책임 관계를 이루고 있으며 이러한 연대관계는 준사회계약 관계라고 말할 수 있다고 설명했다. 이러한 설명에서 알 수 있듯이 그는 프랑스 연대주의 사상의 영향을 받아 불교적

인 사회연대사상을 이론적으로 해명하려고 한 것이다(大野信三, 1992: 242~247쪽).[13]

이처럼 1980년대와 1990년대 전반의 불교계에서는 불교적 사회연대사상을 중심으로 연대개념과 연대사상이 서서히 소개되기 시작했다. 하지만 이 시기의 연대논의는 수적으로 매우 적었을 뿐 아니라 사회복지와 관련된 논의에 거의 한정된 편이었다. 따라서 이 시기는 아직 불교계 전반적으로 연대가 비교적 낯선 개념으로 머물러 있으면서 불교사회복지 분야를 중심으로 연대관념에 대한 관심이 서서히 형성되기 시작한 시기라고 볼 수 있다.[14]

노동운동과 민주화운동에서의 연대투쟁 관념의 확산

1980년대 중엽까지

1980년대의 시작과 함께 노동자 연대에 대한 관심이 빠르게 확산되기 시작했다. 1980년대 초에 노동자 연대와 관련해 일반인들의 관심을 크게 불러일으킨 사건은 1980년 폴란드 자유노조 '연대'가 결성되어 이른바 폴란드 위기를 주도한 것이다. 폴란드 자유노조의 결성은 이후에 동구권이 변화하는 중요한 계기가 되었다.『경향신문』『중앙일보』등 중앙일간지는 1980년부터 이에 대한 기사

---

13) 실제로 그는 불교적인 사회연대주의가 지드, 레옹 부르주아 등의 프랑스 연대주의 사상과 상당히 유사하다고 지적했다(大野信三, 1992: 244쪽).

14) 예를 들어 이 시기에 발간된 잡지『불교사상』과 학술지『불교연구』에서는 연대를 주제로 삼은 글이 발견되지 않는다.

를 싣기 시작했으며, 학문공동체 또한 1980년대 초부터 이것을 지속적으로 학문적인 논의의 대상으로 삼았다.

한편 국내의 노동계에서도 이때부터 연대활동에 대한 관심을 서서히 보이기 시작했는데, 예를 들어 1980년 『병원노련신문』은 13개 업종별 노조가 연대활동을 강화하기로 한 내용의 기사를 실었다. 그리고 사회연대주의론을 주장한 김윤환은 1981년 한국 노동운동의 과제로서 기업수준을 넘어 산업·지역·전국 수준의 연대형성의 필요성과 국제적 연대강화의 중요성을 지적했다(김윤환, 1981: 21쪽).

하지만 1980년대 초는 신군부가 노동운동을 대대적으로 탄압하던 시기여서 국내의 노동운동은 소그룹운동에 주력했다. 그러다가 1983년 말부터 이른바 유화국면에 접어들면서 비로소 노동운동이 다시 활기를 띠기 시작했다. 이런 가운데 소그룹운동과 기업별노조의 한계를 극복하기 위한 여러 움직임이 나타났으며, 1985년 '구로지역 동맹파업'이라는 역사적인 연대투쟁이 발생함으로써 이후의 노동계 연대투쟁의 신호탄이 되었다(한국역사연구회 현대사연구반, 1991: 116~120쪽).

이에 1985년 무렵부터 노동계와 민주화운동 세력을 중심으로 연대투쟁에 대한 관심이 급증하기 시작했는데, 1985년 창간된 시사잡지 『월간 말』은 이러한 관심을 반영해 이 시기의 노동자 연대투쟁 기사와 노동자와 대학생 간의 연대활동 기사를 비중 있게 다루기 시작했다. 그리고 같은 해에 설립된 민주통일민중운동연합은 성명서를 통해 노동자 연대투쟁을 지지하는 입장과 노동운동에 대한 연대투쟁 의지를 밝히는 입장을 공개적으로 천명하기 시작했다. 민주통일민중운동연합은 여러 민주화운동단체와 노동운동, 농민운동 등의 민중운동 단체가 연대해 결성한 것이기 때문에 처음부터 연대활동과 연대투쟁을 추구하면서 1980년대 중엽에 재야 민주화운동에서 연대관념을 확산시키는 데 큰 역할을 했다.[15]

이처럼 1980년대 중엽에 이르러 국내 노동계와 민주화운동 진영에서 연대(투쟁)관념에 대한 관심이 급증하게 된 배경으로는 지식인 중심의 민주화운동의 한계에 대한 반성, 노동운동 잠재력의 향상, 그리고 신군부정권의 유화정책 등의 현실적인 요인을 들 수 있다. 이와 함께 이전 시기에 국내에서 축적된 연대관념들이 민주화운동과 노동운동 현장에서 일부 적용되어온 사례들, 이 시기에 연대의 가치를 특별히 강조한 해외 가톨릭과 개신교의 영향으로 인해 국내에서 종교계를 중심으로 연대관념이 확산되기 시작한 점, 그리고 종교계 바깥에서 특별히 연대투쟁의 가치를 강조한 해외 노동계와 제3세계 관련 기구와 회의에 관한 소식의 증대 등은

---

15) 물론 민주화운동에서도 1980년대 초부터 민주세력 연대투쟁론이 발견된다. 예를 들면 1980년 당시 김영삼 신민당 총재는 삼일절 기념사에서 "우리는 지금 반민주세력과의 일대결전을 눈앞에 두고 있다. …… 우리는 모든 민주세력과의 튼튼한 연대와 협력 위에 조국의 민주주의를 반석 위에 올려놓아야 할 책무를 지니고 있다"고 주장했다(『조선일보』, 1980년 3월 2일). 하지만 1980년대 초는 신군부 강압통치가 이루어진 시기였기 때문에 학생운동을 비롯한 이 시기의 민주화운동도 노동운동처럼 강압통치가 어느 정도 완화되기 시작한 1980년대 중엽경에 접어들면서부터 다시금 활성화되기 시작했으며 이 시기부터 연대투쟁론이 눈에 띄게 증가했다.

연대 또는 연대투쟁에 대한 관심을 키운 중요한 정신적 배경이 되었다.[16)

1980년대 후반에서 1990년대 전반까지

1980년대 중엽에 급증한 연대관념과 특히 연대투쟁에 대한 관심은 1987년 민주화운동 시기를 거치면서 폭발적으로 증가했다. 특히 7월부터 9월 사이에 한국 노동운동 사상 최대 규모의 노동자 투쟁이 이루어지면서 당시 노조의 약 절반 가까이 되는 1,200여 개의 노조가 새로 결성되었는데 이 과정에서 여러 형태의 연대투쟁과 연대조직이 이루어졌다(한국역사연구회 현대사연구반, 1991: 151쪽). 그리고 이어진 정부의 노동계 탄압은 노동자들에게 연대투쟁과 연대조직을 통한 대응의 필요성을 더욱 강력하게 인식시켰다. 그 결과 1987년 이후 각종 노동자단체를 통해 발표된 수많은 성명서에서 연대투쟁을 호소하거나 다짐하는 내

---

16) 민주통일민중운동연합 초대의장이었던 문익환은 『기독교사상』에 기고하기도 한 진보적인 개신교 목사였다. 그는 1985년 『월간 말』 창간호에 게재된 대담 기사에서 민주화와 통일을 위한 연대투쟁의 중요성을 강조했는데 그의 이러한 인식과 역할은 당시 민주화운동 진영의 연대관념과 종교계 연대관념의 밀접한 연관성을 잘 보여준다(문익환·신홍범, 1985: 56쪽). 그리고 1980년대 전반에 간행된 『경향잡지』에는 노동운동과 농민운동을 가톨릭 연대사상의 관점에서 연대운동으로 규정하는 내용의 글이 많이 실렸는데 이러한 인식은 가톨릭계에만 머물지 않고 당시의 사회운동 진영에 영향이 컸던 한국천주교 정의평화위원회, 가톨릭농민회 등을 통해 노동운동·농민운동·민주화운동 영역으로 확산되었다(가톨릭농민회 외, 1984: 37쪽; 한국천주교 정의평화위원회, 1984: 54쪽).

용이 발견된다.

물론 1987년 이후의 연대투쟁에 대한 관심과 열기가 노동계에만 국한된 것은 아니었다. 비록 정도에서는 큰 차이가 있었지만 연대투쟁과 연대조직에 대한 강조는 농민운동·학생운동·통일운동·반미운동 등 이 시기의 진보적 사회운동에서 폭넓게 발견되는 경향으로서 이들 운동단체의 성명서에서 쉽게 발견된다.

연대투쟁과 연대조직을 중심으로 한 이러한 연대에 대한 관심과 열기는 1990년대에 들어서도 계속되었을 뿐 아니라 좀더 폭넓은 영역으로 빠르게 확산되었다. 노동계에서는 1990년 '연대를 위한 대기업노동조합회의'(약칭 연대회의)가 민주노조의 지역적인 연대와 전국적인 연대를 전면에 표방하면서 출범했다. 1994년에는 '연대와 실천을 위한 영남노동운동연구소'가 설립되어 정책연구지 『연대와 실천』을 창간하는 등 민주적인 전국 산별노조 건설을 향한 활동을 시작함으로써 이러한 열기를 이어갔다.

노동계 바깥에서는 학생운동·농민운동 등 1980년대 후반에 두드러졌던 사회운동 영역뿐 아니라 주민자치운동·시민참여운동·교육개혁운동·의료보험운동·방송개혁운동·지식인운동 등 새로운 사회운동 영역으로도 연대투쟁과 연대조직에 대한 관심이 확산되어갔다. '참여 민주사회와 인권을 위한 시민연대'(약칭 참여연대)는 이런 과정에서 1994년 출범한 대표적인 시민운동기구였다.

이 시기 연대논의의 특징과 시민연대관념의 등장

참여연대의 출범에서 보듯이 1990년대 전반에는 시민연대라는 관념이 서서히 형성되기 시작했다. 참여연대가 결성되기 훨씬 전인 1991년에 '참여와 자치를 위한 시민연대회의'라는 시민연대체가 만들어졌으며, 참여연대의 결성 직전에는 '국회노동위 돈봉투 사건과 한국자보 부당노동행위 진상규명을 위한 시민연대'라는 구체적인 쟁점을 다루는 시민연대체가 있었다. 이러한 연대단체의 이름이 가리키듯이 이 시기에는 시민들의 연대가 중요한 관심사로 부각되었을 뿐 아니라 연대활동의 목표도 투쟁으로부터 참여ㆍ인권ㆍ진실규명 등 다양한 목표로 확장되었다.

또한 1990년대 전반의 다른 특징으로서는 연대에 대한 관심이 지식인운동으로 널리 확산되면서 투쟁과 함께 개방적인 소통을 강조하는 경향이 나타나기 시작한 점을 들 수 있다. 1980년대 후반의 진보적 지식사회는 이념적으로 비교적 폐쇄적이며 경직된 경향을 지녔기 때문에 연대관념에 대한 진지한 성찰이 이루어지기 어려웠다. 이런 이유로 비록 연대투쟁과 연대조직이라는 실천은 대단히 강조된 반면에 연대관념이나 연대사상의 발전은 이루어지지 않았다. 그러다가 1980년대 말과 1990년대 초에 발생한 동구 사회주의권의 붕괴는 진보적 지식사회의 이념적 지형을 개방하고 유연화하는 전기가 되었으며, 1993년 문민정부의 출범과 함께 이루어진 오랜 군부정권의 퇴진 역시 진보적 지식사회의 경직성을 완화시키는 중요한 계기가 되었다.

1991년 '전진을 위한 연대'를 기치로 내걸고 진보적 지식인들이 창간한 잡지 『사회평론』은 「창간선언문」에서 이러한 시대 상황의 변화와 그에 따른 지식인의 인식변화를 잘 표현해주고 있다. "이

제 누구에게나 분명한 것은 광범한 민주세력의 확고한 연대 없이
는 이 난관을 극복하기 힘들다는 점이다. ……소련 및 동유럽의 변
혁운동은 전 세계 진보적 지식인들과 사회운동에 커다란 이념적
충격을 주었고……우리는 진보성을 폭넓은 비판성으로 이해하
는 개방적, 전진적 자세로 우리 사회의 민주적 변혁을 갈망하는
모든 이들과 손을 맞잡고자 한다." 그러면서 이 잡지는 "올바른
사상이론적 좌표를 구축할 수 있는 토론의 장을 제공하고 논쟁
과 담화가 생산성과 현실적합성을 가질 수 있도록 노력할 것이
다"고 다짐했다(『사회평론』 창간위원, 1991: 6~7쪽).

이처럼 연대에 대한 진보적 지식사회의 인식이 1990년대에 들
어서 서서히 변화하기 시작했으나 연대관념에 대한 본격적인 관
심과 논의는 1980년대처럼 1990년대 전반에도 찾아보기 어렵
다.[17] 그런데 이 시기의 국내 진보적 지식사회를 주도한 이념이
사회주의였으며, 사회주의의 역사에서 연대관념이 매우 큰 비중을
차지한다는 점을 생각할 때 이러한 현상은 쉽게 이해되지 않을 것
이다. 하지만 이것은 이 시기의 진보적 지식사회에서 이루어진 논
의의 주제와 시각의 범위가 얼마나 편협했는지를 보여주는 증거
이기도 하다.

결국 이 시기 특히 1980년대 중엽부터 노동운동과 민주화운동,

---

17) 이 시기의 진보적 지식사회를 대변한 정기간행물인『사회비평』『사회와
    사상』『동향과 전망』『이론』 등에서 연대관념을 집중적으로 다룬 글은
    발견되지 않는다. 심지어 '전진을 위한 연대'를 표방한『사회평론』조차
    예외가 아니었다.

그리고 이를 뒷받침하던 진보적 지식인사회에서 연대에 대한 관심과 열기가 폭발적으로 증가하기 시작했으나 이 관심과 열기는 주로 실천의 영역에 머문 채 관념이나 사상의 발전으로 이어지지 못했다.[18] 그리고 1990년대 초까지 이어진 군부정권과 탄압정책에 대응하기 위한 필요성 때문에 실천의 영역에서도 연대가 주로 연대투쟁과 연대조직의 형태로 이루어지는 경향을 보였다. 하지만 1990년대 초를 지나면서 서서히 변화가 나타나 연대실천의 형태가 확대되고 연대관념에 대한 지식인들의 관심이 커지는 조짐을 보이기 시작했는데, 1990년대 후반에 가면 이러한 변화가 매우 뚜렷한 모습으로 드러나게 된다.

아시아연대론의 부상

이런 가운데 1980년대 후반부터 주목할 만한 새로운 연대논의가 등장하기 시작했는데 그것은 한일연대론 혹은 아시아연대론의 형태를 띤 국제연대론이었다. 그동안 국제연대론은 국제정치학의 관점에서 세계평화주의와 세계연대주의의 원리를 소개한 홍종혁

---

18) 민주화운동 진영이 1980년대 중엽부터 연대투쟁을 부쩍 강조했으나 1987년 말 대통령선거 국면에서는 정작 분열됨으로써 군부집단에게 정권을 넘겨주는 뼈아픈 경험을 하게 된 것은 역사적인 아이러니라고 보지 않을 수 없다. 하지만 이러한 비극은 실천적 연대를 구호로서 강조했으나 연대에 대한 인식과 관념이 민주화운동 진영에서조차 아직 제대로 깊이 자리 잡지 못해 일어난 것이다. 연대가 지나치게 투쟁적, 전략적인 측면에서만 이해된 결과 민주화운동 진영 내부의 차이조차 포용할 수 없었던 것이다.

의 『국제정치론』(1970)을 제외하고는 대부분 종교계와 노동계에서 언급되는 편이었다(홍종혁, 1970). 그리고 1990년대 중엽을 거치면서 환경운동, 인권운동과 같은 시민운동을 중심으로 국제연대에 대한 관심이 급속히 커지기 시작했다.

이러한 일반적인 국제연대론과 구별되는 아시아연대론이 한일연대론, 동아시아연대론 등의 형태로 1980년대 후반부터 빠르게 부상하기 시작한 것이다. 이광린에 따르면 한국인의 아시아연대론에 대한 관심은 1880년대 초 일본을 방문했던 조선인 사절들이 흥아회(興亞會)에 참석함으로써 시작되었으며 1900년 안경수의 '일청한동맹론,' 안중근의 '동양평화론' 등을 통해 명백히 표현되었다고 한다.

하지만 이 당시에 조선인의 아시아연대론에서 사용된 개념은 동맹·연합·평화 등과 같은 개념이었지 연대는 아니었다. 그리고 개화기의 이러한 아시아연대론은 일본의 아시아 침략과 특히 한반도 강점으로 인해 설득력을 상실하고 그 대신 민족주의적인 실력양성론이 이를 대체하게 되었다(이광린, 1988).

이렇게 해 한국 현대사에서는 오랫동안 아시아연대론의 시각보다는 민족주의 관점에서 이를 경계하는 시각이 압도해왔는데 1980년대 후반부터 이러한 경향에 변화가 생기기 시작한 것이다. 이러한 맥락에서 특별히 의미 있는 논의는 한일연대에 관한 1988년의 백낙청의 글과 와다 하루키의 글이다. 그동안 민족문학론을 주장해온 백낙청은 이 글에서 한일민중의 연대 필요성을 강조했고, 와다 하루키는 일본에서 이루어진 한일연대 운동의 역사와 의미에 대해 기술했다. 와다 하루키는 한국의 민주화운동 과정에서 이루어진 한일연대 활동을 부각시켰으며, 백낙청은 이러한 한일연대 활동이 민중운동과 민족운동을 위해서뿐만 아니라 미래의 동아시아 문화를 위해서도 중요하다는 점을 지적했다(백낙청, 1988; 和田春樹, 1988).

한편 노정선은 아시아의 평화 구축이라는 관점에서 일본을 넘어 아시아 약소국가들에 의한 연대체제를 구축하는 것이 필요하며 이 과정에서 교회가 특별히 올바른 신학으로 그 기반을 제공하는 데 기여해야 한다고 주장했다. 여기서 보듯이 그의 논의는 비록 기독교 윤리학자의 시각에서 이루어진 것이기는 하지만 한일 민중의 연대를 넘어 아시아 민중의 연대 필요성을 본격적으로 제기한 것이다(노정선, 1990: 78쪽, 86쪽).

그런데 이러한 아시아연대론이나 한일연대론도 1990년대 초를 지나면서 서서히 민중연대론으로부터 시민연대론으로 전환되어 갔다. 예를 들면 1993년 리영희는 아시아 시민연대론을 주장했는데, 그에 따르면 중국을 포함해 아시아에서 민주주의가 보편적 가치기준으로 자리 잡게 됨에 따라 시민연대가 가능해졌다. 그렇기 때문에 이제는 동아시아 지역에서 시민연대를 형성하게 되면 부당한 정부정책을 비판할 수 있을 뿐만 아니라 일본의 위협도 견제할 수 있다는 것이었다(조유식, 1993: 83~84쪽).

사회학계의 현황과 기타 영역에서의 연대관념

사회학계의 연대관념이나 연대이론은 이 시기에 와서 별 뚜렷한 변화를 보여주지 않았다. 1980년대 후반에는 사회학계에『사회와 역사』『경제와 사회』라는 새로운 학술지가 창간되었지만 이전 시기처럼 1980년대와 1990년대 전반까지도『한국사회학』을 비롯한 이들 사회학계의 대표적인 학술지에서 연대에 관한 논의를 명시적으로 다룬 글은 드물게 발견될 뿐이었다.

『사회와 역사』에서는 연대논의가 발견되지 않고『한국사회학』에서는 자본가계급 · 노동계급 · 국가 간의 정치적 연대관계를 다룬 서재진의 논문이 유일하게 발견되지만 서재진은 여기서 연대를 단순히 정치적 동맹관계로 이해하면서 "coalition"이라고 표기했다(서재진, 1989: 93~94쪽). 이와 달리 홍동식과 김석준은 각각 1988년 농촌지역의 사회적 유대에 관한 논문을 발표하면서 "solidarity"라고 표기했는데, 이를 통해 볼 때 아직 이 시기에는 국내 사회학계에서 연대가 기본적인 사회학 개념으로서 충분히 인식되거나 확립되지 못한 것을 알 수 있다(홍동식, 1988; 김석준, 1988).

하지만 이런 가운데서도 이 시기의 사회학계에서는 두 개의 의미 있는 사회학적인 연대논의가 발견된다. 그 하나는 뒤르켐의 연대론에 대한 민문홍의 새로운 해석이며 다른 하나는 1987년 이후의 중공업 노동자의 연대활동에 대한 김동춘의 연구다.

먼저 프랑스에서 뒤르켐의 사회학에 관한 논문으로 박사학위를 취득하고 귀국한 민문홍은 1989년 『사회비평』에 게재한 글에서 뒤르켐의 사회분업론과 연대개념에 대해 간략히 소개하면서 연대이론을 포함한 뒤르켐의 사회학이 종전과 같은 사회학주의 내지는 방법론적 전체주의 시각이 아닌 행위론 내지 방법론적 개인주의 시각에서도 해석될 수 있다고 주장했다.[19) 그리고 그는 특별히 뒤르켐의 연대개념이 개인의 자율성을 강조하는 근대 산업사회의 새로운 도덕을 사회학적으로 해명하려는 창의적인 접근의 결과임을 제시함으로써 뒤르켐의 연대개념을 기계적인 사회변동론의 시각에서 좁게 이해하는 경향을 극복할 수 있게 했다(민문홍, 1989b: 403~411쪽).

하지만 민문홍의 이 글은 뒤르켐의 연대론을 본격적으로 다룬 것이 아니었기 때문에 이를 방법론의 논의맥락 속에서 매우 짧게 언급하는 데 그쳤다. 그 대신 그는 뒤르켐의 사회학에서 행위론과 도덕론의 시각을 지속적으로 부각시킨 이후의 다른 글들을 통해 뒤르켐의 연대논의를 더 상세히 다루어갔다.

한편 김동춘은 1987년 이후의 중공업 노동자 노조활동 자료를

---

19) 민문홍은 뒤르켐 사회학의 방법론적 성격을 보다 집중적으로 다룬 논문을 같은 해에 『한국사회학』에 게재했는데 여기서도 그는 뒤르켐의 분업론이 행위론 내지는 방법론적 개인주의에 가까운 시각으로 해석될 수 있다고 지적했다. 하지만 이 논문에서는 연대에 관한 언급이 거의 발견되지 않는다(민문홍, 1989a). 그런데 민문홍의 이 글들이 발표되기 전인 1986년에 천흥범이 뒤르켐의 연대론을 자세히 다룬 교육사회학 박사학위 논문을 발표한 바 있다. 하지만 이 논문은 종래의 사회학주의 시각에서 기술되었다(천흥범, 1986).

중심으로 분석한 결과를 바탕으로 한국 노동자의 사회적 고립화를 연구한 1993년의 박사학위 논문에서 노동자의 사회적 고립의 원인을 해명하고 그 극복방안을 제시하려고 했다. 여기서 그는 노동자의 연대에 특별히 주목해 전국단위에서 성공적인 노동자 연대가 이루어지지 못한 점을 노동자의 사회적 고립의 중요한 원인으로 지적했다. 뿐만 아니라 이러한 사회적 고립을 극복하기 위해서 무엇보다 노동자 일반의 광범위한 수평적 연대를 확보하는 것이 중요하다는 점을 강조했다. 이처럼 그는 당시의 노동계에서 커다란 관심사였던 연대활동과 연대조직에 특별히 주목해 이를 사회학적인 노동운동 분석의 중심도구로 삼음으로써, 현대 한국사회에 대한 사회학적인 연구에서 사회적 연대를 중심주제로 부각시킨 선구적인 역할을 수행했다(김동춘, 1993).

뿐만 아니라 김동춘의 이 논문은 사회적 연대를 사회학적으로 다루면서 뒤르켐식의 통합론적인 접근법과 대조되는 갈등론적인 접근법을 명시적으로 사용함으로써 사회학적인 논의방식을 확장했다는 점에서도 큰 의미가 있다. 비록 김동춘은 갈등론의 시각에서 연대문제에 접근했지만 이 논문에서 실증적인 자료를 통해 연대를 분석하는 데 많은 노력을 기울였기 때문에 연대에 대한 이론적인 논의는 극히 제한적으로 이루어졌다. 그런데도 그는 사회적 연대에 대한 연구가 뒤르켐식의 통합론 외에 마르크스주의 전통의 갈등론이나 헥터식의 합리적 선택론으로도 가능함을 지적했을 뿐 아니라, 한 걸음 더 나아가 스스로 계급갈등론의 시각에서 사회적 연대를 구체적으로 분석해 보였던 것이다(김동춘, 1993:

9쪽).[20]

  한편 사회연대주의 논의도 사회학계의 연대론처럼 이 시기에 특별한 발전을 이루지는 못했지만 두 가지 정도의 작은 진전이 발견된다. 하나는 1970년대에 제시된 김윤환의 사회연대론이 1980년대에 와서 부분적으로 다듬어지고 계승된 점이다. 김윤환은 1970년대에 복지국가의 이념으로 제시한 자신의 사회연대주의론을 1980년대에도 반복해서 주장했을 뿐 아니라 이를 좀더 학술적인 형태로 다듬었다(김윤환, 1980; 김윤환 외, 1987). 그리고 그가 사회연대주의를 통일한국의 기본이념으로 제시한 내용은 1981년 출간된 장기웅의 책에서 반복되었다(장기웅, 1981: 127쪽 이하). 다른 하나는 1980년대부터 서서히 불교사회연대주의 관념이 형성되는 과정에서, 앞에서 언급되었듯이 1990년대 초에 번역된 오노 신조의 책을 통해 프랑스 연대주의 관념들이 불교사회연대주의론의 전개에 활용되었다는 점이다.

---

20) 하지만 그의 논문에서 노동자 연대에 대한 이론적인 논의가 심층적으로 이루어지지 못한 결과, 그의 사회적 고립화 명제는 노동자 연대에 대한 다른 경험적 자료를 제시한 윤진호의 반론에 정면으로 부딪히게 되었다. 윤진호는 여러 조사결과에 의하면 직종 간 연대, 생산직-사무직 간 연대, 시민운동을 비롯한 다른 운동조직과의 연대 등에 대하여 노동자들이 높은 지지를 보이고 있기 때문에 노동자의 상태는 결코 고립화된 상태가 아니며 노동운동 상황 역시 위기 상황으로 규정할 수 없다고 주장했다(윤진호, 1993: 349쪽).

연대사상의 발전기: 1990년대 후반 이후

1980년대와 1990년대 전반에 걸쳐 분야에 따라 다른 속도로 확산되어온 연대관념이 1990년대 후반부터 2000년대에 이르는 과정에서는 많은 분야에서 폭발적으로 확산되었다. 그리고 양적으로 빠르게 확산되었을 뿐 아니라 질적으로도 커다란 발전을 이루어 왔다. 이러한 변화상을 먼저 사회운동 · 종교 · 학문공동체 · 정치의 네 영역으로 나누어 개괄적으로 소개한 후에 이 시기에 이루어진 연대관념의 발전을 세 가지 특징으로 제시하고자 한다.

분야별 현황 개관

사회운동계

가장 뚜렷한 변화는 사회운동 영역에서 나타났다. 명칭에 연대라는 용어를 사용한 사회운동단체가 1990년대 초부터 드물게 생겨났지만, 참여연대가 창립된 1994년부터 시작해 총선시민연대가 활동한 2000년을 거치는 과정에서 연대회의 · 시민연대 · 국민연대 등 연대가 포함된 명칭을 가진 사회운동 단체나 연대조직이 폭발적으로 증가했다.

이들 단체나 조직은 목표, 규모, 내부 구조 등의 면에서 매우 다양했다. 즉 방송개혁, 지방자치, 노조민주화, 걷고 싶은 도시 만들기, 주민등록법 개정, 장애인 이동권 쟁취, 반부패, 토지정의 등 목표가 매우 다양했을 뿐 아니라 소규모의 일시적인 형태로부터 대규모의 지속적인 형태에 이르기까지 규모와 지속성 면에서도 차이가 있었다.

이 시기에 연대체를 표방하고 생겨난 사회운동단체들은 대부분 이처럼 다양한 목표를 가진 시민운동단체들이었지만 철도노조민주화지원연대 · 한전노조민주화지원연대모임 · 한국노동청년연대 등과 같은 노동운동 관련 연대체나 전국농민연대 · 전국민중연대 등과 같은 다른 민중운동 연대체도 있다. 그리고 이처럼 연대라는 명칭을 통해 연대체를 표방하지 않은 사회운동단체라 하더라도 이 시기에는 노동운동단체이든지 시민운동단체이든지 간에 내부적으로나 특히 외부적으로 연대활동의 중요성을 강조하는 경향을 보였다.

환경운동 · 교육운동 · 여성운동 등의 시민운동에 참여한 수많은 활동가나 지식인이 이 시기에 이들 시민운동단체 내부의 연대나 단체 간 연대의 중요성을 강조한 것은 쉽게 확인할 수 있다(서왕진, 1999; 김종구, 2003; 김영희, 2000). 그리고 실제로 이 시기에 시민운동단체들이 행한 다양한 형태의 연대활동이 사회적으로나 학문적으로 큰 주목을 받았는데 2000년 총선기간에 정치개혁을 명분으로 낙천·낙선 운동을 전개해 큰 성과를 이룬 총선시민연대의 활동이 그 대표적인 사례다. 이 시기의 시민운동 관련 연대논의는 시민운동의 확산과 함께 수적으로 급증했을 뿐 아니라 내용적으로도 매우 다양한 양상으로 전개되었는데 이에 관해서는 조금 후에 상술하고자 한다.

1980년대부터 연대에 대한 관심이 특별했던 노동계에서도 이 시기에 노동과 관련하여 연대의 중요성을 매우 강조했다. 한국노동사회연구소가 1995년 창간한 잡지 『노동과 사회』는 노동관련 연대론을 양적으로나 내용적으로 크게 확장시켜온 대표적인 매체였다. 여기서는 창간호에서부터 최근까지 50편이 훨씬 넘는 연대 관련 논의를 통해 노동자 연대, 국제연대, 사회복지 토대로서의 연대, 노동운동과 환경운동 간의 연대, 시민사회의 연대 등 노동에 직간접적으로 관련된 다양한 형태의 연대논의가 이루어져왔다.

이 시기 노동계에서도 연대논의가 수적으로 증가했을 뿐 아니라 내용적으로 많은 진전을 이루었다. 우선 연대의 대상이 국내 정규직 노동자로부터 비정규직 노동자, 외국인 노동자 등으로 확대되었으며, 지난 시기에 기업으로부터 출발해 지역, 산업과 전국 수준으로 확대 추구되었던 연대 규모도 이 시기에 와서는 국제적인 연대의 중요성을 매우 강조하는 방식으로 더욱 확대되었다(조희연, 2004a: 346쪽). 연대의 대상과 규모가 이처럼 확대된 현실적인 배경은 1990년대 후반부터 노동계가 세계화의 영향을 본격적으로 받기 시작했기 때문이다. 물론 한국경제가 국제통화기금(IMF)의 관리 아래 들어감으로써 경제위기 극복을 위한 신자유주의적인 처방이 실시되는 과정에서 비정규직 노동자가 대량 발생하게 된 것은 이러한 세계화의 충격이 빚어낸 결과였다.

연대의 대상과 규모 같은 외적 특성뿐 아니라 연대 자체의 내적 성격에서도 의미 있는 진전이 발견된다. 즉 1980년대부터 이루어진 노동계의 주류 연대논의는 오랜 노동운동의 전통을 따라서 조직적 연대, 투쟁적 연대, 이념 지향적 연대 등을 기본으로 하면서 때때로 연대형성에서 리더십의 역할을 강조하거나 노동자 동질성의 중요성을 주장하는 경향이 있었다.

그런데 강수돌의 '생동하는 연대' 논의처럼 이러한 연대상의 한계를 반성하여 한편으로 조직적 연대와 투쟁적 연대에 기초한 노동운동의 오랜 연대상을 기본적으로 계승하면서도 다른 한편으로는 현장성과 일상성을 중시하는 보다 자율적 · 민주적 · 개방적인 연대에 대한 새롭고도 집중적인 논의가 이 시기에 이루어진 것이다(강수택, 2007a: 242~243쪽; 강수돌, 2001: 215쪽 이하).

이처럼 이 시기의 사회운동계에서는 노동운동으로 대표되는 민중운동이나 시민운동을 불문하고 연대의 중요성이 매우 뚜렷이 강조되었고 폭넓게 인식되었다. 그 결과 2001년에 전국적인 민중운동연대체인 '전국민중연대'와 전국적인 시민운동 연대체인 '시민사회단체연대회의'가 각각 결성되었다. 그리고 더 나아가 민중운동과 시민운동 사이의 연대 필요성에 대한 논의가 이 시기에 활발히 이루어지기 시작한 결과 민중운동과 시민운동을 아우르는 사회운동계의 연대에 대한 인식이 매우 커졌다(조희연, 2003: 171쪽). 이를 잘 보여주는 사례로서 2002년 진보적인 시민운동단체와 민중운동단체는 처음으로 한자리에 모여 진지하게 소통을 시도했다.

이 만남은 제1회 사회포럼이라는 이름으로 이루어졌는데 이때 선택된 주제가 '연대와 성찰'이었다. 그 후 사회포럼은 계속 이어졌는데 2003년에 개최된 제2회 사회포럼은 '연대와 전진'을 주제로 선택함으로써 이 시기의 사회운동계가 이처럼 확대된 연대를 얼마나 중요하게 여겼는지를 잘 보여주었다.[21]

종교계

사회운동 영역처럼 종교계에서도 이 시기에 연대에 대한 관심과 이에 기초한 연대논의가 빠르게 확산되었으며, 질적으로도 발전을 이루었다. 특히 지난 시기에 가톨릭에 비해 연대관념의 확산이 지체되었던 개신교계와 불교계에서의 확산이 두드러졌으며 이와 함께 가톨릭을 포함한 종교계 전반에서 주체적이며 발전적인 연대논의가 비교적 많이 이루어지기 시작했다.

예를 들어, 가톨릭의 경우에는 1997년 경제위기를 맞아 대량실업이 발생한 국내 상황에서 신자들과 교회가 연대성에 바탕을 둔 새로운 생활양식을 통해서 이에 대처할 것을 주장하는 글과 함께 특히 지역사회에 관심을 갖고서 교회를 개방함으로써 교회와 사회의 연대를 강화할 것을 주장하는 글이 발견된다(한홍순, 1998; 이대훈, 1996). 그리고 더 나아가 세계화의 거센 파고를 마주해 신

---

21) 연대를 주제로 이루어진 사회포럼 행사가 아니더라도 이 시기 시민운동과 민중운동은 촛불시위, 반전시위 등 여러 형태로 동일한 쟁점에서 실제로 폭넓게 연대하는 사례가 많아졌다(조희연·김정훈, 2003:31쪽).

자들과 교회가 가톨릭의 연대성 원리를 바탕으로 소외 없는 연대의 세계화를 이룩하는 데 기여할 실천방안을 제시한 학술적인 논문도 발견된다(오용석, 1999).

개신교계에서는 이 시기에 연대에 관한 논의가 이전에 비해 현저히 증가했을 뿐 아니라 연대의 가치를 특별히 강조하는 글들이 많이 눈에 띈다. 예컨대 『기독교사상』의 발행인 김상근은 1999년 경제위기로 인해 고통을 당하는 사람들의 현실과 20:80사회의 전망을 볼 때 그 무엇보다 연대가 필요하다는 주장을 폈으며, 한완상은 21세기를 맞이하면서 새로운 시대가 요구하는 가장 중요한 가치로서 관용과 함께 연대를 제시했다(김상근, 1999: 7쪽; 한완상, 1999: 20쪽).

이와 함께 특히 주목되는 것은 연대를 기독교 시민운동의 가장 중요한 가치로 다루는 논의가 이루어졌다는 점과 연대논의가 진보적 기독교 진영뿐 아니라 온건한 보수적 기독교 진영에서도 이루어졌다는 점이다. 기독교 시민운동 활동가인 양세진은 1999년 '헤이그 세계평화회의'에 참가한 후기에서 새로운 천년을 맞이해 연대가 평화·정의·인권과 함께 시민운동의 핵심임을 절실히 배웠다고 밝혔으며, 강영안은 연대를 고통받는 이들과 함께하는 일로 규정한 후에 연대가 정의, 평화와 함께 기독교 시민운동이 지향해야 할 가장 중요한 가치이자 가장 가까운 목표라고 주장했다(양세진, 1999: 224쪽; 강영안, 1999: 131쪽). 그런데 이들은 둘 다 온건한 보수적 기독교 시민운동에서 중요한 역할을 행하는 인물들이며, 『복음과상황』 같은 온건한 기독교 잡지에서도 연대를 소통

· 정의 · 평화 등과 함께 중요한 가치로 간주하는 다른 이들의 글이 발견된다(지유철, 2003: 135쪽; 『복음과상황』편집부, 2004: 73쪽).

불교계에서도 1990년대 말부터는 특히 사회복지 분야를 중심으로 연대관념에 대한 관심이 비교적 빠르게 성장하기 시작했다. 나카무라 하지메(中村元)는 1999년 우리말로 번역된 『종교와 사회윤리』에서 대승불교의 경제윤리와 봉사정신에 대해 논하면서 이정학처럼 사은(四恩)을 중심으로 한 보은사상, 특히 중생의 은혜에 대한 사상이 불교적인 사회연대 의식의 기초임을 지적했다(中村元, 1999: 503~504쪽).[22] 이에 비해 권경임은 1999년의 학위논문「불교사회복지 사상과 실천체계에 관한 연구」에서 불교사회복지 사상의 기반이 되는 연기(緣起) 사상에 대해 설명하면서 연기사상을 불교적인 사회연대주의 사상의 기초로 제시했다(권경임, 1999: 60~66쪽).[23]

물론 불교계의 연대논의가 사회복지론의 맥락에서만 이루어진

─────

22) 또한 그는 자신이 타인과 별도가 아니라는 자타불이(自他不二)관념을 소개하면서 이러한 자타의 긴밀한 연대관이 대승불교의 사회윤리를 성립시키는 근본이라고 보았다. 그리고 이러한 불교적 사회연대관념은 인간으로서의 연대에 대한 인식에 근거한 것이므로 이단자나 악인을 배제하는 서양의 연대관념과는 본질적으로 다르다고 주장했다.

23) 불교사회복지론의 맥락에서 이루어진 비슷한 연대논의는 연기사상을 동양사회 연대주의의 근원이자 불교사회복지의 사상기반으로 규정한 한영옥의 논문(2001), 연기사상뿐 아니라 보시사상과 복전사상 모두가 사회연대사상에 해당하며 또한 불교사회복지 사상의 기초가 된다고 설명한 박성호의 책(2005) 등을 통해 계속 이어졌다(한영옥, 2001: 17쪽; 박성호, 2005: 108~110쪽).

것은 아니어서 2000년대부터는 연대논의의 영역이 조금씩 넓혀지기 시작했다. 예컨대 학담은 2003년 출간된 자신의 책에서 한반도를 둘러싼 한·미·일 국제공조를 봉쇄의 연대로 규정하고 이를 평화의 연대로 전환시킬 것을 역설하는 평화연대론을 주장했다(학담, 2003: 116쪽 이하). 그리고 유정길은 최근의 한 논문에서 연대를 불교적 세계관의 기본속성으로 규정한 후, 불교계의 수행단체이자 사회운동단체인 정토회의 활동을 불교적 연대의 실천이라는 관점에서 분석했다. 여기서 그는 불교의 사회연대적 관점이 사회복지나 평화운동 영역을 넘어 공동체운동·인권운동·환경운동 등 여러 영역에서 폭넓게 실천되고 있으며 또 그렇게 되어야 함을 지적함으로써 불교연대관의 적용영역을 크게 넓히고자 했다(유정길, 2009).

이처럼 불교계의 연대논의는 1990년대 말부터 수적으로나 적용영역 면에서 빠른 증가 경향을 보이지만 아직 불교계 전반적으로는 연대관념의 확산이 널리 이루어지지 않은 상태여서 연대가 여전히 다소 낯선 개념으로 머물러 있었다.[24]

학계

학계에서는 사회학·여성학·사회복지학·노동경제학·정치

---

24) 예컨대 한국불교 지식사회에서 시대적인 쟁점들을 공개적으로 논의하고자 1999년 창간된 계간지 『불교평론』에서 연대관념을 집중적으로 다룬 기사는 10년 동안 발견되지 않으며, 학술지 『불교연구』와 『불교학연구』에서도 연대에 관해 집중 고찰한 논문은 아직까지 발견되지 않는다.

학·철학 등 여러 분야에서 비교적 활발한 연대논의가 이루어지기 시작했다. 예를 들어 사회학계에서는『한국사회학』과『경제와 사회』를 비롯한 여러 학술지를 통해 연대에 관한 논문이 비교적 많이 발표되었다. 학술지 논문뿐 아니라 여러 다른 형태로도 발표된 연대에 대한 이 시기의 논문들은 순수히 이론적인 논의로부터 매우 실증적인 분석에 이르기까지 다양한 논의 형태를 취했으며, 연구대상으로도 연줄망 같은 전근대적인 연대로부터 사회운동조직의 연대와 사이버공동체의 연대 등 매우 다양한 유형의 연대에 관하여 다루었다(강수택, 2004; 김일철, 2003; 은수미, 2004; 현택수, 2003).

뿐만 아니라 뒤르켐의 연대론에 대한 매우 집중적인 분석 내용을 담은 김종엽의『연대와 열광』(1999), 시민사회에 적합한 새로운 형태의 연대론을 개진한 필자의『시민연대사회』(2007) 등과 같이 사회학적인 연대논의를 집중적으로 담은 단행본도 이 시기에 출간되었다. 이처럼 사회학계에서는 연대논의가 이전 시기와 비교할 수 없을 만큼 현저히 증가했으며 내용적으로 주제와 논의 형태 등에서 매우 다양하게 이루어졌다. 뿐만 아니라 논의 수준도 매우 집중적이고 심층적으로 이루어지기 시작함으로써 양적으로나 질적으로 큰 진전을 이루었다.

여성학계에서도 학술지『여성과 사회』가 '차이와 연대'를 특집으로 다루는 등 연대논의에 비교적 큰 관심을 드러냈다(한국여성연구소, 1999). 그런데 이 특집 주제가 보여주듯이 여성학계는 연대논의에서 다른 어떤 학문분야보다도 차이의 문제에 더 많이 주목해왔다는 점이 특징적이다. 이 점에 대해서는 필자가 다른 글에서 보다 자세히 지적했는데 그 핵심은 다음과 같다(강수택, 2007a: 244쪽). 즉 여성학계의 연대논의는 근대주의로부터 성찰적 근대주의와 탈근대주의 시각에 이르기까지 다양한 시각을 반영한다. 그런데 이러한 시각의 차이에도 불구하고 이 시기 여성학계에서 이루어진 연대논의는 여성들 간의 차이를 고려할 때에만 비로소 바람직한 연대가 이루어질 수 있다는 인식에 대체로 동의하는 경향을 보인다.

사회복지학계에서는 이 시기에 사회적 연대가 사회복지제도의 가장 중요한 토대임을 지적하는 다양한 논의들이 제시되었다. 즉 이전부터 꾸준히 계승되어온 사회연대주의가 사회복지의 핵심이념 가운데 하나임을 소개하는 글, 공적 연금제도의 기초가 사회적 연대성 원리이므로 사회적 연대의 시각에서 국민연금 제도가 개혁되어야 함을 설파하는 글, 그리고 지속가능한 사회보장체계의 구축을 위해서는 사회집단 간의 연대가 필수적인데 이를 위해서는 보장성 강화를 위한 특별세 도입 같은 구체적인 전략이 요구된다는 글 등이 그 예다(곽효문, 1995; 고윤남, 2004; 성은미, 2006).

다른 논문들은 사회복지제도와 그 변화가 구성원들의 연대의식 혹은 연대감에 미치는 영향을 분석함으로써 양자의 밀접한 관련성을 실증적으로 제시했으며(임문혁, 2007; 홍경준, 1996), 이와 달리 논리적인 방식으로 사회적 연대와 이에 기초한 사회복지를 자유주의 한계의 극복을 위한 대안으로 강조한 글들도 눈에 띈다.[25) 이처럼 이 시기에 와서는 사회복지와 연대의 밀접한 연관성과 이들의 중요성을 강조하는 다양한 방식의 연대논의들이 이루어졌다.

그밖에도 노동경제학·정치학·철학·법학 등 여러 학문영역에서 이 시기에 연대에 관한 다양한 논의가 이루어진 것을 발견할수 있다. 그리고 학계가 아니더라도 지식사회 전반에 걸쳐서 연대에 대한 관심이 이전 시기와 비교할 수 없을 만큼 커졌으며 이에따라서 연대에 대한 다양한 논의가 이루어졌다.

예를 들어『당대비평』이 1997년 창간되면서 '자유와 평등을 넘어 사회적 연대로'를 첫 특집주제로 그리고 1999년에는 '우리 안의 파시즘 2: 억압과 규율에서 자율과 연대로'를 특집주제로 각각삼은 점,『창작과비평』이 1990년대 후반 들어서「권두언」을 통해연대가치를 반복해서 강조한 점, 1970년 폐간된『사상계』의 복간을 추진하면서 2007년 발표된 복간 발기문에서 통합과 연대를 새로운 가치로서 강조한 점 등은 이 시기의 지식사회가 연대에 대해

---

25) 신자유주의적인 세계화에 주목한 정태석은 분배적 불평등이 심화되고
시민들의 사회적 위험이 확산되는 세계화의 도전 속에서 한국의 시민사
회가 건강하게 살아남을 수 있는 유일한 길은 성장하는 시민들의 연대의
식을 적극적인 재분배와 복지정책을 통해 제도화하는 것이라고 주장했
다. 최연구는 유럽대륙식 복지모델에서는 국가가 성장의 산물인 빈곤과
소외문제에 적극 개입함으로써 사회적 연대를 모색한다는 점에서 이러
한 복지모델 내지는 사회적 모델이 오늘날의 세계화를 추진하는 영미식
자유주의 모델보다 우월하다고 주장하면서 이제 한국사회도 성장과 보
수적 자유주의에 집착하기보다는 경제정의와 사회적 연대에 눈을 돌려
야 한다고 주장했다(정태석, 2005: 47~48쪽; 최연구, 1997: 101쪽).

가진 특별한 관심을 잘 드러내준다(『당대비평』 편집위원회, 1997; 『당대비평』 편집위원회, 1999; 최원식, 1996; 백영서, 1998).[26]

헌법과 정계

대한민국 헌법 대한민국의 제헌헌법으로부터 현행헌법에 이르기까지 자유와 평등의 가치는 일관되게 강조돼왔으나 연대의 가치는 주목받지 못했다. 5·16 쿠데타 후에 개정된 헌법, 1972년 유신헌법, 1980년 신군부집단에 의해 개정된 헌법에서조차 자유와 평등의 이념은 적어도 규정상으로는 유지되었다. 이에 비해 연대 용어는 1952년 개헌헌법과 1960년 제2공화국 헌법에서 내각이 국회에 대해 지는 연대책임의 형태로만 등장했다. 이와 같은 법적인 책임 개념이 아니라 공동체의 유지와 발전을 위한 사회적 가치나 이념을 가리키는 용어로서 연대가 사용된 경우는 전무하며 그 대신에 이와 유사한 용어인 단결·공공복리·결사 등이 사용되었을 뿐이다.

이 중에서 결사는 시민의 기본권으로서 단체를 이루거나 참여할 수 있는 자유를 가리키기 위해 제한적으로 사용되었다. 공공복리는 공동체주의 사상이나 연대주의 사상을 비교적 많이 반영하는 용어로서 재산권을 포함한 개인의 자유와 권리를 제한할 수 있

---

26) 『사상계』는 1953년 창간호에 게재된 창간선언문에서 자유와 평등을 근대의 근본이념으로 규정하면서 자유·평등·평화·번영의 민주사회를 추구한다고 밝혔다. 하지만 박애나 연대에 관해서는 어떠한 언급도 없었다(『사상계』 편집부, 1953).

는 조건을 가리키기 위해 사용되었다. 그런데 제헌헌법 제5조는 개인의 자유와 평등의 보장과 함께 공공복리의 향상을 국가의 의무로 명백히 규정함으로써 자유·평등·공공복리를 모두 사회적으로나 국가적으로 추구되어야 할 적극적인 가치 혹은 목표로 제시했다. 이에 비해 현행헌법은 제37조에서 공공복리를 국민의 자유와 권리의 제한조건이라는 소극적인 의미로서만 규정하고 있으며 제헌헌법의 관련조항과 달리 자유의 가치만을 두드러지게 강조하고 있다.[27]

헌법에서 사용된 단결은 연대주의 사상에 더욱 가까운 개념이다. 대한민국 헌법에서는 제헌헌법에서부터 현행헌법에 이르기까지 단결이 두 가지 방식으로 사용되어왔는데, 하나는 전문에서 민족의 단결을 추구한다는 것이며, 다른 하나는 본문에서 근로자가 3대 노동권 가운데 하나로서 단결권을 갖고 있다는 것이다. 단결권은 시민의 기본권인 결사의 권리와 유사한 것으로서 근로자가 노사관계에서 사회적 약자의 지위에 있다는 점 때문에 근로자에게 특별히 주어지는 것이다.

이와 달리 전문에서 등장하는 민족단결의 의미는 전문의 정신을 보다 명백히 표현한 대한민국 임시정부 헌법의 선서문에 잘 나타나 있는데, 3·1운동을 통해 표현된 바와 같이 남녀·노소·계급·종파를 뛰어넘으면서 독립·자유·정의·인도 등을 추구하는

---

27) 현행헌법은 제34조에서 공공복리 대신에 사회보장과 사회복지를 국가의 의무로 표현하고 있다.

단결이다. 즉 본문의 단결은 사회적 약자에게 힘을 실어주는 단결이며, 전문의 단결은 보다 포용적이며 가치추구적인 단결임을 알 수 있다. 그런데 이들 두 가지 의미는 모두 연대주의 사상에 가깝다.

이처럼 대한민국 현행헌법에서는 연대용어 대신에 연대사상과 관련된 다른 용어들이 사용되면서 연대가치나 사상을 암시적으로 가리키고 있다. 이에 비해 최근의 일부 정계에서는 한국사회의 다른 영역에서 이루어져온 연대관념의 확산과 발전 추세를 반영해 이를 명시적으로 드러내고 뚜렷이 강조하는 움직임이 나타나고 있다. 이러한 움직임을 비교적 쉽게 확인할 수 있는 곳은 각 정당의 강령인데 국내의 대표적인 정당들의 강령을 살펴보면 정당에 따라서 연대관념에 대한 관심의 차이가 매우 큰 것을 알 수 있다.

정계: 정당의 강령과 기본정책을 중심으로 국내 정당의 강령 가운데 연대관념을 가장 뚜렷이 전면에 내세운 사례는 2012년 총선 결과로 인해 공식 해산된 진보신당 강령이다. 진보신당 연대회의라는 정식명칭을 가진 이 정당이 2009년 제정한 강령은 평등 · 생태 · 평화 · 연대를 궁극적인 가치로서 추구한다고 선언하면서 이를 실현하기 위해 다음과 같은 여러 구체적인 연대전략을 제시했다.

즉 첫째, 중앙정부의 구조와 기능을 사회연대국가의 방향으로 바꾸며

둘째, 지역사회에서부터 협동과 연대의 대안공동체를 일궈나가며

셋째, 동아시아로부터 전 지구 차원의 진보적 국제연대를 통해 새로운 국제정치, 경제질서를 수립하며

넷째, 시장경쟁 대신에 참여와 연대에 따른 전 사회적 자주관리가 지배하도록 하며

다섯째, 재벌지배구조의 해체, 중소기업의 보호와 지원, 그리고 사회적 책임을 다하는 대안기업의 육성을 통해 풀뿌리 경제를 활성화하며

여섯째, 노동조합운동이 노동계급의 연대와 단결을 강화하는 방향으로 발전하도록 하며

일곱째, 생산자와 소비자 및 도시와 농촌의 연대를 통해 농업을 지키며

여덟째, 성별에 상관없이 모두가 자유롭고 평등하며 연대하는 사회를 만들며

아홉째, 청년층이 취업 불안으로부터 해방되어 사회에 적극 참여할 수 있도록 세대 간 연대를 통해 사회참여의 문을 확대하며

열 번째, 사회 전체의 연대의식을 바탕으로 시민 모두를 포괄하는 보편적 복지 체제를 수립하는 등이 그것이다(진보신당, 2009).

진보신당 다음으로 강령에서 연대관념을 중시한 정당은 민주통합당이다. 그런데 이 정당은 연대를 정당의 핵심가치로 삼았지만 이를 실현하기 위한 기본적인 정책을 제시할 때에는 이를 연대관념과 연관시키는 데 매우 인색한 것을 알 수 있다.[28] 민주통합당은

28) 연대를 정당의 핵심가치로 삼으면서도 이를 구현할 구체적인 연대전략을 명백히 제시하지는 않은 경우는 2012년 총선 후 해산된 창조한국당의 강령에서도 발견된다. 2007년 만들어진 창조한국당 강령은 10개의 주제영역과 40개의 항목으로 이루어졌는데 세 번째 주제영역의 표제가

2011년 12월 민주당 · 시민통합당 · 한국노동조합총연맹의 세 정치세력이 통합해 출범했다. 흥미로운 점은 민주통합당으로 통합할 당시의 민주당과 시민통합당의 정강정책에서는 연대에 대한 언급이 전혀 발견되지 않는다는 사실이다.

물론 민주당은 서민과 중산층의 권익을 적극 대변하는 정당으로서 사회정의를 구현하고자 했으며 또한 계층 · 세대 · 이념 · 지역 등을 아우르는 국민통합을 실현하려 했다. 그리고 민주당은 민주 · 자유 · 복지 · 평화 · 환경을, 시민통합당도 이와 크게 다르지 않게 민주 · 복지 · 평화 · 정의 · 노동 · 성평등 · 생태 · 문화를 각각 정당의 핵심가치로 제시했다. 뿐만 아니라 이 두 정당은 모두 보편적 복지를 지향한다고 밝혔다. 그럼에도 적어도 정강정책상으로 볼 때는 이 두 정당이 추구하는 가치와 정책목표를 연대관념과의 연관 속에서 인식하고 있지 않은 듯 보인다(민주당, 2010; 시민통합당, 2011).

그런데 이 민주당 강령은 2010년 개정된 것으로, 2008년의 강령에서는 연대용어가 연대주의 관점에서 매우 의미 있는 방식으로 두 차례 사용되었다. 한 번은 보편적 복지사회를 실현하는 방안

'사회적 연대의 가치를 구현한다'다. 이와 같이 창조한국당은 사회적 정의 및 다원성과 함께 사회적 연대를 정당의 핵심가치로 제시하면서 "현대사회의 다양한 이해를 조화롭게 구현하도록 사회적 연대를 제도적으로 실천한다"고 선언했다. 그리고 사회구성원의 교류협력을 일상화하여 신뢰사회를 이룩하며, 모자복지를 위해 육아의 사회화를 추진하고, 노인에게 일자리를 제공하며 공동체적 생활여건을 조성함으로써 노장층을 포함한 세대 간 통합을 추구한다고 밝혔다(창조한국당, 2008).

으로서 사회적 연대의 강화를 추구한다는 것이며 다른 한 번은 지속가능한 발전을 이루기 위해 국내외의 연대를 추구한다는 것이다. 강령을 뒷받침하기 위해 제시되었던 당의 기본정책에서도 이런 내용이 반복해서 등장한 것으로 보아 당시의 민주당 강령은 비록 연대관념을 비중 있게 다루지는 않았지만 그 가치를 분명히 인식했던 것으로 보인다. 그런데 이러한 인식이 2010년 개정된 강령에서는 모두 사라져버렸다가 2011년 12월 민주통합당 강령을 통해 부활하게 된 것이다. 민주통합당은 강령 전문에서 1987년 노동자대투쟁에서 실현된 연대의 가치를 계승하여 이를 정의의 가치와 함께 핵심가치로 추구한다는 점을 분명히 밝히고 있다(민주당, 2008; 민주통합당, 2011).

정당 강령에 나타난 연대관념의 변화와 관련해 특별히 흥미로운 사례는 과거의 민주노동당과 이를 계승한 통합진보당이다. 2000년에 창립된 민주노동당은 원래 강령에서 연대관념을 매우 강조했다. 2008년 민주노동당에서 분리되어 창당된 진보신당이 평등·생태·평화와 함께 연대를 정당의 궁극적인 가치로 전면에 내세운 것과 달리 민주노동당은 민주·평등·해방을 핵심이념으로 전면에 내세웠다. 하지만 민주노동당은 해방된 사회를 곧 민중의 수평적 연대사회라고 보았기 때문에 연대를 하나의 궁극적인 가치로 삼았다고 할 수 있다. 게다가 이 정당은 이들 이념의 실현을 위해 다음과 같은 여러 연대전략을 강령에서 제시하기까지 했다.

즉 첫째, 국내외의 민주적이며 진보적인 세력과 연대함으로써 노동자와 민중이 주체가 되는 민주정치의 실현을 위해 적극 실천하며 둘째, 자주적이며 평등한 대외경제관계를 확립하기 위해 개도국과 연대함으로써 각종 국제협약을 호혜적인 협약으로 개정하며

셋째, 전 세계 진보세력과의 연대를 통해 빈부격차와 갈등을 낳는 자본주의 체제를 극복함으로써 세계평화 정착에 기여하며

넷째, 적극적인 고용창출 노력과 더불어 노동시간 단축을 통한 일자리 나누기를 추진하며

다섯째, 시혜가 아닌 사회적 연대성의 관점에 입각해 소외되고 배제된 여성의 인권을 보장하며

여섯째, 친환경적인 대안사회의 실현을 위해 환경을 지키는 국내의 모든 사회세력과 연대할 뿐 아니라 국제적 환경연대에도 적극 동참하며

일곱째, 연대와 평등의 정신을 바탕으로 하는 사회복지를 추구하는 등이 그것이었다(민주노동당, 2000).

하지만 이 강령이 2011년 6월 개정되면서 안타깝게도 연대관념에 대한 관심이 현저히 줄어들었다. 물론 강령이 개정되면서 전체 분량이 크게 감소한 탓에 이 용어의 등장 횟수가 급감한 면도 있다. 그런데 보다 자세히 들여다보면 연대개념이 사용된 빈도가 줄었을 뿐 아니라 상당히 주변화된 사실도 알 수 있다. 2000년 강령에서는 연대개념이 전문에서 등장했을 뿐 아니라 본문에서도 정치 · 경제 · 노동 · 여성 · 사회복지 · 환경 등 여러 영역에 걸쳐서 두루 사용되었다. 이에 비해 개정된 강령에서는 이 개념이 전문에서는 아예 발견되지 않는다. 뿐만 아니라 본문에서도 오직 사회복지 영역에서만 표제와 내용에서 각각 한 차례씩 사용되었으며 강

령의 끝 부분에서 다만 한 차례 더 언급하는 것으로 마무리되었다 (민주노동당, 2011).

민주노동당은 2011년 12월 국민참여당 및 새진보통합연대와 통합해 통합진보당으로 재창당되었다. 그런데 아쉽게도 2011년 민주노동당 강령에서도 드러난 연대관념에 대한 현저히 줄어든 관심이 통합진보당 강령에서 극복되지 못한 채 이어졌다. 국민참여당은 원래 자신의 강령에서 연대관념, 특히 사회적 연대에 대한 관심을 거의 보여주지 않았다.[29] 하지만 새진보통합연대는 연대관념이 뚜렷한 진보신당에서도 핵심적인 역할을 수행하던 정치세력이라는 점에서 볼 때 아쉬움이 더욱 크다(국민참여당, 2010; 통합진보당, 2011).

어쨌든 제정된 통합진보당 강령에서 연대용어는 오직 두 차례 등장했는데, 한 번은 노사관계에서 다른 한 번은 국제연대의 맥락

---

29) 국민참여당 강령은 연대를 기본정책 부분에서만 두 차례 언급했는데, 한 번은 다른 정당과의 연합 및 연대를 추구한다는 표현으로, 다른 한 번은 남북한 사이의 교류, 연대를 확대한다는 표제에서다. 하지만 이 표제 아래 제시된 강령 내용에서는 남북한 간의 교류협력에 대한 언급은 있지만 연대에 관한 추가적인 언급이나 설명은 없는 것으로 보아 연대가 독자적인 개념으로 사용되지 않은 것으로 보인다. 그리고 다른 정당과의 연합 및 연대를 추구한다는 표현도 정치적 세력 확장을 추구하는 정치적 연대를 의미하는 것으로서 사회적 연대와는 무관하다. 국민참여당 강령은 자유나 경쟁 같은 자유주의적인 관념을 보완하는 것들로 연대뿐 아니라 협력, 정의, 평등 등도 그렇게 썩 강조하지는 않았다. 그 대신 균형발전과 특히 참여에 대해서는 이들 관념과는 비교할 수 없을 정도로 특별히 강조했다(국민참여당, 2010).

에서다. 노사관계와 국제관계에서의 연대는 노동자 연대관념의 역사에서 가장 초보적인 단계에 해당한다. 그 후 2012년 5월에 개정된 통합진보당 강령은 이를 조금 개선했다. 전문에서 통합진보당이 추구하는 아홉 개의 가치를 열거하는 가운데 마지막 아홉 번째 가치로 연대를 제시한 것이다. 그리고 본문에서도 연대를 노사관계 및 국제연대와 관련해 각각 한 차례씩 언급한 데 덧붙여 복지공동체 구현을 위한 핵심수단이라는 관점에서도 한 차례 더 언급했다. 하지만 연대관념의 전개라는 관점에서만 본다면 통합진보당의 강령은 전신인 민주노동당이 2000년에 제정했던 강령에 비해 크게 후퇴한 것이 분명하다(통합진보당, 2011; 2012).

이들 정당과 비교할 때 새누리당과 선진통일당은 강령에서 연대관념, 특히 사회적 연대관념에 관심이 거의 없거나 전혀 없음을 보여준다. 먼저 새누리당 강령에서는 기본정책을 제시하는 곳에서 "재외동포 간의 연대를 강화하기 위한 제반지원을 다함으로써 지구촌 한민족 네트워크를 강화한다"는 내용으로 연대가 단 한 차례 언급되어 있을 뿐이다. 새누리당은 강령에서 국민의 행복을 최우선 과제로 삼으며 이를 실현하기 위해 조화와 통합을 핵심규범으로 간주한다고 밝히고 있다.

하지만 성장과 복지, 시장과 정부, 자유와 평등, 환경과 개발 등 상호 갈등하는 정책방향들을 일관되게 조화시키는 데 필요한 어떠한 핵심가치도 제시하지 않고 있다. 뿐만 아니라 이념·지역·세대·계층 간 갈등을 해소하고 통합을 추구한다고 밝히고 이를 위한 기본정책 방향으로서 복지국가 건설을 약속하고 있지만 이를 실현하는 데 연대의 정신과 가치가 얼마나 필요한지에 대한 인식이 전혀 발견되지 않는다(새누리당, 2012).

연대관념에 대한 새누리당의 무관심은 전신인 한나라당 강령에서도 확인된다. 2012년 2월 새누리당 강령으로 전면 개정되기 전의 한나라당 강령에서도 연대는 단 한 번 사용되었다. 즉 "정부와 기업, 그리고 시민사회가 나라의 미래에 대해 공동책임을 지고 역할을 분담하여 긴밀하게 연대·협력한다"는 문장에서다. 여기서 보면 연대가 비록 새누리당 강령에서보다는 사회적 연대에 조금 더 가까운 의미로 사용된 듯이 보이지만, 이 문장에서 역시 연대라는 단어가 생략되어도 별 차이가 없을 정도로 의미 없이 쓰였다(한나라당, 2006).

과거의 이 한나라당 강령도 새누리당 강령처럼 당의 기본가치에 대해서는 언급하지 않았다. 그 대신에 국가의 선진화를 당의 목표로 삼으면서 공동체 자유주의를 선진화의 방향으로 제시했다. 그리고 공동체 자유주의의 실천전략으로서는 "자유민주주의와 시장경제의 틀을 굳건히 하면서 자율과 책임, 분권과 창의, 개방과 경쟁, 인간의 존엄성과 생태환경보전, 양성평등, 그리고 열린 민족주의"를 진작시키는 것을 제시했다. 그런데 한나라당을 계승한 새누리당 강령에서는 선진화라는 목표와 공동체 자유주의라는 이념이 사라져버리고 대신에 국민의 행복 혹은 국민행복 국가건설이 정당의 최우선 과제로 제시된 것이다(한나라당, 2006).[30]

---

30) 당시 한나라당 강령에 선진화라는 목표와 공동체 자유주의라는 이념을 반영시킨 것은 박세일이었다. 하지만 2012년 2월 그가 중심이 된 국민 생각당이 창설되면서 그의 영향을 크게 받은 이러한 이념적 요소들이 새

연대관념에 대한 관심부족은 연대용어를 단 한 번도 언급하지 않은 선진통일당 강령과 그 전신인 자유선진당 강령에서 정점을 이룬다. 2008년 제정된 자유선진당의 강령은 자유·개방·자발적 공동체를 핵심가치로 전면에 내세우면서, 자유민주주의와 시장경제를 신봉하고 국가의 선진화를 추구한다고 선언했다. 이에 따라 자유는 당의 명칭에서부터 강령에 매우 빈번히 등장했고 경쟁 역시 자유 이상으로 빈번히, 그리고 부정적이지 않은 의미로 사용된 데 비해 연대·평등·정의 같은 용어는 전혀 등장하지 않았다(자유선진당, 2008).

2012년 자유선진당을 계승한 선진통일당의 강령도 이와 크게 다르지 않다. 선진통일당 강령은 핵심가치에 대해 언급하지 않고 자유민주주의와 공정한 시장경제체제를 지향하며 국민행복·선진강국·통일한국 등을 추구한다고 밝혔다. 그러면서 시장만능주

누리당 강령에서 사라지고 그 대신에 국민생각당 강령에 뚜렷이 반영되었다. 그래서 국민생각당 강령은 앞부분에서 "개인의 자유와 창의를 존중하고 공동체적 연대와 책임을 소중히 하는 '공동체 자유주의'를 기본 이념으로 하고, 창조국가, 조화사회, 통일한국의 건설을 국정의 중심 목표로 삼는다"고 선언했다(국민생각당, 2012). 이것을 보면 국민생각당이 개인의 자유와 함께 공동체적 연대를 중시한 정당으로 보인다. 하지만 공동체적 연대에서 연대관념은 정강정책의 다른 곳에서 더 이상 등장하지 않았고, 공동체 관념만이 행복공동체, 가족공동체, 환경공동체 등 여러 다양한 형태로 등장해 정강정책의 중요한 요소를 형성했다. 이것은 공동체주의와 이로부터 영향을 받은 공동체 자유주의의 연대관이 갖는 취약성 때문인데 이에 관해서는 뒤에서 보다 자세히 다루게 될 것이다. 국민생각당은 2012년 4월 총선결과 낮은 득표율을 획득하여 해산되었다.

의를 비판하고 공정한 시장경제질서의 확립과 경제민주화의 실현을 추구한다고 선포했는데 이 점에서 보면 자유주의 한계에 대한 인식이 자유선진당 강령에서보다는 뚜렷한 것을 알 수 있다. 하지만 여기서도 자유와 경쟁 같은 자유주의적인 핵심용어는 빈번히 사용되었다. 반면 이를 보완하는 연대와 정의는 전혀 사용되지 않았고 평등 역시 양성평등의 맥락에서만 드물게 사용되었다(선진통일당, 2012).

물론 연대관념에 대한 관심이 전혀 없거나 극히 부족한 보수적인 정당들은 연대와 가까운 협력 혹은 협동 같은 용어를 경쟁의 보완 개념으로 사용하기도 한다. 하지만 선진통일당과 새누리당의 정강정책에서는 경쟁이라는 용어가 각각 12회와 10회 사용된 데 비해 협력 또는 이와 유사한 용어는 각각 4회와 3회 사용되었을 뿐이며, 그것도 대부분 국제관계 혹은 남북관계에서 사용되었다.[31] 이것은 민주통합당이 경쟁을 부정적인 의미로만 3회 사용하고 협력을 국가/시민사회, 남북, 국제관계 등에 5회 사용한 것과 비교된다(선진통일당, 2012; 새누리당, 2012; 민주통합당, 2011).[32]

---

31) 선진통일당 강령에서는 국제관계의 맥락에서 3회 사용한 것 외에 경제민주화의 맥락에서 "경제주체 간 조화와 협력"이라는 표현을 한 차례 사용했다.

32) 보수적인 정당들, 특히 새누리당은 경쟁의 문제점을 보완하기 위해 연대나 협력에는 별 관심을 갖지 않지만 공정성 개념에는 큰 관심을 보인다. 이것은 이들이 기본적으로 경쟁의 질서에 많은 관심을 갖고 있지만 지나친 경쟁 그 자체의 사회적 역기능에는 관심이 적다는 것을 의미한다. 이를 말해주듯, 새누리당 정강정책에서는 공정이라는 용어가 11회 등장하

게다가 연대개념은 사회적 약자를 특별히 배려하는 협력의 성격이 강한 데 비해 일반적인 협력개념은 이러한 성격이 약하다. 더구나 과거의 한나라당 강령에서처럼 협력의 호혜적 성격을 강조하기까지 한다면 이러한 협력개념과 연대개념 사이의 차이는 더욱 뚜렷해진다(한나라당, 2006).

결국 이렇게 볼 때, 연대관념은 현재 한국의 주요 정당들 가운데서 스스로 진보나 중도 진보적 정체성을 표방하는 정당의 강령에서만 의미 있는 역할을 하며, 보수적 정체성을 표방하는 정당일수록 관심의 대상이 되지 못하는 것을 알 수 있다.[33]

물론 진보나 중도 진보를 표방해온 정당들이 관심을 보인 연대관념 사이에도 차이가 없지 않다. 예컨대 민주노동당과 이를 계승한 통합진보당 강령에서는 지속적으로 노동계급, 사회적 약자, 억압당하는 민족 등과 함께하는 민중적 연대관념이 중심을 이루어 왔다. 반면 창조한국당 강령에서는 사회의 모든 구성원을 포괄하

며 선진통일당 정강정책에서도 6회 등장한다(새누리당, 2012; 선진통일당, 2012).

33) 사회적 연대관념에 관심이 없거나 부족한 정당들도 요즈음은 예외 없이 사회복지 정책을 내세운다. 하지만 이들은 사회복지의 실현방법으로 시장이나 국가의 조세정책에 지나치게 의존하는 경향을 보인다. 그래서 복지와 성장, 복지와 일자리 등을 함께 강조하는 경향이 있다. 이에 비해서 연대관념을 중시하는 정당일수록 사회적 연대가 사회복지의 핵심적인 토대 또는 원리라는 점을 강조한다. 이런 입장에서는 경제성장이 충분히 되기 전이라도 그리고 국가재정이 넉넉하지 못하더라도 사회 구성원들의 연대성이라는 가장 소중한 자원이 충분히 확보된다면 사회복지의 실현이 가능해진다고 본다.

는 보편적 연대관념만이 사회적 연대라는 표현으로 등장했다. 한편 진보신당의 경우에는 민중적 연대의 중요성을 강조하면서도 민중들 안팎에 존재하는 차이와 다양성을 존중해 이들과 연대하는 개방적이며 성찰적인 연대, 민중뿐만 아니라 모든 시민을 포함하는 시민적 연대의 관념을 비교적 뚜렷이 드러냈다.

이에 비해 민주당과 이를 계승한 민주통합당의 연대관념은 그 성격이 뚜렷하지 않다. 하지만 2008년의 민주당 강령이 보편적 복지를 위한 사회적 연대를 강조한 점이나 신설된 민주통합당이 노동자 대투쟁에서 실현된 연대의 가치를 계승하는 동시에 이를 당면한 다양한 문제해결에 적용하려 한 것은 민중적 연대를 넘어 시민적 연대로 확장되는 연대관념의 여지를 보여준다고 할 수 있다.

여기서 특별히 주목할 점은, 이들 여러 연대관념 가운데서 민중적 연대관념을 매우 강조해온 진보정당의 강령에서 연대에 대한 관심이 유독 현저히 감소해왔다는 사실이다. 2000년대 초의 민주노동당과 그 후에 여기서 분리된 진보신당의 강령에서는 연대관념이 매우 큰 비중을 차지했다. 하지만 진보신당의 성찰적이며 시민적인 연대관념은 이 정당이 해산될 때까지 그 중심 지위를 그대로 유지한 데 비해, 민중적 연대관념이 중심을 이루어온 민주노동당과 이를 계승한 통합진보당의 강령에서는 연대의 비중이 양과 질에서 현저히 감소함으로써 연대관념이 극단적으로 주변화되었다.

전반적인 발전 양상

이상의 논의에서 볼 수 있듯이 이 시기에는 사회운동계·종교계·학계·정계와 같은 사회의 여러 영역에서 연대논의가 매우 빠르게 확산되었음을 알 수 있다. 물론 정계의 연대논의에서 쉽게 확인할 수 있듯이 각 영역에서도 연대논의가 활발한 곳과 연대에 대한 기본적인 인식조차 자리 잡지 못한 곳이 섞여 있기 때문에 앞으로 연대논의는 각 영역에서 더욱 확산될 필요가 있다. 그럼에도 불구하고 1990년대 후반 이후에 연대논의는 양적으로 크게 증가했을 뿐 아니라 질적으로도 많은 발전을 이룩했는데, 이러한 질적인 발전으로 볼 수 있는 세 가지 특징을 간략히 소개하면 다음과 같다.

시민연대관념의 확산과 발전

1980년대에서 1990년대 초 사이 사회운동계에서 발견되는 연대논의는 연대투쟁·연대조직·민중연대 등을 핵심개념으로 삼았다. 그러나 1990년대 전반부터는 민중연대 대신에 시민연대라는 용어가 주목받기 시작해 1990년대 말 이후에는 매우 빠른 속도로 확산됨으로써 민중연대 용어가 차지하던 위상을 대체하게 되었다. 그 결과 이 시기의 많은 사회단체들이 시민연대 혹은 시민사회연대라는 명칭을 사용하게 되었을 뿐만 아니라 시민연대관념에 대한 여러 형태의 진지한 논의도 시작되었다(나정원, 1996: 198쪽 이하; 小田實, 1997: 83쪽 이하; 강수택, 2007a: 270쪽 이하).

시민연대관념의 확산과 시민연대론의 전개를 연대논의의 발전으로 부를 수 있는 것은 민중연대관념처럼 사회운동계를 지배했던 이전 시기의 연대관념이 동질적이며 조직적인 연대상을 토대로 한 근대주의적인 연대관념의 한계를 벗어나지 못한 데 비해 시민연대관념은 자발적이며 자율적인 시민으로 구성된 현대 시민사회상을 기초로 하여 연대 참여자들 사이의 차이와 참여자들 개인의 자발성과 자율성을 중시하는 성찰적 연대관념이기 때문이다.

물론 이러한 새로운 연대관념이 확산되었다고 해서 현실적으로 옛 연대의식이 사라진 것은 아니어서 새로운 용어 아래 옛 관념이 자리 잡은 모순적인 현상도 어렵지 않게 발견된다. 하지만 새로운 용어 사용의 확산과 함께 새로운 관념에 대한 논의가 진전된다면 새로운 연대관념이 서서히 자리 잡을 수 있게 될 것으로 기대된다. 다행히 앞에서 언급했듯이 이 시기에는 '차이와 연대' '다원주의와 연대' '자율과 연대' 등과 같은 성찰적인 연대논의가 여성학·철학·교육학 등의 학계와 특히 여성 혹은 교육 관련 여러 실천의 장에서 비교적 활발히 이루어지기 시작함으로써 시민연대와 같은 새로운 연대관념의 정립과 발전에 기여해왔다(한국여성연구소, 1999; 한국철학사상연구회, 2000; 한일조, 2006; 백병부·송승훈, 2001).

연대관념과 새로운 다양한 가치관념의 결합

이 시기의 많은 연대논의에서는 연대관념이 여러 다른 사회적 가치관념과 새로이 결합하여 연대논의를 심화시키고 풍부하게 만들었다. 이전 시기에도 국내에서는 특히 사회운동계를 중심으로 연대관념이 실천 · 해방 · 평등 · 진보 · 자유 · 권리 · 투쟁 · 민중 등 근대주의 정신을 비교적 뚜렷이 반영하는 관념과 결합함으로써 연대의 성격을 명확히 드러내는 경향이 있었다. 그런데 이 시기에는 학계를 비롯한 국내의 지식사회에서 근대주의 정신에 대한 성찰적인 논의가 많이 이루어짐에 따라서 사회운동계와 종교계를 비롯한 시민사회 전 영역에서 결코 적지 않은 영향을 받았다.

이러한 영향과 관련해 연대논의에서는 근대성에 대한 성찰을 반영하는 여러 관념들이 큰 주목을 받아 연대관념과 결합하는 경향이 나타났다. 앞에서 언급된 차이 관념은 그 대표적인 예로서, 탈근대주의 경향의 담론들은 '차이와 연대'라는 표제 아래 탈근대주의 정신을 가장 뚜렷이 반영하는 차이 관념을 연대논의의 중심 주제로 삼아왔다. 즉 구성원의 동질성에 근거한 기존의 연대형태를 구성원 간의 차이를 인정하고 존중하는 연대형태로 전환함으로써, 연대의 이름으로 구성원의 고유한 특성을 배제하고 자유를 억압하던 과거의 잘못을 극복한 보다 성숙한 연대로 나아가는 길을 제시하고자 한 것이다. 이러한 탈근대주의 연대사상은 차이의 가치와 함께 공존의 가치, 평화의 가치, 탈경계의 가치 등도 매우 강조하는 경향이 있다(한일조, 2006: 240쪽 이하; 강수택, 2007a: 188쪽 이하).

물론 근대주의적인 연대사상에 대한 성찰이 필연적으로 탈근대주의적인 논의로 전개된 것은 아니다. 구성원의 동질성에 근거한 종래의 집합주의적이며 조직적인 연대상의 한계를 뚜렷이 인식하면서도 탈근대주의적인 접근의 부작용에 대한 우려와 근대주의의 다른 특징인 합리주의와 민주주의 가치에 대한 뚜렷한 확신으로 인해 기존의 연대관념을 새로운 근대주의 시각에서 발전시키려고 하는 움직임들도 나타났다. 이런 움직임에서는 연대에 관해 논의할 때 구성원들 사이의 차이를 존중하면서도 소통이나 담론의 중요성을 특별히 더 강조하는 경향이 있다. 그것은 합리적인 소통을 통해서만 차이를 극복하고 적절한 연대를 모색할 수 있다고 보기 때문이다(이현재, 2005: 42쪽 이하; 강수택, 2007a: 193쪽 이하).

하지만 이 시기에 이루어진 연대사상의 발전과정에서 탈근대주의적인 논의와 흔히 성찰적 근대주의라 불리는 새로운 근대주의적 논의 사이에 공통점이 없는 것은 아니다. 이들은 공통적으로 개인의 존엄성과 인권에 기초한 연대의 중요성을 강조할 뿐 아니라 연대에서 타인에 대한 관용과 신뢰, 그리고 구성원 사이의 차이와 의사소통이 갖는 중요성을 종래의 연대논의에서보다 훨씬 뚜렷이 강조하는 경향이 있다.

이처럼 이 시기에 이루어진 연대논의들은 변화된 시대정신을 적극 반영해 이전 시기에는 미처 주목하지 않았던 새로운 사회적 가치관념들을 기반으로 훨씬 진전된 새로운 관념과 사상을 다양한 방식으로 전개해왔다. 그리고 근대성, 즉 근대적 연대에 대한 성찰이 이러한 새로운 발전의 계기가 되었다.

연대대상의 확장

종교계 연대관념과 사상의 이러한 발전과정은 자연스레 연대의 주된 적용대상에도 변화를 가져왔다. 종교계의 경우에는 일찍부터 연대의 대상이 특정한 집단에 제한되기보다는 전체 인류로 확장된 인간적 연대를 추구하는 경향이 뚜렷했다. 가톨릭의 연대윤리에서 잘 드러나 있듯이 연대는 종교계 내부로부터 시작해 가까운 이웃을 거쳐 지구촌의 모든 구성원들로 대상이 확장되는 개방적인 특성을 갖는다.

물론 종교계에서 강조하는 연대윤리는 연대의 일차적인 대상이 이웃, 특히 어려움에 처한 이웃이다. 기독교에서 이러한 연대실천의 상징으로 제시하는 것이 강도 만난 이웃을 향한 선한 사마리아인의 연대적 실천 이야기다. 이러한 이웃은 시대에 따라 사회에 따라 다를 수 있는데 산업사회에서는 노동자가 대표적인 이웃이며 지구공동체에서는 제3세계의 가난한 백성들이 대표적인 이웃이다. 하지만 이웃이 처하는 어려움은 경제적인 빈곤에 한정되지 않는다. 정치적인 억압, 사회적인 차별, 정신적인 고통 등 다양한 어려움을 겪는 이웃이 있기 때문에 결국 연대의 대상은 모든 인간으로 확장될 수 있다(정재식, 1999: 126쪽; 한국기독교교회협의회, 2000).

학계 학계의 연대논의에서는 학문분야에 따라 연대대상에 큰 차이가 있다. 예를 들어 여성학계에서 이루어지는 연대논의에서는 성차별을 경험하는 모든 여성, 노동 관련 학계에서는 정당한 권리를 침해받는 모든 노동자, 사회복지학계에서는 사회적 주변집단의 구성원을 중심으로 한 전 국민이 연대의 대상이다. 물론 사회학계의 연대논의에서는 다양한 사회적 소외집단뿐 아니라 사회의 전체 구성원들이 연대의 대상에 속한다. 여기서 사회의 전체 구성원이라고 할 때에는 국민국가의 시민뿐 아니라 시민권을 갖지 않은 이주민도 포함한다. 그리고 더 나아가 지구 시민사회를 다루는 사회학과 국제관계학에서는 지구공동체의 모든 구성원과 국가들이 연대의 대상이 된다.

이처럼 학문분야에 따라서 연대의 대상이 다양하지만 시대에 따라서도 각 학문분야가 주된 관심을 기울이는 연대의 대상이 달라지는데, 특히 사회현실을 반영하는 사회과학 분야가 더욱 그렇다. 사회과학적 연대논의는 시대에 따라, 사회에 따라 직면하게 되는 사회현실의 문제와 이를 해결하려는 사회운동에 주목함으로써 큰 관심을 기울이는 연대의 대상이 달라지는 것이다. 하지만 학계, 특히 사회과학계의 연대논의는 사회운동계의 논의와 밀접히 연관을 맺는 경우가 많다. 실천에 종사하는 사회운동계가 먼저 주목하는 주제를 이론에 종사하는 학계가 반영해 학술적인 논의로 발전시키거나, 반대로 학계가 주목하는 주제를 사회운동계가 현실에서 보다 구체적으로 적용하는 것이다.

사회운동계 사회운동계 및 이와 밀접히 관련된 학계의 연대논의에서는 이 시기에 연대의 주된 대상이 변하거나 확장되어왔음을 쉽게 알 수 있다. 1980년대와 1990년대 전반의 사회운동계와 관련 학계의 연대논의에서는 노동자 · 농민 · 지식인 · 학생 등 당시에 민중이라 일컬어지던 집단이 연대의 주된 대상이었다. 그리고 기업단위 노동자, 지역별 노동자, 산별 노동자 등과 같은 노동자 집단 내부의 연대와 노동자를 향한 대학생 혹은 지식인의 연대가 연대논의에서 가장 큰 관심의 대상이었던 점에서 보면 이 시기에는 노동자가 핵심적인 연대대상이었다고 할 수 있다.

그러던 중에 1990년대 전반부터는 시민운동에 대한 관심이 빠르게 확산되면서 연대논의에서 등장하는 연대의 대상에서도 의미 있는 변화가 나타나기 시작했다. 즉 기존의 노동자 · 농민 · 학생 등의 이른바 민중집단 외에 여성 · 지역주민 · 중산층 등을 포함하는 시민집단이 새로운 관심의 대상으로 부상하기 시작한 것이다.

이러한 변화의 조짐은 1990년대 중엽을 지나면서 급속히 진행되어 1990년대 후반에는 청소년 · 동성애자와 같은 시민사회의 다양한 집단으로 연대대상이 확대되었다. 그리고 김대중 정부의 등장 이후에는 지역화합과 남북화해의 필요성이 강조되면서 지역연대와 남북연대에 관한 논의도 등장했다(한국청소년교육연구소, 1999; 정근식, 1999; 노정선, 1999).

세계화의 영향 1990년대 후반부터는 이처럼 연대의 대상이 시민사회의 다양한 집단이나 시민사회 바깥의 국가 차원으로 확대되었을 뿐 아니라 노동계 내부의 다양한 집단으로도 확대되었다. 그것은 말할 것도 없이 이 시기에 국내로 밀려들어온 신자유주의적인 세계화의 높은 파고와 한국경제의 위기상황으로 인한 대량 실업사태와 비정규직 노동자들의 대량 발생 때문이었다. 이와 같은 고용 불안정성의 급증은 정규직 노동자, 비정규직 노동자, 실업

자 사이의 틈을 크게 벌이는 원인이 되었다. 따라서 노동운동계에
서는 종래와 같은 정규직 노동자의 연대뿐 아니라 비정규직 노동
자의 연대가 새로운 관심 대상으로 부상했으며 여기서 더 나아가
시민사회와 일부 노동계에서는 실업자와의 연대론도 제기되었
다(주진우, 2003; 손동희 · 황기돈, 1999).

그런데 1990년대 후반부터 국내에 본격적으로 몰아닥친 경제적
인 세계화는 외국 자본과 상품의 국내 유입뿐 아니라 외국인 노동
력의 국내 유입도 가속화했다. 원래 1980년대 후반부터 시작된 외
국인 노동자의 국내 유입은 중소기업의 인력난으로 인해 1994년
부터 가속화되었고 1998년의 경기침체로 일시적으로 격감했으나
1999년 이후 다시 급증해 이제 외국인 노동자는 한국경제에서 더
이상 없어서는 안 될 존재가 되었다. 그런데 이들은 노동현장에서
임금체불 · 저임금 · 폭행 등 다양한 형태의 차별을 받으면서도 법
적인 보호를 제대로 받지 못하는 처지에 놓임으로써 이들에 대한
연대의 필요성을 주장하는 논의가 이 시기에 시작되었다(유명기,
1999; 설동훈, 2001).

이처럼 경제적 세계화가 노동계의 연대론에 미친 영향이 매우
컸지만 세계화의 영향이 노동계에 국한되지는 않았다. 세계화의
파고와 더불어 국내에 들어온 신자유주의 원리는 경제영역뿐 아
니라 교육계 · 학계 · 문화계 · 종교계 등과 같이 종래에는 시장원
리로부터 비교적 멀리 떨어져 있던 다른 영역에까지 깊숙이 파고
들기 시작했다. 그 결과 이들 영역에서도 시장경쟁 원리가 강조됨
에 따라서 특히 교육처럼 사회통합의 중추적인 영역을 중심으로

연대의 원리를 강조하는 여러 논의가 이루어지기 시작하면서 교육현장의 구성원들도 연대의 중요한 대상이 되었다(이병호, 1998; 한일조, 2006).

하지만 세계화의 영향이 부정적인 형태로만 나타난 것은 아니다. 세계화의 도전은 이제껏 국내의 계급·지역·국가·한반도에 집중됐던 한국인들의 관심의 지평을 국가 바깥으로 확장하게 만들었다. 그래서 사람들은 경제적 세계화의 거센 도전, 한반도를 둘러싼 긴장, 심지어 국내의 여러 사회적 긴장과 갈등에 적극 대처하기 위해서라도 이웃 국가, 동아시아, 아시아, 그리고 더 넓게는 지구공동체의 시민들과 연대할 필요가 있다는 인식을 점점 더 뚜렷이 갖게 되었다.

이러한 인식의 변화에는 세계화와 더불어 빠르게 성장한 지구시민사회의 영향도 크게 작용했다. 다양한 국제비정부기구(INGO)의 활동이 국내의 시민사회로 하여금 이들과 연대할 필요성을 더욱 강하게 인식하게 만든 것이다. 이러한 인식의 변화에 따라 이전부터 서서히 시작된 국제적인 연대논의가 1990년대 후반부터 매우 활발하게 이루어지기 시작함으로써 연대의 대상이 공간적으로 매우 확대되었다(강수돌, 1998; 왕후이·이욱연, 2000; 조희연, 2004a).

세대연대와 나머지 유형들 1990년대 이후의 연대논의에서 연대 대상은 이처럼 공간적으로 확대되었을 뿐 아니라 시간적으로도 확대되었다. 즉 노인 세대와 청년 세대의 연대, 더 나아가 현세대와 미래세대의 연대가 중요한 관심의 대상으로 떠올랐다. 노인 세대와의 연대의 필요성이 특별히 부각되기 시작한 것은 한국사회가 이 시기에 노인인구가 크게 늘어 고령화 사회로 접어들면서 사회적인 약자의 위치에 있는 노인 세대에 대한 사회적 관심이 급증했기 때문이다. 그리고 현세대와 미래세대의 연대에 관심을 갖게 된 것은 사회보장제도의 핵심을 이루는 연금제도의 개혁이 매우 중요한 사회적 쟁점으로 부상했기 때문이며, 이밖에도 미래세대에 큰 영향을 미치는 환경문제에 대한 사회적 관심이 매우 확산된 것도 그 원인이었다. 이렇게 본다면 시간적인 차원에서 연대의 대상이 확대된 데에는 세계화의 영향 외에 다른 요인들이 크게 작용한 것을 알 수 있다(임춘식, 2000; 김연명, 2002; 김연명, 2004).

또한 인터넷이 급속히 확산됨으로써 앞에서 언급된 바와 같이 사이버 공간이라는 새로운 차원의 사회영역도 연대논의의 대상으로 포함되었다. 그리고 문화적 세계화가 빠르게 확산되고 특히 이주노동자나 결혼이민자와 같은 외국인의 국내유입이 급격히 이루어짐으로써 매우 초보적인 형태지만 종교나 이념 간의 연대와 같은 다소 추상적인 영역의 연대논의나 문화권 간의 연대와 같은 매우 포괄적인 영역의 연대논의도 이루어지기 시작했다. 뿐만 아니라 생태주의 사상이 보급되면서 연대의 대상을 인간이나 이념, 문화 등과 같은 인간의 산물에 국한하지 않고 이를 넘어 자연계에까지 확장시키는 생태주의적인 연대관념의 가능성도 발견된다.

연대론의 발전과제와 제3세대 연대론

　서양의 근대적인 연대관념이 한반도에 소개된 지 약 한 세기가 지나는 동안 다양한 전통의 연대관념이 사회의 여러 영역에 폭넓게 확산되어 자리 잡아왔다. 비록 영역에 따라서 연대관념이 처음 수용된 시기가 다르고 확산되어온 속도에서도 큰 차이를 보였지만 대체로 1990년대 이후에는 사회 전반적으로 연대관념에 대한 관심이 빠르게 커지면서 이제는 어느 정도 익숙한 관념이 되었다. 하지만 현재 한국사회에 널리 확산되어 있는 연대관념들은 연대사상의 발전뿐 아니라 이에 기반을 둔 한국사회의 발전을 위해서도 몇 가지 면에서 개선되고 진전될 필요가 있다.

　첫째, 그동안 연대관념의 적용대상이 다양해지고 또한 적용범위가 시공간적으로 확대·심화되어왔지만 이 과정에서 새롭게 이루어진 연대논의들 가운데 새로운 주제를 진지하게 대면함으로써 새로운 연대관념을 본격적으로 발전시키거나 독자적이고 체계적인 사상을 전개한 경우를 찾기가 쉽지 않다. 예컨대 환경 관련 연대논의는 세대연대관념에 기반을 둔 생태주의적인 연대관념을 발전시키기보다는 환경운동을 위한 현세대의 연대, 그것도 단체 간의 조직적인 연대에 큰 관심을 갖고 연대논의를 전개하는 경향이 크다.

그리고 사회복지 관련 연대논의에서도 사회복지의 토대강화와 제도발전을 위해 필요한 연대사상을 발전시키려는 논의보다는 특정한 복지제도의 도입이나 개선을 위한 사회운동 차원에서 필요한 연대, 특히 단체 간의 조직적인 연대에 더 큰 관심을 기울이는 경향이 있다. 이는 무엇보다도 과거의 도구주의적인 연대관념이 연대논의에서 여전히 압도적이기 때문이다. 그러므로 연대관념과 사상의 발전을 위해서는 무엇보다도 현재 만연해 있는 소박한 도구주의적 연대관을 탈피할 필요가 있다.

둘째, 근래에 와서 연대관념이 빠르게 확산되고 연대논의가 활성화되어왔지만 사회의 영역에 따라서 그리고 각 영역 내에서도 집단이나 시각에 따라 연대관념에 대한 인식과 관심의 차이가 매우 큰 것을 앞서 정계의 연대논의에서 확인했다. 그러므로 이제는 연대관념에 대한 이러한 관심의 정도에서 보이는 큰 격차를 해소해 다양한 집단과 시각에서 연대논의가 활성화될 수 있도록 연대논의를 확대·발전시킬 필요가 있다. 이를 위해서는 무엇보다도 연대논의의 다양한 전통과 시각들이 존재함을 보여줌으로써 이들 다양한 전통과 시각의 연대논의가 함께 이루어질 수 있도록 하는 것이 중요하다.

예를 들어 갈등론적 연대론과 통합론적 연대론, 근대주의적 연대론과 근대비판적 연대론, 분석적 연대론과 윤리적 혹은 규범적 연대론, 자유주의적 연대론과 사회주의적 연대론 등 각 집단이나 개인의 시각에 따라 다양한 연대논의가 함께 가능함을 보여줌으로써 연대관념의 수용과 연대논의 참여의 폭을 확대하는 것이다.

셋째, 그동안 한국사회에서 가장 활발히 이루어져온 연대논의는 사회운동계를 중심으로 연대를 투쟁의 수단으로 다루어온 사회운동론적 연대론, 또는 좀더 정확히 표현해 투쟁주의적 연대론이라 할 수 있다. 투쟁주의적 연대론은 서구 연대론의 역사에서나 한국 연대론의 역사에서나 모두 가장 오랜 전통에 속할 뿐만 아니라 연대론이 소수자에 대한 관심을 포기하지 않는 한 앞으로도 연대논의의 가장 중요한 축을 이루어갈 것이다.

하지만 연대사상의 발전과 이에 기초한 한국사회의 발전을 위해서는 투쟁주의적 연대론에서 개선되어야 할 부분이 없지 않은데, 그 가운데 가장 중요한 점은 연대와 그 참여자를 목표달성의 단순한 수단으로 간주함으로써 이들의 관계가 갖는 질적인 측면은 도외시하는 것이다.[34] 이러한 도구주의적인 태도와 이로 인해 발생하는 참여자 사이의 비민주적이고 불균형한 관계는 연대관계를 결코 지속가능한 것으로 만들 수 없다는 점에서 투쟁적 연대의 잠재력을 손상시키는 매우 위험한 요소다.

---

34) 일반적으로 정치적 연대논의에서 전형적인 이러한 태도는 시민사회 운동에서도 어렵지 않게 발견된다. 최근에는 일부 변화가 나타나고 있지만 그동안 사회운동계에서는 연대활동이 언제나 몇몇 단체들을 중심으로 이루어짐으로써 나머지 참여단체들은 존재감을 인정받지 못해 이른바 등(等) 단체라는 표현이 생기기도 했다.

그러므로 투쟁주의적 연대론은 연대투쟁을 통한 단기적인 효과에 관심을 갖고 연대의 전략과 전술을 제공하는 데 만족하기보다는, 한국사회에서 연대투쟁의 잠재력을 지속적으로 향상시킬 수 있도록 연대투쟁 참여자의 상호관계를 민주성·개방성·유의미성 등의 면에서 분석하고 관계의 질을 관리하는 방향으로 확대·발전될 필요가 있다.

넷째, 연대논의는 기본적으로 사회적 분열이 아닌 통합에 대한 관심에서 출발했다. 이런 배경 때문에 사회통합론적 연대론은 연대사상의 역사에서 가장 오랜 전통으로 자리 잡아왔다. 국내에서도 사회유기체론과 결합한 사회통합론적인 연대관념은 연대론의 역사 초기부터 지속적으로 이어져왔을 뿐 아니라 1980년대 이전까지는 오히려 연대논의의 주된 흐름이었다. 하지만 이때까지의 연대논의는 전반적으로 그렇게 활발하거나 주체적인 것이 아니었기 때문에 주목할 만한 통합론적인 연대론이 많지 않았다.

그런데 1980년대 이후 연대관념이 빠르게 확산되기 시작하면서부터는 종교계와 학계의 일부 논의를 제외하고는 전반적으로 투쟁주의적인 연대론이 중심을 이루었다. 이에 비해 사회통합론적인 연대론은 그렇게 많이 다뤄지는 편이 아니었으나 다양한 공동체론과 결합하는 경향이 있었다.[35] 이와 달리 공동체 관념과 일정한 거리를 유지하려는 연대논의들도 있었는데, 이들은 근대적인 시각

---

35) 그 가장 큰 이유는 국내에서는 오랫동안 공동체 관념에 대한 커다란 관심이 이어져오면서 연대관념 대신에 사회갈등의 극복방안으로 줄곧 주목받아왔기 때문이다.

을 취해 근대 산업사회의 계급갈등이나 혹은 노사갈등의 극복에 관심을 갖는 경향이 뚜렷했다(강수택, 2007a: 252쪽 이하).[36]

이런 관점에서 보면 한국사회의 다양한 갈등을 효과적으로 관리하고 통합을 강화하기 위해서 기존의 공동체론 대신에 사회통합론적인 연대논의가 더욱 활성화될 필요가 있는데, 먼저 계급 간 통합을 위한 사회복지 관련 연대논의의 활성화가 매우 시급하다.

서구의 연대사상은 다양한 사회적 갈등 가운데 계급갈등의 통합에 가장 먼저 그리고 가장 큰 관심을 기울여온 결과 사회복지제도의 정착에 크게 기여해왔다. 국내에서도 복지제도를 통한 계급통합을 추구하는 연대논의가 일찍부터 꾸준히 전개되어왔으나 정작 사회복지제도가 본격적으로 도입되고 시행되는 과정에서는 연대관념이 별로 의미 있는 역할을 행하지 못했다. 그 결과 사회복지제도의 필요성에 대한 사회구성원들의 연대주의적인 인식이 부족해 시장주의적인 공격에 매우 취약한 상황에 놓여 있다. 그렇기 때문에 사회복지제도의 성공적인 정착과 발전을 위해서는 사회복지제도 자체에 대한 논의 이상으로 그 사상적 토대가 되는 연대의식의 확산과 발전을 위한 노력이 매우 긴요하다.

하지만 연대논의가 계급갈등의 문제를 다루는 데 시야를 국한시켜서는 안 될 것이다. 탈산업화와 다원화를 특징으로 하는 현대 시민사회에서는 계급갈등 외에도 세대갈등 · 성갈등 · 인종갈등 ·

---

36) 이러한 논의는 특히 신자유주의 세계화와 IMF 경제위기 상황을 배경으로 많이 이루어졌다.

문화갈등 · 지역갈등 같은 다양한 형태의 매우 중요한 사회적 갈등이 편재해 있다. 따라서 사회통합론적 연대론은 이들 여러 가지 갈등을 진지하게 다루고 사회통합을 이룰 수 있도록 더욱 다양하게 발전되어야 한다(한국사회학회 · 사회통합위원회, 2010).

다섯째, 연대관념과 논의는 다음과 같은 방향으로 더욱 발전될 필요가 있다. 먼저 현대 시민사회에는 과거와 비교할 수 없을 정도로 복합적인 사회갈등이 편재해 있기 때문에 사회통합론적인 연대논의가 더욱 필요하지만 연대론이 사회갈등의 존재이유를 부정하거나 사회갈등의 부재를 추구할 수는 없다. 왜냐하면 사회갈등을 배제한 통합은 현실적으로 가능하지 않을 뿐 아니라, 사회갈등이 언제나 사회통합과 대립관계에 있는 것이 아니므로 사회갈등을 배제한 통합이 바람직하지도 않기 때문이다. 그러므로 연대론은 갈등 자체를 부정적으로 인식하는 공동체론과 다르게, 사회갈등을 포용하고 이를 효과적으로 관리함으로써 사회통합을 이룩할 수 있도록 보다 구체적으로 발전될 필요가 있다.

여섯째, 최근의 연대논의에서 폭넓게 수용되고 있듯이 연대론은 연대에 참여하는 구성원들의 자율성과 차이를 최대한 존중하는 방향으로 더욱 발전해야 한다. 연대관념은 원자화된 개인주의를 거부한다는 점에서 공동체 관념과 공통점을 갖고 있지만 개인의 자율성과 존엄성에 철저히 기초해 있다는 점에서는 전근대적인 집합주의 전통에 뿌리를 두고 있는 공동체 관념과 뚜렷이 구별된다. 비록 연대사상의 역사에서 일부 잘못된 전통이 집합주의 오류를 경험한 바 있지만 연대사상은 처음부터 그리고 전반적으로 이러한 오류를 철저히 거부해왔다. 이런 점에서 구성원의 자율성과 차이에 대한 존중은 최근의 연대론에서 비로소 시작된 것이 아니라 연대관념의 내재적인 속성이라고 할 수 있으며, 이는 언제나 더욱 뚜렷이 강조되어야 한다.

일곱째, 최근의 연대논의에서 발견되는 연대의 개방화 경향도 더욱 진전될 필요가 있다. 연대사상의 역사에서 처음부터 철저히 개방적이었던 인간적 연대관념과 폐쇄적이었던 계급연대관념은 둘 다 가장 오랜 뿌리를 가진 채 대립해왔다. 하지만 노동자 연대를 내용으로 한 폐쇄적 계급연대관념도 처음부터 국제적이었으며 다른 계급에 대한 개방성의 면에서 그동안 큰 진전을 이루어왔다. 이처럼 연대관념은 전근대적인 폐쇄성에 뿌리를 둔 공동체 관념과 달리 처음부터 전 인류에 개방적인 정신을 갖고 출현했을 뿐 아니라 상대적으로 폐쇄적인 전통을 갖고 있던 관념조차 그동안 뚜렷한 개방화의 과정을 밟아왔다. 그 결과 오늘날의 연대관념은 그 대상을 계급 · 세대 · 성 · 지역 등의 경계를 넘어 확대하고 있을 뿐 아니라 국가와 심지어 종교나 이념의 경계도 넘어 전 인류를 대상으로 하고자 한다.

물론 구체적인 쟁점에 따라서는 연대의 경계가 여전히 매우 제한적으로 설정되고 있는 것이 분명한 현실이다. 하지만 글로벌 시민사회의 성장과 함께 연대의 탈경계화를 요구하는 목소리가 점점 더 커지고 있는 것도 사실이다. 그러므로 이후의 연대논의는 공동체 논의와 달리 궁극적으로 전 인류를 향해 자발적인 참여를 요청하며 또한 손을 내밀 수 있기까지 개방적인 정신을 바탕으로 그리고 이러한 방향으로 전개되어가야 할 것인데, 아마도 앞으로의 연대논의에서는 전 인류에게 개방된 인간적(휴먼) 연대나 세계적 (글로벌) 연대에 관한 논의의 비중이 현저히 커지게 될 것이다.

어쨌든 이상과 같은 몇 가지 점에서 앞으로의 연대논의가 개선되고 진전을 이룬다면 한국의 연대사상은 지금까지보다 훨씬 더 활성화되고 크게 발전할 수 있을 것이다. 그리고 이러한 결과로서 한국사회 전반에 연대의식이 널리 자리 잡게 되는 데에도 크게 이바지하게 될 것이다.

마지막으로 위에서 언급된 방향으로 진전될 연대논의 외에 이후에 새로운 차원에서 전개될 것으로 전망되는 논의들을 간략히 소개하면 다음과 같다. 국내에서 연대관념이 본격적으로 확산되기 시작한 1980년대 이후의 짧은 연대논의의 역사에서는 노동자연대 · 농민연대 · 지식인연대 · 학생연대 · 노학연대 등에 관한 민중연대론이 1980년대와 1990년대 전반을 중심으로 제1세대 연대론을, 그리고 이어서 여성연대를 비롯한 다양한 시민연대에 관한 시민연대론이 1990년대 후반 이후 지금까지 제2세대 연대론을 각각 형성해왔다.

앞으로 이를 계승하게 될 제3세대 연대론이 등장한다면 기존의 논의에서 질적으로 큰 변화를 보이는 새로운 연대론이 될 것인데 그러한 예로서는 무엇보다 먼저, 생태위기에 대한 문제의식으로부터 출발해 인간 중심의 연대를 넘어 생태계로 연대의 범위를 확장시키는 녹색연대론을 들 수 있을 것이다. 그리고 인간사회 내부에서는 문명충돌의 위기, 국내에서는 보다 구체적으로 종교갈등이나 이념갈등의 위기에 대한 문제의식으로부터 출발해 문명권·종교·이념·가치관 등과 같은 보다 추상적인 세계의 연대를 다루는 상징세계 연대론도 들 수 있을 것이다.

이 외에 비록 비교적 많은 논의가 이미 이루어지기 시작했지만 연대참여자의 범위를 전 인류 혹은 세계인으로까지 확장시키는 휴먼 연대나 글로벌 연대도 세계화의 진전과정에서 앞으로 다른 어떤 연대논의에도 뒤지지 않을 큰 주목을 받게 될 것이다. 물론 연대 범위를 이처럼 확장시키는 과정에서 좁은 의미의 국내 시민연대를 넘어 국내 거주 외국인과의 연대, 동북아시아 연대, 아시아 연대 등에 관한 논의도 활발해질 것이다.

그리고 연대를 의무나 책임 차원에서 이해하는 시각을 확장시켜 권리, 특히 인권의 차원에서 다루는 연대권 논의와 이러한 맥락에서 이해되는 복지권 논의도 새로운 제3세대 연대론으로서 활발히 다루어질 수 있을 것이며, 현대 공동체주의나 공화주의 관점에서 연대성을 공동체에 대한 책임성, 공공성 등과 연관시켜 논의를 확장시키는 현대 공동체주의적인 연대론이나 공화주의적인 연대론도 비교적 새로운 차원의 연대론으로서 주목을 받게 될 것이다(박병도, 2006: 163쪽 이하; 류은숙, 2007: 98쪽 이하; 조계원, 2009: 36쪽).

제3세대 연대론의 예로서 열거된 이들 새로운 연대론은 비록 부분적인 형태로나마 최근에 국내에서 이미 소개되거나 논의되기 시작한 것들이어서 아주 새롭지는 않다. 하지만 앞으로 이들에 대한 논의의 필요성이 커지면서 제3세대 연대론은 과거 그 어느 때보다 더욱 활성화되고 발전할 가능성이 매우 크다. 그러나 이와 같이 이들 논의가 활성화되고 발전하더라도 특히 제2세대의 시민연대론과 같은 기존의 연대론을 대체하지는 않을 것이다. 오히려 기존의 논의를 새로운 차원으로 확대 · 발전시키거나 보완함으로써 전체 연대논의를 더욱 풍성하게 만드는 역할을 하게 될 것으로 보인다.

5 반연대주의로서의 모나디즘

시장주의자와 국가주의자는 비록 정치적으로는 대립하는 관계에 있지만 조금 더 들여다보면 사회적 연대를 중시하는 연대주의 시각에 반한다는 점에서 공통된 입장을 갖고 있다. 건강한 사회적 연대로 채워진 시민사회의 발전을 위해서는 개인주의나 집합주의, 시장주의나 국가주의 등과 같은 모나디즘은 적절한 대안이 될 수 없으며 오직 연대주의가 요구된다.

문제는 모나디즘이다

현대사회학에서는 사회적 연대에 대한 관심이 매우 커졌다. 사회적 연대는 콩트와 같은 초기 사회학자나 뒤르켐, 베버 같은 고전사회학자에 의해 특별한 주목을 받은 이후 파슨스, 코저, 헥터 등 20세기의 수많은 사회학자들에 의해 꾸준히 다루어져온 주제다. 그런데 20세기 말부터는 하버마스, 기든스, 벡, 바우먼, 알렉산더 (J.C. Alexander) 등 내로라하는 현대사회학 이론가들이 한결같이 사회적 연대에 다시금 주목하면서 이를 자신들의 독창적인 이론적 시각을 담아내는 매우 중요한 개념으로 제시하고 있음을 볼 수 있다.

이러한 현상은 두 가지 측면에서 이해할 수 있는데, 하나는 19세기 초기 사회학자나 고전사회학자들이 사회적 연대에 관심을 갖게 된 배경이었던 사회해체의 위기의식이 20세기 말 다시금 부상했다는 점이다. 비록 이러한 위기의식은 시대마다 그리고 사회마다 등장했지만 20세기 말에는 전 지구 차원에서 부상했으며 특히 이들 현대사회학 이론가들이 위치한 서구사회에서 매우 뚜렷했다. 소비사회의 발전, 신자유주의 세계화의 확산, 뉴미디어의 발전, 새로운 개인주의 경향의 심화 등과 밀접하게 연관된 이러한 위기의식은 물론 사회학자들만이 가졌던 것은 아니어서 정치학에서는 공동체주의론이나 사회적 자본론 등이 논의되었다.

현대사회학 이론가들이 사회적 연대에 다시금 주목하게 된 다른 배경은 사회적 관계의 성격과 기초에 큰 변화가 발생했다는 점이다. 20세기 말에 사회적 연대가 약화되지 않고 유지되거나 새롭게 형성되는 것을 관찰해보면, 사회적 연대가 집단적 압력이나 제도적 장치 대신에 상호신뢰·위험의식·책임의식 등 이전과는 다른 요소들에 힘 입고 있다는 사실을 알 수 있다. 그리고 이러한 요소들의 부상에는 앞에서 언급된 사회적 조건의 변화와 함께 민주의식의 심화, 탈근대주의 정신의 확산 등 새로운 시대정신이 큰 영향을 미쳤음을 알 수 있다. 그래서 이론가들은 새로운 특성을 띤채 형성·유지되는 사회적 관계, 특히 사회적 연대를 해명하는 데 자신들의 독창적인 시각을 활용할 필요가 있다는 입장에서 사회적 연대에 주목하고 있는 것이다.

이처럼 사회적 연대에 대한 최근의 사회학적인 관심은 사회적 연대의 부족에 대한 우려와 사회적 연대의 성격변화에 대한 해명의 필요성에 따른 것이다. 이러한 문제의식은 한국사회를 배경으로 사회적 연대에 관해 논의할 때에도 마찬가지로 통용된다. 그런데 필자는 이 두 가지 문제의식 가운데 첫 번째를 이 장의 주된 화두로 삼고자 한다.

근대화의 역사가 한국사회보다 훨씬 더 오래된 서구사회에서는 전근대적인 연대가 해체된 곳에서 근대적 연대와 최근에는 더 새로운 형태의 연대가 문화적으로나 제도적으로 자리 잡을 수 있도록 나름대로 여러 노력을 기울여왔으며, 이러한 노력에 성공한 사회들은 비교적 안정된 사회발전을 이룩해왔다. 이에 비해 한국사회는 전통적인 연대가 해체된 곳에 적절한 근대적 연대나 보다 새로운 형태의 연대가 그다지 성공적으로 자리 잡지 못했다. 그 이유는 먼저 서구사회와 비교할 수 없을 정도로 급속히 진행된 근대화의 속도 때문이라고 볼 수 있겠지만 한반도의 분단과 이념대립 역시 한국사회에 필요한 사회적 연대를 모색하는 데 매우 부정적으로 작용해온 것을 부인할 수 없다.

한반도의 분단과 이념대립은 한국사회에 근대적 질서를 수립하는 과정에서 자유주의와 사회주의의 대립, 시장주의와 국가주의의 대립, 개인주의와 집합주의의 대립 등을 과도하게 조장함으로써 결과적으로 한국사회에 필요한 보다 합리적인 사회질서를 모색하는 것을 방해해왔다. 그리고 이들 대립적 시각의 지나친 강조는 무엇보다도 근대적인 사회적 연대, 특히 개인의 자율성과 독립성을 기초로 성립되는 현대적인 사회적 연대가 한국사회에 자리 잡는 것을 방해해왔다.

물론 시장주의자와 국가주의자는 서로에게 모든 책임을 전가할 것이다. 하지만 이 두 관점은 비록 정치적으로는 대립하는 관계에 있지만, 조금 더 들여다보면 사회적 연대를 중시하는 연대주의 시각에 반한다는 점에서 공통된 입장을 갖고 있다. 그래서 필자는 이 글에서 연대주의에 대립하는 시각 혹은 정신을 모나디즘이라고 부르면서 개인주의와 집합주의, 그리고 시장주의와 국가주의가 각각 모나디즘의 다른 형태에 지나지 않는다는 점을 해명하고자 한다. 그리고 이를 통해 결국 건강한 사회적 연대로 채워진 시민사회의 발전을 위해서는 개인주의나 집합주의, 시장주의나 국가주의 등과 같은 모나디즘은 어떠한 형태로도 적절한 대안이 될 수 없으며 오직 연대주의가 요구된다는 점을 제시하고자 한다.

이를 위해 먼저 모나드 개념과 모나드론의 역사에 관해 간략히 소개할 것이다. 그 후에 반연대주의로서의 모나디즘이란 무엇이며 어떤 특징을 갖는지, 그리고 모나디즘의 대표적인 유형론인 개인주의적 모나디즘과 집합주의적 모나디즘이 무엇인지 간략히 설명하고자 한다. 이러한 논의를 바탕으로 현대사회에서 중요한 국가주의와 시장주의가 모나디즘과 어떤 관계에 있는지, 그리고 오늘날 뚜렷한 경향을 드러내고 있는 새로운 개인주의는 모나디즘과 어떠한 관계에 있는지 살펴보겠다.[1]

---

1) 이 글의 문제의식의 기본 출발점은 현대 한국사회에 적합한 사회적 연대를 강화하는 데 있지만, 논의의 전개는 한국사회의 현실 맥락에 직접 연결되지 않은 채 이루어질 것이다. 한국사회의 연대주의와 모나디즘에 관한 본격적인 분석은 제4장과 제6장에서 별도로 이루어지기 때문이다.

모나드론 혹은 모나돌로지의 약사(略史)

우리말로 흔히 단자(單子)로 번역되는 모나드(monad)는 단위를 뜻하는 그리스어 모나스(monas)로부터 나왔다. 플라톤은 수를 포함한 모든 존재의 원초적 원리에 관해 논의를 펼친 피타고라스 전통에 입각해 모나스를 불변하며 불가분한 이데아로, 즉 변할 수 있고 나뉠 수 있는 모든 존재를 위한 존재 근거로 묘사했다. 플라톤 이후에도 모나스에 관한 논의는 많은 사람들에 의해 다양한 방식으로 이어져오다가 바로크 시대의 독일 철학자 라이프니츠에 의해 비로소 오늘날 통용되는 개념인 모나드의 철학으로 확립되면서 널리 알려지게 되었다(Lötzsch, 1984: 114쪽 이하).

라이프니츠에 따르면 모나드는 "복합적인 것을 이루는 단순한 실체, 간단히 말하면, 부분을 갖지 않은 단순한 실체나 다름없다"(Leibniz, 1998: 11). 인간·동물·식물 같은 유기체는 물질적인 요소와 함께 비물질적인 실체로 이루어져 있는데 물질적인 요소는 연장의 속성을 가진 부분들로 나뉘지만 비물질적인 실체는 그렇지 않다. 유기체의 비물질적인 실체는 몇 가지 중요한 특징을 갖는데, 외부세계에 대한 지각능력이 첫 번째 특징이다. 유기체 가운데 동물이나 인간은 기억에 의한 지각을 할 수 있다는 점에서 영혼이라고 부를 수 있으며, 그 가운데서도 인간은 자의식 혹은 성찰적 인식을 한다는 점에서 이성적 영혼 혹은 정신이라고 부를 수 있다. 하지만 이들 유기체의 영혼은 물질적인 신체로부터 온전히 독립되어 있지 않은 데 비해 신만은 이로부터 온전히 자유롭다. 이런 관점에서 라이프니츠는 신적 모나드를 최상의 실체로 그리고 그 아래에 인간 모나드와 동물 모나드 등을 각각 차례로 등급화한 모나드론을 제시했다(Poser, 1984: 118쪽).

모나드의 두 번째 특징은 무엇인가 드나들 수 있는 창을 갖고 있지 않다는 점이다. 그 결과 어떠한 외부의 원인도 내부에 영향을 미칠 수 없기 때문에 창조된 모나드들 간에는 신의 중재를 통하지 않고는 서로에게 영향을 미칠 수 없다. 이처럼 창조된 모든 모나드들은 서로에게서 독립되어 있어 각 모나드의 자연적인 변화는 오직 서로 다른 내부의 원리에 의해서만 이루어지게 된다(Leibniz, 1998: 13쪽, 15쪽, 39쪽).

세 번째 특징은 모든 모나드는 전체 우주의 거울이며 서로 간에 조화의 관계가 존재한다는 점이다. 라이프니츠는 각 모나드가 본질적으로 자신의 관점에서 하나의 동일한 우주를 표상하며 또한 우주는 하나의 온전한 질서를 소유하고 있기 때문에 이들 우주의 표상에는 질서가 존재한다고 보았다. 그리고 결국 모나드들의 체계에는 예정조화의 원리가 작용한다고 보았다(Leibniz, 1998: 41쪽 이하, 55쪽 이하).

이러한 내용을 가진 라이프니츠의 모나드론은 근대적 세계관과 인간관의 확립에 크게 기여했다. 우선 그의 이론은 우주의 완전 무결한 합리성과 만물의 완전한 조화를 주장함으로써 합리주의적인 세계관의 확립에 도움을 주었다. 물론 그 이전에 데카르트(R. Descartes)가 이미 코기토 사상을 통해 근대적인 합리주의 세계관을 설득력 있게 제시했으나 라이프니츠의 모나드론은 데카르트적 이원론의 한계를 물리적 원자론이 아닌 방식으로 극복하는 길을 제시했다(Störig, 1978: 90쪽; Poser, 1984: 118쪽).

그리고 그의 모나드론은 인간을 보편적 이성의 소유자이자 타인으로부터 독립된 개인성의 소유자로서 규정함으로써 근대의 합리주의적이며 개인주의적인 인간관의 발전에 크게 기여했다. 데카르트가 인간이 주체적으로 생각하는 존재임을 밝힘으로써 근대 합리주의적인 인간관을 확립하는 데 획기적인 역할을 행했다면 라이프니츠는 보편적 이성을 가진 인간이 어떻게 온전한 독립성과 자율성을 가진 개인, 그리고 유일한 개인으로서 존재할 수 있는지를 해명함으로써 근대적인 인간관, 특히 개인주의적인 인간관의 발전에 크게 이바지했다(Laurent, 2001: 42쪽 이하).

모나드의 철학은 라이프니츠 이후에도 계속되었다. 이른바 '라이프니츠-볼프 철학'을 확립한 볼프(C. Wolff) 학파의 모나드론은 격렬한 논쟁을 불러일으켰을 뿐 아니라 칸트가 물리적 모나드론을 제기하는 배경이 되었다. 칸트 이후의 모나드론은 칸트철학을 둘러싼 논쟁의 성격을 띠고 전개되는 경향이 있었는데, 뵈링거(H. Böhringer)에 따르면 이들 논의는 대부분 인식론적인 실재론의 특징을 지녔다(Störig, 1978: 90쪽; Poser, 1984: 120쪽; Böhringer, 1984: 121쪽).

19세기 말 이후에는 사회학자 가운데에서도 모나드 개념에 관심을 기울인 사람들이 여럿 등장했다. 19세기 말 프랑스에서는 뒤르켐의 사회학 방법론과 대결한 타르드(G. Tarde)가 "사회적인 것"(the social), 즉 사회현상에 대하여 뒤르켐처럼 전체론적으로 접근하는 대신에 미시적으로 접근하는 대안적인 사회학 방법론으로서 모나드론을 제시했다(Tarde, 2009a: 17쪽 이하).

독일에서는 짐멜(G. Simmel)이 일찍부터 타르드처럼 사회학에서 미시적인 접근의 필요성을 강조했는데 그의 이러한 미시적이며 분자론적인 접근법은 그가 1881년에 제출한 박사학위 논문이 칸트의 물리적 모나드론에 관한 것이었음을 통해 쉽게 이해할 수 있다(Böhringer, 1984: 123쪽; 김덕영, 1999: 23쪽 이하).

20세기 초에는 후설(E. Husserl)이 칸트의 선험적 의식과 물 자체의 이분법을 뛰어넘기 위한 현상학의 관점에서 모나드론을 제시했다. 여기서 그는 모나드의 독립성과 공동체성에 관한 논의를 바탕으로 현상학의 가장 중요한 관심사에 속하는 상호주관성의 문제를 해명하려고 했는데 이 과정에서 모나드의 역사성과 모나드 간의 상호작용에 관한 흥미로운 논의들을 발전시켰다(Husserl, 2002: 187쪽 이하).[2]

---

[2] 후설의 모나드론은 후설 현상학에 기초한 사회이론을 구성하려는 많은 학자들에게 매우 중요한 이론적 도구가 된다(Strasser, 1959; Schuhmann, 1988; 박인철, 2002). 반면에 오늘날 현상학적 사회이론가로 가장 널리

20세기 후반 이후 최근의 지성계에서는 근대성에 대한 급진적 비판 정신을 담은 새로운 모나드론이 들뢰즈(G. Deleuze) 같은 철학자나 라투르(B. Latour) 같은 사회학자를 통해 시도되어왔다. 차이와 반복의 철학자 들뢰즈는 라이프니츠와 타르드의 사상에 특별히 주목했다. 들뢰즈에 따르면 라이프니츠의 모나드론은 비록 근대 합리주의 사상의 발전에 중요한 역할을 했지만 객관적이면서도 주관적인 요소들, 그리고 보편성과 차이를 동시에 강조한다는 점에서 새로운 사유체계를 요구하는 오늘날 다시금 그러나 새로운 시각에서 주목할 필요가 있다고 보았다. 그래서 그는 이 이론을 시대에 맞게 새로이 해석하고 재구축하려고 애썼는데 특별히 모나드 안팎의 주름에 주목한 독창적인 주름론을 통해 모나드의 진보가능성을 제시했을 뿐 아니라 라이프니츠의 예정조화론을 단자의 연대론으로 전환시키고자 시도했다(Deleuze, 2004: 138~139쪽, 241쪽; 이찬웅, 2004: 256쪽 이하).

라투르는 특별히 타르드의 모나드론에 크게 주목했다. 모나드의 차이와 반복을 중시한 타르드에 대해서는 들뢰즈도 주목했지만 타르드의 부활에 가장 큰 기여를 한 인물은 과학사회학자 라투르라고 할 수 있다. 그는 인간 행위자 간의 관계만 다루는 기존의 사

알려진 슈츠는 후설의 문제제기에 공감하면서도 그의 선험적 현상학으로는 상호주관성 혹은 사회성의 문제가 성공적으로 다루어질 수 없다는 관점에서 이 문제를 모나드론이 아닌 일상적 생활세계론의 맥락에서 집중적으로 다루는 사회이론을 구성했다(Schutz, 1973: 164쪽 이하; 1975: 82쪽 이하; 1996: 190쪽 이하).

회학과 달리 인간 행위자와 비인간 행위자의 관계에도 관심을 기울이는 연결망이론(ANT)의 관점에서 타르드의 모나드론이야말로 선구적일 뿐 아니라 대안적인 시각도 제공하는 이론이라고 보았다. 왜냐하면 타르드의 모나드론은 자연과 인간의 근대적 이분법을 뛰어넘어 사회개념을 인간이 아닌 동물이나 식물, 심지어 태양계와 같은 물질세계에도 적용시킬 뿐 아니라 이들 모나드 사회가 전적으로 일반적인 현상이라는 점에서 인간사회에 특별한 것이 존재한다고 보지 않기 때문이다.

　이처럼 라투르는 비록 자신이 독자적인 모나드론을 새로이 제시한 것은 아니지만 사회학자들이 인간중심적이지 않은 대안적인 사회이론을 구성하는 데 타르드의 모나드론에 주목하게 만드는 역할을 했다(Latour, 2002: 1쪽 이하; Schillmeier, 2009; Candea, 2010).

모나드주의, 모나디즘이란 무엇인가

연대주의의 기본정신

모나디즘(monadism)이란 흔히 학문으로서의 모나드론, 즉 모나돌로지와 동일시되거나 아니면 다원론(pluralism)에 대립되는 일원론(monism)과 동일시되는 경향이 있다. 하지만 필자는 여기서 모나디즘을 연대주의와 대립되는 정신 또는 이념으로 제시하고자 한다.

연대주의란 연대관념에 기초를 둔 정신 혹은 이념을 일컫는데 서양의 사상사에서는 19세기 말 프랑스에서 레옹 부르주아를 비롯한 일군의 학자들이 일으킨 사상운동과 20세기 초 독일에서 하인리히 페쉬에 의해 제시된 후 가톨릭에서 발전된 사상전통을 통해널리 알려졌다. 비록 이들 외에도 다른 여러 경향의 연대주의가 존재하지만 연대주의는 대체로 다음과 같은 점에서 공통된 인식을 보여준다.

무엇보다 먼저 인간을 자유로운 개인의 권리를 가진 존재임과 동시에 타인 혹은 소속된 사회와 밀접한 유기적인 관계를 맺는 존재로 본다. 이러한 인간관은 연대주의 이론 전통에 따라서 자연과학적인 논리나 사회계약 사상 혹은 인격론 등 다양한 방식으로 설명되지만 이들은 한결같이 원자화된 인간관을 주장하는 개인주의나 자유주의 인간관과 개인을 사회의 일부 혹은 부속품으로 여기는 전체주의나 집합주의 인간관을 모두 거부한다.

이러한 인간관에 기초해 연대주의는 개인의 자유 및 권리와 함께 타인이나 사회에 대한 책임을 강조함과 동시에 이들 개인에 대한 사회의 책임도 강조한다. 즉 무엇보다 사회 구성원들의 개인적인 자유 및 이에 근거한 에너지와 창의성이 소중하지만 이것들이 자신의 유익만을 위해서 사용되어서는 안 되며 사회의 공동선을 위해서도 활용되어야 한다고 주장한다. 그리고 이런 관점에서 연대주의는 개인의 자유와 자발성을 소홀히 여기는 사회주의적인 집합주의와 함께 사회에 대한 개인의 책임을 경시하는 자유주의적인 개인주의로부터도 거리를 두려고 한다.

또한 개인에 대한 사회의 책임을 구현하기 위해서는 자발적인 사회조직이나 국가정책의 역할이 필요하다는 관점에서 협동조합을 비롯한 여러 형태의 결사체의 발전과 또한 사회복지를 위한 국가의 적극적인 역할을 주장한다. 이처럼 연대주의는 국가에 대한 경계심으로 야경국가론을 주장하는 자유주의와 달리 국가의 적극적인 역할을 요청하지만 개인보다 조직을 더 중시하거나 이들 개인과 조직보다 국가의 역할과 권한을 더 중시하는 집합주의 경향과 특히 국가주의 경향에 대해서는 단호하게 반대한다. 왜냐하면 어디까지나 개인이나 자발적 결사체의 자기주도적인 활동이 우선이며 국가는 다만 이들을 전체사회의 공동선의 관점에서 지원하는 역할을 하는 것이기 때문이다.

이러한 인식은 자연스레 연대주의적인 경제체제론으로 이어지게 된다. 즉 연대주의자들은 경제생활에서 시장경제 원리만 강조하는 자유주의 경제체제나 계획경제, 공동경제 원리만을 주장하는 사회주의 경제체제를 모두 거부하고 이들을 새로운 원리에 따라 적절히 결합한 대안적인 경제체제를 추구하는 경향이 있다. 개인이나 사적 경제단위의 자기주도적인 경제활동을 최대한 존중하면서도 국가나 결사체들이 공동선을 위해 기여할 수 있도록 하는 대안을 모색하려는 것이다. 19세기 말과 20세기 초의 연대주의자들로부터 제기된 이러한 문제의식은 자유시장경제로 특징지어지는 19세기의 구자유주의 경제이론을 대신할 신자유주의 경제이론이 1930년대 유럽에서 질서자유주의라는 이름으로 탄생하고 또한 제2차 세계대전 종전 후에는 사회적 시장경제 모델이 등장하는 배경이 되었다.

이러한 연대주의는 서구사회에서 구성원들 사이의 지나친 갈등으로 인한 사회해체와 비인간화의 위험을 해소하고 사회의 통합과 정의를 실현하기 위한 새로운 모델을 모색하려는 지적인 노력으로서 출현했으며 지금도 여전히 이러한 의미를 함축하고 있다. 즉 연대주의자는 개인적인 이해관계를 사회의 공동선보다 우선시하고 경쟁원리를 만능시함으로써 사회적 약자의 비인간적 처지나 공동선에 대한 관심을 소홀히 하는 개인주의적 자유주의의 위험을 항상 경계해왔다.

이와 함께 연대주의는 공동선이나 사회정의를 명분으로 개인이나 자발적 결사체의 주체성과 자율성을 희생시키면서 국가개입에 의한 강제적 권력행사를 일삼는 국가주의 경향이나, 특정한 집단이익을 전체사회의 공동선보다 우선시하고 그 집단이익의 실현을 위해 투쟁을 만능시하여 사회분열을 심화시키는 집합주의적 투쟁주의 경향의 사회주의를 경계해왔다. 그러면서 연대주의자는 이들의 대안인 제3의 이념이자 정신으로서 연대주의를 이해하고 또 그렇게 추구해온 것이다.

이러한 연대주의의 기본정신은 다음과 같은 열 가지 항목으로 요약할 수 있는데 필자는 이를 '연대주의 10원칙'이라고 부르고자 한다. 첫째, 인간은 개인으로서 무엇보다도 존엄한 존재이며 개인의 존엄성은 생명권, 자유권 등을 비롯한 천부의 기본권 확보를 통해 보장될 수 있다(개인 존엄성 원칙). 둘째, 출생과 성장과정을 비롯한 개인적 삶의 조건은 대부분 순수한 자신만의 공이 아닌 타인의 성취와 지원을 통해 제공된다(삶의 상호의존성 원칙). 셋째, 개인이 이전 세대나 동시대인으로부터 받은 사회적 혜택은 타인에게나 혹은 자신이 속한 공동체에 되돌려주어야 할 사회적 부채와 도덕적 책임이다(사회적 부채와 도덕적 책임의 원칙). 넷째, 개인은 자신의 문제를 스스로 결정할 권리와 그 결정의 결과에 스스로 책임질 의무를 갖는다(자기결정과 자기책임의 원칙). 다섯째, 타인이나 공동체에 대한 지원은 당사자가 문제를 스스로 해결할 권리와 책임을 침해하지 않는 방식으로 이루어져야 한다(지원의 보조성 원칙).

여섯째, 시장으로 대표되는 경쟁의 원리는 사회의 영역에 따라 생산성향상이나 사회발전의 중요한 도구이지만 개인 존엄성의 원칙을 대체할 수 없으므로 경쟁 자체를 목적으로 추구하거나 더 나아가 물신화하는 것을 거부한다(경쟁의 도구성 원칙). 일곱째, 결사체는 개인에게 어려운 문제를 공동으로 해결하기 위한 중요한 도구지만 구성원 개인의 자발성과 민주성을 침해할 수 없다(결사체의 민주성 원칙). 여덟째, 투쟁의 원리는 사회적 혹은 정치적 약자의 권리를 획득하고 실현하기 위해 중요한 현실적인 도구이므로 사회가 이를 제도화할 필요가 있지만 투쟁 자체를 목적으로 추구하거나 더 나아가 이를 물신화하는 것을 거부한다(투쟁의 도구성 원칙). 아홉째, 국가는 개인이나 결사체로서 어려운 문제의 해결을 위해 공동선의 관점에서 그러나 시민의 기본권과 민주성을 침해하지 않는 방식으로 적극적인 역할을 수행해야 한다(국가역할의 원칙). 열째, 세계화가 진전됨에 따라서 연대의 범위는 개별 국가의 경계를 넘어 범지구 차원의 인간과 자연으로 확대될 필요가 있다(지구적 연대의 원칙).

그렇다면 이러한 연대주의에 대립되는 정신 혹은 이념으로서의 모나디즘이란 무엇인가? 우선 모나디즘이란 외부와의 연결성보다는 단절성을, 공통성보다는 개별성을, 그리고 외부의 영향보다는 내부의 힘과 논리를 강조하는 실체론적 사고의 경향이라고 간략히 정의할 수 있다. 이러한 의미의 모나디즘을 우리말로 표현한다면 글자 그대로 단자주의라고 할 수 있겠으나 의미상으로는 단독

(單獨)주의, 독단(獨斷)주의, 단원(單元)주의 등과 유사한 특징을 보인다. 하지만 모나디즘의 특징을 자세히 살펴보게 되면 이들과는 구별되는 정신 혹은 관념체계임을 알 수 있다.

모나디즘의 다섯 가지 특징

그렇다면 모나디즘의 특징은 무엇인가? 모나디즘의 기본정신은 다음과 같은 다섯 가지 특징으로 간략히 표현할 수 있다. 물론 앞에서 소개했듯이 여러 모나드론 사이에는 공통점과 함께 차이점도 존재한다. 특히 라이프니츠 시대와 오늘날 사이에는 약 3세기의 차이가 존재하는 만큼 커다란 시대정신의 차이가 당시의 모나드론과 현대의 모나드론에 반영되어 있다. 그렇기 때문에 아래의 다섯 항목으로 표현되는 기본정신이 기존의 모든 모나드론에서 공통적으로 발견되거나 모든 모나드론의 주장과 합치되는 것은 아니다. 다만, 필자는 이들 모나드론의 긴 역사에서 발견되는 여러 논의의 바탕을 이루면서 반연대주의 정신을 비교적 잘 드러내는 논점들을 모나드론의 기본정신으로 정리하고자 한다. 그런데 역시 모나디즘의 기본정신을 정리하는 만큼, 오늘날까지도 다양한 모나드론에 가장 큰 영향을 미쳐온 라이프니츠 모나드론의 기본관점을 비교적 뚜렷이 반영하게 될 것이다.

첫째, 모나디즘은 모나드라는 개별 실체로부터 세계를 설명하려는 경향이 있다. 여기서 모나디즘은 모나드의 세 가지 기본 특징을 특별히 강조하는데, 하나는 모나드가 부분으로 환원되지 않는 실체라는 점이고, 다른 하나는 모나드가 연속체가 아닌 분리된 실체라는 점이며, 또 다른 하나는 어떠한 모나드도 다른 모나드와 구별되는 개별적 특성을 갖는다는 점이다(Leibniz, 1998: 11쪽, 15쪽).

모나디즘의 이러한 정신은 연대주의 관점과 비교된다. 연대주의는 비록 개별 실체를 무시하고 이를 관계로 대체하는 관계주의에 동의하지 않지만 모나디즘처럼 개별 실체 간의 관계를 무시하고 실체에 집중하는 순수한 실체주의에도 동의하지 않는다. 그 대신 연대주의는 개별 실체 간의 관계, 특히 능동적인 연대관계를 매우 중시하는데, 여기서 연대관계는 기본적으로 개별 실체들로부터 기인하는 것으로 간주된다. 그리고 이런 맥락에서 연대주의는 각 실체가 개별성뿐 아니라 공통성도 소유한다는 점과 각 실체들 간의 접촉 가능성이나 연관성을 강조하는 경향이 있다.

둘째, 모나디즘은 개별 실체의 자립성과 자율성을 강조하며 실체의 파악을 위한 내재적 접근을 강조하는 경향이 있다. 즉 실체들 사이의 상호의존적인 관계를 중시하는 연대주의와 달리 모나디즘은 개별 실체의 독립성과 자립성을 강조하는 경향이 있다. 그리고 연대주의가 실체들 간의 능동적인 협력관계를 통한 발전의 가능성에 주목하는 데 비해 모나디즘은 각 실체의 내적 원리에 따른 자율적인 발전을 강조하며 외부로부터의 긍정적인 영향력에 대해서는 소극적인 태도를 취한다. 왜냐하면, 모나디즘은 우주의 보편적인 정신이 반영된 내재적인 법칙 또는 내적인 논리와 힘이 개별 실체에 존재한다고 보기 때문이다(Leibniz, 1998: 15쪽, 19쪽, 39쪽). 이런 관점에서 모나디즘은 개별 실체에 대한 외부의 영향력에 주목하는 외재적 접근을 거부하고 내재적 접근을 강조하는 편이다.

셋째, 모나디즘은 실체를 외부세계에 대해 닫힌 공간으로 파악하는 경향이 있다. 즉 모나디즘은 라이프니츠의 모나드론에서 묘사된 창 없는 모나드가 보여주듯이 어떠한 것도 실체의 외부로부터 내부로 들어가거나 그 반대로 내부에서 밖으로 나오지 못하는 폐쇄적인 특성을 갖는 것이 실체라고 본다(Leibniz, 1998: 13쪽). 이 점에서 모나디즘은, 연대주의가 상호이해와 상호협력을 위해 실체들 사이의 상호신뢰와 의사소통을 중시해 개별 실체에게 외부 세계에 대한 개방성을 특별히 강조하는 것과 대조된다.

그리고 모나디즘에서는 이러한 폐쇄적인 실체관으로 인해 실체들 사이의 관계가 주체-객체의 일방적 관계 혹은 목적-수단의 도구적 관계로 설정되는 경향이 있다. 이러한 관계는 근대화 과정에서 막스 베버의 목적합리성 혹은 아도르노(T.W. Adorno)의 도구적 이성이 지배하는 관계로 합리화됨으로써 하버마스에 따르면 경제영역에서는 시장경제를 특징으로 하는 경제체계를 그리고 정치행정영역에서는 국가관료제를 특징으로 하는 행정체계를 형성하는 바탕이 되었다(Habermas, 2006: 472쪽 이하).[3]

넷째, 모나디즘은 부분과 전체의 이원론적 세계관을 주장하는

---

3) 이에 반해 연대주의는 참여하는 모든 실체가 함께 주체가 되고 목적이 되는, 상호주관적이거나 쌍방적인 연대관계를 추구하는 경향이 있다. 이러한 관계는 근대화 과정에서도 하버마스가 의사소통적 합리성이라고 부른 상호이해 지향적인 정신을 바탕으로 합리화되어 체계가 아닌 생활세계의 특징적인 사회적 관계로 자리 잡아왔다고 볼 수 있다.

경향이 있다. 모나디즘은 최종적인 실체를 찾는 데 가장 큰 관심을 기울이며 만약 이 실체를 찾게 되면 곧바로 이를 통해 전체 세계를 설명하고자 한다(Leibniz, 1998: 11쪽, 61쪽 이하). 하지만 연대주의는 부분과 전체를 연결하는 중간 단계의 역할에 큰 관심을 기울이며 이를 통해 부분과 전체 사이의 긴장과 갈등을 해소하려고 한다.

예를 들어 개인을 모나드로 삼는 모나디즘은 개인을 통해 전체 세계를 설명하려고 하며 이런 관점에서는 더 이상 "사회와 같은 그런 것"은 존재하지 않으며 존재한다고 하더라도 개인의 단순한 집합에 지나지 않는다. 이에 비해 연대주의는 비록 개인을 사회세계의 가장 소중한 구성원으로 여기지만 개인들로 구성된 결사체와 이들로 구성된 시민사회는 전체 세계에서 개인으로서는 감당하기 어려운 문제의 해결에 매우 중요한 도구라고 간주해 이들에 큰 관심을 기울인다.

다섯째, 모나디즘은 은연중에 유토피아적인 미래상을 드러내는 경향이 있다. 라이프니츠는 모나드 내부 요소들이나 모나드들이 서로 간에 조화로운 관계를 이루도록 신의 창조에 의해 예정되어 있다고 보았다. 그런데 이러한 관점은 모나드 간에 현존하는 긴장과 갈등을 심각한 문제로 인식하고 이것을 해소하기 위해 적극적인 노력을 기울이는 것을 회피하는 결과를 낳을 수 있다(Leibniz, 1998: 43쪽, 55~57쪽).

이는 개인이나 집단 사이에 현존하는 지나친 긴장과 갈등이 개인과 사회에 초래하는 부정적인 결과에 주목해 이를 적극 해결하려는 연대주의의 현실을 중시하는 태도와 비교된다. 이처럼 연대주의는 현실의 문제를 해결하는 데 커다란 비중을 두기 때문에 문제해결 방식에서도 점진적인 개혁주의 방식을 선호하는 경향이 있다. 그에 비해, 모나디즘은 실체들 사이에 현존하는 문제를 인식하는 데 무디거나 아니면 유토피아적인 미래상에 근거해 급격한 문제해결 방식을 취하는 경향이 있다.

모나디즘의 두 가지 유형

개인주의적 모나디즘

이상과 같은 특징을 지닌 모나디즘 정신은 서구 근대사에서 개인주의와 집합주의 형태로 가장 뚜렷이 표현되었다. 먼저 서구의 근대적 개인주의 관념이 발전하는 데 모나드 사상이 미친 중요한 영향은 잘 알려져 있다. 서구에서는 르네상스와 종교개혁을 거치면서 개인주의에 필요한 여러 요소들이 출현했으나 아직 미약하고 불안한 상태로서 정당성을 얻지 못하고 있었다. 그러다가 고전주의와 계몽주의를 지나면서 개인주의는 효과적인 이데올로기로 확립되고 빠르게 확산되어 마침내 개인이 공동체 구성원이라는 전통적인 위치에서 벗어나 사회의 중심으로 자리 잡게 되는 코페르니쿠스적 혁명이 발생했다(Laurent, 2001: 41쪽).

물론 개인이라는 새로운 범주가 마침내 사회에서 주도적인 위치를 점하게 되는 데에는 역사적인 여러 측면이 함께 작용했다. 로랑(A. Laurent)에 따르면 특별히 세 가지가 중요한데 "분리된 자의식과 이성주의를 지닌 주체, 자신을 소유하는 자유주의 시장의 주체, 민주주의적 인본주의를 신봉하는 평등한 시민의 모습"이 그 것이다. 이처럼 개인은 사상사 · 경제사 · 정치사의 여러 측면에서 중심되는 주체로 등장했는데 이들 각각의 측면은 순서대로 연속해서 출현해 공존하게 되었다. 여기서 라이프니츠의 모나드론은 데카르트의 코기토 철학과 함께 개인을 이성적이면서도 주체적이며 개별적인 존재로 확립하는 데 매우 중요한 역할을 행했다(Laurent, 2001: 42~45쪽).

물론 그 후에 개인주의 이념의 역사가 전개되면서 다양한 유형의 개인주의가 탄생했으며 또한 시대정신이 변화함에 따라서 근대 초에 성립된 개인주의 이념에 많은 변화가 생겼다. 예를 들어 역사적인 등장배경을 주목하면 개인주의를 합리주의적 개인주의 · 자유주의적 개인주의 · 민주주의적 개인주의로 나눌 수 있는데, 로랑은 19세기를 거치면서 민주주의적 개인주의에 대한 반발로 등장한 절대적 개인주의에 특별히 주목해 개인주의를 자유주의적 개인주의 · 민주주의적 개인주의 · 절대적 개인주의로 나눴다 (Laurent, 2001: 67쪽 이하). 그밖에도 20세기 중엽 이후 최근까지 다양한 형태의 신(新)개인주의가 출현했는데 이것은 특히 20세기에 강력한 힘을 발휘한 다양한 반개인주의에 대한 반작용의 성격을 띠었다.

이들 개인주의 이념 가운데는 연대사상가인 뒤르켐처럼 개인주의의 원동력을 이기주의가 아닌 인간을 향한 우호감에서 찾으면서 개인주의에 개인들을 결속시키는 역할을 부여하는 민주주의적 개인주의도 있다(Laurent, 2001: 80쪽). 그렇기 때문에 개인주의를 곧 연대주의에 대립하는 이념으로 볼 수는 없으나, 절대적 개인성을 지향하는 급진적인 이념인 절대적 개인주의에서는 반연대주의 정신이 뚜렷이 발견된다.

로랑은 19세기와 20세기 초에 걸쳐 등장한 수많은 문인 · 철학자 · 사회학자 등의 사상가, 예컨대 스탕달(Stendhal), 보들레르(C.P. Baudelaire), 랭보(J.N.A. Rimbaud), 키르케고르(S.A. Kierkegaard), 슈티르너(M. Stirner), 니체(F.W. Nietzsche), 팔랑트(G.T.L. Palante) 등을 이런 범주에 넣었다. 이들 가운데 니체와 팔랑트의 귀족적 개인주의는 개인의 내면적 차별성을 찬양하면서 이타주의와 연대주의를 철저하게 적대시했다고 설명한다(Laurent, 2001: 82쪽 이하).

비록 20세기 초를 지나 복지국가 건설이 시작되면서는 급진적인 개인주의의 기세가 한풀 꺾였지만 이러한 정신은 그 후에도 지속적으로 여러 가지 모습으로 역사 속에 등장했다. 예를 들어 미국에서는 랜드(A. Rand)가 공격적 · 신자유주의적인 개인주의의 부활을 알리는 상징으로 등장했다(Laurent, 2001: 123쪽 이하, 135쪽).

어쨌든 개인주의 이념은 무척 다양하고 20세기 중엽 이후에는 19세기에 비해 개인주의가 절대적 개인성을 추구하는 경향이 전반적으로 둔화되었다고 할 수 있으나 개인주의에 반국가주의적 정신뿐 아니라 반연대주의 정신도 내재되어 있다는 점은 분명한 사실이다. 그래서 로랑은 연대주의를 종교적 정통주의 · 국가관리주의 · 부족주의 · 생태주의와 함께 20세기 말 개인주의의 대표적인 적으로 규정했다(Laurent, 2001: 161쪽).

이처럼 모든 개인주의가 그런 것은 아닐지라도 비교적 단순하고 과격한 경향을 중심으로 하는 개인주의는 연대주의를 적대시하는 모나디즘의 대표적인 유형에 속한다고 볼 수 있다. 필자는 이러한 유형을 개인주의적 모나디즘이라고 부르고자 하는데, 이것도 닫힌 개인주의 모나디즘과 열린 개인주의 모나디즘으로 나누어 살펴볼 수 있다.

먼저 닫힌 개인주의 모나디즘은 개인을 가장 중요한 실체로 간주하는 개인주의 전통에서 라이프니츠의 창 없는 모나드 모델을 따라 개인들 사이의 관계를 실질적으로 단절된 관계로 설정하는 입장이다. 물론 개인들 사이에 존재하는 모든 사회적 상호작용과 사회적 관계를 부인하는 것은 아니지만 이것들을 철저히 각 개인의 관점에서 주관주의적으로 혹은 심지어 유아론적으로 인식하고 대응하는 경향을 보인다.[4] 이런 점에서 본다면, 이 유형은 앞에서 말한 모나디즘 기본정신의 다섯 가지 이념형적인 특징에 가장 가까운 전형적인 유형으로서 흔히 이기적 개인주의라 불리는 것이

---

4) 들뢰즈는 라이프니츠의 닫힌 모나드들도 결코 홀로 있지 않다고 주장한다. 그리고 이들이 다른 모나드들과 함께 동일한 세계를 표현하면서 악기의 합주와 같은 조화를 이룬다는 점을 강조하고 이러한 조화를 연대라고 표현한다(Deleuze, 2004: 241쪽). 하지만 조화와 연대는 명백히 구별되어야 한다. 라이프니츠에게는 모나들 간의 조화가 동일한 세계를 반영함으로써 자연스레 이루어지는 것이다. 하지만 연대주의가 강조하는 연대는 차이로 인한 부조화에도 불구하고 모나드들이 함께 의식적으로 이룩하는 것이다.

여기에 속한다.

다음으로 열린 개인주의 모나디즘은 개인을 세계의 중심에 두는 개인주의 전통에서 창 있는 모나드 모델을 제시해 개인들 사이의 사회적 상호작용과 사회적 관계에 주목하지만 개인이 아닌 어떠한 사회적 집합체도 실체로서 인정하지 않는 입장이다. 타르드의 모나드론은 이러한 입장에 속하는 대표적인 사례다.

타르드는 라이프니츠와 달리 모나드가 개방적이라고 본다. 그리고 이 모나드의 보편적인 본질로 열망과 신념을 제시하면서 사회란 결국 개인 모나드들의 열망과 신념이 상호 침투해 이루어지는 모방을 통해 결합된 것이라고 주장한다.[5] 이처럼 타르드는 개방성을 특징으로 하는 새로운 모나드론의 관점에서 사회집단, 조직 등과 같은 다양한 사회현상에 주목하지만 이들이 모방과 같은 개인의 심리를 통해 설명된다고 봄으로써, 결국 사회(society) 혹은 사회적인 것(the social)의 실체성을 인정하지 않는다. 즉 사회란 순수한 사회적인 요인의 결과라기보다는 실체인 개인 모나드 간의 상호작용의 결과라는 것이다(Tarde, 2009a: 48쪽, 67쪽, 81~82쪽; 2009b: 81쪽 이하).

타르드의 모나드론에서 보듯이 열린 개인주의 모나디즘은 이처럼 모나드 간의 사회적 상호작용과 그 결과인 중간단계의 사회적

---

5) 타르드는 이러한 사회가 개인들 사이에서만 이루어지는 것이 아니라 동물이나 식물 같은 비인간적인 모나드들 사이에서도 형성된다고 보았는데 라투르는 타르드의 이러한 관점에 주목해 그의 사회학을 새롭게 부각시키려고 했다(Tarde, 2009a: 51쪽; Latour, 2002: 2쪽).

집합체에 주목할 뿐 아니라 모나드의 내적 원리와 함께 외부의 영
향력에도 주목한다는 점에서 연대주의와 유사한 특징을 보인다.
하지만 열린 개인주의 모나디즘은 연대주의에 비해 모방처럼 일
방적인 성격이 훨씬 강한 상호작용을 제시하고, 외재적 접근을 덜
중시하며, 초개인적인 중간단계 사회집합체의 역할에 소극적인 태
도를 보인다는 점에서 구별된다.

하지만 무엇보다도 열린 개인주의 모나디즘은 연대주의에 비
해 훨씬 뚜렷한 실체주의적 경향을 지니고 있고 모나드 간의 부
조화 문제를 현실적으로 해결하는 데 훨씬 적은 관심을 보인다
는 점에서 여전히 모나디즘의 일종이다.[6)]

집합주의적 모나디즘

개인이 아닌 사회의 집합체를 우선시하며 개인을 단지 이 집합

---

6) 후설도 라이프니츠와 달리 창 있는 모나드 모델을 제시했다. "모나드는
외부의 작용을 받아들이기 위해 창을 갖고 있다. 그것은 감정이입의 창이
다"(Husserl, 1973: 295쪽). 그는 자신의 선험적 현상학이 유아론이 아님
을 보이기 위해 개방적인 모나드 개념을 바탕으로 상호주관성의 문제를
해명하려고 노력했다. 이 과정에서 그는 모나드 간의 의사소통과 상호작
용이 어떻게 가능한지를 감정이입(Einfühlung) 개념을 통해 선험적 현상
학으로 보여주려 했다. 그러나 그의 이러한 노력에 대해서는 성공적이지
못하다는 평가가 많다(Schutz, 1975: 82쪽 이하; 박인철, 2001: 188쪽 이
하). 어쨌든 후설은 닫힌 모나드론이나 유아론과 명백히 거리를 두었으나
세계에 대한 그의 인식은 일반적으로 개인 중심의 개체론, 다르게 표현해
개인주의로 받아들여진다. 하지만 박인철처럼, 후설의 모나드 공동체 개
념과 목적론을 바탕으로 그의 사회관을 오히려 전체론으로 해석하려는
움직임이 없는 것은 아니다(박인철, 2002: 170쪽 이하).

체의 일부로 간주해 개인의 독자성을 부인하는 입장을 일컫는 집합주의(collectivism)라는 용어는 1850년경 프랑스에서 처음 등장했으며 그 후 1869년 인터내셔널 대회에서 바쿠닌(M.A. Bakunin)이 공산주의를 대체하는 용어로 도입함으로써 널리 알려지게 되었다(Rauscher, 1976: 884~885쪽).

집합주의는 일반적으로 개인주의의 대립개념으로 사용된다. 실제로 역사적으로 집합주의 사상을 주장한 사람들은 한결같이 개인주의 비판으로부터 정당성을 끌어내어온 경향이 있다. 개인주의가 개인만을 실체로 인정하고 사회에는 어떠한 독자적인 가치도 인정하지 않음으로써 결국 경제적 부나 정치권력을 소유한 개인들이 사회를 지배하게 된다는 것이다. 그래서 집합주의는 개인주의의 이러한 입장을 거부하면서 집합체 또는 총체적 인간관계에 일차적인 실체성을 부여하는 반면, 이로부터 독립된 개인에게는 어떠한 실체성도 제공하지 않는다(Spieker, 1987: 570쪽).

하지만 집합주의는 개인주의와 공통점도 갖는데 무엇보다도 양자 모두 근대의 산물이다. 근대의 계몽주의가 인간을 신과 전통에 대한 결합으로부터 분리시킴으로써 인간은 개인으로서 자율적인 존재가 되었으며 이로써 스스로 세계에 대한 정복에 나섰다. 하지만 이 과정에서 자신의 존재 기반을 상실하게 된 개인들이 발생하자 이들을 신격화된 집합체, 즉 불멸의 영광이 주어진 집합체에 참여시킴으로써 결국 이들을 집합체에 귀속시키는 집합주의가 출현하게 된 것이다(Spieker, 1987: 571쪽).

또한 집합주의는 개인주의처럼 실체론적 경향이 뚜렷하다. 다만 개인주의가 개인을 일차적인 실체로 간주하는 데 비해 집합주의는 개인이 아닌 집합체에 실체성을 부여한다는 차이가 있을 뿐이다. 집합주의자들이 실체성을 부여하는 대표적인 집합체로는 계급 · 국가 · 인종 · 민족 등이 있다. 이에 따라 집합주의는 공산주의 · 국가주의 · 인종주의 · 민족주의 등으로 불리며 이들 여러 요소가 혼합된 파시즘이나 나치즘 같은 형태도 존재한다. 이들 다양한 형태의 집합주의 간에는 큰 차이가 있지만 뚜렷한 공통점도 존재한다. 그것은 무엇보다도 이들이 특정한 계급, 정당 같은 집합체를 우상화함으로써 집합체에 의한 전제정치와 개인의 예속 및 인권 침해로 나아갈 가능성이 크다는 점이다.

어쨌든 이처럼 집합주의가 집합체를 일차적인 실체로 삼는다는 점에서 필자는 집합주의를 개인주의와 다른 유형의 모나디즘으로 간주하려는 것이다. 물론 뒤르켐이 강조한 바와 같이 집합체 같은 사회현상은 개인들의 속성으로 환원되지 않는 이른바 출현적 속성(emergent property)을 갖고 있기 때문에 전체는 부분의 단순한 합 이상이 된다.[7]

따라서 사회학의 기본지식에 속하는 집합체의 출현적 속성을 강조하면서 단지 이를 단순히 개인으로 환원시키지 않으려는 데 집합주의의 본질이 있는 것이 아니고, 집합체를 물화하고 심지어

---

7) 이런 점에서 필자는 전체가 부분의 단순한 합 이하라는 타르드의 관념에 대해서는 비록 개인 모나드의 실체성을 강조하기 위한 취지를 이해하지 만 동의하기가 어렵다(Candea, 2010: 7쪽).

물신숭배의 대상으로 만드는 데 그 본질이 있는 것이다.[8] 말하자면 라이프니츠의 신적인 모나드가 집합주의 모나디즘에서는 세속의 집합체로 대체되는 것이다. 그 결과 집합주의 모나디즘에서는 집합체 모나드가 존재 면에서나 가치 면에서 언제나 개인보다 무조건적인 우선권을 갖는다. 그래서 이것을 흔히 집합주의적 결정론 혹은 환원론이라 부른다(Spieker, 1987: 570~571쪽; Rauscher, 1976: 885쪽).[9]

계급을 집합체 모나드로 여기는 계급 모나디즘은 그 대표적인 사례다. 여기서는 개인이 단지 계급적 이해관계를 가진 계급 구성원으로만 간주되며, 계급적 이해관계에 반하는 행위는 허용되지 않는다. 인간은 기본적으로 독립된 개인이 아닌 계급 구성원으로서나 이를 넘어 최종적으로는 인류, 곧 유적 존재(Gattungswesen)라는 집합적 관점에서만 이해된다. 그리고 계급은 개인의 의식이나 행위뿐 아니라 정치·종교·문화, 그리고 더 나아가 인간의 전체 역사과정을 결정하며 설명하는 요인으로 간주된다. 말하자면 계급 결정론이며 계급 환원론이다. 이러한 관점은 기본적으로 마르크스의 사상에서 기인하며 그 후 이른바 정통 마르크스주의를

---

8) 집합주의자들은 그들이 실체로 여기는 집합체에 고유한 법칙성을 부여함으로써 이를 물화시키는 경향이 있다(Vanberg, 1975: 137쪽).

9) 개인주의 모나디즘처럼 집합주의 모나디즘도 닫힌 유형과 열린 유형으로 나눌 수 있지만 이에 관한 자세한 논의는 생략하고자 한다. 다만 21세기의 현 시점에서는 엄격히 닫힌 집합주의 모나디즘은 더 이상 존립근거를 유지하기 어려운 형편이지만 비교적 열린 형태의 집합주의 모나디즘은 곳곳에서 경험할 수 있다.

통해 계승되었다(Marx, 1987: 60쪽; Fetscher, 1976: 60쪽 이하).

다른 중요한 사례는 국가를 집합체 모나드로 여기는 국가 모나디즘이다. 흔히 국가주의로 불리는 국가 모나디즘은 개인주의와 반대로 국가를 개인이나 기타의 사회집단보다 우선시하며 무정부주의와 반대로 국가의 영구적인 필요성을 주장한다. 이 관점은 플라톤의 이상국가 사상으로까지 소급될 수 있지만 근대적 사상으로서는 홉스(T. Hobbes)의 국가론에서 그 기원을 찾을 수 있다. 홉스는 국가를 거대하고 강력한 살아 있는 괴물인 리바이어던에 비유했다. 즉 국가는 비록 사람들의 필요에 의해 계약을 통해 만들어졌지만 일단 출현한 이후에는 개인들이 대항할 수 없는 강력한 권력을 행사하는 거대한 유기체가 된다는 것이다(Hobbes, 1983: 149쪽 이하).

어쨌든 국가 모나디즘은 국가를 실체로 여길 뿐 아니라 때때로 우상화하기까지 한다. 그래서 절대적이고 영속적이며 양도할 수 없는 주권을 시민 개인이 아닌 국가에 부여하고, 모든 개인과 결사체를 국가의 존립 · 위신 · 안녕을 위한 존재로 여긴다. 과거에는 국가 자체를 목적으로 삼고 국가의 유지와 강화를 최고원리로 제시한 국가이성(raison d'État) 개념이 이런 국가 모나디즘 시각을 잘 표현했는데, 오늘날은 국가이익 개념과 관련된 다양한 이데올로기가 이러한 시각을 대변하고 있다(Forsthoff, 1972: 758쪽; 함택영, 1999: 178쪽 이하).

현대사회의 모나디즘 비판

그렇다면 이러한 모나디즘이 현대사회에서는 주로 어떤 형태로 등장해 사회 전반적으로 큰 영향을 미치고 있는가? 앞에서는 대표적인 모나디즘 유형들로서 개인주의 · 계급주의 · 국가주의 등에 관해 소개했다. 이러한 유형론에 대한 기본이해를 바탕으로 이곳에서는 현대사회에서 특별히 큰 의미를 갖는 국가주의와 시장주의, 그리고 이와 관련된 새로운 개인주의를 중심으로 현대사회의 모나디즘 현상에 대해 비판적으로 살펴보고자 한다.[10]

---

10) 이들 현상 외에 계급주의, 민족주의, 인종주의, 종교적 혹은 이념적 교조주의 등에 관해서도 살펴볼 수 있지만 계급주의는 옛 사회주의 체제의 붕괴로 인해 지금은 그 영향력이 크게 약화되었기 때문에 논의를 생략하고자 한다. 계급주의 성향이 현저히 약화된 현대 사회주의에 관해서는 국가주의에 관한 논의맥락 속에서 언급하게 될 것이며, 민족주의 · 인종주의 · 교조주의도 사회에 따라 영향의 정도에 큰 차이가 있기 때문에 이를 분리해서 다루기보다는 국가주의에 관한 논의에서 간략하게 다루고자 한다.

국가주의와 모나디즘

개인이나 결사체 대신에 국가의 강력하고도 적극적인 역할과 권한을 주장하는 국가주의는 20세기 전반 파시즘과 스탈린주의의 이름으로 서구사회에서 무엇보다 강력한 영향력을 발휘한 집합주의 모나디즘이다. 이들과 같은 강력한 형태의 국가주의는 20세기 후반부터 뚜렷이 약화되기 시작해 이제 북한과 같은 극히 예외적인 국가나 일부 극우집단과 같은 극단적인 정치집단을 통해 겨우 명맥을 유지하고 있다.

하지만 20세기 중엽 이후 서구사회에서는 국가의 개입주의 정책을 바탕으로 복지국가 체제가 발전하면서 관료주의 옷을 걸친 온건한 형태의 국가주의가 폭넓게 자리 잡을 수 있었다(Weippert, 1964: 28쪽). 그리고 동구권이 붕괴하기 전까지 옛 동구권에서는 국가주의가 국가사회주의 형태로 존속했으며, 같은 시기에 제3세계의 수많은 신생 독립국가에서는 반제국주의나 발전주의 이념과 결합한 다양한 형태의 국가주의가 위력을 발휘했다.

그러나 탈근대주의 정신 확산, 신자유주의 경제논리 등장, 제3세계를 중심으로 한 정치 민주화, 그리고 동구권 붕괴 등 20세기 말에 이루어진 일련의 거대한 시대적인 변화는 국가주의와 같은 집합주의 이념에 엄청나게 큰 도전이 되었다. 또한 이 시기에 급격히 이루어진 이들 변화와 달리 20세기 중엽 이후 서서히 그 모습을 드러내기 시작해 지금까지 이어지고 있는 탈산업사회 또는 소비사회의 등장 및 심화와 같은 사회의 변화는 사람들의 생각과 행위를 서서히 개인화시킴으로써 탈집합주의 가치가 확산되도록 하는 배경이 되었다(Beck, 1997: 210쪽 이하; Bauman, 1987: 117쪽, 193쪽).

그 결과 지금은 국가주의의 영향력이 20세기에 비해 현저히 약화된 상태라고 볼 수 있지만 그 잠재적인 영향력은 여전히 매우 클뿐 아니라 과거와 다른 형태로 등장해 그 영향력을 현실화시킬 가능성도 작지 않다. 비록 사회의 전반적인 개인화 과정에 기초해 탈집합주의가 오늘날 하나의 시대정신으로 자리 잡아가고 있긴 하지만, 주변부 국가들과 각 사회의 주변부 집단들은 집합적인 문제해결을 여전히 강하게 선호하기 때문에 강력한 국가의 적극적인 역할을 희망하고 있다. 더구나 국가권력의 핵심집단들에게는 국가 간 생존경쟁이 더욱 치열해지고 있는 현 상황이 국가이익의 방어나 국가경쟁력 강화 등을 명분으로 국가주의를 강화시키는 데 유리한 여건을 제공하고 있다.

그렇지만 국제교역의 증가, 금융시장의 전 지구적인 네트워크화, 초국적기업의 확장, 정보통신 기술의 혁명 등에 의한 세계화가 20세기 말부터 급속히 진행되면서 개별 국민국가의 경계가 상당한 정도로 무력화되고 있다. 그리고 오늘날 급증하는 핵위험이나 대기오염 같은 대규모 환경파괴 위험은 이러한 추세에 더욱 힘을 실어준다(Beck, 2000: 31쪽). 이 과정에서 스트레인지(S. Strange)의 표현에 따르면, 국민국가의 권한은 서서히 쇠퇴하고 있다(Strange, 2001: 27쪽 이하).

게다가 20세기 후반에는 서구사회와 제3세계를 불문하고 각국의 비정부조직들과 범지구 차원에서의 국제비정부기구들이 급증하면서 정치적·사회적 영향력을 강화시켜왔다(주성수, 2000: 50쪽 이하). 국내외 시민사회의 이러한 급성장은 국가권력에 대한 견제력을 강화시키는 결과를 초래함으로써 결국 국가주의의 부활에 부정적인 배경으로 작용하고 있다.

그럼에도 만약 이러한 여건 가운데서 국가주의라는 집합주의 모나디즘이 재등장한다면 구체적으로 어떤 형태를 띠게 될 것인가? 사회주의는 그동안 국가주의의 위험성을 가장 오랫동안 지적받아온 이념이며 아직도 상대방 진영에서는 사회민주주의를 포함해 사회주의 이념을 비판하는 데 이 점을 가장 우선적으로 활용하는 경향이 있다. 물론 이것은 사회주의 가운데서도 특히 마르크스주의가 취해온 입장 때문이다. 마르크스는 자본주의 사회의 국가를 계급국가로 비판하면서 이의 타도를 주장했다. 또한 혁명 이후의 과도기 상태로서 프롤레타리아독재를 주장함으로써 국가사회주의론의 기틀을 제공했다. 이러한 관점은 레닌과 스탈린을 통해 계승되고 더욱 강화되었는데 이로써 사회주의를 국가주의와 동일시하는 시각이 만들어지게 된 것이다(Fetscher, 1976: 105쪽).

하지만 오웬(R. Owen)과 같은 초기 사회주의자의 영향을 크게 받아서 특히 영국에서 주류로 자리 잡아온 비(非)마르크스주의적 사회주의 사상에서는 국가주의 경향이 훨씬 약하다. 그런데 이러한 사상이 20세기 중엽 이후부터는 서구의 사회주의 또는 사회민주주의에서 주류가 되었다. 물론 서구 사회주의 진영 내부에서는 특히 종래의 마르크스주의 전통을 계승하려는 집단을 중심으로 여전히 강력한 국가주의 성향이 드러나기도 한다. 그렇지만 오늘날의 전반적인 경향은 국가의 책임 있는 역할의 필요성을 적극 주장하면서도 국가주의로부터는 분명한 거리를 두려고 한다.[11]

현대 사회주의의 이러한 경향에도 불구하고 사회주의자들은 강력한 경쟁관계에 있는 다른 정치세력들, 특히 자유주의자들이나 자유주의 경향의 온건한 보수주의자들과의 차별성을 뚜렷이 드러내는 과정에서 국가주의의 유혹을 받을 가능성이 이들보다는 훨씬 더 크다. 이러한 유혹은 바깥에서는 집합적인 문제해결을 강력히 요구하는 사회적 주변세력으로부터 올 수 있다. 그리고 이들 사회주의자 내부에서는 옛 이데올로기의 이해관계에 여전히 사로잡혀 있는 전통적인 분파의 정치적인 요구에 의해 주어질 수 있다. 따라서 오늘날의 사회주의는 한편으로 개인주의와 시장주의에 기반을 둔 자유주의와의 차별성을 유지하면서 다른 한편으로는 오

---

11) 서구 각국의 대표적인 사회주의 혹은 사회민주주의 정당과 제3세계 국가들의 사회주의 정당으로 이루어진 국제조직인 사회주의 인터내셔널(SI)이 1989년 채택한 원칙선언에 따르면, 이들은 근본적으로 개인의 자유와 권리를 인정하며 독재정부를 거부한다. 그리고 혼합경제의 틀을 통한 경제민주화를 추구하지만 국가가 단순히 형식적으로 법적으로 통제하는 방식이 아니라 노동자와 그 공동체가 경제적 의사결정에 실질적으로 관여하는 것을 뚜렷한 기본원칙으로 삼는다. 즉 이들은 시장의 결함을 보완하기 위한 국가의 적극적인 역할을 인정하지만 어디까지나 국가 중심이 아닌 일반 백성의 관점에서 민주적 · 참여적 · 분권적인 방식으로 이 역할이 실행되어야 함을 강조함으로써 국가주의로부터 거리를 두려고 하는 것이다(SI, 1989).

랫동안 받아온 국가주의의 혐의와 유혹을 어떻게 성공적으로 극복하느냐 하는 중요한 과제를 안고 있다고 할 수 있다.

그런데 현실적으로 보면 국가주의의 위험성은 사회주의가 아닌 다른 형태로 출현할 가능성이 크다. 그것은 폐쇄적인 민족주의나 근본주의적인 신정정치의 형태를 취하기 쉬운데, 후자의 사례는 이란과 같은 일부 이슬람 국가에서 볼 수 있다. 전자의 경우는 민족 간 갈등이 심한 옛 동구권의 여러 지역과 이주민 사이의 문화적 갈등을 정치적으로 이용하려는 몇몇 서구 국가의 정치적 극우 세력에서 그러한 조짐이 나타나고 있다. 앞으로 국가주의의 위험이 출현한다면 좀더 많은 사회에서 우려할 형태는 아무래도 전자의 폐쇄적인 민족주의와 결합한 경우가 될 것이다.

파시즘의 원인에 대한 미셸(H. Michel)의 설명에 따르면, 20세기 초에 유럽뿐 아니라 남미와 아시아 등 세계 도처에서 출현한 파시즘은 대체로 몇 가지 공통되는 배경을 갖고 있다. 경제적으로는 인플레이션·실업·빈곤 등 심각한 위기상황과, 정치적으로는 전쟁·혁명 등의 정치적 격변이 발생할 만한 긴장상황, 국내적으로는 첨예한 계급갈등과 기존 정치권의 무능력, 그리고 심리적으로는 이상의 여러 문제상황에 대한 대중적인 공포심, 민족적인 굴욕감, 국내 소수민족에 대한 반감 등과 같은 요소가 함께 어우러진 상태에서 일어난다는 것이다. 마침 국민들이 국가의 단결과 보호를 이룩할 수 있는 비범한 정치적 지도자의 출현을 강력히 바란 결과 이를 교묘히 이용한 정치세력이 파시스트적인 국가주의 이념을 기치로 삼아 등장했다는 것이다(Michel, 1979: 22쪽 이하).

즉 20세기 초의 파시즘이 위와 같은 상황에서 발생했다는 것인데, 이러한 상황은 단지 과거의 역사에 불과한 것이 아니다. 왜냐하면 이와 유사한 상황이 언제든지 다시 발생할 수 있기 때문인데 실제로 통일 직후의 옛 동독 지역, 옛 소련체제 붕괴 후의 러시아, 옛 유고공화국 해체 직후의 발칸반도 등에서 이와 유사한 상황이 발견된다. 옛 동구권 지역뿐 아니라 서구사회에서도 파시즘의 망령이 발견된다. 2000년 2월 오스트리아에서는 나치사상을 계승하려는 인물이 이끄는 극우정당이 제2정당으로서 연정에 참여하는 일이 발생했으며, 유럽연합의 다른 많은 국가에서도 실업자 증가상황 등을 정치적으로 이용하는 극우정당이 약진하고 있다. 따라서 시민대중에게는 사회적인 긴장상황에서 자신들을 이용하려는 폐쇄적 민족주의 경향의 정치적인 극우세력의 유혹을 어떻게 성공적으로 물리치느냐 하는 중요한 과제가 주어져 있다(주정립, 2000: 146쪽 이하; Schutz, 2000: 148쪽 이하).

그렇다면 이상과 같은 국가주의 유혹을 물리치기 위해 가장 시급히 요청되는 것은 무엇인가? 흔히들 국가주의와 대척점에 있으면서 이를 비판하고 그 대안을 제시하는 역할을 가장 적극적으로 행하는 것으로 아나키즘을 든다. 그런데 아나키즘에는 생디칼리즘·개인주의·집합주의·공산주의·상호주의 등 매우 다양한 성향이 뒤섞여 있기 때문에 이에 대해 단순하게 언급하기는 어렵다(김성국, 1998: 20쪽). 하지만 만약 아나키즘이 국가의 정당한 권한과 역할에 대해 지나치게 경계하는 시각을 드러낸다면 국가주의의 적절한 대안이 될 수 없다.

그리고 개인의 실체만 인정하면서 국가와 같은 집합체의 역할에 부정적인 개인주의의 관점과 또한 국가권력의 집중을 막기 위해 시장원리를 사회 전반의 주된 규제원리로 삼으려는 자유주의 관점도 결코 대안이 되지 못한다. 말할 것도 없이 계급을 집합체 모나드로 간주하는 계급주의적 집합주의도 부적절하다.

개인주의와 이에 기초한 자유주의, 그리고 계급 중심의 집합주의는 모두 국가주의와 마찬가지로 모나디즘에 속한다. 그래서 이들은 개인이든 계급이든 국가든 간에 어느 하나를 일차적인 실체로 간주하며, 사회의 다른 요소들을 모두 주변화시키고 종속화시키는 일종의 환원주의 내지는 결정론의 시각을 공유한다. 또한 이들은 타자와의 관계를 열린 관계와 소통관계로 인식하는 대신에 닫힌 관계와 도구적 관계로 혹은 단순히 경쟁관계나 투쟁관계로만 인식하는 경향이 뚜렷하다.

그러므로 결국 국가주의를 성공적으로 극복하기 위해서는 주권재민 의식에 근거해 개인의 주도적 활동을 최대한으로 보장하되 어려운 문제를 해결하기 위한 개인들의 결사체와 국가의 적극적인 역할도 충분히 인정하는 관점이 요구된다. 그리고 타자를 동등한 실체로 인정하고 이들과 열린 관계 속에서 충분한 의사소통을 통해 때로는 협력하면서 때로는 경쟁하기도 하는 인식과 태도가 필요하다. 필자는 이러한 입장을 앞에서 개인 존엄성 원칙, 자기결정과 자기책임의 원칙, 지원의 보조성 원칙, 국가역할의 원칙 등 연대주의 원칙으로 정리한 바 있다.

마침 현대사회에서는 이러한 원칙들에 부응하는 다양한 움직임이 활발히 이루어지고 있다. 무엇보다도 자발적 결사체, 공론영역, 그리고 사회운동이 빠르게 발전함으로써 사회의 의사소통 네트워크를 확장하고 또한 이를 활성화시켜 결국 국가 안팎의 시민사회 발전에 크게 기여하고 있다. 시민사회의 발전은 국가 중심의 시각과 영향력 확대를 효과적으로 견제하는 소극적인 작용을 할 뿐 아니라 국가영역에서도 의사소통 공간이 형성되고 발전되게 하는 적극적인 작용도 한다(Cohen·Arato, 1992: 480쪽). 이러한 결과로 인해 통치방식에서 거버넌스의 확산이라는 변화가 이루어지기도 했는데, 이러한 움직임들은 모두 현대사회에서 국가주의의 존재기반을 크게 약화시키는 배경이 되고 있다.

시장주의와 모나디즘

여기서는 개인주의 모나디즘의 성격을 띤 현대의 시장주의를 모나디즘 비판의 시각에서 살펴보고자 한다. 시장은 그동안 국가와 함께 근대사회를 조정하고 재생산하는 핵심원리로서 가장 큰 영향력을 발휘해왔다. 하지만 지금은 영향력에서 시장과 국가 사이의 균형이 무너져 시장이 비록 독점적이라고는 할 수 없지만 지배적인 영향력을 행사하고 있는 상황이다.

이런 맥락에서 바우먼은 이제 국가의 역할이 시장의 지배조건을 영속화하는 것으로 축소되고 있으며, 시장은 확대된 영향력을 바탕으로 사회구성원의 급진적인 개인주의화를 촉진하고 있다고 지적한다(Bauman, 1987: 188~189쪽). 비록 바우먼의 이러한 지적에 지나치게 단순한 측면이 있지만, 시장의 영향력이 국가보다 훨씬 커진 것과 이에 따라 개인주의화가 급격히 진행되고 있는 것은 분명한 사실이다.

그렇다면 시장이란 무엇이며 시장의 원리는 모나디즘과는 어떤 관계에 있는가? 먼저 시장은 상품교환이 이루어지는 공간이자 가격을 통해 수요와 공급을 조정하는 원리로 작동된다. 여기서 흔히 시장원리 혹은 시장경제라고 하는 것은 후자를 가리킨다. 시장이라는 용어와 경제학적 개념은 이전에도 있었지만 흔히 고전경제학의 창시자라고 불리는 스미스(A. Smith)에 의해 근대적 시장 혹은 시장경제 개념이 확립되었다(Röttgers, 1980: 754~755쪽).

스미스에 따르면 시장은 인간의 고유한 교환 성향으로부터 자연스레 생긴 것이므로 인간에게 가장 자연스런 경제제도다. 그런데 이 시장에서는 교환 당사자 모두가 이익을 얻기 때문에 자발적인 참여가 이루어진다. 이처럼 시장은 참여자의 이익추구 행위와 그 기초가 되는 인간의 자애(self-love)적 본성에 근거해 있다. 그리고 시장은 자발적인 참여에 의해 작동되므로 자기이익을 경쟁적으로 추구하는 자유로운 경제활동을 보장하는 것이 무엇보다 중요하다. 이렇게만 된다면 시장에서 교환의 이익과 효율성이 극대화되어 결국 국부의 증대와 국민생활의 풍요가 이루어지게 된다. 이런 관점에서 그는 정부에 대해 시장에서의 자유로운 경제활동을 방해하는 일체의 개입과 규제를 하지 않아야 한다고 주장했다(이근식, 2000: 102쪽 이하).

그런데 스미스의 시장이론에서 특별히 주목을 끄는 것은 신의 섭리에 의해 만들어진 시장이 보이지 않는 손을 통해 개인들 사이의 이익을 조정할 뿐 아니라 개인의 이익추구 행위가 사회 전체의 이익이 되도록 조화를 이룬다는 인식이다. 여기서 보면 그의 시장경제론은 기본적으로 이신론, 자연조화설, 자애적 인간본성론 등에 기초해 있으며 개인 간의 경쟁관계에 대한 긍정적인 태도와 정부의 역할에 대한 부정적인 태도를 뚜렷한 특징으로 삼고 있음을 알 수 있다(이근식, 2000: 143쪽 이하).[12]

이러한 그의 시장경제론의 기본인식은 라이프니츠의 모나드론과 이에 기초한 개인주의 모나디즘의 기본인식과 많은 공통점을 보인다. 예를 들면, 개인을 일차적인 실체로 간주한다는 점과 개인을 자기중심적인 존재로 묘사하며 개인 간의 관계를 기본적으로 경쟁을 매개로 하는 닫힌 관계로 인식한다는 점이 그렇다.[13]

이뿐만 아니라 신에 의해 창조된 시장경제의 질서는 모나드 세계에 신이 부여한 질서를 연상시키며, 시장에서 자기이익을 추구하는 개인들의 행위가 보이지 않는 손에 의해 상호이익을 낳을 뿐 아니라 조화로운 관계를 형성하게 된다는 시장경제론은 닫힌 모나드들이 신의 중재를 통해서 호혜적인 관계, 그리고 더 나아가 조화로운 관계를 이룬다는 모나드론과 매우 흡사한 구조를 보여준다.

---

12) 그는 경쟁이 경제영역뿐 아니라 교육·사법·종교 등 사회의 전 영역에서 긍정적인 효과를 낳는다는 점을 강조했다(이근식, 2000: 130쪽).

13) 물론 그는 인간이 자기중심적인 존재일 뿐 아니라 공감으로 대표되는 도덕감도 가진 존재로 인식했다. 하지만 그의 시장경제 모델은 명백히 이기적인 인간상을 기초로 구성된 것이다(이근식, 2000: 76쪽, 81쪽).

물론 스미스의 이러한 자유시장경제론은 그 후의 많은 시장경제론자들에 의해 수정과 보완이 이루어졌으나 그 기본틀의 변화는 그렇게 크지 않았다고 할 수 있다. 역사적으로 볼 때 자유시장경제론에 가장 의미 있는 수정을 가한 시장경제론으로는 19세기 말 영국의 사회적 자유주의, 20세기 초 독일의 질서자유주의나 이에 기초한 사회적 시장경제론을 들 수 있다.

여기서 밀(J. S. Mill), 홉하우스 등의 사회적 자유주의자는 비록 분배를 위한 국가의 적극적인 역할을 인정했지만 적어도 생산에서는 여전히 자유시장경제의 원리가 적용되어야 함을 강조했다. 그리고 오이켄(W. Eucken) 같은 질서자유주의자도 국가의 역할을 보다 적극적으로 인정했지만 어디까지나 시장을 통한 경쟁이 제대로 이루어지도록 그 기본틀을 지키는 역할에 제한했으며, 뮐러-아르마크(A. Müller-Armack)가 제창한 사회적 시장경제론은 사회적 자유주의와 질서자유주의의 이러한 인식들을 적극 수용한 시장경제론이다(이근식, 2001: 37쪽 이하; Schlecht, 1993: 34쪽 이하).

이처럼 스미스로부터 비롯된 자유시장경제론은 그동안 기본틀을 유지하면서도 여러 이유에서 국가의 역할을 상대적으로 더욱 인정하는 방식으로 수정 보완되어왔으나 1980년대부터는 신자유주의자들에 의해 국가역할의 축소와 시장경제 원리를 더욱 강조하는 방향으로 큰 흐름이 바뀌어 오늘에 이르고 있다. 이런 새로운 경향은 하이에크(F. Hayek), 프리드먼(M. Friedman) 등과 같은 인물에 의해 선도되었는데, 하이에크는 일찍이 1930년대부터 이러한 입장을 명확히 개진해온 대표적인 인물이다.

하이에크는 고전적 개인주의를 적극 옹호하고 사회주의나 그밖의 모든 집합주의를 강력히 비판한 인물로서, 스미스처럼 시장경제의 효율성, 경쟁원리의 이점, 정부개입의 축소 등을 강력히 주장했다(Hayek, 1974: 59쪽 이하). 하지만 그의 시장경제론은 개인의 자기중심적 속성이나 사회의 분업적 특성을 시장경제의 기초로 강조하는 대신에 현대사회의 지식분산적 특성과 시장의 정보 전달망으로서의 역할을 특별히 강조한다는 점에서 스미스의 이론과 비교된다(이근식, 2000: 509쪽 이하).

여하튼 하이에크는 시장질서가 설계주의적 합리주의의 소산인 인위적인 질서가 아니라 대표적인 자생적 질서로서 수많은 사람들로 하여금 상이한 목표를 추구하면서 평화롭게 공생할 수 있게 한다고 보았다. 여기서 의미하는 자생적 질서란 수많은 시행착오를 통한 진화과정에서 자연스레 형성된 질서라는 것으로서 그의 자연주의 인식과 사회진화론적 시각을 잘 보여준다(이근식, 2000: 514쪽 이하, 556쪽 이하). 이런 점에서는 비록 스미스의 이신론(理神論)적 질서관과 구별되지만 두 사람의 시장경제관은 시장질서에 대한 명백히 낙관주의적인 인식에 기초해 있다는 점에서 공통된다.

말할 것도 없이, 하이에크는 스미스나 훨씬 더 멀리 라이프니츠가 살았던 시대와의 차이만큼이나 큰 시대정신의 차이를 그의 시장경제론에 반영하고 있다. 하지만 그의 개인주의적인 사회관과 낙관주의적인 시장질서관은 스미스의 시장경제론뿐 아니라 라이프니츠의 모나드론에 기초한 개인주의 모나디즘과도 큰 틀에서 중요한 공통점을 보여주고 있다. 물론 결사체로서의 기업의 역할, 외부 환경과의 접촉의 의미 등을 특별히 강조하는 점에서 본다면 그의 시장경제론을 전형적인 모나디즘으로 분류할 수는 없다. 하지만 연대관념을 의식적으로 거부하는 그의 다음과 같은 주장이 보여주듯이, 그의 시장경제론과 이에 기초한 현대의 신자유주의 사상은 스미스의 고전경제 사상과 마찬가지로 큰 틀에서 모나디즘 정신을 반영하는 대표적인 사상체계라고 볼 수 있다.

"필요하다면 특정한 가치라는 공동의 척도를 강요해야 한다는 생각은 인류의 역사에서 옛날부터 발견된다. 오늘날 개별행동을 질서로 통합시키고 평화를 유지하기 위해서는 공동의 목표가 필요하다는 잘못된 믿음이 이러한 생각을 전적으로 옹호한다. 그러나 이러한 잘못된 생각이야말로 질서와 평화의 달성에 대한 최대의 장애물이다. 위대한 사회는 알려진 공동목표의 추구와는 아무 상관이 없고 또한 단결의 진정한 의미인 '연대'와 조화될 수도 없다(Hayek, 1976: 111쪽)."[14]

시장경제론자 가운데서도 스미스와 하이에크처럼 정부의 역할에 매우 부정적이면서 시장질서에 대해서는 지나치게 낙관적인 입장을 시장주의라 부를 수 있다. 이런 시장주의자들은 스미스처럼 시장원리가 경제영역에서뿐 아니라 이를 넘어 사회 전반에서 긍정적인 효과를 제공한다는 점을 강조하는 경향이 있다. 그리고

14) 이근식의 저서(2000) 526쪽에서 재인용.

시장원리에 의한 질서가 마치 신이 내린 질서나 일종의 자연질서와 같아서 최상의 가치를 지닐 뿐 아니라 영원히 지속될 것처럼 주장한다.

하지만 슈츠의 지적처럼 시장질서란 신이 창조한 것도 자연의 결과도 아니라 경제학자들의 설계의 산물이다. 슈츠에 따르면 시장의 균형상태라는 것도, 마치 라이프니츠의 모나드론에서 신이 세계의 질서를 미리 창조한 것으로 묘사되어 있듯이, 결국 시장경제 모델을 설계한 경제학자들이 미리 설정한 관념상의 조화이지 우리의 경제적 일상생활 세계에서 경험되는 상태는 아니다. 왜냐하면 경제적 일상생활 세계에서는 경제행위에 필요한 지식이 결코 예정조화의 원리에 따라 분배되지 않기 때문이다(Schutz, 1996: 105쪽).[15] 실제로 우리는 시장원리에 따른 일상적인 경제생활 속에서 때때로 만족과 풍요를 경험하지만 수많은 좌절과 극심한 고통도 경험하게 된다.

따라서 시장질서를 마치 자연질서처럼 물화하거나 심지어 최고의 가치를 부여해 물신숭배의 대상으로 삼는 것은 부적절하다. 결국은 경제학자들의 지적 구성물임을 부인할 수 없는 시장질서와 그 구성요소는 시장 참여자들의 일상생활 경험, 참여자 집단 간의 사회적 관계, 그리고 더 나아가 시장의 사회적 조건이나 인간 정신

---

15) 하이에크와 동년배인 슈츠는 빈 대학 시절 오스트리아 학파의 대표적인 인물인 미제스(L.v. Mises)로부터 많은 영향을 받았다. 균형상태에 관한 이 논의는 슈츠가 1936년 하이에크의 빈 방문 강연을 계기로 정치경제학 방법론에 관해 쓴 논문의 내용이다.

의 역사적 변화 등을 포함하는 여러 다른 요소와의 연관 속에서 평가되고 변화될 수 있는 것으로 다루어야 한다. 그럼에도 불구하고 시장주의자들처럼 이러한 연관성을 충분히 고려하지 않은 채 시장질서와 그 구성요소의 특정한 기능을 이들의 불변하는 속성, 즉 실체로 간주한다면 루카치가 표현했듯이 이러한 접근법은 대상을 "모나드로 만드는 셈이다. 그리하여 이 모나드를 다른 모나드들과의 그 어떤 상호작용과도 단절하도록 규정하는 한편 이 모나드가 직접적인 현존재로서 소유하고 있는 속성들을 결코 지양될 수 없는 본질 속성으로 고정시켜서 이 모나드에 강고하게 부착되어 있는 것으로 규정"하는 셈이 된다(Lukács, 1986: 243쪽).

게다가 시장주의자들처럼 시장원리를 경제영역이 아닌 다른 영역, 예컨대 교육·사법·종교 등과 같은 영역에서도 사회관계의 일차적인 조정원리로 삼는 것은 비록 그 효과를 부분적으로 인정하더라도 인격체들의 열린 소통관계를 바탕으로 역사적이며 문화적인 맥락 속에서 형성된 사회세계를 단순히 시장질서가 지배하는 모나드 세계로 환원시키는 셈이다.

그러므로 시장주의자에게서 발견되는 시장경제에 대한 이러한 모나디즘 시각은 시장경제의 도구적 유용성과 계획경제에 대한 우월성을 충분히 인정하더라도 연대주의 시각에 의해 교정되어야 한다. 즉 시장경제 참여자는 경제학자들의 은총만으로 실존할 수 있는 인조인간(homunculi)이 아니라 김 아무개와 박 아무개처럼 피와 살을 가진 구체적인 인격체들이다(Schutz, 1996: 104쪽). 이들은 개인적으로 시장경제에 참여할 능력을 소유한 생애단계를 거치지만 그렇지 못한 단계에 놓이기도 한다. 이들 사이에는 경제적으로 경쟁과 분업의 원리가 필요한 경우도 많지만 직접적인 지원과 협력이 요구되는 경우도 많으며, 특별히 교육 · 문화 · 종교 등과 같은 비경제영역에서는 획일적인 기준과 경쟁의 원리가 적용되지 않는 경우가 더욱더 많다.

그러므로 시장경제 원리는 영역에 따라 부작용을 충분히 고려해 조심스레 적용되어야 하며, 경제영역에서 이것을 기본원리로 삼는 경우에도 그 부작용을 예방하고 보완하기 위해 결사체나 국가의 책임 있는 역할이 불가피하다.[16]

새로운 개인주의와 모나디즘

21세기 초의 현실을 보면, 1980년대 초 미국과 영국에서부터 추진된 신자유주의 정책이 강력한 시장주의 정신으로 무장한 채 지금은 서구사회를 넘어 전 지구적인 움직임으로 확산되고 있음을

---

16) 이러한 문제의식에서 그동안 시장주의를 보완하려는 노력이 꾸준히 이루어져왔다. 흔히들 시장경제의 문제점을 극복하기 위한 노력으로 사회주의 경제론만 제시되어온 것으로 오해하는 경향이 있지만, 서구사회에서는 시장주의 성향이 강한 자유시장경제론을 연대주의 시각에서 뚜렷이 교정하려는 다양한 노력이 꾸준히 이루어져왔다. 예컨대 20세기 초에 하인리히 페쉬가 주장한 가톨릭적 연대주의 경제학, 20세기 중엽에 제시되어 전후 독일 경제정책의 모델이 된 뮐러-아르마크의 사회적 시장경제론, 20세기 말의 리피에츠(A. Lipietz) 같은 생태주의자의 연대경제론 등이 그 예다(Pesch, 2004; Watrin, 2000; Lipietz, 1994).

알 수 있다. 물론 이에 대한 강력한 대항의 움직임이 없는 것은 아니며 또한 최근에는 세계경제위기로 인해 특히 금융시장 규제의 필요성을 공감하는 분위기가 확산되고 있다. 그럼에도 시장주의 정신은 세계시장에서 점점 더 치열해지고 있는 국가 간 경쟁으로 인해 각국의 경제뿐 아니라 사회생활 전반에 걸쳐 더욱 깊숙하고 광범하게 침투하고 있다.

시장주의의 이러한 확산은 합리적인 경제운용에 필요한 결사체와 국가의 책임 있는 역할을 가로막아 지속가능한 경제발전을 어렵게 할 뿐 아니라 시장경제 논리가 사회구성원들의 생활세계에 깊숙이 침투하게 만들어 여러 가지 심각한 문제를 일으키기도 한다. 하버마스는 이런 현상을 생활세계의 식민지화라고 표현하면서 그 심각한 결과로 사회적 관계의 금전화를 들었다(Habermas, 2006: 493쪽 이하). 사회적 관계의 금전화 · 상품화 · 사물화 등과 같은 비인간적인 왜곡현상에 대해서는 하버마스 이전에도 마르크스, 짐멜 등 많은 인물이 지적했는데, 필자는 여기서 특별히 식민지화의 결과로서 나타나고 있는 개인주의화에 주목해 이에 관해 간략히 언급하고자 한다.

시장경제가 개인주의를 낳는 중요한 원인이라는 점은 이미 짐멜이 경쟁과 분업의 원리를 19세기 서구 개인주의의 중요한 배경으로 설명한 데서 발견할 수 있다.[17] 바우먼은 여기서 더 나아가

---

17) 짐멜은 18세기 합리주의 철학, 뒤이은 낭만주의 사상, 그리고 19세기 니체 철학 등을 개인주의의 지성사적인 배경으로 중시했으나 경쟁과 분업 같은 자유주의 시장경제의 원리도 특히 19세기 서구 개인주의의 중요한

20세기 후반에 시장경제의 결과 형성된 소비사회가 현대의 새로운 개인주의의 중요한 원인이라는 점을 강조한다. 그에 따르면 현대 소비사회에서 차지하는 시장의존성은 소비시장 자체의 능력 말고도 현대인의 사회적 기술, 즉 사회적 관계에 진입하고 이를 유지하거나 개선할 의지와 능력이 점점 붕괴되는 것, 유행의 기제 등을 통해서도 강화된다. 그의 설명에서 특히 흥미로운 점은 사회적 기술의 결핍으로 인해 발생하는 사회적인 빈 공간이 시장에 의해 쉽게 채워진다는 것이다. 즉 사람들은 서로의 관계에서 발생하는 문제에 적절히 대처하지 못할 때 시장의 재화와 용역 그리고 전문가 상담으로 눈을 돌리게 된다는 것이다(Bauman, 1987: 163쪽 이하).

이처럼 소비사회에서 시장의존성이 강화되는 것은 사회 구성원들을 소비자 개인으로 전환시킨다. 즉 사회체계의 문제에 대한 구성원들의 관심과 불만을 사적인 소비에 대한 관심과 갈망으로 전환시킨다는 것이다. 그 결과 시장에서 이루어지는 사적인 소비의 자유로운 선택은 개인 자율성의 실현으로 이해되지만 그것은 어디까지나 제한된 자율성에 지나지 않는다. 또한 소비를 통한 개인 욕구의 충족 역시 일시적이며 불완전한 성격을 띠어 욕구의 지속적인 좌절을 가져온다.

하지만 욕구좌절은 새로운 소비에 대한 갈망과 지속적인 소비

배경으로 지목했다. 그는 당시 서구의 개인주의를 양적 개인주의와 질적 개인주의로 분류하면서 이 두 유형이 한 단계 더 높은 차원에서 통합되기를 희망했다(Simmel, 2007: 115쪽 이하; 2008: 349쪽 이하).

로 이어짐으로써 시장이 지배하는 소비사회는 지속적으로 재생산된다. 이에 반해 사회 구성원들의 관심이 사사화됨으로써 사회체계의 정당성에 대한 이들의 문제제기와 공적 사안에 대한 이들의 참여는 감소하게 된다(Bauman, 1987: 189쪽).

물론 현대사회의 새로운 개인주의화 경향은 시장이 아닌 다른 요인으로도 설명된다. 예를 들어 로랑은 프랑스와 동구권 등에서 1970년대 중엽부터 등장하기 시작한 반집단주의 지성의 영향에 주목했다(Laurent, 2001: 144~145쪽). 그리고 벡은 서구의 복지국가, 위험사회의 공포감, 공식교육의 확산 등 다양한 요인을 현대사회의 새로운 개인주의화의 중요한 배경으로 묘사했다(Beck, 1997: 162쪽; Beck · Giddens · Lash, 1998: 29쪽 이하). 촐은 종래의 정체성 구조가 더 이상 적절하지 않게 된 급격한 사회문화적인 변동 과정에서 개인들이 새로운 정체성을 찾으려고 노력한 결과가 최근의 새로운 개인주의라고 보았다. 즉 이것은 변화된 상황에서 새로운 정체성을 통해 자신을 돌보며 자아를 실현하려는 개인적인 노력의 표현이라는 것이다(Zoll, 1993: 153쪽 이하).

이처럼 새로운 개인주의는 변화된 현대사회에 개인들이 능동적으로 대처하기 위해 새로운 생활양식을 형성하고 사회를 재구성하려고 노력한 결과로 이해될 수 있다. 또한 전통과 집합체의 강제성이나 경직성으로부터 벗어나서 보다 유연한 자아정체성을 추구한다는 점에서 새로운 희망의 계기가 될 수도 있다. 그렇지만 새로운 개인주의는 비록 그 자체로 이기주의와 동일시될 수는 없어도 분명히 자아준거적인 특성을 갖기 때문에 나르시즘이나 이기주의

경향으로부터 온전히 자유롭기 어렵다. 게다가 특별히 모나디즘적
인 시장주의를 만나게 됨으로써 새로운 개인주의는 실제로 이기
주의 경향을 뚜렷이 드러내고 있다(Zoll, 1993: 164~166쪽).

물론 벡의 주장처럼 이러한 개인주의화 경향이 필연적으로 이
기주의를 뜻하는 것은 아니다. 그래서 기든스도 자신이 탈전통사
회라고 부른 현대사회에서 비록 나르시즘이나 개인주의 현상이
문제가 되긴 해도 핵심적인 현상으로 자리 잡고 있는 것은 아니라
고 보았다. 그 대신 그는 오히려 개인의 자율성과 개방성이 증대되
고 능동적 신뢰가 점차 중요해짐에 따라 개인들의 이러한 특성에
기반을 둔 새로운 형태의 연대가 출현하여 옛 연대를 대체하는 경
향이 있음을 주목하면서, 이에 대한 희망을 피력하기도 했다(Beck
· Giddens · Lash, 1998: 161쪽, 258~259쪽)

결국 현대사회의 새로운 개인주의는 자기중심적인 개인을 세계
의 중심에 두면서도 타인에 대한 개방적인 태도와 의사소통을 중
시하는 특성으로 인해 전형적인 모나디즘, 특히 닫힌 개인주의 모
나디즘과는 구별된다는 것을 알 수 있다. 그래서 만약 새로운 개인
주의가 기든스의 바람처럼 새로운 형태의 사회적 연대를 형성하
는 방향으로 나아간다면, 그래서 다양한 자발적 결사체의 형성과
이를 통한 시민사회 발전의 출발점이 된다면 이를 결코 모나디즘
이라고 볼 수 없을 것이다.

다행스럽게도 새로운 개인주의 경향이 확산되는 가운데 20세기
말부터 서구사회뿐 아니라 비서구사회에서도 극단적인 개인주의
가치의 확산을 막으려는 다양한 움직임이 시민사회와 지식사회에

서 광범하게 일어나고 있다. 그리고 이러한 움직임에는 집합주의 전통뿐 아니라 새로운 개인주의 전통의 시민과 지식인들도 적극 참여하고 있다. 더구나 새로운 개인주의의 탈전통, 탈집합 경향은 집합주의 모나디즘을 경계하는 연대주의 정신과 일맥상통한다. 이런 점에서 본다면 새로운 개인주의는 새로운 연대주의의 더없이 좋은 토양이 될 수 있다.

하지만 새로운 개인주의의 자기중심적인 특성은 시장주의를 만나 배타적인 이기주의 경향을 뚜렷이 드러낼 뿐 아니라 자발적 결사체와 시민사회, 그리고 더 나아가 국가의 정당한 역할을 폄하하거나 소홀히 할 수도 있다. 만약 이런 경우라면 새로운 개인주의는 명백히 극복되어야 할 모나디즘, 적어도 열린 개인주의 유형의 모나디즘에 속하게 된다. 그런데 실제로 현대의 새로운 개인주의는 비록 다양한 요인들을 배경으로 출현했지만, 20세기 후반의 소비사회를 배경으로, 특히 1980년대 이후 시장주의자들의 신자유주의 정책을 배경으로 급속히 확산되었다(Laurent, 2001: 146쪽 이하).

그리고 새로운 개인주의는 이처럼 시장주의를 배경으로 빠르게 확산되어왔을 뿐 아니라 역으로 시장주의가 확산되는 중요한 배경으로서의 역할도 해왔다. 바로 이러한 사실은 새로운 개인주의가 현실적으로 시장주의 같은 모나디즘 정신에 얼마나 취약한지를 잘 보여준다.

어쨌든 현대 시민사회의 가장 뚜렷한 정신적 특징에 속하는 새로운 개인주의는 국가가 권력을 통해 시민사회에 국가주의적인 억압을 행사하려 할 때에는 그 탈집합적 성향으로 인해 시민사회를 지키는 데 크게 기여하게 될 것이다. 하지만 그것은 시장의 유혹에 대해서는 매우 취약하기 때문에 시민사회를 시장주의로부터 충분히 보호할 수 있기 위해서는 분명한 연대주의 정신으로 보완할 필요가 있다. 새로운 개인주의가 시장에 취약한 점을 인식한 국가가 시장원리를 활용해 시민사회에 대한 장악력을 높이려 할 때에도 시민들은 새로운 개인주의 성향을 연대주의 정신으로 충분히 보완함으로써만 시민사회를 지키고 더 나아가 건강한 시민사회의 발전을 도모할 수 있을 것이다.

이념대립을 새롭게 다루는 모나디즘 논의

그동안 서구사회에서는 자유주의와 사회주의, 개인주의와 집합주의, 혹은 시장주의와 국가주의의 극단적인 대립을 극복하려는 다양한 이념적 모색이 이루어져왔다. 흔히 제3의 길로 일컬어지곤 했던 여러 노선이 이러한 노력의 일환이며, 또한 혼합경제론, 수정자본주의론, 사회적 시장경제론, 사회주의적 시장경제론 등이 모두 이러한 문제의식을 배경으로 출현했다.

이들 대안은 기본적으로 어떠한 경제질서가 가장 합리적인 모델인가 하는 문제의식에서 출발해 시장경제와 국가의 어느 한편에 배타적인 역할을 맡기는 것을 거부하고 양자의 적절한 조합을 주장했다. 물론 개인주의와 집합주의의 대립은 사회인식론에서도 방법론적 개인주의와 방법론적 전체주의의 대립이라는 매우 고전적인 형태의 쟁점으로 이어져왔으며, 기든스, 부르디외(P. Bourdieu), 가핑클(H. Garfinkel) 등 수많은 현대 사회이론가가 이들의 극단적인 대립을 극복하기 위해 각각 구조화론·아비투스론·민속방법론 등 다양한 형태의 대안을 제시해왔다.

그런데 이들 대안은 대부분 위의 이념쌍들을 각각 대립하는 관계로만 파악한 후 그 타협점으로서 이들의 중간지대를 선택하거나 아니면 두 요소의 공존 가능성을 확인한 후 유기적인 결합을 모색하는 것이었다. 이 가운데 경제모델에 관한 논의들은 전자의 전략을, 그리고 사회이론은 후자의 전략을 취하는 경향이 있다.

반면 필자의 모나디즘 논의는 이들 이념쌍이 대립하는 관계에 있을 뿐 아니라 다른 차원에서는 매우 공통된 속성을 갖는 것들이라는 인식에서 출발했다. 그리고 이 공통된 속성은 전혀 다른 차원의 시각인 연대주의 관점에서 볼 때 근본적으로 비판되고 극복되어야 하는 것으로 드러났다. 이것은 마치 대립관계에 있는 실존주의와 구조주의가 푸코의 탈구조주의 시각에서 볼 때에는 보편적 본질을 추구한다는 점에서 둘 다 극복되어야 할 시각으로 간주되는 것과 마찬가지다.

따라서 연대주의 관점에서 보면 모나디즘의 유형에 해당하는 이들 이념쌍의 어느 한 극단적인 시각에서 상대방의 입장이나 절충적인 입장을 비판하고 거부하는 것은 뚜렷한 한계를 갖는다. 그러므로 이들의 시각은 함께 비판되고 극복되어야 하며 연대주의 관점에서 보완되어야 한다.

오늘날 한국사회, 특히 한국의 시민사회는 사회적 결속력이 세계 어느 곳보다 급속히 약화되어 있다. 높은 자살률, 급속한 가족 해체, 교육현장의 심각한 붕괴, 첨예한 이념대립과 세대갈등 등 약해진 사회연대의 실상을 드러내는 수많은 징후들이 목도되고 있다. 그러므로 사회적 결속력을 회복시키는 일은 한국사회에서 요구되는 가장 시급한 과제에 속한다. 이를 위해서는 구체적인 정책과 제도를 통한 노력이 필요하겠지만 이에 앞서 먼저 시대에 적합한 연대주의 정신과 이념의 폭넓은 확산이 전제되어야 한다. 다양한 이해관계가 공존하는 사회에서 통합을 위한 구체적인 정책과 제도가 제대로 자리 잡기 위해서는 이를 뒷받침할 정신적 토대가 사회 구성원들 사이에서 폭넓게 마련되어야 하기 때문이다.

그렇다면 연대정신이 약화된 자리를 차지하고 있는 것은 무엇이며 한국사회에서 연대주의의 확산을 가로막는 가장 중요한 장애물은 무엇인가? 필자는 이에 대한 대답을 모나디즘이라 부르는 극단적인 시각들의 지배에서 찾고자 한다. 물론 이를 위해서는 한국사회의 모나디즘에 대한 본격적인 분석이 요구된다. 이 글은 다음 장에서 이루어질 본격적인 분석을 위한 선행단계의 이론적 논의라고 할 수 있다.[18]

---

18) 이렇게 보면 이 글에서 개진된 모나디즘론은 극단적으로 대립하는 관점이나 이념 사이에서 특정한 관점이나 이념을 취하기 불편해 양비론적인 주장을 펴고자 하는 것과는 전혀 무관하다고 말할 수 있다.

한국사회에서는 한편으로는 시장주의의 강력한 위협과 이로 인한 개인주의 모나디즘에 대적하면서도 다른 한편으로는 국가주의와 사회문화적 집합주의의 현존하는 위험을 극복할 수 있는 대안이 현실적으로 요구된다. 이러한 요구에 가장 적절히 부응할 수 있는 것이 연대주의, 특히 시민연대주의다.

근대적 연대정신의 탄생과 억압

이 글의 기본적인 문제의식은 현대 한국사회에서 시민들의 연대정신의 발전을 어렵게 만들어온 정신, 즉 모나디즘의 역사를 추적하는 데 있다. 오늘날 한국사회에서는 시민들의 연대를 강화하려는 정신이 이를 해체하려는 정신 및 억압하려는 정신과 공존하고 있다. 그렇다면 이들은 각각 어떤 형태로 드러나 있으며 이들 간의 역학관계는 어떠한가? 그리고 그 배경은 무엇인가? 또한 앞으로 한국사회에서 연대를 강화하려는 연대주의 정신의 전망은 어떠하며 그 과제는 무엇인가?

사회적 연대의 문제를 이처럼 연대정신과 반연대정신의 관점에서 살펴보려는 접근법은 일반적으로 관념론으로 불린다. 사회과학에서 이런 접근법을 사용한 대표적인 인물은 자본주의 정신의 형성과정을 분석한 베버. 물론 한 사회의 현실을 규정하는 요소에는 정신적인 요소뿐 아니라 경제, 정치 등의 현실적인 요소도 있기 때문에 이들 요소를 함께 고려해야 사회현실을 잘 이해할 수 있다. 그래서 경제사와 정치사가 문화사와 지성사와 함께 중요하다. 그런데 그동안 한국사회, 특히 현대 한국사회에 대한 연구는 정치사 혹은 경제사의 관점에서는 비교적 많이 이루어졌지만 지성사, 특히 정신사의 관점에서는 소홀히 다루어져왔다. 하지만 정신사는 역사를 거시적으로 볼 수 있게 할 뿐 아니라 결정론을 극복해 현실 문제의 개선방향을 제시할 수 있게 한다는 데 큰 장점이 있다.

이런 이유에서 필자는 현대 한국사회에서 연대정신이 형성되고 전개되어온 역사, 즉 연대정신의 역사를 추적해 현대 한국사회의 성격을 파악해보려고 한다. 그런데 연대정신은 연대관념을 통해 가장 뚜렷이 표현되지만 앞에서 살펴보았듯이 근대적 연대관념은 국내에서 1980년대부터 비로소 널리 확산되기 시작했다. 그렇다면 그 이전 한국사회에서는 영향력을 발휘할 만한 연대정신이 존재하지 않았는가?

필자는 연대관념이 형성되거나 확산되기 이전에도 비록 연대관념으로 명백히 표현되지는 않았지만 내용 면에서 근대적인 연대정신과 유사한 정신을 백성들의 생활세계, 학자들의 사상, 시민사회와 헌법 등 다양한 영역에서 발견할 수 있다고 보고 이를 추적하고자 한다. 그리고 이러한 연대정신이 계승되는 과정에서 언제부터 그리고 어떻게 반연대정신에 의해 압도되었으며 그 후의 전개과정은 어떠했는지를 추적해보고자 한다.

이러한 작업을 위해서는 연대정신의 전개과정과 반연대정신의 전개과정을 함께 살펴보아야 할 것이다. 그런데 연대관념과 연대사상을 통해 표현된 현대 한국사회 연대정신의 역사에 대해서는 이미 앞에서 상술되었다. 그래서 여기서는 연대관념이 형성되기

이전과 그 초기에 전개된 연대관념과 무관한 연대정신의 역사를
살펴보는 것과, 반연대정신의 전개과정에 직접 관련된 연대정신
의 역사를 간략히 살펴보는 것을 제외하고는 주로 반연대정신, 즉
모나디즘의 전개과정에 초점을 맞추어 현대 한국사회의 정신사를
집중적으로 살펴보고자 한다. 달리 표현하자면 모나디즘의 역사를
통해, 역으로 연대의 정신사를 추적해보고자 하는 것이다.

현대 한국사회 모나디즘의 본격적인 전개과정은 해방 이후 이
승만 정권기로부터 시작된다. 하지만 이에 대한 본격적인 논의에
앞서 그 배경이 되는 근대적인 연대정신의 탄생과 억압의 역사를
전사로서 간략히 소개하고자 한다. 이를 배경으로 이승만 정권기
에 형성되고 그 후의 군사 정권기에 확립된 모나디즘을 국가주의
모나디즘 중심으로 추적한 후에 이로부터 벗어나는 과정을 계급
주의 모나디즘, 개인주의 모나디즘, 그리고 시민들의 연대를 강조
하는 시민주의를 중심으로 살펴보겠다.

계의 활성화

조선 후기에 일반 백성들, 특히 농민들의 생활세계에서는 근대
적인 연대정신이 빠르게 확산되어갔는데, 그 대표적인 사례로서
계(契)를 들 수 있다. 계는 원래 고려시대부터 존재했지만 지배층
의 사교계(社交契) 형태로부터 벗어나 농민들 사이에서 성행하게
된 것은 조선 후기부터였다. 조선 후기에 유교이념과 유교적 사회
질서가 동요하면서 자신들의 사회적 지위를 자각하기 시작한 농

민들이 유교이념의 구현자 역할을 행한 향약(鄕約)으로부터 눈을 돌리고 점차 자신들의 활로를 찾아가게 되는 과정에서 계의 발달이 이루어진 것이다.

그 결과 군포계(軍布契), 우계(牛契), 농구계(農具契) 등과 같이 농민들의 경제적 곤란을 공동의 힘으로 타개하려는 계가 이 시기에 농민들 사이에 널리 퍼져갔다. 그런데 김필동은 이 시기의 계가 자연 발생한 공동체라기보다는 목적달성을 위해 약속을 통해 의도적으로 결성한 일종의 결사체라는 점과, 그렇다고 기업처럼 경제적 이익추구를 목적으로 한 것은 아니었다는 점에 주목하면서 계를 이 시기의 대표적인 연대유형으로 간주했다(이기백, 1997: 330~331쪽; 김필동, 1999: 370쪽 이하).

실학과 연대정신

조선은 세계의 근대화라는 거대한 역사적 흐름에 동참하기 시작한 시기가 이웃 일본이나 중국에 비해 늦었기 때문에 외세에 의해 근대화를 강요받았다. 하지만 근대화의 필요성을 일찍 자각한 지식층, 정치인 그리고 일반 백성 들이 자발적으로 그리고 외세의 간섭을 배제한 자주적인 방식으로 사회를 근대화시키려고 많은 노력을 기울였다. 18세기를 전후한 실학운동은 이러한 자발적인 노력의 대표적인 예다. 비록 실학자들은 여전히 유학에 바탕을 두긴 했지만 사변적 · 교조적 · 권위적 · 폐쇄적 경향을 보이던 당시의 성리학을 비판하고, 새로운 현실 및 학문과 적극 소통함으로써 사회발전을 위해 보다 합리적인 대안을 제시하려고 노력했다. 물론 실학운동을 본격적인 근대화 운동으로 보기는 어렵지만 실학자들은 조선의 지배이념과 사회질서를 시대변화에 부응하게끔 개혁하려고 노력하는 과정에서 근대적 요소들을 적극 수용해 이를 활용했다.

그런데 실학자들의 이러한 노력에서는 근대성의 많은 요소들 가운데 근대적 연대정신의 요소도 발견된다. 후기 실학 사상가들에게서 발견되는 평등하고 개체적인 인간관과 유기체적인 사회관은 연대주의적 인식의 중요한 바탕을 제공하며, 평등성에 기초한 협력과 사랑의 상호관계를 가리키는 정약용의 인(仁)관념이나 인의(仁義), 화협(和協), 공제(共濟), 박애(博愛) 등을 중시한 최한기의 인도론(人道論) 등에서는 서양의 연대주의 논의와 공통되는 요소들이 발견된다. 이뿐만 아니라 실학 사상가들이 구체적인 사회개혁 방안으로서 제시한 신분개혁론과 토지개혁론, 그리고 국민경제에 대한 커다란 관심 등에서도 근대적인 연대정신과 비슷한 점을 읽을 수 있다(김정호, 2000: 8쪽 이하; 전정희, 1991: 219쪽; 박홍식, 1995: 356쪽; 조성을, 2000: 110쪽 이하).

동학의 성경신

실학사상이 전근대 질서의 개혁을 위해 서학과 같은 이질적인 문화에 비교적 개방적인 자세를 취한 데 비해 이를 경계하면서 전통적인 사상에 더욱 의지해 봉건질서 개혁을 꾀한 것이 동학사상이다. 동학은 억압적인 왕정과 침략적인 외세의 개입으로 인해 사회적 고통이 극심해지고 국권이 위기에 처한 19세기 말에 봉건사회의 모순을 극복하고 민족의 자주성을 지키기 위해 탄생한 종교 사상으로서, 평등주의적 세계관으로 인해 일반 백성들, 특히 농민들의 광범한 지지를 받았다. 그 결과 부패한 왕정과 지배질서에 저항해 발생한 대중적 농민운동의 이념이 될 수 있었으며 이를 통해 전근대 사회질서의 근대화를 촉진시키는 매우 강력한 힘을 발휘했다.

동학의 "사람이 곧 하늘이다"(인내천〔人乃天〕), "모두가 한울님을 모셨다"(시천주〔侍天主〕), "사람을 하늘과 같게 섬기라"(사인여천〔事人如天〕) 등은 인간 존엄성과 만인 평등성을 주장한 대표적인 사상이다(오문환, 2009: 129쪽). 이러한 근대적 인간관에 근거해 동학은 사회적 관계에 대한 연대주의적인 시각과 가까운 다양한 사상을 전개했다. 동학의 요체를 정성 · 공경 · 믿음으로 정리한 최시형의 성경신(誠敬信)관념이 그런 예로서, 정성은 유기적 역할분담의 중요성을, 공경은 협력의 질서를 각각 강조하는 것이며, 믿음은 이러한 정성과 공경의 바탕이 되는 가장 중요한 요소다. 임중재는 이러한 성경신 관념이 개인들이나 집단들 간의 사회적 관계를 극단적인 개인주의나 전체주의 시각에서 보지 않고 상생의 관계로 파악하는 동학의 시각을 잘 드러내준다고 평가했다(임중재, 2002: 378쪽 이하).[1]

---

1) 이밖에도 동학의 연대주의적 정신은 유교에서 주변집단으로 간주되어온

독립협회 운동

동학농민운동이 끝난 다음 해인 1896년에는 서재필을 비롯한 개화파 지식층이 중심이 되어 최초의 민간신문인 『독립신문』을 창간하고 최초의 본격적인 근대 시민단체인 독립협회를 설립해 자주독립 · 민권신장 · 민족자강을 추구하는 운동을 활발히 전개했다. 최초의 근대신문인 『한성순보』가 정부에 의해 발간된 한자신문이었던 데 비해 『독립신문』은 한글로 된 민간신문이어서 일반 시민들에게 빠르게 보급될 수 있었으며 그 결과 근대적 공론장의 형성에 크게 공헌했다. 이와 함께 독립협회는 독립문 건립 같은 상징적 사업, 강연을 통한 계몽운동, 기관지 간행 및 토론회와 만민공동회 개최 등을 통한 공론형성 활동, 정부에 대한 건의와 비판활동 등을 통해 근대적 시민사회와 민주국가로의 개혁을 위한 활동을 적극 전개했으며 이러한 활동들을 통해 실제로 정부와 시민사회에 매우 커다란 영향력을 미쳤다(이기백, 1997: 388쪽 이하).

독립협회운동의 바탕이 된 사상은 기본적으로 자유민주주의와 민족주의였다.[2] 그런데 여기서 의미하는 민족주의는 국가평등권

농민 · 서자 · 여성 · 어린이 등에 대한 차별거부, 접(接)과 포(包)라는 동학의 자율적인 참여조직, 1904년 손병희에 의해 시작된 민회운동 등에서 다양한 형태로 발견된다(오문환, 2009: 138쪽, 145쪽; 2002: 17쪽 이하).

2) 서재필은 "자주독립의 완전한 국가를 만들어보려는 것"을 자신의 개혁활동의 목표로 삼았으며, "자유주의 · 민주주의적 개혁사상"을 널리 전파하기 위해 독립협회를 창설했다(김도태, 1974: 230쪽, 248쪽; 유영렬, 1991: 59쪽).

사상에 기초해 자주 국권을 확립하기 위한 것이었지 배타적 민족주의가 아니었으며 국민을 국가의 주인으로 여기고 국민들의 권리신장을 가장 중요한 과제 가운데 하나로 삼은 점에서 볼 때 결코 국가주의적인 것도 아니었다(유영렬, 1991: 59쪽 이하; 신용하, 1990: 25쪽 이하). 어쨌든 독립협회는 시민의 신체권·소유권·언론권·출판권 등 기본권리를 명확히 인식했으며 집회와 결사의 권리도 기본적 시민권으로서 매우 중시했다. 그래서 이들 시민의 권리신장을 위해 노력하면서 동시에 이를 바탕으로 국가공동체의 자주적 존립과 번영을 염원하고 이의 실현을 위해 애썼던 것이다(유영렬, 1991: 66쪽 이하).

연대주의 관점에서 볼 때 독립협회의 이러한 인식과 노력은 매우 중요한 의미를 갖는 것이었다. 이 시기는 아직 한반도에서 근대적인 사회적 연대개념이 확립되기 전이어서 독립협회가 연대사상을 명확히 제시하지는 못했다. 하지만 기본권의 중요성을 시민들 사이에 널리 인식시키고 이를 확보하기 위해 노력한 것은 시민들의 근대적 연대형성의 전제를 실현시키기 위한 노력이었다고 볼 수 있다.

또한 독립협회는 갑오개혁을 통해 폐지된 신분제의 실질적인 철폐와 남녀평등을 위해서도 노력했는데 이것은 개인의 자유와 권리를 넘어 공생의 중요성을 강조한 독립협회의 연대정신의 한 표현이었다. 이러한 연대정신은 독립협회가 다양한 근대적 공론장과 결사체를 형성하고 독립문 건립 같은 상징적 사건을 기획해 일반 시민들의 관심과 참여를 유도함으로써 근대적 연대경험을 폭넓게 확산시킨 데서도 잘 나타났다. "나라를 세우는 한 가지 일에 반드시 자유를 바랄진대 그 나라 국민의 자유의 기(氣)를 만들고 배양해야 하며, 그 자유의 기를 배양하는 방법은 인심의 화합과 중력(衆力)의 단결만 같은 것이 없다"(신룡진, 1897: 12쪽; 신용하, 1990: 38쪽).

「삼일독립선언서」에 드러난 연대정신

실학사상에서 동학사상과 동학농민운동을 거쳐 독립협회의 사상과 운동으로 이어져온 자주적 근대화 노력의 전통에서는 이와 같이 근대적인 연대정신과 유사한 내용들이 쉽게 발견된다. 이러한 자주적인 근대화 노력은 비록 일본의 한반도 국권 침탈로 인해 수포로 돌아갔지만 조선인들의 근대적 연대정신은 계속해서 이어져 1919년 민족독립을 위한 전국 규모의 역사적인 시위운동과 임시정부의 수립을 가능하게 했다.

삼일운동의 정신을 집약해 표현한 「삼일독립선언서」에서는 근대적 연대정신을 어렵지 않게 발견할 수 있다. 「삼일독립선언서」는 한편에서 한일합병이 조선인의 의사에 반한 것으로서 조선인에 대한 억압과 차별을 불러일으키고 있음을 밝히면서도 다른 한편에서는 2천만 민중이 합해 외치는 독립의 요구가 결코 일제의 과거 잘못을 탓하거나 일본을 배척하고 파괴하기 위한 것이 아니며 독립을 통해 "진정한 이해와 동정에 기본한 우호적 신국면을 타개"하기 위한 것이라고 밝히고 있다. 그리고 독립선언이 "전 인류 공존동생권"(共存同生權), 즉 공동생존권을 정당하게 표현한 것이며 조선의 독립은 "새롭고 날카로운 기운과 독창력으로 세계 문화에 이바지하고 보탤 기회"를 되찾는 의미를 갖는 것임을 제시하고 있다.

「삼일독립선언서」는 이러한 정신이 우리 민족의 역사에 뿌리를 두고 있을 뿐 아니라 시대의 대세, 즉 인류 양심의 발로에 뿌리박은 세계개조의 큰 기운과 시운에 맞추어 함께 가는 것이라고 주장했다. 이것은 당시에 진행되고 있던 제1차 세계대전 이후의 세계 평화질서 구축을 위한 국제적 노력과 이 과정에서 제기된 민족자결주의를 일컫는 것이었는데, 결국 국제연맹의 창설로 이어진 이러한 노력의 배경에는 국제적 연대주의 정신이 자리 잡고 있었다.[3]

국제관계에서 침략주의, 강권주의 등 모나디즘 시각을 명백히 거부하고 자유 · 자주 · 공동생존 · 정의 · 인도주의 등의 가치와 정신에 기초한 연대주의 시각을 반영한 「삼일독립선언서」의 시각은 물론 국제적인 차원에만 머물지 않았다. 「삼일독립선언서」는 자유 · 평등 · 정의 등의 가치를 강조하면서 이의 실현을 위해 모

---

3) 연대주의 시각에서 일찍이 세계평화를 위한 국제기구의 창설을 주장한 바 있는 프랑스의 연대주의 사상가 겸 정치인 레옹 부르주아와 민족자결 원칙, 국제연맹창설 등의 주장을 담은 평화원칙을 제시한 미국의 윌슨 대통령은 1919년~20년 사이에 열린 파리강화회의의 주역들이다. 국제연맹 창설에 크게 기여한 이 두 사람은 세계평화에 이바지한 공로로 노벨평화상을 받았다.

든 조선인이 남녀노소 구별 없이 마지막 한 사람까지 합심해 외칠
것을 요청했다. 그러면 먼 조상이 도울 것이며 전 세계의 기운이
보호할 것이므로 어떠한 배타적 감정이나 떳떳지 못한 방법에도
의지하지 말고 오직 자유의 정신을 발휘해 주장과 태도를 끝까지
정당하고 평화롭게 밝힐 것을 주장했다.[4]

대한민국 임시정부

삼일운동은 대한민국 임시정부를 수립하는 계기가 되었는데 이
때 만들어진 대한민국 임시헌장과 특히 임시헌법에는 「삼일독립
선언서」의 정신이 고스란히 담겼다. 1919년 4월 11일 공포된 10개
조의 「임시헌장」은 남녀귀천과 빈부계급을 거부하고 모든 백성
이 평등함을 선언한 조항, 신앙 · 언론 · 출판 · 결사 · 집회의 자유
와 같은 기본권을 보장하는 조항, 또한 교육 · 납세 · 병역의 의무와
같은 국민의 기본의무를 규정한 조항과 인류의 문화와 평화에 공헌
하기 위해 국제연맹에 가입한다는 것을 밝힌 조항 등을 포함했다.

그런데 이들 조항의 내용을 보면 「임시헌장」이 근대적 연대형
성에 필수조건인 자유와 평등의 가치를 강조했을 뿐만 아니라 국
가공동체의 유지 · 보호 · 발전을 위한 공동책임을 넘어 인류공동

---

4) 삼일운동 초기에 「삼일독립선언서」를 작성, 서명, 배포하는 어려운 일을
   교리적으로 매우 이질적인 기독교 · 천도교 · 불교계가 민족을 대신해 합
   심해서 이루어낸 것부터가 강한 연대정신의 표현이었다(김도태, 1974:
   282쪽).

체의 평화와 발전을 위한 일에 동참하려는 의지도 밝힘으로써 「삼일독립선언서」의 연대정신을 계승하고 있음을 알 수 있다(김영수, 2001: 871쪽).[5]

「임시헌장」과 달리 본격적인 헌법형태를 갖춘 대한민국 임시헌법은 「임시헌장」을 토대로 제정되어 같은 해 9월 11일 공포되었다. 전문에 「삼일독립선언서」의 앞부분을 거의 그대로 담음으로써 「삼일독립선언서」의 정신을 계승하고 있음을 더욱 분명히 드러냈다. 또한 임시헌법은 근대적 연대형성의 전제가 되는 자유와 평등에 관한 조항을 임시헌장보다 더 구체적으로 담았을 뿐만 아니라, 대한민국이 "2천만 민족의 성충(誠忠)을 합하야 민족의 항구여일(恒久如一)한 자유 발전을 위하야 조직된" 국가임을 선언함으로써 자유의 이념과 함께 민족의 연대정신이 국가의 토대가 되었음을 제시했다(김영수, 2001: 873쪽 이하).

일제의 연대정신 억압

하지만 이와 같이 실학운동으로부터 동학운동과 독립협회운동을 거쳐 삼일운동과 대한민국 임시정부 수립에까지 이르는 일련

---

5) 또한 「대한민국 임시헌장」과 함께 발표된 「선언문」에서 임시정부는 「삼일독립선언서」에서 주장한 인도(人道)와 정의를 외치면서 동포라는 표현을 함께 사용했는데, 형제자매를 뜻하는 동포란 바로 근대적 연대관념의 모태인 박애(fraternity, brotherhood)를 전제한 표현이었다(김영수, 2001: 872쪽).

의 운동의 사상적 배경으로 이어져온 근대적 연대정신이 일제 치하의 한반도에서는 더 이상 지속되기 어려워졌다. 비록 이 시기에 한반도 바깥에서는 대한민국 임시정부를 비롯한 다양한 형태의 민족독립운동이 연대정신을 이어갔지만, 일제 치하의 한반도에서는 일제가 강권통치와 함께 강력한 반연대주의 이념을 통해 조선인들의 연대정신을 말살하려고 했다.

일제는 한반도를 지배하기 위해 서구의 다른 제국주의 국가들에 비해 이념에 훨씬 더 크게 의존했는데 일제가 사용한 이념은 흔히 동화주의로 알려져 있다. 하지만 식민지 지배 이념의 내용을 주목해서 살펴본 이나미의 연구에 따르면 일제 초기에는 주로 자유주의가 지배 이념으로서 이용된 반면, 일제 말기로 갈수록 점차 국가주의가 압도하게 되었다(이나미, 2003: 61쪽 이하).

한일합병을 전후로 한 시기부터 식민지 시기 중반까지 일본이 자유주의를 적극 내세운 데에는 두 가지 이유가 있었는데, 첫째 이유는 식민화 명분과 관련되어 있었다. 즉 일본은 자신들이 서구적 근대화에서 당시의 조선보다 앞서 있으므로 합병이 조선을 위해 유익하다는 것을 내세웠다. 그런데 서구적 근대의 지배 이념이 자유주의였기 때문에 자연스레 자유주의를 표방하게 되었던 것이다. 물론 일본이 자유주의를 겉으로 표방했다고 해서 식민지 정책이 실제로 자유주의적이었던 것은 결코 아니었고 오히려 철저히 강압적이었다(이나미, 2003: 63쪽; 이기백, 1997: 400쪽 이하).[6]

---

6) 일제가 표방한 자유주의 이념과 반자유주의적인 실제 식민지 통치방식

두 번째 이유는 자유주의 이념이 실제 식민화 과정에서 조선인들의 탈조선화에 효과적인 도구가 될 수 있었기 때문이다. 일본은 자유주의 이념이 개인의 자유와 행복을 강조하고 국가의 역할에는 비판적인 점을 이용해 조선인들의 조선에 대한 애국심을 제거하고 특히 조선왕조에 대한 증오심을 고취시키려고 노력했는데 조선인의 탈조선화는 그 후에 조선인들을 온전한 일본인으로 만들기 위한 선결조건이었다(이나미, 2003: 69쪽).

하지만 일본이 서구와 본격적인 식민지 쟁탈 경쟁을 벌이는 과정에서 1930년대에 파시즘 체제를 확립하기 시작하면서부터는 서구와 거리를 두고 조선과 내선일치를 주장하게 되었다. 이 과정에서 일본은 서구의 자유주의 이념을 맹렬히 비판하며 폐기하는 대신에 국가주의를 지배이념으로 삼아 이를 전면에 내세우게 되었다. 그것은 파시즘 체제에서 국가주의가 국론일치에 그리고 노동력과 병력 동원에 가장 효과적인 도구였기 때문이다(이나미, 2003: 78쪽 이하).

일제 초기의 자유주의 이념은 일본이 한반도의 정치경제적인 권한을 강화하기 위한 명분으로 사용되었을 뿐만 아니라 잠재적인 연대능력을 지닌 조선의 사회제도와 문화풍습을 탄압하는 도구로도 사용되었다. 예를 들어, 일제는 한일합병 후에 토지약탈을 위해 본격적인 토지조사사업을 벌이면서 사적인 소유권 확립을 명분으로 내세웠으며, 또한 정치적 결사를 탄압하기 위해 1925년

사이의 모순에 대해서는 이나미의 글(2003: 65쪽 이하) 참조.

치안유지법을 제정하면서 사유재산제도의 보호를 전면에 내세웠다. 그런데 이런 명분들은 자유주의 사상의 핵심에 해당한다(이기백, 1997: 407쪽).

또한 일제는 당시 일반 백성들의 생활세계 깊숙이 퍼져 있었던 계가 일제의 탄압에 항거할 결사체로 전환될 잠재력이 매우 크다고 보았기 때문에 이에 특별히 주목했다. 그 결과 1920년대~30년대에 '계취체규칙' '의례준칙' 등을 제정하고 '폐풍개선' '사회교화' 등을 명분으로 삼아 탄압함으로써 많은 계가 사라지도록 했으며, 때에 따라서는 식민지 통치에 유리한 방향으로 계의 내용과 형식을 개조해 이용하기도 했다. 계 외에도 농악·줄다리기·강강수월래 등과 같이 조선인에게 오랫동안 결속력을 제공해온 전통적인 민속놀이나 설과 같은 전통적인 풍습들을 탄압함으로써 탈조선화와 탈연대화를 꾀했다(이기백, 1997: 407쪽; 김문겸, 1993: 123쪽 이하).

이처럼 조선인의 연대정신에 대한 억압은 자유주의 이념과 함께 이 이념을 명분으로 한 강권적인 통치를 통해서 이루어졌다. 일제 초기부터 이루어진 이러한 강권적인 통치는 후기로 갈수록 더욱 노골화되었으며 이 과정에서 등장한 국가주의 이념은 강권통치를 정당화하는 것을 넘어 조선인을 천황이 지배하는 일본제국의 신민, 즉 황국신민으로 만드는 도구가 되었다. 일제가 만드려고 한 황국신민은 일본제국주의 국가와 특별히 그 상징적 존재인 천황만을 궁극적으로 존중하고 여기에 충성함으로써 이를 위해 기꺼이 자신의 목숨을 버리고자 하는 사람이었다.[7]

이와 같이 일제는 개인이나 조직을 오직 국가이익을 위한 부속품으로만 간주한 국가주의 이념을 끊임없이 주입하는 방식으로 조선인들의 개인적인 자의식과 이에 기반을 둔 자율적인 연대정신을 질식시켜갔다. 이 과정에서 수많은 사람들이 자의식을 상실한 채 황국신민으로 그리고 더 나아가 국가주의 이념가로 변하기도 했으나, 조선인에게 이어져 내려와 남아 있던 연대정신과 연대문화의 뿌리마저 이를 통해 철저히 근절할 수는 없었다(이나미, 2003: 85쪽 이하).

---

7) 조선총독부는 1937년 '황국신민의 서사(誓詞)'를 제정해, "우리는 황국신민이다. 충성으로서 군국에 보답하련다"를 선언하게 하면서 "제일로 금후의 아교육의 목표는……분명코 황국일본의 신민, 즉 천황폐하의 충량한 적자를 육성하는 것이다"라고 했다(이나미, 2003: 86쪽). 이광수는 『신시대』지에 가야마 미쓰로(香山光郎)라는 이름으로 당시 일제의 주장을 대변하는 글, 「신시대의 윤리」를 실었는데, 여기서 그는 "불타는 애국심을 가슴에 간직하고 언제나 일사(一死)로써 군국을 받들려는 각오. 이 난국에 있어서 가일층 멸사봉공의 정신으로써 생명도, 재산도, 명예도, 모든 것을 나라에 바치고 임금님께 바치는 결심과 각오를 하지 않으면 안 됩니다"라고 역설했다(香山光郎, 1941: 48쪽; 이나미, 2003: 85쪽).

국가주의 모나디즘 지배기

일본이 패망하고 한반도가 일제의 굴레로부터 해방되면서, 그동
안 일제 치하에서도 근절되지 않고 꿋꿋이 남아 있던 연대정신과
특히 해외에서 독립운동을 통해 유지되어온 강력한 연대정신이
이제 엄동설한을 지나 드디어 싹을 틔우고 꽃을 피울 기회를 맞이
하게 되었다.

이승만 정권과 국가주의 형성기

대한민국 임시정부는 식민지 강점기에 좌우 이념대립이 치열해
짐에 따라서 이를 극복하기 위해 1930년대에 삼균주의를 기본이
념으로 채택하고 이를 1941년 건국강령에 반영했다. 차별 없고 태
평한 사회건설과 민족·국가 간의 균등실현을 통한 사해일가(四
海一家) 건설을 추구한 삼균주의는 비록 당시의 시대적인 분위기
로 인해 국가주의적인 한계를 갖고는 있었지만 연대지향적인 국
가건설을 추구한 임시정부의 성격을 잘 보여주었다. 해방 이후에

는 남북분단과 좌우대립 때문에 대한민국 임시정부의 삼균주의가 관철되지 못했지만 남쪽에서 1948년에 제정된 대한민국 제헌헌법에는 삼균주의 정신의 부분적인 영향이 남아 있다(김영수, 2001: 894~897쪽, 962쪽).

대한민국 정부수립과 함께 제정된 제헌헌법에는 전문을 비롯해 본문 곳곳에 대한민국이 연대정신을 추구하는 국가임을 보여주는 내용이 담겨 있었다. 대한민국이 "정의, 인도, 동포애로써 민족의 단결을 공고히 하며……민주주의 제 제도를 수립하여…… 각인의 기회를 균등히 하고……안으로는 국민생활의 균등한 향상을 기하고, 밖으로는 항구적인 국제평화의 유지에 노력"하는 국가임을 선언했을 뿐 아니라 국가가 "공공복리의 향상을 위하여 이를 보호하고 조정하는 의무를 진다"고 규정했다. 또한 "모든 국민은……성별, 신앙 또는 사회적 신분에 의하여…… 모든 영역에 있어서 차별을 받지" 아니하며 "사회적 특수계급의 제도는 일절 인정되지" 아니한다고 규정했다(김영수, 2001: 962쪽).[8]

물론 "언론 · 출판 · 집회 · 결사의 자유"를 비롯한 국민의 기본권이 광범위하게 보장되었을 뿐 아니라 사회적 약자의 지위에 있

---

8) 헌법 전문에서 정의 · 인도 · 동포애를 함께 강조한 것은 대한민국 임시정부가 1919년 4월 11일 임시헌장을 반포했을 때 함께 발표한 「선언문」의 정신을 적극 수용한 것으로 보인다. 여기서 사용된 동포애라는 표현은 근대적 연대관념의 모태가 된 박애 혹은 형제애와 같은 뜻을 가진 것으로서 앞의 「선언문」에서 동포라는 표현이 사용되었을 때보다 박애 혹은 연대정신을 더욱 분명히 보여준다.

는 자들의 적극적인 권리도 보장되었다. 예컨대 근로자의 노동 삼권뿐 아니라 "이익의 분배에 균점할 권리"가 법률에 근거해 보장되었으며, "노령, 질병 기타 노동능력의 상실로 인하여 생활 유지의 능력이 없는 자"에 대해 국가가 보호할 책임을 규정했다. 특별히 주목되는 것은 "대한민국의 경제질서는 모든 국민에게 생활의 기본적 수요를 충족할 수 있게 하는 사회정의의 실현과 균형 있는 국민경제의 발전을 기함을 기본으로 삼는다. 각인의 경제상 자유는 이 한계 내에서 보장된다"고 규정한 제84조로서, 이를 통해서 보면 제헌헌법이 연대주의자들에 의해 선호되는 사회적 시장경제질서와 사회적 국가관을 반영하고 있음을 알 수 있다.

이런 관점에서 제헌헌법은 국민의 기본권인 재산권에 대해서도 제15조에서 "재산권은 보장된다"면서 동시에 "재산권의 행사는 공공복리에 적합하도록 하여야 한다"고 그 한계를 명확히 제시했다(김영수, 2001: 963쪽, 969쪽).

제헌헌법은 이승만 정권에서 두 차례, 그리고 민주당 정권에서 한 차례 개정되었다. 하지만 국유자원과 국영기업 규정을 완화한 것 외에는 대부분이 권력구조와 관련된 것이어서 연대주의 정신과 관련이 깊은 위의 내용들은 대체로 유지되었다. 이승만 정권은 북한과 이념적으로 대립했고 이런 점에서 소유와 기업경영을 더욱 탈국가화하는 방향으로 추진했다. 하지만 당시의 지배적인 정신은 사회주의의 모든 요소를 배제하기보다는 여전히 자본주의의 한계 극복에 필요한 부분을 적극 수용하는 편이었다.

이런 점은 집권정당이었던 자유당의 창당 「선언문」 및 강령과 심지어 대표적인 보수정당이었던 한국민주당(한민당)의 강령, 그리고 한민당을 계승한 민주국민당과 민주당의 강령을 보면 알 수 있다. 즉 자유당은 「선언문」에서 소련공산독재를 비난했을 뿐 아니라 "자유경제의 미명하에 악질적인 모리간상배들을 조성하여 배물(拜物)사상을 토대로 이기주의적 자본만능의 사회를 획책"하는 세력에 대해서도 신랄하게 비난하면서, "특권과 착취와 불평(不平)과 부자유가 없고 인간의 존엄성이 보장되며 사회의 정의를 실현하는 협동생활경제체제에 입각"한 "협동사회를 건립"하는 것을 역사적 사명으로 밝혔다. 정강정책에서도 "호조호혜"(互助互惠)의 이념, "생산·분배·소비에 호(互)한 계획적 경제체제의 확립실시" "협동조합경제체제의 확립실시" 등을 규정했을 뿐 아니라 "기업의 민주화와 노동자의 경영권참여"도 주장했다(중앙선거관리위원회, 1965: 124~128쪽).

1945년 창립된 한민당도 정강정책에서 "민주주의 정체수립"을 기하여 "언론·출판·집회·결사와 신앙의 자유"를 규정했을 뿐 아니라 "근로대중의 복리증진"을 기하여 "국민기본생활의 확보" "주요산업의 국영 또는 통제관리" "토지제도의 합리적 재편성" 등을 규정했다(중앙선거관리위원회, 1965: 104~105쪽). 민주국민당 역시 "언론·출판·집회·결사·신앙의 자유"라는 기본권 확립과 특별히 "자주경제의 수립"을 기한다고 선언하면서 "국민기본생활의 확보" "중요한 기본산업의 국영 또는 통제관리" "근로대중 본위의 사회생활" 등을 규정했고, "농촌경제의 자주성 확립을 위한 농촌협동조합화"를 촉진한다고 규정했다(중앙선거관리위원회, 1965: 122~123쪽).

한민당과 민주국민당을 계승해 1956년 창립한 민주당은 정강정책에서 언론·출판·집회의 자유와 같은 국민의 기본인권 보장과 더불어 특별히 생산에서의 "자유경제원칙"을 명시했지만, "사회정의에 입각한 공정한 분배로서 건전한 국민경제의 발전을 기하며 특히 농민노동자 기타 근로대중의 복리향상을 기한다"는 점도 적시했다. 이와 관련해 민주당은 "국민기본생활의 보장" "농촌협동조합운동의 적극적 조장" "중소상공업의 적극적 보호육성" "근로대중을 위한 사회보장제도의 확립과 의료의 기회균등" "부녀자의 지위향상" 등의 정책방향도 제시했다(중앙선거관리위원회, 1965: 143쪽).

이러한 점들을 보면 이승만 정권 시대의 대한민국에서는 여전히 프롤레타리아독재를 내세운 사회주의 체제뿐 아니라 서구의 19세기적인 자유방임형 자본주의 체제도 함께 거부하고 어떤 형태이든지 간에 민주주의와 사회정의에 입각한 경제체제를 추구하는 것이 지배적인 시대정신이었음을 알 수 있다. 민주당이 1956년 「창당선언문」에서 "국민 특히 농민대중과 근로층의 복리 증강에 대한 강력한 시대요청에 부응하여 분배의 공정을 기하는 조치를 강구"한다고 밝힌 것은 바로 이러한 사실을 명확히 보여주는 증거다(중앙선거관리위원회, 1965: 142쪽).

하지만 이러한 시대정신이 바로 현실에서 구현된 것은 아니다. 이승만 정권은 연대지향적인 이념을 강력히 표방하면서 출발했다. 하지만 현실에서는 이승만 정권의 지나친 권력욕과 남북한의 극심한 이념대립 상황으로 인해 연대지향적인 정신이 반공주의와 국가주의에 압도되어갔는데, 한국전쟁은 이 과정에서 반공주의와 국가주의의 확산에 결정적으로 기여했다.

이승만 정권은 1948년 9월 모든 국민의 대동단결을 강조하는 일민주의를 제창했다. 이 이념은 자본주의의 '돈 숭배주의'와 공산주의 유물론을 모두 지양하는 사회적 경제체제를 지향했다. 그리고 우리 민족은 같은 혈통과 운명을 지닌 공동체이므로 남녀상하, 지방파당, 빈부귀천을 없애고 균일정치(민주정치), 동일교육(민족교육), 동일경제(민생경제)를 달성하고자 한다고 표방했다. 이러한 이승만의 일민주의는 자유당의 이념적 기반이 되어 자유당의 「창당선언문」과 정강정책에 그 정신이 반영되었다(박찬승, 2002: 238쪽, 242쪽).

하지만 일민주의는 민족과 국가를 강조하는 이념이었다. 실질적으로 일민주의 사상을 체계화하고 발전시킨 안호상은, 일민주의에서 각 개인은 다 같이 자유로워야 하지만 개인의 자유는 민족의 자유와 나라의 독립이 이루어진 후에야 가능한 것이므로 '개인의 자유를 위해서는 먼저 민족과 나라의 자유를 피로써 지켜야 한다'고 주장했다. 이처럼 이승만 정권 초기의 이념은 사회적 연대를 지향했지만 개인의 자유를 억압하는 잠재적인 국가주의 위험을 처음부터 안고 있는 것이었다(박찬승, 2002: 240쪽).

이러한 국가주의의 위험은 이승만 정권이 1949년 국가보안법을 제정한 후에 권력을 연장하고자 할 때마다 정적을 탄압하거나 제거하는 수단으로 이를 남용함으로써 현실화되었다. 뿐만 아니라 이승만 정권은 각종 관변조직을 통해 비판세력뿐 아니라 전 국민을 감시와 통제의 대상으로 만들어갔는데 한국전쟁은 여기에 결정적인 역할을 했다. 예를 들어 대한청년단·대한부인회·대한노동조합총연맹 등의 각종 우익계열의 단체들이 정권의 외곽조직이 되어 좌익세력의 탄압에 이용되었으며 말단행정조직인 국민반, 준경찰조직인 민보단 등은 지역사회의 구석까지 감시하고 통제하는 수단이 되었다.

해방 직후 우위를 점했던 각종 좌익 관련 단체는 이승만 정권 초기에 본격적인 탄압을 받기 시작했다. 그러다가 결정적으로는 한국전쟁으로 인해 사라지게 되었으나, 한국군은 전쟁 이전 약 10만 명에서 종전 당시 70만 명의 병력으로 늘어남에 따라서 정치적인 위상이 급상승했다(김인걸 외, 2000: 109쪽, 163쪽; 김동춘, 2010: 10쪽 이하; 이혜숙, 2010: 17쪽).[9]

이승만 정권의 이 같은 국가주의 심화과정에서 가장 중요한 명분은 반공이었다. 한국전쟁의 발발은 이러한 이승만 정권의 반공주의를 강화하는 데 매우 크게 기여했다. 물론 한국전쟁 이전에도 반공은 이승만 정권에서 매우 중요한 목표이자 명분이었다. 하지만 그 당시의 반공은 민주주의, 특히 넓은 의미에서의 자유민주주의 체제를 지키기 위한 도구로서의 의미가 강했다. 게다가 이승만

---

[9] 이승만 정권은 좌익에서 전향한 사람들을 중심으로 1949년 국민보도연맹을 결성해 좌익세력의 회유와 통제를 꾀했으며 한국전쟁이 발발하자 잠재적 위험성을 내세워 수많은 보도연맹원들을 무차별적으로 학살했다(김인걸 외, 2000: 135쪽).

정권은 한반도에서 이러한 민주주의를 지키기 위해서 반공뿐 아니라 천민적인 자본주의를 극복하는 것도 매우 중요하게 여겼다.

그러나 일민주의로 표현된 이승만식의 이러한 제3의 이념은 전쟁을 거치면서 반공주의에 밀려 서서히 자취를 감추어갔다. 전쟁이 강화시킨 반공주의의 효과를 이승만 정권이 권력연장 욕구를 실현시키는 더없이 유용한 도구로 삼았던 것이다. 이로써 민주주의, 반공, 천민자본주의 반대라는 초기의 삼위일체 이념은 변했고 반공이 다른 것들을 짓밟고 유일한 가치와 목표가 되었다. 이것이 바로 한국전쟁 이후 이승만 정권 아래서 한국사회를 지배하게 된 반공주의의 실체였다. 이승만은 1954년 사사오입 개헌을 통해 장기독재를 꾀했고 1958년 국가보안법을 강화시키는 개정을 했으며 같은 해 진보당 사건으로 조봉암을 사형시켰을 뿐 아니라 1959년 『경향신문』을 폐간시키는 등 이 모든 과정에서 반공은 가장 중요한 명분이었다(박찬승, 2002: 242쪽; 김인걸 외, 2000: 162쪽 이하).

정리하자면 해방과 미군정기를 지나 수립된 대한민국은 제헌헌법에서 드러났듯이 한반도 근대화의 시작과 더불어 형성 · 발전되어온 연대주의 정신을 바탕으로 건설되었다. 그리고 대한민국의 첫 정권인 이승만 정권 역시 비록 한반도 분단이라는 한계 속에서였지만, 이러한 정신을 어느 정도 계승해 표명하는 식으로 출범했다. 하지만 현실 속에서 이승만 정권은 이를 구현하거나 발전시키지 못한 채 오히려 반공주의에 근거한 국가주의 모나디즘을 강화하고 이것이 실질적으로 자리 잡게 함으로써 이후에 오랫동안 국가주의가 한국 현대사를 지배하게 만드는 배경을 제공했다. 이승만 정권의 국가주의 입장은 "국권이 없으면 민권이 없다"는 1958년 11월 15일의 자유당 성명 내용이 명쾌하게 표현하고 있다(백운선, 1981: 121쪽).[10]

군부정권과 반공주의적 국가주의 확립기

제2공화국과 탈국가주의화

이승만 정권은 1960년의 4월 혁명으로 붕괴되었고 그 뒤를 이어서 민주당 정권의 제2공화국이 세워졌다. 제2공화국의 헌법개정은 이승만 정권의 국가주의적 독재에 대한 반작용으로서 독재와 장기집권의 위험이 있는 대통령제를 의원내각제 정부형태로 전환하고 지방자치제, 사법부의 민주화 등을 전면에 내세우는 등 권력구조 개편에 초점이 맞추어졌다. 하지만 이와 함께 국민의 언론 및 출판의 자유와 집회 및 결사의 자유를 강화하는 등 국가권력으로부터 민권을 한층 더 보호함으로써 이승만 정권기에 자리 잡기 시작한 국가주의 모나디즘의 제도적인 기반을 허물고자 했다(김영수, 2001: 979~986쪽).

반면 제2공화국의 헌법개정 대상에 경제관련 내용이 포함되지

---

10) 이에 대해 민주당에서는 "민권이 없으면 국권도 없다"고 지적하면서, "새로운 파시즘이 민주주의의 보위라는 미명에 싸여 등장하고 있다"고 자유당의 국가주의 입장을 신랄하게 비판했다(『조선일보』, 1958년 11월 27일자: 1면; 1958년 12월 18일자: 1면; 백운선, 1981: 121쪽에서 재인용).

않은 데서 알 수 있듯이, 제1공화국 헌법의 연대지향적인 경제관은 제2공화국에서도 기본적으로 그대로 계승되었다. 그리고 앞에서 보았듯이 제2공화국의 집권정당이 된 민주당의 정강정책도 민주당이 자유경제원칙과 함께 사회정의에 입각한 공정한 분배를 중시하는 연대지향적인 경제정책 방향을 추구했음을 보여준다. 심지어 민주당 집권 후에 민주당에서 분리된 보수적인 민주당 구파 세력이 창당한 신민당조차 정강정책에서 자유민주주의를 기본노선으로 삼으면서 이와 함께 "국가는 사회적 정의의 입장에서 모든 국민에게 그 기본적 수요의 충족과 균등된 경제생활을 영위할 수 있는 사회국가적 경향으로 그 기능을 확대해야 한다"고 연대지향적인 사회국가상을 명확히 천명했다(중앙선거관리위원회, 1965: 191쪽).

이렇게 볼 때 제2공화국은 대한민국의 연대지향적인 경제관을 기본적으로 계승하면서 이승만 정권의 국가주의에 의해 억압된 민권을 강화함으로써 대한민국을 연대지향적인 국가로 복구하려고 했음을 알 수 있다.

제2공화국의 규범은 이처럼 개인의 자유와 평등, 사회적인 연대를 보다 강화하는 방향으로 개선되기 시작했다. 하지만 그동안 억눌려 있던 사회구성원들의 다양한 욕구들이 실제로 분출되고 또한 사회 분열이 가중되는 데 적절히 대처하기에는 현실적으로 여러 가지 어려움이 존재했을 뿐 아니라 실제로 많은 시간과 사회 구성원들의 협력이 필요했다. 제2공화국은 이러한 혼란과 어려움을 권력 장악의 기회로 삼은 군부세력에 의해 붕괴되고 말았으며, 이들 군부세력이 불법적으로 세운 제3공화국과 그 뒤를 이은 군부정권들을 통해 대한민국은 이승만 정권기보다 더 강력한 국가주의에 의해 지배되는 사회로 퇴행해갔다.

박정희 군사정권의 등장과 국가주의 복구 및 강화

박정희 정권은 1962년 개정된 제3공화국 헌법 전문에서 4·19와 5·16 이념을 덧붙인 것을 제외하고는 제헌헌법의 기본정신을 계승한다는 점을 밝혔다. 하지만 본문을 보면 몇 가지 특징적인 변화를 발견할 수 있다. 예컨대 제2공화국 헌법이 기본권 강화를 위해 "자유와 권리의 본질적인 내용을 침해할 수 없다"고 덧붙인 규정을 유지하는 등 제헌헌법에 비해 진전된 내용을 포함했으나 군대의 사명 조항을 삭제하고 군사재판 조항을 신설하는 등 군사정권의 특성을 드러냈다(김영수, 2001: 995쪽 이하).

이러한 변화들 가운데 특히 주목할 부분은 제3공화국 헌법에서 사회국가적 성격이 현저히 약화되었다는 점이다. 제헌헌법 제5조는 "대한민국은 정치·경제·사회·문화의 모든 영역에서 각인의 자유, 평등과 창의를 존중하고 보장하며 공공복리의 향상을 위하여 이를 보호하고 조정하는 의무를 진다"고 규정했다. 하지만 개정헌법에서는 이 조항이 없어진 대신 제111조에서 "개인의 경제상의 자유와 창의를 존중함을 기본으로 한다"고 규정함으로써 국가의 조정역할이 사회 전 영역에서 경제로 축소되었을 뿐 아니라 경제영역에서도 존중과 보장의 대상이었던 자유·평등·창의 가운데 평등이 삭제되었다. 물론 개정헌법은 국가가 "모든 국민에게 생활의 기본적 수요를 충족시키는 사회정의의 실현과 균형 있는 국민경제의 발전을 위하여 필요한 범위 안에서 경제에 관한 규제와 조정을 한다"고 규정함으로써 경제에서 사회정의 실현을 국가가 중시함을 밝혔다. 하지만 제헌헌법은 "사회정의의 실현과 균형 있는 국민경제의 발전을 기함을 기본으로 삼는다"는 더욱 강력한 표현을 사용했을 뿐만 아니라 "각인의 경제상 자유는 이 한계 내에서 보장된다"고 명시함으로써 사회적 시장경제 질서를 훨씬 더 명백하고도 강력하게 천명했다(김영수, 2001: 1006쪽).

5·16 군사정변 주체세력은 이듬해에 민주공화당을 창립해 집권하게 되는데 제3공화국과 제4공화국의 집권정당이 된 민주공화당의 강령은 자유민주주의 정치체제와 자유경제체제를 강조했다. 비록 제2공화국의 집권정당이 된 민주당이 「창립선언문」에서 "자유와 민주"를 "통일"과 함께 강력히 주장했고 또한 강령에서는 자유경제원칙을 생산에 적용시켰지만, 역대 집권정당의 강령에서 자유민주주의 정치체제와 자유경제체제의 원칙을 함께 명백히 선언한 것은 처음이라 할 수 있다.

이와 달리 제3공화국 헌법에서 발견되는 사회정의 개념이 민주공화당의 「발기선언문」, 강령, 기본정책, 그리고 당헌의 어느 곳에서도 발견되지 않는다. 역대 집권당의 강령에서 사회정의 개념이 빠진 것은 처음이었다. 그 대신에 강령은 합리적 경제계획을 통해 국민생활 수준의 향상을 기한다는 점을 강조했으며, 당의 기본정책은 장기적인 종합개발계획, 행정적 지원강화 등을 통한 자립경제의 확립을 추구한다고 밝혔다(김인걸 외, 2000: 290쪽; 중앙선거관리위원회, 1964: 29쪽 이하).

이를 통해 확인할 수 있는 것은 5·16 군부정권이 이념적으로는 정치와 경제에서의 자유체제를 강조하면서 실제로는 처음부터 국가주도적인 정책을 통해 경제적인 근대화, 특히 경제개발에 매진하려고 했다는 점이다.

물론 민주공화당의 강령에는 사회복지제도를 확충한다는 표현이 있고 기본정책에서도 복지를 증진한다는 표현이 있으나 당면정책 부분에서 그 구체적인 내용을 설명한 것을 보면 사회복지시설의 증설과 운영개선 지원, 수용소의 설립 및 직업보도 강화, 근로자를 위한 시설확장과 운영개선, 노동자 재해 보상제 추진을 그 내용으로 하고 있다.

그리고 강령과 정책 어디서도 제2공화국의 집권 민주당 강령에 있었던 "공정한 분배" "국민기본생활의 보장" "의료의 기회균등" 같은 표현이나 신민당의 "균등된 경제생활"에 해당하는 표현은 등장하지 않는다. 이런 점들은 사회복지에 대한 민주공화당의 인식이 경제에서의 사회정의 실현이라는 관점에서 볼 때 매우 취약한 것이었음을 잘 보여준다.[11]

어쨌든 제3공화국의 박정희 정권은 실제로 경제개발주의를 기

---

11) 사회복지사업의 확장 및 사회보장제도의 추진 내용으로 열거한 것은 다음과 같다. "공공무료 진료소, 고아원, 육아원, 양로원, 탁아소 등 사회복지시설의 증설을 추진하고 운영개선을 지원한다. 불구자 수용소, 윤락여성 수용소의 설립과 직업보도를 강화한다. 근로자를 위한 직업안정소, 직업훈련소, 노동금고, 근로자 합숙소, 실비식당 등의 시설확장과 운영개선에 주력하는 한편, 노동자 재해 보상제를 추진한다(중앙선거관리위원회, 1964:51쪽)."

반으로 국가권력을 강화시켜갔으며 이 과정에서 반공주의와 관제
적 민족주의를 적극 활용했다. 5·16 세력은 군사정변을 일으키자
마자 발표한 성명에서 "반공을 국시의 제1의(義)로 삼고 지금까지
형식적이고 구호에만 그친 반공체제를 재정비 강화할 것"이라고
선언했다. 그리고 곧바로 반공법을 제정하고 중앙정보부를 신설해
반공을 명분으로 한 온갖 인권유린을 자행하기 시작했다. 이들 세
력이 만든 민주공화당 역시 강령에서 명시적으로 승공을 통한 국
토통일을 천명했으며 정치를 비롯한 사회의 "모든 영역에서 승공
태세를 강화"하고 "승공통일을 위한 민족의 정신적 무장을 강화"
하는 것을 기본정책으로 삼았다.

　민주공화당 정부가 1964년 한국군을 월남전에 파병한 것도 반
공을 명분으로 한 것이었다. 이처럼 박정희 정권은 이승만 정권의
강력한 반공주의를 계승했을 뿐 아니라 국가권력을 강화하는 데
좀더 적극적으로 이용했다(김인걸 외, 2000: 265쪽; 중앙선거관리
위원회, 1964: 29쪽, 32쪽).

　박정희 정권은 또한 처음부터 민족주의 이념을 적극 내세웠다.
군사혁명위원회의 성명에서부터 "민족정기" "국가자주경제" "민
족적 숙원" 등 민족주의적인 표현을 사용했으며, 민주공화당 정강
정책에서도 "민족적 주체성을 확립" "민족자본의 육성" "민족문
화, 예술을 진흥"할 의지를 천명했다. 또한 박정희는 1963년 대통
령 선거과정에서 민족적 민주주의를 주장하면서 선거의 대립구도
를 "민족적 이념을 망각한 가식을 자유민주주의 사상과 강력한 민
족적 이념을 바탕으로 한 자유민주주의 사상과의 대결"로 몰아가

기도 했다.

이처럼 박정희 정권은 민족주의 이념을 한편으로 군사정권의 정당성 결핍을 보완하고 억압적 통치를 정당화하기 위해 동원하면서, 다른 한편으로는 경제개발 정책을 국가주도로 강력히 추진하는 수단으로 활용했다(김인걸 외, 2000: 265쪽; 중앙선거관리위원회, 1964: 29쪽 이하; 홍석률, 2002: 173쪽).

제3공화국이 한국의 현대사에서 유래를 찾아보기 힘들 정도로 국가주의를 강화시켰음을 보여주는 상징적인 사건으로는 1968년 개정 주민등록제 시행과 같은 해의 「국민교육헌장」 반포를 들 수 있다. 주민등록제도는 1962년부터 시행되었으나 1968년 간첩식별편의 등의 이유로 고유번호가 부여된 주민등록증을 소지하는 제도로 바뀌었다. 이를 통해 국가는 국민 개인의 신상정보와 기본권을 효과적으로 통제할 수 있는 중요한 수단을 확보하게 되었다.

그리고 「국민교육헌장」의 반포는 국가가 주도해 시민들로 하여금 국가이념을 내면화한 국민으로 다소 강제적으로 만들어가고자 했던 일종의 국가주의적인 훈육정책이었다. 이 「헌장」에는 학문과 기술의 학습, 개인적인 소질의 계발, 그리고 따뜻한 협동정신의 중요성을 강조하는 등 시민교육에 필요한 내용이 일부 들어 있다. 하지만 국가는 어린 학생으로부터 성인에 이르기까지 이 「헌장」의 암기와 교육을 통해서 반공정신과 민족정신을 바탕으로 국가발전을 추구하는 국민으로서의 정체성을 적극 주입하려 했다.[12]

---

12) 「국민교육헌장」은 뒷부분에서 "나라의 융성이 나의 발전의 근본임을 깨

유신정권의 성립과 국가주의의 절정

박정희 정권이 경제개발주의·반공주의·민족주의를 기반으로 국가주의를 강화시킨 것은 제4공화국의 유신정권 시기에 정점에 달했다. 1972년 10월 박정희는 헌정질서를 중단시키는 비상조치를 선포하면서 자유민주주의의 효율성 제고와 남북대화를 통한 평화통일 추진을 명분으로 내세웠다. 그리고 뒤이어 개정된 유신헌법을 통해서 대통령의 연임제한을 삭제해 영구집권을 가능하게 하는 한편 시민의 기본권을 현저히 제약했다.

유신헌법의 전문에서는 "정의" "인도" "동포애"라는 표현이 삭제되고 "자유민주적 기본질서"라는 표현이 "평화적 통일"의 사명과 함께 처음으로 헌법에 등장했다. 또한 본문에서는 국민이 모든 권력의 원천이라는 내용과 기본권의 본질적인 내용을 침해할 수 없다는 내용이 삭제된 반면에 국가안전보장을 위해 기본권이 법률로써 제한될 수 있다는 내용이 추가되었다. 이런 맥락에서 국민의 집회와 결사의 자유도 법률에 의해 제한받을 수 있게 되었으며 노동삼권의 보장도 "법률이 정하는 범위 안에서" 제한적으로 이루어지게 되는 등 전반적으로 국가권력이 현저히 강화되면서 안보적 성격이 두드러지고 민주성과 사회성은 약화되었다(김영수, 2001: 1011쪽 이하, 1027쪽 이하).

유신체제가 성립되자 이를 반대하는 투쟁이 학생들을 비롯한

달아, 자유와 권리에 따르는 책임과 의무를 다하며, 스스로 국가 건설에 참여하고 봉사하는 국민정신을 드높인다. 반공 민주 정신에 투철한 애국애족이 우리의 삶의 길"이라고 했다.

시민들에 의해 전국적으로 격렬히 전개되었다. 이에 박정희 정권은 시민들의 저항을 탄압하고 유신체제를 강화하기 위해 '집회 및 시위에 관한 법률'을 제정하고 긴급조치를 9호까지 발동해 유신체제에 대한 일체의 반대를 불허했는데, 1974년부터 5년 동안 긴급조치에 의해 구속된 시민이 1,086명에 이르렀다. 여기서 더 나아가 박정희 정권은 전 사회를 병영화하는 식으로 통제를 강화해갔다. 1974년에는 국민윤리, 교련 등을 새 학과로 독립시켜 이데올로기 교육을 강화하는 한편, 그 이듬해에는 학교에 학도호국단을 만들고 사회에 민방위대를 신설함으로써 시민들을 준군사조직에 편입시켰다(김인걸 외, 2000: 323~324쪽).

신군부정권의 등장과 국가주의 계승 및 약화

1979년 유신체제에 대한 시민들의 저항의 여파로 박정희 정권의 유신체제가 마침내 붕괴되었다. 하지만 유신체제에서 성장한 정치군인들이 정권을 장악한 후에 출범시킨 제5공화국에 의해서 박정희 정권의 국가주의는 기본적으로 계승되었다. 물론 대통령의 재임기간에 제한이 없었던 유신헌법은 폐기되고 7년 단임제의 제5공화국 헌법이 만들어졌다.

그런데 새 헌법의 내용을 자세히 보면 유신헌법을 단지 부분적으로만 개선한 것임을 알 수 있다. 즉 제5공화국 헌법은 전문에서 "정의" "인도" "동포애"라는 표현을 복구했으나 기존의 "자유민주적 기본질서"라는 표현은 유지했다. 본문에서는 유신헌법이 기본권을 제약하기 위해 수정한 많은 조항들은 복구했으나[13] 국가안전보장을 위해 기본권이 법률로써 제한될 수 있다는 내용은 유지했다. 그리고 국민의 집회와 결사의 자유가 법률에 의해 제한받을 수 있던 내용은 개선했으나 노동삼권 가운데 단체행동권에 대해서는 "법률이 정하는 범위 안에서" 보장된다는 제한규정을 여전히 유지했다(김영수, 2001: 1033쪽 이하).

이처럼 제5공화국 헌법은 유신헌법이 심대하게 제약한 국민의 기본권을 상당히 회복시켰지만 유신헌법에서 두드러졌던 안보국가적 성격은 유지되었다.[14] 그리고 입법부, 사법부와는 비교할 수 없을 만큼 많은 권한이 여전히 대통령에게 부여됨으로써 권위주의적인 권력구조를 낳았다. 그 결과 제5공화국 신군부정권은 유신정권과 크게 다르지 않은 국가주의적 성격을 유지했는데, 이것은 신군부가 권력을 장악하고 유지하는 과정에서 자행한 수많은 인권유린과 강압통치가 잘 보여준다. 예컨대 이들은 "사회악 일소"를 명분으로 사회의 각 부문을 장악하기 위해 삼청교육대를 폭력적으로 운영했으며, 국가보안법, 사회보호법, 노동법의 제삼자개입금지조항 등 각종 반인권적인 악법들을 양산했다(김영수, 2001: 838~840쪽; 김인걸 외, 2000: 386~387쪽).

---

13) 예컨대 권력의 원천이 국민이라는 내용과 기본권의 본질적인 내용을 침해할 수 없다는 내용이 재등장했다.

14) 신군부는 개헌을 하자마자 1980년 말 기존의 중앙정보부를 확대 개편했을 뿐 아니라 명칭도 국가안전기획부로 바꾸는 등 국가안보를 뚜렷이 전면에 내세우는 조치를 단행했다. 국가안전기획부는 국가안보를 명분으로 삼아 공작정치와 시민탄압의 대표적인 산실 노릇을 했다(김인걸 외, 2000: 387쪽).

제5공화국의 안보국가적 성격은 신군부정권의 국가주의가 여전히 반공주의에 기초한 것이었음을 말해준다.[15] 그리고 제5공화국 헌법과 집권 민정당 강령은 박정희 정권에 의해 국가주의의 다른 기반으로 활용된 민족주의 이념도 신군부정권이 여전히 매우 적극적으로 활용했음을 보여준다. 즉 제5공화국 헌법은 이전의 어느 헌법보다도 전문에서 훨씬 더 뚜렷이 민족주의적인 표현들을 사용했으며, 민정당 강령도 민족을 가장 중요한 다섯 가지 이념 가운데 하나로 제시하면서 "민족 자주성" "민족정기" "민족사적 정통" 등과 같은 표현으로 당의 민족주의적인 입장을 표명하려 했다 (중앙선거관리위원회, 1992: 80쪽).

이에 비해 이전 정권이 국가주의의 또 다른 중요한 기반으로 삼았던 경제개발주의의 역할은 제5공화국에서 많이 약화되었다. 우선 급속한 경제개발 과정에서 소외되었던 시민과 경제개발주의의 문제를 심각하게 여긴 지식인의 강력한 저항과 비판이 결코 무시할 수 없을 정도로 커짐에 따라 신군부정권은 더 이상 박정희 정권처럼 경제개발주의 입장을 강력히 견지하기가 쉽지 않게 되었다.

게다가 권력장악 과정에서 정당성을 잃은 신군부 세력은 집권

---

15) 제5공화국의 신군부집단은 1981년 집권정당인 민주정의당(이하 민정당)을 결성하면서 강령과 기본정책의 앞부분에서 "북한공산집단의 도발위협"에 대처하기 위해 "군사력"을 위시한 모든 방법으로 "안전보장"을 확고히 하려 한다는 의지를 명확히 밝혔다(중앙선거관리위원회, 1992: 80~81쪽).

을 정당화하고 미화시키기 위해 필요한 새로운 정치적 이념으로서 정의를 핵심이념으로 취했다. 이런 배경 때문에 신군부 집단은 민정당을 결성하면서 강령에서 "경제성장과 분배의 균형 있는 조화"를 추구한다고 선언했으며, 사회복지 이념을 헌법과 민정당 강령에서 이전보다 더욱 부각시켰다(중앙선거관리위원회, 1992: 80쪽).[16]

더구나 국가주도의 경제정책에 대한 경제계의 비판이 증대됨에 따라서 국가주도의 경제개발주의는 더욱 입지가 좁아지게 되었다. 경제계는 유신정권이 붕괴되고 신군부정권이 등장할 무렵에 민간주도 경제의 필요성을 매우 강조했다. 물론 이러한 주장은 이전에도 있었지만 1970년대 후반 정부에 의한 중화학공업화와 투자조정의 실패 등으로 인해 설득력이 훨씬 더 커지게 된 것이다.

그 결과 민간주도 경제에 대한 경제계의 요구는 과거와 달리 1980년대를 거쳐 지속적으로 이루어졌으며, 정부도 이를 인식해 제5공화국 초기부터 민간주도 경제로의 전환을 천명했을 뿐 아니라 독점규제와 공정거래법의 제정,[17] 경쟁규제조항 삭제를 위한 공업발전법 제정, 수입 자율화, 금융산업 자율화 등 실질적인 정책

---

16) 제3공화국 헌법과 유신헌법의 "국가는 사회보장의 증진"에 노력할 의무를 갖는다는 조항이 제5공화국 헌법에서는 "국가는 사회보장·사회복지의 증진"에 노력할 의무를 갖는다는 것으로 수정되었다. 그리고 당 강령에서는 민족과 함께 복지가 5대 이념 가운데 하나로 제시되었다.

17) 제5공화국 헌법에서 처음으로 "독과점의 폐단"을 규제, 조정한다는 조항(제120조 3항)이 신설되었는데, 이것은 민간주도 경제를 위한 기본적인 장치인 독과점 규제 법규를 제정하는 근거가 되었다.

변화도 어느 정도 이루어졌다(서재진, 1989: 83쪽).[18]

이처럼 제5공화국의 신군부정권은 박정희 정권의 강력한 국가주의를 기본적으로 계승하면서 그 기반이 되는 반공주의와 관제민족주의도 함께 계승해 국가주의의 유지에 적극 활용했다. 하지만 국가주의의 또 다른 중요한 기반이었던 경제개발주의는 경제의 다른 주체들인 기업인 집단과 노동자·농민 세력의 급성장으로 인해 더 이상 과거와 같은 영향력을 유지하기가 어렵게 됨으로써 결국 국가주의를 약화시키는 중요한 배경이 되었다.

국가주의의 약화는 신군부 전두환 정권이 취한 이른바 유화정책의 형태로 나타나기 시작했다. 통행금지해제, 학생들의 두발과 교복 자율화 등 시민들의 일상생활에 관한 국가의 규제가 완화되기 시작했고 위에서 소개된 것처럼 경제활동에서의 규제완화도 이루어졌다. 이와 함께 1983년에는 민주인사의 정치활동 규제가 풀리기 시작했을 뿐 아니라 제적학생의 복학도 이루어졌는데 이를 통해서 정치권과 학생·지식인·노동계 등의 시민사회에서 정치적 민주화와 민권을 위한 투쟁이 다시 활기를 띠기 시작했다. 여기에 권력형 부정부패 사건과 고문 같은 권력에 의한 심대한 인권탄압 사건이 연달아 발생하면서 폭압적인 국가권력에 대한 시민의 대규모 저항이 폭발했고, 마침내 1987년 6월 29일 신군부정권

---

18) 하지만 서재진에 따르면 국가의 경제 통제에서 가장 중요한 은행의 인사권과 경영권이 여전히 국가의 통제 아래 있었다는 사실이 보여주듯이, 이 시기에 민간주도 경제로의 근본적인 변화는 일어나지 않았다(서재진, 1989: 84쪽).

이 대통령 직선제 개헌, 인권보장 강화, 언론규제 완화 등을 수용하는 선언을 발표하게 되었다(김인걸 외, 2000: 386~388쪽).

흔히 6·29선언이라 불리는 이 선언은 이승만 정권으로부터 박정희 군사정권을 거쳐 전두환 신군부정권까지 유지되어온 국가의 강권통치와 그 정신적 기반이었던 국가주의가 종래의 방식으로는 더 이상 지속되기 어렵다는 것을 적나라하게 보여준 상징적인 사건이었다. 그리고 한국 현대사를 오랫동안 지배해왔던 국가주의 모나디즘이 시민사회의 강력한 연대정신에 의해 패배한 매우 역사적인 사건이었다.

계급주의 모나디즘의 부상과 시민주의 확산

전두환 정권의 국가주의 모나디즘에 대해 승리를 이룩한 시민 사회의 강력한 연대정신은 6·29선언 이후에도 계속해서 작용해 7월 부터는 수많은 노조를 비롯한 각종 노동단체의 결성을 가능하게 했다. 노동계의 이러한 급속한 연대화에 대응해 정부가 다시 노동 계에 대한 탄압조치를 실시했을 때에도 노동계의 연대화는 더욱 강화되어갔다. 물론 시민사회의 강력한 연대정신이 노동계에서만 작용하고 확산되었던 것은 아니다. 연대정신은 1980년대 후반을 거치면서 농민운동 · 학생운동 · 통일운동 · 반미운동 등 광범위한 진보적 사회운동으로 퍼져갔을 뿐 아니라 온건한 시민운동으로도 확산되어갔다. 그리고 1990년대 들어서는 시민들이 시민사회의 다양하고 새로운 쟁점들에 관심을 갖게 되면서 수많은 시민운동 이 연대정신에 바탕을 두고 폭발적으로 성장하게 되었다.

이처럼 1987년 이후에는 국가주의가 약화된 공간에서 연대정신 이 한국의 시민사회를 중심으로 과거의 그 어느 때보다 강력한 영 향력을 발휘했을 뿐 아니라 더욱 폭넓게 확산되어갔다. 하지만 국가주의가 아닌 다른 형태의 반연대정신, 즉 모나디즘도 함께 빠르게 성장하면서 그 공간에서 영향력을 확보하기 위해 연대주의와 경쟁을 벌여갔다. 다른 형태의 모나디즘으로서 이 시기에 비교적 두드러진 것은 계급주의 모나디즘과 개인주의 모나디즘이었다. 그 가운데서 전자는 이 시기에 급속히 부상했다가 비교적 빠른 속도로 위축되어간 반면, 후자는 서서히 영향력을 확대하기 시작해 다음 시기에 지배적인 정신으로 자리 잡게 된다. 따라서 필자는 이곳에서 이 시기의 특징적인 현상을 계급주의 모나디즘과 또한 시민적 연대주의 성격이 강한 시민주의에 한정해서 살펴보고, 개인주의 모나디즘에 대해서는 다음 시기의 현상으로서 다루고자 한다.[19]

탈국가주의로서의 계급주의와 저항적 민족주의의 급부상

6·29선언에 따라 1987년 10월에 개정된 제9차 개정헌법인 현행헌법은 제5공화국 헌법과 비교할 때 대통령 선거방식을 간선제

---

19) 이 글에서 필자가 시민주의라고 부르는 것은 시민들의 연대를 강조하는 정신이다. 연대성은 시민사회와 시민운동의 가장 중요한 요소이므로 시민운동론과 시민사회론의 확산, 발전은 시민주의의 확산, 발전과 크게 다르지 않다는 것이 필자의 관점이다. 시민적 연대주의란 뒤에서 자세히 다루겠지만 필자가 다른 글에서 시민적 연대라고 부른 속성을 특별히 강조하는 일종의 연대주의 정신 또는 이념이다. 현실적인 시민운동과 시민사회에서 발견되는 시민들의 연대유형이 모두 시민적 연대라고 말할 수는 없기 때문에 시민주의를 시민적 연대주의와 동일시할 수는 없다. 하지만 시민주의는 이 책에서 등장하는 어떤 유형의 정신보다 시민적 연대주의 성격을 많이 갖는 정신이다(강수택, 2007a: 270쪽 이하).

에서 직선제로 바꾸고 임기를 7년에서 5년으로 단축하는 등의 대통령 관련 조항에서 가장 큰 차이를 보였다. 그 외에는 대체로 부분적인 개정이 이루어졌지만 몇 가지 눈에 띄는 점들은

첫째, 전문에 4·19정신을 계승한다는 표현을 다시 넣은 것,

둘째, 자유민주적 기본질서에 입각한 평화적 통일정책을 수립, 추진한다는 내용을 처음으로 총강에 넣은 것,

셋째, 군대가 정치적 중립성을 준수한다고 밝힌 내용,

넷째, 근로자의 단체행동권을 법률로써 제한하는 내용을 삭제한 것,

다섯째, 경제질서에서 경제적인 자유와 창의를 존중한다고 할 때 그 대상으로서 기존의 "개인"에 덧붙여 "기업"을 명시적으로 추가한 것,

여섯째, 국가가 "적정한 소득의 분배를 유지하고" "경제의 민주화를 위하여" 경제에 관한 규제와 조정을 할 수 있다고 밝힌 점 등이다(김영수, 2001: 1050쪽 이하).

즉 개정헌법은 1987년 민주항쟁의 정신을 일부 반영해 민주주의 정신을 보다 강화한 것을 볼 수 있다. 그리고 경제와 관련해서는 민간주도 경제를 강조하는 경제계의 뜻을 반영해 기업의 자유로운 경제활동을 더욱 존중한다고 밝히는 동시에 정의로운 분배와 경제의 민주화를 요구하는 일반 시민들의 뜻을 따라 이를 위해 국가의 경제 개입이 가능함을 함께 명시했다. 이러한 시대적인 정신과 요구는 한편으로 집권당인 민정당이 1988년 2월에 개정한 당의 기본정책에 일부 반영되어 당이 "6·29 민주화 선언의 완

벽한 실천"을 강조하고 또한 자유 및 번영과 함께 평등한 국가건
설을 추구한다고 새롭게 밝히기에 이르렀다(중앙선거관리위원회,
1992:406쪽).

그리고 다른 한편으로는 진보적인 사회운동세력의 급성장을
낳았는데, 전국대학생대표자협의회(1987), 민주화를 위한 전국
교수협의회(1987), 민족문학작가회의(1987), 전국언론노동조합
연맹(1988), 한국공해추방운동연합(1988), 전국교직원노동조합
(1989), 전국빈민연합(1989), 전국농민운동연합(1989), 전국민족
민주운동연합(1989), 전국노동조합협의회(1990) 등 수많은 전국
단위의 진보적 운동조직이 이 시기에 각 분야에서 봇물 터지듯이
생겨나서 세기 말 전환기의 한국사회 전반에 매우 큰 영향을 미치
는 강력한 사회세력이 되었다.

이들 진보적 사회운동세력은 비록 내부적으로 운동영역과 분파
에 따른 입장 차이와 이후의 시대변화에 따른 입장 변화를 일부 보
였지만, 적어도 1980년대 말과 1990년대 초의 시기에는 추구하는
방향에서 매우 커다란 공통점을 소유했다(김인걸 외, 2000:421쪽
이하).[20]

20) 진보적 사회운동 세력도 크게 두 범주로 나눌 수 있다. 하나는 박정희 정
   권시절부터 민주화운동에 적극 참여해온 세력을 포괄하는 넓은 의미의
   진보적 사회운동 세력이며, 다른 하나는 특히 본문에서 소개될 다음과
   같은 관점 또는 경향을 비교적 뚜렷이 공유하는 좁은 의미의 진보적 사회
   운동 세력이다. YMCA, 한국여성민우회 등은 전자의 범주에 속한다. 비록
   이들도 후자가 공유하는 관점을 부분적으로 공유했지만 이와 함께 일정한
   거리도 유지하면서 연대활동에 참여했다. 그러므로 이 글에서 의미하는

첫째, 이들은 군사정권에 의한 권위주의적인 통치에 반대해 투쟁해온 오랜 민주화운동의 전통과 특히 6월 민주항쟁의 정신을 계승해 민주주의 실현을 강력히 추구했다. 이 시기에는 정당성을 확보한 국민의 대표에 의한 통치 실현, 국가권력에 의한 부당한 탄압과 간섭으로부터 해방됨 등을 의미한 정치민주화가 이들의 가장 큰 관심대상이었다. 하지만 노동현장, 교육현장 등에서의 민주적 사회관계 구현을 뜻한 사회민주화도 커다란 관심의 대상이었다. 이와 같이 이 시기의 진보적 사회운동세력은 모두가 민주주의 정신에 입각해서, 오랫동안 현대 한국사회를 지배해온 강력한 국가주의에 대항해 이로부터 벗어난 민주사회를 구현하려고 노력했다.

둘째, 그런데 이 시기에 진보적 사회운동세력이 추구한 민주화의 방향을 더욱 자세히 살펴보면 1960년대와 1970년대의 민주화 과정에서 추구했던 자유민주주의와 달랐던 것을 알 수 있다. 1960년대부터 시작된 국가주도의 근대화와 특히 산업화 과정에서 노동자·농민·도시빈민 등과 같은 사회적으로 소외된 집단이 중요한 사회세력으로 급성장했으며, 일반 시민들은 박정희 정권의 붕괴로 민주정권이 세워지리라는 희망이 좌절된 채 1980년 광주시민의 민주항쟁이 국가권력에 의해 무참히 짓밟히는 것을 경험하게 되었다. 이를 경험한 진보적 지식인들 가운데서는 보다 과학적인 사회발전 이론을 모색하던 중에 1984년경부터 국내에 널리 전

진보적 사회운동이란 대부분 후자의 범주를 가리킨다.

파된 마르크스·레닌주의를 적극 수용하는 경향이 나타났다. 이에 따라 이들 지식인이 마르크스주의적인 계급이론으로 재해석된 민중개념과 이에 기초한 민중론을 진보적 사회발전론의 기반으로 삼게 되었다. 그리고는 이러한 인식이 진보적 사회운동에 빠르게 확산됨으로써 결국, 계급론적인 민중론의 시각이 진보적 사회운동세력의 중추적인 시각으로 자리 잡게 되었다.

물론 이러한 시각은 진보적 사회운동세력 내에서도 학술운동진영의 젊은 학자들처럼 계급모순을 민족모순보다 더 중시하는 피디(PD) 그룹이 주도하는 곳에서 더욱 뚜렷했다. 하지만 진보적 사회운동세력은 전반적으로 이 새로운 민중론에 기초함으로써, 계급모순이 심각한 자유민주주의 대신에 민중의 계급해방이 실현된 민중민주주의 또는 사회주의 사회를 추구하는 경향을 나타냈다(일송정 편집부 엮음, 1988: 263쪽 이하).

이러한 시각에서 진보적 사회운동세력은 오랜 국가주의의 억압이 완화됨으로써 출현한 시민사회 공간에서 영향력을 확대하기 위해 적극적인 조직화 전략을 추구했다. 이 과정에서 자연스레 계급의 논리와 조직화된 집단의 논리가 상승작용을 함으로써 개인의 자유와 자율이 소홀히 취급되는 계급 모나디즘 경향이 출현했다(도서출판 눈 편집부, 1989: 110쪽 이하; 이종오, 1988: 270쪽 이하).

셋째, 마르크스·레닌주의의 인식틀은 계급 간의 모순관계뿐 아니라 국가 간의 모순관계에도 주목하게 했다. 1980년 광주민주항쟁을 경험한 후에 진보적 사회집단에서는 반미주의적인 태도가 움트기 시작했는데, 진보적 지식인들이 1980년대 초의 종속이론을 거쳐 1984년 이후에 마르크스 · 레닌주의 이론을 적극 수용함으로써 반미주의적인 태도는 보다 명확한 반제국주의론의 형태로 진보적 사회운동에 널리 확산되었다. 이 시기에 반제국주의론이 널리 확산된 것은 한편으로 한국사회 내부의 정치적 권위주의와 특히 자본주의적인 계급모순이 제국주의 체제와 밀접히 연관되어 있다는 인식 때문이었다. 하지만 다른 한편으로 한반도 분단체제가 바로 제국주의 체제에 의한 것이라는 인식이 매우 강했기 때문이다(이종오, 1988: 256쪽 이하).

해방 후, 특히 군사정권 아래에서 민족주의는 국가주의의 매우 중요한 기반이었다. 물론 시민사회에서도 국가 주도의 관제 민족주의와는 다른 저항적인 성격의 민족주의를 강조해왔지만 국가주의가 지배하는 상황에서 이것이 주도적인 민족주의 담론이 되기는 어려웠다(홍석률, 2002: 199~200쪽; 강수택, 2001: 224~225쪽).[21] 그러다가 제5공화국에서 국가주의가 약화되는 과정에서 이것이 반제국주의론과 결합하는 형태로 부상하기 시작해 1980년대 말에 특히 진보적 사회운동세력에서 중추적인 담론으로 자리 잡게 된 것이다.

그런데 반제국주의론에 기초한 이 시기의 저항적 민족주의 또

---

21) 홍석률은 관제 민족주의와 구별되는 시민사회 민족주의의 특징으로서 자본주의 세계경제가 강요하는 예속성에 대한 저항의 논리, 민족이라는 정치경제적 공동체가 당면한 현실적 문제의 제기, 민족 문화와 역사의 보편성 강조 등을 제시했다(홍석률, 2002: 199쪽).

는 민족통일론은 국가주의의 가장 중요한 버팀목 역할을 해온 반공주의를, 그리고 특히 노태우 정부의 북방정책으로 그 실체가 더 뚜렷해진 반북한주의를 정면으로 겨냥한 것이었다. 이런 점에서 본다면 이 시기의 저항적 민족주의는 적어도 이를 수용한 진보적 공론장에서, 더 나아가 이것의 직간접적인 영향권에 속한 시민사회의 여러 영역에서 반공주의에 기초한 국가주의를 더 이상 존립하기 어렵게 만드는 것이었다.

하지만 이 시기의 저항적 민족주의의 이론적 기초가 된 반제국주의론은 레닌의 제국주의론에 크게 의지한 일종의 자본주의비판론으로서 현실 사회주의 제국들의 국가주의 경향에 대해서는 무감각하거나 심지어 이를 은폐하기까지 함으로써 국가주의 비판론으로서의 한계와 계급주의 시각을 뚜렷이 드러냈다(레닌, 1988; 김의동, 1991).[22]

이 시기의 진보적 사회운동 진영이 추구했던 이러한 정신들은 위에서 언급된 운동조직들의 창립선언문에 잘 표현되어 있다. 예컨대 전국민족민주운동연합(전민련)은 「결성선언문」에서 "전민련은 이 땅의 진정한 민중해방과 자유·평등의 사회를 실현하기 위해 당면과제로 반외세 자주화운동, 반독재 민주화운동, 조국통

---

22) 물론 현실 사회주의 진영의 붕괴 이후에 국내의 트로츠키주의자들처럼 자본주의 제국뿐 아니라 현실 사회주의 제국까지 포함하는 제국주의 세계체제 전체의 근본적인 혁명을 주장하는 입장도 일부 있었다. 하지만 당시의 국내 반제국주의론에서는 이러한 트로츠키주의 시각의 영향력이 레닌주의에 비해 매우 약했다(정성진, 1991: 357쪽).

일운동에 매진할 것입니다"라고 밝혔다. 그리고 전국대학생대표
자협의회(전대협)는 「발족선언문」에서 "첫째, 우리는 외세의 배
격과 독재의 종식을 통하여 진정한 자주적 민주정부를 수립할 것
이다. 둘째, 우리는 조국의 자주적 평화통일을 앞당기는 데 기여
할 것이다. 셋째, 우리는 민중이 주인이 되는 세상을 만들기 위해
그들과 강력히 연대할 것이다"라고 선언했다(『신동아』편집실,
1990: 52쪽; 전국대학생대표자협의회, 1987).

그런데 전대협 「발족선언문」에서 보듯이 이 시기의 진보적 사회
운동에서는 연대와 단결의 중요성이 매우 강조되었다. 하지만 필
자가 한국사회 연대사상의 전개에 관한 글에서 지적했듯이 이 시
기의 진보적 사회운동 진영에서는 비록 연대에 대한 관심과 열기
가 크게 증가했지만 주로 실천의 영역에 머문 채 관념이나 사상의
발전으로 이어지지 못했다. 이뿐만 아니라 실천의 영역에서도 연
대용어가 대부분 투쟁론이나 조직론의 맥락에서 아주 제한적으로
만 사용되었다.

결국 진보적 사회운동세력이 중심이 된 이 시기의 시민사회가
추구한 정신은 이중적으로 평가될 수 있다. 먼저는 현대 한국사회
를 오랫동안 지배해온 국가주의가 약화되는 조짐이 노출된 때에
맞추어 반공주의의 대립이념, 민중주의, 저항적 민족주의, 투쟁적
연대정신 등을 통해 국가주의와 그 기반이었던 여러 정신에 강력
히 대항함으로써 국가주의의 약화를 한층 가속화시키고 민주화를
확고히 하려고 했다는 점이다.

현대 한국사회에서는 오랫동안 국가주의가 지배정신으로 영향

력을 행사해왔지만 그 어느 시기에도 시민사회가 소멸되거나 시
민사회에 특징적인 근대적 연대정신이 질식된 적이 없다. 일제 강
점기, 이승만 정권기, 심지어 박정희의 유신 정권기와 신군부 집권
기 역시 예외가 아니었다. 그래서 해방직후에 수많은 시민사회단
체들이 결성되었을 뿐 아니라 연대정신이 담긴 제헌헌법이 제정
되었으며, 4·19혁명, 부마 민주항쟁, 광주민주항쟁, 6월 민주항쟁
등 시민들의 민주정신과 연대정신이 함께 어우러진 역사적인 사
건들이 계속되어왔다.

즉 오랫동안 국가주의가 지배해온 가운데서도 시민들의 연대정
신이 계승·발전되어왔으며 이를 기초로 시민사회 역시 초기의
다소 취약한 상태로부터 점점 더 튼튼해지는 발전을 이룩해왔다.
이러한 과정에서 이 시기에 국가주의가 다소 위축되는 조짐을 보
이자 시민사회의 진보진영이 중심이 되어 기존의 반공주의적 국
가주의와 강력히 투쟁했던 것이다.

물론 이 시기의 시민사회에는 진보진영의 관점으로부터 거리를
두려는 시민들이 더 많이 존재했다. 이들 가운데는 커다란 정치적
관심을 지녔으면서도 투표 외의 형태로는 정치적 의사를 거의 표
현하지 않는 시민들도 있었지만 6월 항쟁 참여자들처럼 비교적 강
한 연대정신을 지닌 잠재적으로 능동적인 시민들도 있었다. 하지
만 여전히 위력을 잃지 않은 이 시기의 국가주의에 저항하는 데에
는 적극적인 조직화 전략을 추구한 진보적 사회운동 세력에 이들
시민의 힘이 비할 바가 못 되었다.

그 결과 국가주의 영향력이 약화된 시민사회에서 진보적 사회

운동 진영의 영향력이 빠르게 커지면서 이들의 관점과 특히 계급주의 및 저항적 민족주의가 매우 빠르게 확산되어갔다. 하지만 이들 관점과 정신은 다소 교조적인 사회주의 이념에 크게 의존했던 관계로 1990년부터 동구의 현실 사회주의권이 예상치 못한 방식으로 붕괴함에 따라서 급속히 위축되고 말았다. 오랜 국가주의의 지배로 인해 심히 왜곡된 현실을 극복하려 했던 시민사회가 사상적으로 아직 미성숙했던 지식사회를 통해서 당시의 서구사회에서 이미 거의 폐기되다시피 한 낡은 이념을 무비판적으로 수용해 지배정신으로 삼았던 것이 이러한 급속한 위축의 원인이었다.

이처럼 이 시기의 진보적 사회운동 진영을 지배했던 정신들이 보였던 한계는 이들이 지속적으로 발전하지 못한 채 단명으로 그쳤다는 점 외에 더 있다. 그것은 연대주의 관점에서 훨씬 더 중요한 부분인데, 이들 정신이 교조적인 이념에 크게 의존함으로써 시민사회를 이념에 따라 분리하고 많은 경우에 극단적으로 양분화해 이를 대립시키는 오류를 범한 것이다. 이러한 대립적 분할정치는 국가가 오랫동안 반공주의를 활용해 행해온 것과 크게 다르지 않은 것으로서, 진보적 사회운동 진영 바깥에서뿐만 아니라 심지어 내부에서도 행해졌다(강수택, 2001: 236~240쪽; 김인걸 외, 2000: 426쪽; 이종오, 1988: 259쪽 이하).

이로써 이 시기에 국가주의 영향력이 약화됨에 따라 새롭게 형성된 시민사회 영역들은 좀더 보편적인 시민적 연대정신을 바탕으로 공고히 건설되지 못하고 특수한 투쟁적인 연대정신이나 다양한 집합주의적 모나디즘으로 채워짐으로써 이후에 시민사회가 널리 확장되고 지속적으로 발전하는 데 오랫동안 상당히 부정적인 영향을 미치게 되었다.

탈집합주의로서의 시민주의의 형성과 확산

시민주의 형성과정과 배경

1980년대 말 이후의 진보적 사회운동세력은 지배정신의 한계에도 불구하고 조직적인 저항을 통해 국가주의를 약화시키는 데 크게 이바지했다. 하지만 이 시기의 시민사회에서 국가주의를 약화시키기 위한 노력은 좁은 의미의 진보적 사회운동 진영에 속하지 않은 곳에서도 많이 이루어졌다. YMCA, YWCA, 흥사단 등과 같이 오래전부터 활동해온 시민사회단체에 한국여성민우회(1987), 기독교윤리실천운동(1987), 경제정의실천시민연합(1989) 등이 창립되어 가세하면서 비교적 새로운 형태의 사회운동을 통해 국가주의 완화를 꾀했던 것이다.

이들 단체의 사회운동이 지닌 비교적 새로운 성격은 이들이 무엇보다 실증법의 틀 안에서 합법적인 운동방식을 추구한 점에서 찾을 수 있다. 그리고 이들 단체는 운동의 주체를 계급적 민중에 제한시키는 것을 의식적으로 거부하면서 민중뿐 아니라 다른 계급도 포함하는 초계급적 시민을 운동의 주체로 삼았다는 점에서도 계급주의적인 진보적 사회운동 단체들과 구별되었다. 창립과 함께 시민들의 지지를 급속히 획득해 짧은 기간에 영향력이 가장 큰 시민사회단체로 성장한 경제정의실천연합(경실련)의 「발기선언문」은 이러한 성격을 잘 표현하고 있다.

"우리는 모든 계층의 국민들의 선한 의지와 힘을 모으고 조직화하여 경제정의를 실천하기 위한 비폭력적이며 평화적인 시민운동을 힘차게 전개할 것이다. 우리는 경제정의 실현을 위한 정부와 국회의 노력은 적극 지원할 것이지만 이를 방해하는 움직임은 그 어떤 경우에도 단호히 거부하고 비판할 것이다."[23]

그런데 이들 새로운 성격의 사회운동단체들이 국가주의를 약화시키기 위해 노력하는 과정에서 실제로 발휘한 조직적인 힘은 이 시기의 진보적 사회운동단체들에 비해 결코 강하지 않았다. 하지만 이들은 처음부터 국가주의뿐 아니라 계급주의로부터도 명백히 거리를 둠으로써 당시의 지배적인 집합주의 정신으로부터 더욱

---

23) 경실련이 발기취지를 밝힌 「취지선언문」에는 이러한 입장이 더욱 뚜렷이 드러나 있다. "우리가 힘을 모으려는 세력은 소외되고 억눌린 민중만이 아닙니다. 선한 뜻을 지닌 가진 자도 이 운동의 중요한 주체입니다. 왜냐하면 우리 사회가 이래서는 안 되고 기필코 민주복지사회로 가야겠다고 하는 선한 의지를 가진 사람이면 그가 기업인이든 중산층이든 할 것 없이 이 운동의 중요한 구성원이 될 수 있기 때문입니다." 경실련 홈페이지의 경실련 소개자료 참조. http://www.ccej.or.kr/INTRO. 그리고 한국여성민우회의 「창립선언문」에서도 이와 유사한 입장이 나타나 있다. "80년대 들어서 여성문제와 사회문제를 통일적으로 인식하고 이의 해결을 위해 정치적 투쟁이 강조되었다. 그러나……실제의 운동은 관념적 과격성으로 이어지고 대다수 여성들과는 유리되고 말았다. ……우리 운동에는 도시와 농촌의 근로여성대중, 주부, 청년 등 고통받는 모든 여성들이 참여할 것이다. 각 계층마다 고통의 차이가 있을지언정 이 모든 여성들이 겪는 문제는 이 땅에 진정한 민주사회를 건설함으로써만 함께 해결될 수 있다." 한국여성민우회 홈페이지의 여성민우회 소개자료 참조. http://www.womenlink.or.kr/about_01.php

철저히 벗어나려고 했을 뿐 아니라 시민사회의 여론을 특별히 중시해 이를 통해 탈집합주의 정신을 확산시키려 노력했다는 점에 주목할 필요가 있다.

그러나 더욱 주목해야 할 점은 이들 시민사회단체들이 탈집합주의를 추구한 방향이 극단적인 개인주의나 시장주의 같은 개인주의 모나디즘이 아니었다는 사실이다. 경실련의 「발기선언문」에 나오는 다음과 같은 문장, 즉 "시장 경제의 효율성과 역동성을 살리면서……정부의 적절한 개입으로……시장경제의 결함을 해결하는 민주복지사회가 자유와 평등, 정의와 평화의 공동체로서 우리가 지향할 목표다. 탐욕을 억제하고 기쁨과 어려움을 이웃과 함께하면서 경제정의, 나아가 민주복지사회의 건설을 위하여 이 시대, 이 땅을 살아가는 한 시민으로서 사명을 다할 것을 굳게 다짐한다. ……안일한 이기주의를 떨쳐버리고 함께 일어나 경제정의의 실천을 위하여 발언하고 행동하자"는 이들이 추구한 탈집합주의의 방향이 결코 개인주의 모나디즘이 아니었으며 시민들의 연대를 강조하는 연대주의 또는 시민주의였음을 명백히 보여준다.

이처럼 국가주의뿐 아니라 계급주의도 포함하는 기존의 강력한 집합주의로부터 거리를 두면서 시민적 연대를 바탕으로 시민사회를 발전시키려는 시민주의 움직임은 1990년대 초를 지나면서 폭발적으로 증가하게 된다. 그 중요한 배경으로는 먼저, 1993년 오랜 권위주의적 군사정권이 마침내 종말을 고하고 문민정권이 세워진 것을 들 수 있다. 문민정권은 그 수립과정이 절차적 민주주의에 부합함으로써 정치적 정당성을 확보했기 때문에 정권 초기에는 시민들의 광범한 지지를 획득했다. 그래서 시민들의 개혁요구에 부응하기 위해 탈집합주의적인 시민사회단체들을 개혁정책의 동반자로 삼게 됨으로써 이들의 활동을 지원하는 결과를 낳았다.

이에 따라 국가권력 그 자체에 대한 정치투쟁을 중시하던 운동은 크게 약화된 반면, 시민사회에 대한 국가권력의 부당한 개입이나 시민사회의 문제를 개혁하고자 한 다양한 사회운동단체들이 이 시기에 새로이 출현해 빠르게 성장하기 시작했다.[24)]

두 번째 배경으로는 1990년대 초에 갑작스레 벌어진 현실사회주의권의 붕괴를 들 수 있다. 마르크스 · 레닌주의 종주국이었던 소련을 비롯한 옛 동구의 현실 사회주의권이 붕괴하자 교조적 마르크스주의 이념의 영향력이 급속히 추락했으며, 이에 따라 이러한 이념에 크게 의존했던 당시의 진보적 사회운동 진영에서도 불가피하게 지배정신의 대전환을 요구받았다.

그 결과 이념적 이해관계에 매인 일부 진보적 지식사회를 제외한 진보적 사회운동 진영은 이러한 이념에 크게 의존했던 경향으로부터 서서히 벗어나기 시작했다. 그리고 진보적 사회운동은 단순한 계급주의나 배타적 투쟁주의로부터 서서히 벗어나 더 보편적인 시민적 연대정신으로 무장하기 시작했다.

"계급주의로부터 시민주의로의 전환"이라고 부를 수 있는 이러한 전환은 비록 동구권 붕괴 경험을 계기로 1990년대 전반부터 서

---

24) 예를 들면, 녹색교통운동(1993), 배달녹색연합(1994), 녹색소비자연대(1996) 등이 이 시기에 창립되어 적극적으로 활동하기 시작했다.

서히 시작되었지만, 그 후에 오랫동안 계급주의 잔재와 시민주의
가 공존하는 기간을 거쳐서 마침내 21세기에 들어서야 비로소 계
급주의가 시민주의에 포섭되는 형태로 제대로 성취되었다.

이러한 전환의 초기에 시민주의는 세 가지 형태로 등장했는데,
하나는 한국여성단체연합과 같이 민중운동과 밀접히 결합했던 기
존 진보적 사회운동단체가 시민운동단체로서의 정체성을 강화한
형태다. 다른 하나는 한국공해추방운동연합이 1993년 다른 단체
들을 통합해 환경운동연합으로 창립된 데서 보듯이 민중운동단체
가 시민운동단체로 탈바꿈하는 식으로 시민주의가 등장한 것이
며,[25] 마지막 하나는 1994년 참여연대처럼 진보적 사회운동의 전
통을 적극 계승한 시민운동단체가 새로 만들어지는 형태로 시민
주의가 등장한 것이다.[26]

---

25) 환경운동연합은 시민단체로 재탄생하게 된 배경을 다음과 같이 설명하
고 있다. "1992년 브라질 리우에서 개최된 유엔환경개발회의를 계기로
한층 시야가 깊어지고 넓어진 한국의 환경운동은 새로운 변화를 추구하
게 됩니다. 피해자 중심의 반공해운동에서 시민으로 폭을 넓힌 환경운동
으로, 지역에 국한된 활동에서 전국적 연대, 나아가 지구환경 보전을 추
구하기 위한 연합체를 결성하게 된 것입니다." 환경운동연합 홈페이지
의 소개란 참조. http://www.kfem.or.kr/intro/about.htm

26) 참여연대 창립선언문의 일부 내용은 다음과 같다. "우리는……모두가
참여하는 사회, 정직하고 성실한 사람이 인간다운 삶을 영위할 수 있는
사회를 실현하기 위하여 연대의 깃발을 들고자 합니다. ……새로운 시대
를 맞이하여 참된 민주주의를 건설하기 위한 행동은 사회와 정치무대의
한복판에서, 그리고 국민의 일상생활의 과정에서 일어나야 합니다. …
……우리가 추구하는 민주주의는 인간성의 존엄이 실현되고 인권보장을
으뜸의 가치로 삼는 정치이념입니다. ……우리는 기필코 신체적·정신

세 번째 배경으로는 현대 시민사회론, 신사회운동론, 탈근대주의론 등 이전의 근대주의적인 사회상을 비판적으로 성찰한 다양한 형태의 새로운 인문사회과학적인 담론들이 이 시기에 해외로부터 물밀듯이 전해졌다는 점을 들 수 있다. 1980년대의 서구 지성계에서는 탈근대주의 사상이 급속히 확산되면서 근대에 대한 비판적인 성찰이 활발히 이루어지기 시작했다. 이것은 탈산업사회로서의 정보사회와 소비사회의 급속한 발전을 배경으로 했으며 서구 근대정신의 한계와 이로 인해 생겨난 여러 부정적인 결과에 대한 성찰에서 비롯되었다.

한편, 국내에서는 1980년대의 진보적 지식사회가 마르크스주의적인 패러다임의 주도 아래 있었고 일부 보수적인 지식사회는 이에 대한 반작용으로 반공이념을 더욱 강조함으로써 지식사회 전반은 극단적인 이념대립의 경향이 지배했다(강수택, 2001: 237쪽 이하). 그 결과 담론의 개방성이 허용되지 않아 지적인 시야가 매우 제한됨으로써 전혀 새로운 시각의 논의가 수용되기 어려운 상

적·사회적으로 어려움에 처한 이웃들이 보다 인간답게 살 수 있는 여건을 함께 만들어가야 하겠습니다. ……우리는 '참여민주사회와 인권을 위한 시민연대'(약칭 참여연대)가 여러 시민들이 함께 모여, 다 같이 만들어가는 공동체의 조그만 밑거름이 되기를 바라 마지않습니다." 즉 어려움에 처한 이웃에 특별한 관심을 보이면서, 정치영역에서뿐 아니라 일상생활에서도 인간성 존엄이 실현되고 인권이 보장되는 민주주의 건설을 위해 시민들의 연대실천을 도모하고자 한다는 참여연대의 의지에서 강한 시민주의 정신이 발견된다. 참여연대 홈페이지의 소개란 참조. http://www.peoplepower21.org/about/sub.php?sub=m11

황이었다. 그러다가 동구의 사회주의권이 붕괴하고 국내에서 오랜 군부정권이 마감함에 따라 이념적인 의존성이 약화되고 장벽이 무너져 담론의 개방이 가능해졌다.

이런 상황에서 새로운 관점의 담론들이 서구로부터 소개되자 비교적 적극적으로 수용될 수 있었으며, 특히 사회주의권의 붕괴로 인해 급격히 위축된 마르크스주의 담론을 대신할 대안적인 담론들이 요구되면서 이 새로운 담론들은 매우 빠르게 확산될 수 있었다.

이 새로운 담론들 가운데는 시민주의와 관련이 깊은 것들이 많았는데, 시민사회론과 시민운동론이 그 대표적인 사례들이다. 한국사회학회와 한국정치학회가 공동으로 편집한 『한국의 국가와 시민사회』(1992)를 비롯해, 나라정책자료실이 엮은 『정치개혁 시민운동론』(1992), 정수복의 『새로운 사회운동과 참여민주주의』(1993), 최종욱이 엮은 『현대의 위기와 새로운 사회운동』(1994), 유팔무와 김호기가 엮은 『시민사회와 시민운동』(1995) 등 시민사회와 시민운동에 관한 많은 글이 이 시기에 쏟아져 나와서 시민주의의 특성과 출현배경, 계급주의와의 관련성, 민주주의와의 관련성 등에 관한 논의를 많이 제공했다.

어쨌든 이러한 배경들을 통해 1990년대 전반에 시민주의에 대한 관심이 폭발적으로 증가했다. 게다가 진보적 사회운동 전통의 시민운동이 이 시기에 본격적으로 시작되고 이를 뒷받침하는 진보적인 시민사회론이 적극 제기됨으로써, 시민사회는 시민주의에 대한 비교적 보수적인 시각과 진보적인 시각을 아우르는 다양한

스펙트럼의 시각을 갖추게 되었다.[27]

시민주의의 확산

시민주의는 1990년대 후반과 2000년대 초를 지나면서 한국사회 전역으로 매우 빠르게 확산되어갔다. 또한 시민주의를 뒷받침하는 학술적인 논의들이 활발히, 다양하게 이루어지면서 시민주의에 대한 이해도 심화되어갔다. 그 결과 한국사회에서 시민주의의 영향력이 급속히 증대되어 시민주의에 입각한 다양한 사회제도 개선이 이루어졌다.

시민의신문사 자료에 따르면, 1997년 1,628개였던 한국의 시민단체가 2004년에는 3,295개로, 즉 두 배 이상 증가한 것으로 나타났다.[28] 시민단체의 설립에는 어느 정도 시민주의가 바탕이 되었을 것으로 판단할 수 있으므로 1990년대 후반에서 2000년대 초반 사이에 시민주의가 시민운동의 정신적 토대로서 매우 빠르게 확산된 것을 알 수 있다.

그런데 1990년대 후반기 5년 동안의 시민단체 증가율이 171%

---

27) 사회운동, 특히 시민운동과 연대정신의 밀접한 연관성에 대해서는 앞에서 소개된 한국사회 연대사상의 전개에 관한 논의와 필자의 다른 글(강수택, 2007a: 240쪽 이하)을 참조할 것.

28) 이 자료는 시민의신문사에서 실시한 한국민간단체총람 조사결과에 따른 것이다. 박상필은 총람에서 조사되는 단체가 전체 단체의 4분의 1 또는 5분의 1 정도 되는 것으로 본다. 그렇지만 이 자료를 통해 시민단체의 전반적인 변화추세를 파악하는 데에는 큰 무리가 없다(박상필, 2010: 9쪽).

로 2000년대 전반 5년 동안의 증가율 155%보다 높은 것으로 나타
나 시민단체의 설립이라는 양적인 측면에서만 본다면 2000년대
전반보다 오히려 1990년대 후반이 시민주의가 더 빠르게 확산된
시기였다(시민의신문사, 2006: 570쪽; 시민운동정보센터, 2009:
562쪽).[29]

시민주의 정신은 이처럼 사회운동 영역에서 빠르게 확산되었을
뿐만 아니라 시민사회와 시민운동에 관한 학술적인 논의를 통해
더욱 심화되고 발전되어갔다.[30] 시민단체의 빠른 성장과 시민운
동의 발전은 자연스레 학자를 비롯한 여러 전문가에게 시민사회
와 시민운동에 대한 학술적인 관심을 크게 고조시켰다. 그 결과 이
들에 대한 학술적인 논의가 이 시기에 폭발적으로 증가했으며 논
의주제가 다양해지고 논의방식도 전문화되어갔다. 이러한 사실은
시민사회와 시민운동에 관한 비교적 전문적인 담론을 생산하고
전달하는 여러 기관이 이 시기에 집중적으로 등장한 것을 통해서
도 알 수 있다.

예를 들어, 시민단체 연구자들이 한국 NGO학회(2000)를 설립
하고 학술지 『NGO연구』(2003)를 창간했으며 참여연대는 참여

---

29) 더구나 이 통계에는 온라인 단체도 포함되어 있어서 온라인 시민단체가
   2000년대 전반에 폭발적으로 늘어난 것을 감안해 오프라인 시민단체의
   증가율만 비교한다면 그 차이는 훨씬 더 커진다.
30) 이 시기에 사회운동계와 학계에서 시민운동과 관련해 연대사상이 발전
   되어간 양상에 대해서도 한국사회 연대사상의 전개에 관한 앞부분의 논
   의와 필자의 다른 글(강수택, 2007a: 240쪽 이하)을 참조할 것.

사회연구소(1996)를 설립해 간행물 『시민과 세계』(2002)를 발간
했다. 한양대 제3섹터연구소(1998)는 이 시기에 설립된 후 시민사
회와 NGO에 대한 전문적인 단행본들을 집중적으로 발간해왔으
며, 언론기관에서도 이러한 움직임에 동참했는데 『중앙일보』가 시
민사회연구소(2000)를 설립해 간행물 『시민사회』를 출간하기 시
작했다. 그밖에 도서출판 아르케에서 이 시기에 NPO/NGO 시리
즈의 단행본들을 집중 출간하기 시작했으며, 성공회대학교 대학
원과정에 시민사회단체학과(1999)가 개설되고 경희대학교에는
NGO대학원(2000)이 설립되는 등 시민주의를 심화·발전시킬
전문적인 논의를 생산하고 전달하는 기관과 매체들이 집중적으로
생겨났다.

시민주의가 사회운동과 학술담론을 통해 이처럼 빠르게 확산되
고 또한 발전됨에 따라서 한국사회에서 실제로 시민주의가 발휘
하는 영향력은 급속히 증대되었다. 1990년대 후반을 전후로 한 10년
동안 언론에 나타난 시민단체에 대해 조사한 한동섭에 따르면, 조
사대상이 된 네 개 신문 모두에서 시민단체에 대한 보도가 1998년
부터 크게 증가하기 시작하여 그 흐름이 2000년까지 이어졌는데
이것은 이 시기에 시민단체의 영향력이 크게 증가한 것을 잘 보여
준다(한동섭, 2006: 279쪽).[31]

또한 시민단체 활동가, 시민단체 관련 업무종사 공무원, 시민사

---

31) 네 개의 신문은 『조선일보』 『동아일보』 『대한매일신문』 『한겨레신문』
이다.

회 연구자와 관련 언론인으로 구성된 시민사회 이해관계자 대상의
2004년 조사결과를 보면, 정부, 기업, 일반 시민들에 대한 시민단
체의 실제 영향력이 전반적으로 인정되었다. 그 가운데서도 특히
양성평등 · 환경보호 · 부패근절 · 정치개혁 · 인권옹호 등의 공공
정책에 대한 시민단체의 영향력과 정부예산 감시와 같은 국가 책
무성 감시에 대한 시민단체의 영향력은 매우 높이 평가된 데 비해
시민의 자치역량을 강화하고 사회적 욕구를 직접 충족시키는 활
동에서는 그 영향력이 낮은 것으로 나타났다(이선미, 2006: 168쪽
이하).[32]

시민단체들은 국가 · 기업 · 시민들에 대한 이러한 영향력을 바
탕으로 시민사회의 다양한 영역에서 시민들의 자율성을 지키는 것
뿐만 아니라 더 나아가 정치체계와 경제체계의 민주화를 더욱 진
전시키는 것을 위해서도 노력했다. 그 결과 이 시기에 여러 분야에
서 중요한 제도개선이 이루어졌는데, 몇 가지 예를 들면 가정폭력
방지법(1997), 건강가정기본법(2004), 장애인차별금지법(2007)
등의 제정과 아동복지법 개정(2000), 호주제 폐지(2005)와 가족
관계법 제정(2007) 등이 이러한 노력의 결실이었다. 그리고 선거

32) 이 시기에 시민운동의 커다란 정치적 영향력을 보여준 상징적인 사례는
2000년 제15대 총선을 앞두고 많은 시민단체가 참여해 전개한 총선시
민연대 활동이다. 이 활동을 통해서 낙천대상자 112명 가운데 48명이 공
천에서 떨어졌으며 낙선대상자 86명 가운데 59명이 선거에서 떨어지는
등 정치현장에서 엄청난 변화가 발생했다. 시민단체의 정치적 영향력이
급증한 결과 국내에서는 1990년대 말 이후 시민단체들이 국가의 3권부
와 언론기관에 이어 제5권부로 불리기도 했다(김경철 외, 2001).

법·정당법·정치자금법 같은 정치 관련법이 개정되어 정당명부식 비례대표제(2004)가 도입되는 등 정치제도 개혁이 이루어졌다. 또한 국가지속가능발전위원회(2000), 여성부(2001), 국가인권위원회(2001) 등이 신설되는 과정에도 모두 시민단체들을 중심으로 시민들이 연대하여 노력한 것이 매우 중요한 역할을 했다.

그렇다면 이 시기에 시민운동과 시민주의 담론이 특별히 빠르게 확산되고 발전했을 뿐 아니라 영향력도 크게 증대할 수 있었던 배경은 무엇인가? 필자는 특별히 다음과 같은 세 가지 점에 주목하고자 한다. 첫째, 시민사회 외부의 환경적 조건으로서 기존의 경제체계와 특히 정치체계의 비합리성이, 그리고 이들 체계의 행위자들의 무능력과 비도덕성이 이 시기에 심각히 노출되었으며, 이에 따라 이들에 대한 시민들의 불신이 매우 큰 상황이었다.

이에 비해 1990년대 후반의 시민사회단체들은 비교적 높은 공공성과 도덕성 등을 바탕으로 사회의 주요 기관 가운데 가장 큰 신뢰를 획득했다.[33] 그래서 이들 시민사회단체들은 시민들의 신뢰를 바탕으로 형성된 영향력으로 정치체계와 경제체계의 개혁을

---

33) 서울대 사회발전연구소 조사자료를 활용한 이재열의 분석에 따르면, 1996년 사회의 각 기관들 가운데 행정부, 대기업, 그리고 특히 정당에 대한 신뢰도가 매우 낮다. 정당에 대한 신뢰도는 100점 만점에 5.3점으로서 시민단체에 대한 신뢰도 48.8점과 뚜렷이 대조된다. 2007년의 자료에서는 정당 신뢰도가 2.9점으로 더욱 하락했으며, 행정부에 대한 신뢰도도 1996년 11.4점에서 8.0점으로 하락했다. 시민단체에 대한 신뢰도도 21.6점으로 크게 하락했지만 정당, 행정부, 대기업 등에 비해 훨씬 높다(이재열, 2008: 297쪽).

추진할 수 있었고, 그 결과 실제로 여러 성과들이 나타남으로써 시민운동과 시민주의 담론이 빠르게 확산되고 발전할 수 있었다.

둘째는 시민사회 내부의 개혁 필요성에 대한 인식이 크게 증대했기 때문이다. 1980년대와 1990년대 전반까지는 군부정권들에 의해 만들어진 비민주적이며 비합리적인 정치제도와 정치문화를 개혁하는 것이 시민사회의 가장 중요한 과제였다면, 문민정권이 등장해 정치민주화의 기본틀을 확립한 이후로는 경제개혁과 시민사회 내부의 개혁이 새로운 과제로 급부상했다. 민주화의 관점에서 보더라도 정치민주화의 필요성에 대한 시민들의 인식이 경제의 민주화와 특히 생활세계의 민주화를 포함하는 사회민주화의 필요성에 대한 인식으로 확장된 것이다(조희연, 2004b: 50쪽 이하).

그래서 노동자와 농민뿐 아니라 여성·아동·장애인 등 그동안 상대적으로 큰 관심의 대상이 되지 못했던 사회적 소수자의 권리와 지위를 향상시킬 필요성이 매우 강조되었으며 이와 관련해 인권담론과 복지담론이 새롭게 부각되기 시작했다. 또한 시민들의 삶의 질에 대한 관심이 크게 증대되면서 인권, 복지 등과 함께 환경과 문화에 대한 관심도 급증했다. 바로 이러한 인식과 관심의 변화가 시민들의 연대적 실천으로 이어져 이들 의제를 다루는 시민운동과 그 바탕이 되는 시민사회 담론이 급증하는 중요한 배경이 되었던 것이다(강수택, 2008a: 91쪽 이하).

세 번째 배경으로는 시민운동 내부의 연대와 경쟁에 관해 주목할 필요가 있다. 먼저, 이 시기의 많은 시민운동 참여자들은 시민운동 초창기 열정을 갖고 매우 헌신적이고 때로 희생적으로 활동에 참여했다.[34] 그리고 거대한 국가권력이나 기업을 견제하는 활동이 많은 상황이어서 시민운동단체들이 연대 필요성에 폭넓게 공감해 다양한 연대활동들을 많이 행했고 이를 통해 운동의 목표들을 효과적으로 달성할 수 있었다.

물론 시민운동단체의 규모와 영향력이 커지면서 선의의 경쟁관계가 형성되는 경우들도 생겨났다. 그 대표적인 사례는 경실련과 참여연대로서 이들은 각각 온건한 시민운동 진영과 진보적 시민운동 진영에서 가장 큰 영향력을 가진 종합적 시민운동 단체로 자리 잡게 되었다. 그리고 많은 활동에서 서로 연대하는 동시에 각각의 성향을 기반으로 시민사회 안팎에서 영향력 증대를 위해 경쟁함으로써 시민사회의 다원성과 역동성을 키워갔으며 이를 통해 시민운동의 발전에 이바지했다.[35]

---

34) 이러한 초창기의 희생적이며 헌신적인 열정이 어디서 왔는지에 관해서는 추후에 보다 섬세한 분석이 이루어져야 할 필요가 있을 것이다. 하지만 1990년대의 시민사회단체에 참여한 활동가 가운데에는 1980년대의 진보적 사회운동, 특히 학생운동에 참여했던 사람들이 많았고 종교적인 동기에서 참여한 자들도 적지 않았다(송호근, 2001: 228쪽, 235쪽). 이들의 비교적 순수한 열정이 시민운동에 고스란히 쏟아 부어진 경우가 많았다.

35) 권태환과 이재열이 1992년~1997년 자료로써 90개의 사회운동 단체들 간의 연결망을 분석한 결과에 따르면 노동조합인 민주노총을 제외하고는 경실련과 참여연대가 이 시기의 사회운동 단체들 간의 연대에서 가장 중심적인 역할을 수행하는 위치에 있었다(권태환·이재열, 2001: 202쪽). 이들 단체가 성향차이로 인해 서로 다른 운동방식을 취한 예는 선거 시기에 잘 나타났다. 2000년 총선을 앞두고 참여연대가 중심이 되어 대규모의 낙천낙선운동을 전개한 것처럼 참여연대는 선거에 보다 적

시민주의의 위축과 정치화

빠르게 확산되던 시민운동과 그 바탕인 시민주의 정신은 2000년
대 초를 전환점으로 해 변화하는 양상을 보이기 시작했다. 앞에서
언급된 시민의신문사 자료에 따르면 2000년대 들어서도 시민단체
의 수는 증가했지만 그 속도가 1990년대 후반보다 떨어졌을 뿐 아
니라 만약 이 시기에 급증한 온라인 시민단체를 제외한다면 2000
년대 전반의 오프라인 시민단체의 증가율은 거의 정체상태에 머
무른 것으로 볼 수 있다(시민의신문사, 2006: 570쪽). 게다가 시
민단체의 사회적 영향력을 간접적으로 보여주는 신뢰도는 2003
년~2008년 사이에 오히려 급격히 낮아지는 양상을 보인다.[36] 이
러한 양상들은 시민단체 중심의 운동이 시민사회에서 위축되기
시작했음을 보여준다.

───

극적으로 개입하는 전략을 통해 정치개혁을 추진했는 데 비해 경실련은
다른 여러 단체들과 함께 공정선거를 위한 감시전략을 통해 이를 추진하
려고 했다.

36) 시민운동단체 지도층에 대한 신뢰도를 조사한 한국종합사회조사
(KGSS) 결과에 따르면, 2003년에 매우 신뢰하는 비율 23.2%를 포함하
여 신뢰하는 비율이 77.2%였으나 그 후 꾸준히 낮아져서 2008년에는 적
극 신뢰 16.6%를 포함해 신뢰한다는 비율이 70.2%로 떨어졌고, 이에 비
해 불신한다는 응답비율은 18.9%에서 27.1%로 크게 증가했다. 이러한
변화는 같은 기간에 국회 · 중앙정부부처 · 대기업 등의 지도층에 대한
신뢰도가 향상된 것과 대비된다. 그리고 1990년대 후반처럼 2003년에
도 조사대상 사회기관들 가운데 시민운동단체의 신뢰도가 여전히 가장
높았으나, 2008년에는 학계 · 대법원 · 금융기관 · 의료계 · 군대 등의
지도층에 대한 신뢰도보다 오히려 더 낮아졌다(석현호 외, 2005: 158쪽
이하; 김상욱 외, 2009: 111쪽 이하).

반면 거버넌스, 즉 시민사회의 협력을 통한 통치가 강조되고, 시민단체에 대한 정부의 재정지원이 강화되며, 시민단체 출신 인물이 정부의 고위직에 많이 진출하는 등 다양한 형태로 정부와 시민단체의 협력이 긴밀해지면서 시민단체의 정치적 영향력은 더욱 커졌다. 이런 경향은 특히 노무현 정부에서 더욱 뚜렷해졌는데, 이로 인해서 노무현 정부에 비판적인 정치세력이나 언론기관을 중심으로 시민단체를 제5권부로 지칭하면서 시민단체의 권력화를 경계하는 비판적인 경향도 함께 커졌다(김영래, 2007: 12쪽, 16쪽).37)

게다가 노무현 정부에 비판적인 보수진영의 정치세력과 시민사회에서는 정부에 우호적인 시민단체들에 맞서서 정치지향성이 비교적 강한 보수적인 시민단체들을 새로이 대거 결성하거나 과거의 관변단체들을 다시 결집시키는 움직임이 나타났다. 그리고 뉴라이트라는 이념을 표방하고 등장한 이들 보수적인 시민단체들을

---

37) 언론기관들은 시민운동의 형성과 확산 초기에 시민운동에 매우 우호적이었다. 하지만 언론기업의 급성장, 언론개혁운동과 안티조선 운동의 추진, 김대중 정부의 언론사 세무조사, 노무현 정부의 언론개혁정책 추진 등으로 인해 2000년대에는 우호적인 태도가 비판적인 태도로 바뀌기 시작했고 특히 노무현 정부 시기 동안 매우 비판적으로 되었다. 물론 비판의 주된 대상은 정부에 비교적 우호적인 시민단체들이었으나 이를 넘어 시민단체와 시민운동 일반에 대해 종종 비판의 화살이 겨누어짐으로써 시민단체와 시민운동의 영향력이 이 시기에 약화되는 데 기여했다. 즉 초기에는 시민단체들의 탈국가주의 노력이 언론자유에 도움이 되었지만 이제 언론기관의 정치성과 기업성이 강해지면서 시민단체의 직접적인 견제 대상이 됨으로써 관계가 악화된 것이다.

중심으로 보수적인 시민사회가 결집함으로써 이제 시민사회는 정치적인 입장을 둘러싸고 심하게 대립하는 진영들로 나뉘게 되었다.

이러한 정치적인 분화와 대결 양상은 이전에 예컨대 참여연대와 경실련 같은 시민단체들 사이에서 시민사회의 개혁방식을 둘러싸고 비교적 생산적으로 전개되었던 분화와 경쟁관계와 달리 당파성이나 특수한 이해관계를 둘러싼 정치적 투쟁으로 비쳐졌다. 이것은 시민단체와 시민운동의 신뢰도와 사회적 영향력을 더욱 떨어뜨려 결국 시민운동과 시민주의를 위축시키는 부정적인 결과를 초래했다.

물론 이 시기에 과연 시민운동과 시민주의가 위축되었다고 할 수 있는가 하는 반문이 제기될 수 있다. 특히 사이버 공간에서 폭발적으로 증가하게 된 시민단체, 카페, 토론방 등과 그밖의 다양한 네티즌 활동들을 보면 이런 반문이 매우 설득력 있는 것으로 보인다. 실제로 사이버 세계는 시간과 특히 공간의 한계를 넘어 그리고 때때로 사회적 경계를 넘어 정보전달과 의사소통을 할 수 있도록 함으로써 시민사회의 활성화에 크게 기여하고 있다. 사이버 공간에서의 시민운동은 온라인 운동에 그치지 않고 2002년 미선·효선 추모집회나 2008년 광우병 촛불시위처럼 오프라인 운동으로 확장되면서 폭발적인 힘을 발휘하기도 했다.

또한 이 시기에 시민들이 참여한 자원봉사 활동의 모습을 보면 시민주의가 과연 실제로 위축되었는지 강한 의문이 든다. 예컨대 2007년 12월 태안 기름유출사고가 발생했을 때 한겨울 추위 속에서도 한 달 동안 무려 58만 명의 자원봉사자가 현장에서 봉사활동에 참가했으며, 2010년 1월 아이티에서 지진이 발생하자 국내의 수많은 시민단체와 시민이 구호에 참여했다. 더구나 시민들의 이러한 자원봉사와 기부활동은 특별한 재난이 발생했을 때뿐만 아니라 평소에도 꾸준히 증가해왔다. 게다가 시민사회단체에 시민들이 참여하는 비율도 꾸준히 늘었다.[38]

하지만 오프라인 시민단체 중심의 시민운동이 1990년대 말이나 2000년대 초에 비해 위축된 것은 분명하다. 시민들의 참여부족과 이로 인한 재정적인 어려움은 시민운동 초기부터 지적되어온 점들이라 하더라도 시민단체에 대한 시민들의 신뢰 저하와 상근 활동가의 충원난은 이전과 확연히 달라진 상황이었다.[39] 이를 반영해 2000년대 후반에는 시민운동 위기담론이 시민사회에 널리 확산되었으며, 시민단체 활동가들 스스로도 이런 현실을 시민운동의 위기상황으로 인식했다.[40]

---

38) 통계청 자료에 따르면, 자원봉사활동 참가율이 2003년 14.6%에서 2009년 19.3%로 증가했으며, 기부활동 참가율도 2006년 31.6%에서 2009년 32.3%로 소폭 증가했다. 시민사회단체 참여율도 1999년 2.2%에서 2003년 4.4%, 그리고 2009년 5.1%로 증가했다(통계청, 2008: 588쪽; 2010a: 579~582쪽).

39) 이 시기의 대표적인 시민단체 가운데 하나인 참여연대에 신규가입한 회원수가 2000년 5,352명이었으나 2007년 710명까지 줄었다가 2008년부터 다시 조금씩 회복하고 있다(참여연대, 2010: 44쪽).

40) 2005년부터 시민운동 진영을 중심으로 시민운동 위기담론이 빠르게 확산된 결과 시민운동·학계·언론 등 시민사회의 여러 영역에서 시민운동과 시민사회의 위기에 대한 논의가 활발히 이루어졌다(조희연·김정

그런데 이들 시민단체 중심의 시민운동이 위축되었다고 해서 과연 시민운동이나 시민주의가 전반적으로 위축되었다고 할 수 있을까? 온라인 시민활동이 폭발적으로 증가했으며 또한 자원봉사, 기부활동 등이 지속적으로 활성화되어온 사실은 시민운동, 적어도 시민주의가 위축되었다는 주장을 뒷받침하지는 않는다.[41] 물론 이명박 정부가 사이버 공간에 대한 규제강화 정책을 추진하고 또한 몇몇 보수적인 언론기관들이 네티즌 활동의 문제점을 지나치게 강조하면서 온라인 시민활동이 일부 위축된 경향도 있다. 하지만 최근 들어 급속히 확산된 트위터가 시민운동에 적극 활용되는 예에서 보듯이 온라인 시민활동은 정보통신 기술 환경의 계속적인 발전에 힘 입어 앞으로도 전반적으로 더욱 활성화될 것이다.[42]

훈, 2006: 51쪽; 김영래, 2007: 11쪽 이하). 그리고 2007년 한겨레신문사가 전국의 시민단체 상근 활동가들을 대상으로 조사한 결과에 따르면 응답자의 48.6%가 당시의 상황을 시민운동의 위기로 인식하고 있었는 데 비해 위기가 아니라고 인식한 응답자는 24.3%에 그쳤다(전진식 외, 2007).

41) 사회복지공동모금회 보고서를 보면, 1999년 기부금액이 214억 원이었던 데 비해, 2003년에는 1,382억 원, 그리고 2009년에는 3,319억 원으로 급증했다. 그리고 2009년도 총 기부금액은 전년도에 비해 22.8% 증가했는데, 이 가운데 개인 기부금액은 1,355억 원으로 전년도에 비해 45.2% 증가한 것으로 나타나서 개인들의 기부가 매우 빠르게 증가한 것을 알 수 있다(사회복지공동모금회, 2010: 4쪽, 74쪽).

42) 온라인 시민활동, 자원봉사, 기부활동 등과 같이 비교적 최근에 크게 활성화되기 시작한 시민사회 영역에서는 제도나 문화의 면에서 보다 합리적인 개선의 필요성이 계속 제기될 것이므로 부분적인 변화는 있겠지만 전반적으로 이들 영역에서의 시민참여는 더욱 활성화될 것으로 생각된다.

어쨌든 시민사회 안팎의 환경이 빠르게 변화하고 있으며 이런 가운데 어떤 시민활동은 상대적으로 위축되는 반면에 어떤 것들은 더욱 활성화되고 있다. 이러한 현상은 미국이나 유럽 같은 시민사회 선진국에서도 마찬가지로 발견된다(강수택, 2007b: 119쪽 이하). 그런데 사이버 시민활동, 자원봉사, 기부활동 등의 공통점은 종래의 오프라인 시민단체 활동에 비해 진입과 진출이 자유로울 뿐 아니라 구속력이 약하다는 공통점을 갖고 있다. 이런 점들은 현대의 개인화된 시민들이 연대를 실천하되 사회적 구속으로부터는 자유롭기를 원하는 성향에 부응하는 특성들이다.

그런데 이러한 활동은 시민들에게 구속으로부터의 자유를 제공하지만 안정된 소속감에서 비롯된 공동체적 안정감을 제공하기는 어렵다. 게다가 시민사회 안팎에는 강하고 지속적인 연대를 필요로 하는 곳이 여전히 많다. 이렇게 본다면 강한 연대를 제공하는 오프라인 시민단체 중심의 시민운동이 위축되는 것이 결코 불가피한 일은 아니다. 관건은 시민적 연대주의에 바탕을 둔 시민주의 정신을 확고히 하고 일체의 국가주의나 시장주의를 멀리하는 것이다.

만약 시민운동이 이를 바탕으로 시민들의 연대 잠재력과 시대적 특성을 활용해 시민참여를 꾀하면서 이를 통해 시민사회의 개혁과 제를 추구한다면, 머지않아 다시금 활성화될 수 있을 것이다.[43] 그

---

43) 현재 한국사회에서는 시민들이 어떤 형태로든지 시민주의적인 연대실 천에 지속적으로 참여하는 비율이 그동안 꾸준히 증가해왔는데도 여전 히 참여율이 매우 낮은 상태다. 그러므로 이를 더욱 높일 여지와 가능성

리고 이로써 시민사회는 자율성·공공성·연대성을 함께 갖춘 성숙한 시민사회, 곧 시민연대사회로 발전해갈 수 있을 것이다.

은 매우 크다고 볼 수 있지만 시대의 특성을 고려한 새로운 전략들이 필요하다(강수택, 2008b: 186 이하; 2007a: 19~20쪽). 그리고 김영래는 한국 시민사회의 위기를 극복하기 위해 시민운동에 요구되는 과제로서 첫째, 국가와 시장에 대한 감시와 견제를 통한 긴장관계 유지. 둘째, 책임성 있는 사회갈등 해소와 공동체 의식 회복. 셋째, 중립성, 비당파성을 가진 사회공론장으로서의 역할. 넷째, 정치사회적 개혁과제의 지속적인 추구. 다섯째, 사회자본 형성을 통한 사회 신뢰성 회복. 여섯째, 국제협력을 통한 세계 시민사회에 대한 기여라는 여섯 가지 과제를 제시했다. 이것은 필자가 여기서 지적한 방향과 크게 다르지 않다(김영래, 2007: 15쪽 이하).

시장주의를 통한 개인주의 모나디즘 확산

김영삼 정부에서의 시장주의 등장

국내에서 자유경제, (자유)시장경제, (자유)시장원리, (자유)시장원칙 등의 표현들은 이전부터 비교적 친숙하게 사용되었으나 시장주의라는 표현은 1990년대의 김영삼 정부 말기부터 본격적으로 언론매체에 등장하기 시작했다.

물론 경제계에서는 일찍부터 국가주도가 아닌 민간주도 경제의 필요성을 주장해왔으며 국가주의가 상대적으로 약해진 1980년대를 거치면서는 정부의 규제완화 필요성과 시장원리의 중요성을 외치는 목소리가 더욱 커졌다. 여기에다 김영삼 정부가 출범하면서 정부의 권위주의적인 규제 대신에 민간의 자율과 경쟁을 보장해 국제경쟁력을 향상시키고자 하는 신경제를 추진했다.

이처럼 김영삼 정부가 처음부터 정부규제 철폐와 민간경쟁 강화를 강조한 것은 오랜 군부정권의 권위주의적인 잔재 청산이라는 시대적 요청도 있었지만 냉전시대의 종식과 함께 시작된 국가

간의 경제적인 무한경쟁에서 생존해야 하는 시대적인 상황변화가 크게 영향을 미쳤다(김영삼, 1993).

이 가운데서도 특히 후자의 인식이 더욱 강화된 것은 1995년 세계무역기구(WTO) 체제가 출범하면서부터였다. 이 체제는 무역의 자유화와 경제의 세계화를 가속화함으로써 세계가 국경 없는 무한경쟁 시대로 진입하게 하는 기반이 되었다. 그래서 김영삼 정부는 이에 대처하기 위해 적극적인 세계화 정책을 추진하는 한편 경제의 국제 경쟁력을 강화시키는 것을 정책의 중심과제로 삼았다(김영삼, 1995).

바로 이런 상황에서 1997년 초에 시장주의자를 자처해온 강경식 부총리와 김인호 수석으로 이루어진 김영삼 정부의 여섯 번째 경제팀이 시장주의를 기치로 내걸고 출범했다. 이들은 시장원리의 중요성을 특별히 강조하면서 이를 통해 경쟁력 강화를 추진했는데, 심지어 기아자동차 문제가 발생했을 때에도 시장원리에 따라 사태가 해결되어야 한다며 적절한 정부지원을 거절한 끝에 결국 외환위기로 이어지는 부도사태를 초래했다. 게다가 이들은 시장원리를 경제에만 적용하지 않았는데, 예컨대 강경식은 교육경쟁력 강화를 위해서 교육도 시장기능에 맡겨야 한다고 주장했다(강경식, 1997: 191쪽).[44]

---

44) 그는 교육에 관해 다음과 같이 주장했다. "우리 교육개혁의 기본방향은 교육에 대한 다양한 수요를 가장 잘 제공할 수 있는 틀을 만드는 데 둬야 한다. 교육수요와 공급을 가장 잘 조절하는 길은 시장경제원리를 활용하는 것이 최선의 방안이다. 교육기관의 참입기회를 개방하고 이들 사이의

이러한 시장주의적인 교육관의 뿌리는 이미 1995년에 마련된 김영삼 정부의 교육개혁 방안에서 발견된다. 세계무역기구 체제가 출범한 직후에 대통령 직속 교육개혁위원회가 마련한 「신교육체제 수립을 위한 교육개혁방안」은 시장원리에 대해 직접적으로 언급하지 않았으며 오히려 도덕적·창조적·진취적·자율적·생산적인 인간상을 지향한다고 밝혔다. 하지만 구체적인 추진원칙과 방안에서는 교육기관의 평가와 경쟁을 강조하면서, 공급자 중심 교육을 학습자 중심 교육으로 전환하고 교원의 승진과 보수체계를 능력 중심의 차등적인 체계로 전환하는 등 교육개혁에 시장의 경쟁원리를 도입하는 방안을 제시했다(교육개혁위원회, 1995: 20쪽 이하).

이처럼 기본적으로 교육에 시장원리를 도입함으로써 경쟁력을 높이려고 한, 일명 5·31 교육개혁안으로도 불리는 이 방안은 김대중 정부, 노무현 정부를 거쳐 이명박 정부에 이르기까지 이어지는 교육개혁의 기본틀이 되었다는 점에서 매우 중요하다.

어쨌든 세계무역체제로 상징되는 경제적인 세계화의 급진전은 이처럼 시장원리를 경제영역에 적용하는 데 그치지 않고, 교육영역처럼 가치와 윤리, 특히 연대윤리가 특별히 중요한 다른 영역에서도 시장원리에 주목하게 하는 중요한 계기가 되었다.

바로 이러한 상황에서 시장주의자들이 부패청산과 효율성 제고

경쟁을 촉진하는 방법을 근간으로 교육수요에 대응할 수 있는 체제를 만드는 것이 핵심과제가 된다. ……이제 교육도 고객만족을 위한 서비스 산업으로 자리해야 한다"(강경식, 1997: 191~192쪽).

혹은 국제경쟁력 향상 등을 명분으로 시장원리를 경제뿐 아니라
다른 영역에서도 기본원리로 삼으려는 강력한 움직임이 출현한
것이다.

김대중 정부와 노무현 정부: 시장주의와 시민주의의 대립

1997년 말 한국경제가 외환위기로 인해 국제통화기금의 관리
아래 들어가면서 김대중 정부는 시장원리에 의한 구조조정 정책
을 요구하는 국제통화기금의 요구를 따르지 않을 수 없게 되었다.
그래서 외환위기 극복을 위해 정부는 금융기관과 재벌기업의 구
조조정, 공기업 민영화, 노동시장 유연화 등 시장원리를 훨씬 더
강화하는 방향의 경제정책을 적극적으로 추진했다. 이 과정에서
많은 기업이 퇴출되고 실업자가 대량 발생함으로써 사회적으로
큰 비용을 치러야만 했다.

그런데 김대중 정부는 특별히 민주주의와 시장경제의 병행발전
을 중시했다. 그래서 한편으로 인권 · 복지 · 여성 · 중소기업 관련
정책을 적극 추진하면서 시민사회의 자율성 보장과 활성화의 필
요성을 강조하는 등 시민주의적인 경향을 드러냈지만, 다른 한편
으로는 무한경쟁 시대라는 인식에 근거해 작지만 강한 정부를 강
조하고 철저한 경쟁원리를 지켜나갈 것을 다짐하고 생산적 복지
제도의 필요성을 주장하는 등 전형적으로 신자유주의적인 경향도
보였다(김대중, 1998; 1999; 2000쪽). 하지만 집권 초기에는 국정
운영의 최우선 과제가 외환위기 극복에 있었기 때문에 정부는 후

자의 신자유주의적인 정책에 훨씬 더 큰 무게 중심을 두고 국정을 운영했다.

국가기능 축소와 시장기능 강화를 추구하는 신자유주의적인 정책방향은 외환위기를 벗어난 이후의 김대중 정부와 이를 계승한 노무현 정부, 그리고 이명박 정부에서도 큰 틀에서 계속 이어졌다. 그것은 일자리 창출을 통한 실업해소가 새로운 핵심과제로 떠올랐으며 또한 권위주의적인 정부규제, 부정부패, 비효율성 등이 여전히 큰 문제로 남았기 때문이다. 그리고 외부적으로는 세계무역기구 체제라는 환경적 요인이 무엇보다 크게 작용했기 때문이다. 그래서 노무현 정부는 한·칠레 자유무역협정과 한·미 자유무역협정을 체결하는 등 경제적인 세계화 물결에 적극 동참하는 신자유주의적인 정책을 추진했으며, 이명박 정부도 쇠고기시장 개방정책, 한·EU 자유무역협정 같은 정책을 추진했다.

하지만 김대중 정부는 집권 후반기에 사회적 안전망 강화, 경제정의 실현, 중산층과 서민의 복지향상 등을 매우 강조했다(김대중, 2001; 2002). 그리고 이를 계승한 노무현 정부는, 세계기준에 맞는 시장·제도 개혁과 기업·사회 경쟁력 강화의 필요성을 강조하면서도 "경제는 경제원리로만 되는 것"이 아니며 "경제가 지속적으로 발전하기 위해서는 이를 뒷받침하는 사회적 환경이 필요"하다고 보았다. 게다가 신자유주의적인 작은 정부론을 비판하면서 오히려 국민을 위한 복지 서비스와 공공 서비스는 더욱 확대되어야 한다고 강조했다.

노무현 정부의 이러한 인식은 노무현 대통령이 「신년사」에서 절실히 요구되는 정신이라고 밝힌 상생과 연대의 정신에 기초한 것으로 이해할 수 있다(노무현, 2003; 2005; 2007).

이처럼 김대중 정부와 노무현 정부는 시장경제 원리에 입각해 한국경제의 체질 개선, 경쟁력 강화, 시장개방 등을 위해 노력하면서도 시장의 한계와 실패 가능성에 대한 인식 때문에 국가와 시민사회의 역할을 통한 문제해결 노력을 소홀히 하지 않으려 했다. 그 결과 이 시기에 예컨대 사회복지제도가 크게 확충되는 등의 뜻깊은 진전이 있었지만, 사회적 양극화나 실업 등의 문제를 해결하는 데에는 정책적으로 노력을 했는데도 별다른 성과를 낳지 못했다.

이에 대해 집합주의자들과 시민주의자들은 이들 정부의 신자유주의적인 경제정책이 양극화와 실업 문제 등을 심화시켰다고 비판했으나, 시장주의자들은 오히려 정부의 반시장적인 경제정책에 그 탓을 돌렸다. 이처럼 김대중 정부와 노무현 정부 10년은 시장원리의 적용 확대를 둘러싸고 시장주의와 반시장주의 사이에서 치열한 대립이 이루어진 시기다. 물론 시기에 따른 차이도 있었는데, 초기의 외환위기 시기에는 구조조정 방법을 둘러싸고 시장주의자들과 반시장주의자들이 대립했으나 시장주의 영향력이 상대적으로 강했다.

하지만 외환위기가 어느 정도 극복되고 시민운동 중심의 시민사회가 매우 큰 사회적 영향력을 유지하던 2000년대 전반, 즉 김대중 정부 후반기와 노무현 정부 전반기에는 시민주의의 영향력이 상대적으로 커진 대신에 시장주의의 영향력은 위축되었다. 그러다가 노무현 정부 후반기에 정부에 대한 국민의 지지도와 시민사회의 사회적 영향력이 크게 떨어지고 반집권 세력의 정권교체 열망이 강해지면서 시장주의자들의 강력한 반격이 이루어졌으며, 시민주의 영향력은 다시금 상대적으로 위축되었다.[45]

이명박 정부와 시장주의 지배

2008년 시장주의자들의 강력한 지원을 받은 이명박 정부가 출범해 EU, 인도 등과의 자유무역협정을 체결했으며 부동산, 수도권 등에 대한 규제를 완화했고 공기업과 의료 민영화정책을 추진하는 등 시장주의 경향이 강화된 정책을 추진했다. 그러면서 시민사회에 대해서는 오히려 간섭과 규제를 더욱 강화함으로써 시민사회의 자율성과 활기를 약화시켰다. 예를 들어 집회와 시위에 대한

---

45) 김대중 정부 및 언론개혁 시민운동단체들과 심하게 대립하던 주요 언론기관들이 노무현 정부와 이들 시민단체에 대해 매우 비판적인 논조를 지속하던 상황에서 2004년 자유주의 연대가 결성되고 그 이듬해에 뉴라이트, 즉 신우파라는 정치이념이 이들 언론기관의 조명을 받으면서 등장했다. 이들은 진보적 시민운동이 헤게모니를 갖고 있던 시민사회에 자리잡은 다음에 노무현 정부 후반기 동안 자유주의 성향의 반집권세력들을 시민사회 내부에서 빠르게 결속시켜 진보적 시민운동에 맞서는 운동진영을 구축했다. 기본적으로 작은 정부와 큰 시장을 추구한 이들 세력은 노무현 정부에 비판적인 주요 언론기관들 및 재계와 함께 집합주의, 특히 국가주의에 맞서 시장주의를 확산시키는 역할을 적극적으로 행했다. 그러다가 제17대 대통령선거에서 이들은 시장주의 성향이 강한 이명박 후보를 당선시키는 데 크게 기여함으로써 이명박 정권에 직접 참여하거나 친정부적인 시민사회 세력이 되었다(신지호, 2006).

규제를 강화하고, 비판적인 인터넷 논객을 구속하고, 정부기관들이 시민사회단체 활동을 간섭하고 활동가들에 대해서는 사법조치를 취하는 등의 여러 방법을 통해 그동안 시민사회와 시민주의를 위축시켜온 것이다(한국여성단체연합 외, 2009).[46]

시민사회에 대한 이명박 정부의 부정적인 인식은 「대통령 취임사」에도 나타나 있다. 이명박 대통령은 역대 대통령 가운데 처음으로 「취임사」에서 시민사회에 대해 비판적으로 지적했는데, "시민사회는 양적으로 성장했지만 권리주장이 책임의식을 앞지르고" 있다는 것이었다. 그리고 「취임사」를 마무리하는 부분에서도 시민운동가를 종교인 및 언론인과 함께 지목하면서 "더 무거운 책임을 짊어져야" 한다고 요구했다. 이처럼 시민사회와 시민운동가에 대하여 어떠한 긍정적인 의미도 부여하지 않은 채 책임성 결여만을 지적한 것은 기업과 기업인에 대한 언급과 매우 대조된다.

즉 이명박 대통령은 같은 「취임사」에서 기업에 대해서는 "국부의 원천이요 일자리 창출의 주역"이라며 적극적인 의미를 부여했으며, 기업인에 대해서도 "투명하고 공정하게 경영하는 기업인들이 존경" 받아야 한다고 주장하면서 기업인들이 신바람 나서 세계 시장을 누비도록 여건을 개선하겠다고 약속했다(이명박, 2008a).

실제로 이명박 정부는 활기찬 시장경제를 5대 국정지표 가운데 하나로 삼아 EU와 인도 외에도 다른 많은 국가들과의 자유무역협

---

46) 이 외에도 이명박 정부는 출범할 때에 여성부와 국가인권위원회처럼 과거에 사회적 소수자 권익을 신장시키기 위해 시민사회의 노력으로 설립된 기관들을 폐지하거나 실질적으로 무력화하려고 했다.

정 체결을 추진하고 투자유치와 규제완화에 적극 나서는 등 기업 환경을 개선해 시장경제를 활성화시키는 데 역대 어느 정부보다 더 적극적으로 나서고 있다. 이런 결과로 정부는 미국발 세계 금융 위기 상황에서도 빠르게 벗어나는 등 경제정책에서 여러 성과를 낼 수 있었다.

그런데 이명박 정부의 시장경제 중시 정책은 민간기업의 경제 활동 영역에만 머물러 있지 않다. 즉 정부는 국가의 재정 부담을 줄이고 공기업의 효율성을 높이기 위해 공기업 선진화 방안을 추진하면서 일부 공기업의 민영화를 추진하는 등 공기업에 시장원리의 도입을 적극 추진하고 있다. 이뿐만 아니라 정부는 기업의 경제활동 영역을 넘어 교육·언론·의료 등의 영역으로도 시장원리의 적용을 확대시키려고 한다.

이 가운데서 가장 뜨거운 쟁점이 되어온 것은 교육에 대한 시장주의적인 접근이다. 앞에서 언급되었듯이 경제의 관점에서 교육정책에 접근해 교육을 산업으로 간주하거나 인적 자원 공급의 기능을 중심으로 파악하려는 시장주의적인 경향은 김영삼 정부에서부터 시작되었다. 그리고 이러한 경향은 김대중 정부와 노무현 정부의 교육개혁 정책에서도 기본적인 인식으로 계승되었다가 이명박 정부에서 더욱 분명한 형태로 드러나게 되었다.[47]

---

47) 국내에서 교육개혁을 위해 시장개념 도입을 검토한 일은 이미 1980년대 중엽부터 발견되지만 교육에 대한 시장주의적인 주장이 과감히 이루어지고 교육정책에 시장주의적인 요소가 본격적으로 도입되는 등의 교육 관련 시장주의는 김영삼 정부 시기부터 시작되어 지금에 이르고 있다.

이명박 대통령은 「취임사」에서 교육과 관련해 경쟁의 필요성을 매우 강조했다.

"교육개혁은 무엇보다 시급합니다. ……글로벌 스탠더드를 받아들이고 교육현장에 자율과 창의, 그리고 경쟁의 숨결을 불어넣어야 합니다. 학교유형을 다양화하고 교사들의 경쟁력을 높이는 데 주력하겠습니다. ……교육과 연구의 역량을 늘려서 세계의 대학들과 치열하게 경쟁해야 합니다(이명박, 2008a)."

교육의 선진화를 위해서 신뢰, 소수자 배려, 협동 등과 같은 연대능력의 강화가 세계적 수준으로까지 이루어져야 한다는 언급은 발견되지 않고 오직 경쟁원리의 도입과 경쟁능력 향상의 필요성만 지나치게 강조되었음을 알 수 있다.

공공성이 특히 강조되어야 하는 언론과 의료에 대한 시장주의적인 접근 역시 이명박 정부에서 매우 뜨거운 쟁점이 되어왔다. KBS 2TV의 분리정책, MBC의 민영화 시도, 신문과 방송의 겸영 허용 등에서 보듯이 정부가 방송에 대해 기본적으로 산업의 관점에서 접근함으로써 언론의 공공성을 약화시키고 상업성을 강화시키는 정책을 추진한다는 것이다(정용준, 2008: 22쪽, 34쪽).

그리고 보편적 서비스가 특별히 요구되는 의료에 대해서도 정부는 복지의 관점이 아닌 산업의 관점에서 접근해 의료서비스산업육성을 통한 성장동력 확보를 명분으로 영리법인병원 허용, 민

그 결과 지금까지의 시장주의 논쟁 가운데 가장 활발하고 뜨겁게 이루어져온 것이 교육 관련 시장주의를 둘러싼 것이다(최청일, 1985; 한만중, 2008).

영의료보험 활성화 등과 같은 보건의료 민영화 정책을 추진하고 있다는 것이다(참여연대사회복지위원회, 2008: 18쪽 이하).

이처럼 이명박 정부는 김대중 정부나 노무현 정부에 비해 시장주의적인 정책들을 훨씬 더 적극적으로 추진해왔다. 이명박 정부의 이러한 시장주의적인 정책 성향은 특히 대통령과 집권여당을 비롯한 정권 참여자들의 친기업적이며 성장주의 성향에 기초해 있지만, 이명박 정권의 등장을 적극 지원한 경제계, 뉴라이트 계열의 지식인, 보수적인 주요 언론매체들의 강력한 요구 때문이기도 하다. 이들은 김대중 정부와 특히 노무현 정부 시기에 정부의 정책을 '좌파적'이라고 비판하면서 시장주의적인 전환을 강력히 요구하던 세력들로서 이명박 정부는 정권교체를 갈망하던 이들의 강력한 지원을 받아서 집권했기 때문에 적어도 집권 초기에는 강한 시장주의 색채를 띤 정책노선을 취할 수밖에 없었다.

이밖에도 노무현 정부 시기 동안 민생경제의 어려움을 극복하는 것이 지속적인 핵심과제였으며, 게다가 이명박 정부 초기에는 세계적인 경제위기가 발생해 이를 극복하는 것이 새로운 과제로 등장했다. 이러한 과제들은 모두 국정운영에서 경기회복 같은 경제적 목표에 가장 큰 관심을 갖게 만든 요인들이었기 때문에 경제논리인 시장논리가 자연스레 전면에 부각되었다. 그리고 더 나아가 경제적 관심이 경제영역을 넘어 다른 영역들로도 확장되는 시장주의화의 구실이 되었다.

물론 시민주의 위축도 이명박 정부의 시장주의 경향의 중요한 배경이다. 정부가 교육현장·언론·의료 등 공공성이 특별히 크게 요구되는 분야들을 개혁·선진화·산업육성 등의 명분으로 시장 원리 아래 내맡기려고 할 때마다, 해당 분야의 노조, 시민단체, 시민주의 시각의 언론매체, 일부 종교계와 정치인들 등이 중심이 되어 이를 저지하려고 노력해왔다. 그리고 그 결과 시장주의적인 정책추진을 지체 혹은 보류시키는 성과를 내기도 했다.

하지만 이 과정에서 직접적인 이해당사자인 노조는 반개혁 세력으로 매도되는 경우가 많았으며, 시민단체를 비롯한 나머지 세력은 공공이익이 아닌 정파적 이해관심을 대변하는 것으로 규정되어 시민사회로부터 폭넓은 지지를 획득하는 데 어려움을 겪어왔다. 시민사회의 이러한 한계는 정부가 시장주의 정책을 과감하게 밀어붙이는 데 부담을 줄여주는 배경이 되어왔다.

그렇지만 이명박 정부에서 시민주의가 언제나 영향력을 잃은 것은 아니다. 쇠고기 수입협상과 세종시 수정법안과 관련해 시민들이 보여준 집합적인 의사표현이 그 대표적인 사례들이다. 쇠고기 수입협상과 관련해서는 광우병 위험에 대한 두려움이 시민들의 광범한 연대를 자발적이고도 폭발적으로 형성하게 만들어 결국 대통령으로 하여금 민심에 더욱 귀를 기울이고 국민과의 소통을 위해 노력하겠다는 대국민 약속을 하게 만들었다(이명박, 2008b; 2008c). 그런 이후에도 정부가 세종시 수정법안을 만들어 지역 균형발전을 염원하는 시민들의 의사에 반해 이를 끝까지 밀어붙이려고 했을 때 지역 균형발전을 바라는 시민단체들과 지역의 시민들이 중심이 되어 강력하고도 지속적인 연대적 의사표현을 했다. 그리고 더 나아가서 이들은 2010년 6·2 지방선거를 통해

표로써 심판함으로써 결국 정부로 하여금 수정안을 철회하도록 만들었다.

이 두 사례는 비록 시민사회단체 중심의 시민운동과 시민사회가 다소 위축되긴 했지만 시민대중이 큰 관심을 갖는 사안에는 시민들이 폭넓게 참여하고 연대할 수 있는 잠재력이 여전히 매우 크다는 사실을 보여준다. 정부는 시민사회의 이러한 잠재력을 과소평가해 시민들의 의사표현을 정파적인 것으로 몰아서 제압하려 했지만 많은 시민들은 자발적이고도 적극적인 참여와 연대를 통해 정부의 이러한 시도를 무력화시킬 수 있었다.

개인주의 모나디즘의 급속한 확산과 새로운 모색

시장주의와 개인주의 모나디즘

국내에서 시민주의 움직임이 본격화되기 시작한 것은 김영삼 정부 초기이며 시장주의가 급부상한 것도 김영삼 정부 시절이다. 이 둘은 공통적으로 국가주의와 계급주의로 집약된 집합주의 모나디즘에 대한 대표적인 저항의 형태로서 이 시기에 등장한 후에 각각의 영향력이 크게 확대되기도 하고 위축되기도 했는데 이 과정에서 정권의 성격에 의해 매우 큰 영향을 받아왔다.

물론 경제에서 시장원리를 중시하는 경향과 시민사회에서 연대원리를 중시하는 경향 둘 다 현대사회에서 매우 뚜렷한 세계적인 흐름을 이루고 있다는 점에서 본다면 시민주의와 시장주의를 국내의 특정한 정권의 성격으로만 설명하는 것은 부적절하다. 하지만 시장의 논리를 시민사회로 확대시키려는 시장주의 시각과 시민사회의 논리를 경제활동에 확대시키려는 시민주의 시각 사이에는 분명한 마찰과 갈등이 있으며 정부의 성격과 각 정부에서 영향력을 행사하는 집단의 유형에 따라서 이들 시각에 대한 선호가 달라진다는 점에서 정권의 영향력을 충분히 고려할 필요가 있다.

그럼에도 시장주의는 김영삼 정부 이후로 급속히 부상하기 시작해 마침내 이명박 정부에 이르러 역대 최고의 번성기를 맞이했다. 이 과정에서 시민사회는 때로는 반세계화 투쟁의 형태로 때로는 신자유주의 반대투쟁의 형태로 시장주의 확산을 견제하고 저지하기 위해 광범한 연대를 결성해 투쟁해왔다. 그리고 이러한 노력은 많은 결실도 맺었다.

하지만 시민사회가 이처럼 국가와 시장으로부터 시민사회를 지키려고 투쟁적인 노력을 기울여온 만큼 시민사회 내부의 연대를 확장하고 강화시키는 데에는 큰 성공을 거두지 못했다. 그 대신 오히려 시민사회에서 이념과 정파에 따른 분열이 심화됨으로써 국가와 시장에 대한 시민사회의 견제능력이 현저히 약화되고 말았다. 그 결과, 이명박 정부에서 시민사회는 시장주의 확산을 견제하고 저지하는 데 많은 한계를 드러냈다.

시장주의는 기본적으로 경제를 가장 우선시하는 경제주의 시각이다. 이 시각은 기존의 경제적 재화를 생산, 판매하고 서비스를 제공하는 사기업 활동뿐 아니라 교육·문화·언론·복지·환경·심지어 종교활동까지도 경제의 관점에서 바라본다. 더 나아가 시장주의는 경제주의 시각 가운데서도 특히 시장원리를 가장 중시하는 시장경제 중심의 시각, 그 가운데서도 자유시장경제 중심의 시각을 가리킨다. 그런데 자유시장경제론의 시각에서는 자애심에 기초한 자유경쟁 원리가 시장원리의 핵심을 이루므로 결국 시장주의 확산은 경제를 비롯한 각 영역에서 이기적인 경쟁을 강화시키는 결과를 낳는다. 그 결과 시장주의 강화는 경쟁 강화를 낳고 이를 통해 결국 경쟁 당사자들의 이기적 개인주의 강화를 초래하게 된다.

전통적으로 한국사회는 공동체적 집합주의 문화가 매우 강한 사회였다. 가족주의 문화는 그 대표적인 사례다. 게다가 현대사에서 매우 오랜 기간 동안 국가주의와 군사주의의 강한 집합주의 문화가 사회를 지배해왔으며 비교적 짧은 기간이지만 계급주의도 경험했다. 이들 가운데 국가주의 · 군사주의 · 계급주의 형태의 집합주의 문화는 1990년대를 거치면서 비교적 빠르게 약화되었으며 가족주의도 그동안 꾸준히 약화되어오다가 특히 1997년 말 외환위기 이후에 더욱 빠르게 약화되었다. 이에 비해 한국인이 생활세계에서 쉽게 접하는 학연 · 혈연 · 지연 관계를 중시하는 연고주의는 여전히 사회생활에 매우 큰 영향을 미치는 집합주의 형태로서 많은 사회적 문제를 불러일으키고 있다.

이런 이유로 인해 강준만, 고종석 등의 많은 자유주의자들은 한국사회에서 집합주의 가치를 극복하기 위해서는 개인주의에 대한 강조가 필요하다는 점을 역설한다(강준만, 2004: 200쪽). 그리고 많은 현대 사회이론가들은 탈집합주의 형태로서의 개인화 또는 신개인주의 경향이 현대사회의 뚜렷한 경향이라고 지적한다. 전통적인 도덕의 영향력 약화, 자율성을 중시하는 시대정신과 교육, 현대사회의 복잡한 위험에 대한 집합적 대처의 한계, 노동의 성격변화, 탈근대주의 사상의 확산 등등 많은 요인이 집합체 구성원이 아닌 개인으로서의 사고와 행위 경향을 강화시키고 있다는 것이다 (Beck, 1998: 36쪽 이하; Zoll, 1993: 153쪽 이하).

그런데 이들 자유주의자가 필요하다고 주장한 개인주의나 현대 사회이론가들이 새로운 경향이라고 지적한 개인화 혹은 신개인주의가 곧 이기주의나 이기주의적인 개인주의를 뜻하는 것은 아니다. 오히려 자유주의자들은 가치지향적인 개인주의를 주장했으며 벡, 기든스, 촐 같은 사회이론가들은 개인화 혹은 신개인주의가 새로운 연대의 기초가 될 수 있음을 강조했다. 그러므로 이들의 개인주의나 개인화는 개인주의 모나디즘과는 무관하다.

이에 비해서 시장주의 강화를 통해 초래되는 개인주의는 기본적으로 모나디즘 성격이 강하다. 그 이유는 앞 장에서 설명했으므로 여기서 반복하지 않는 대신에 몇 가지 사례만 들고자 한다. 전통적으로 사회적 연대가 가장 강조되어온 영역인 노동조합의 조직률을 보면 1997년 경제위기 직후에 실업 위험이 매우 커진 짧은 시기를 제외하고는 1990년대부터 지금까지 지속적으로 감소해온 결과 그 수치가 2008년 10.5%로 경제협력개발기구 최하위 수준으로 떨어졌다. 이러한 조직률의 하락은 기존 노동조합의 운영방식에도 원인이 있겠지만 그보다는 노동시장에서 연대원리보다 훨씬 더 효과적으로 작용할 수 있는 경쟁원리들을 경영진이 끊임없이 도입함으로써 결국 노동자들을 원자화시켜왔기 때문이다(통계청, 2010a).

또한 사회적 연대성 결여를 가리키는 대표적인 지표인 자살통계를 보면 한국사회에서 탈집합화와 개인화가 급속히 이루어지기 시작한 1990년대부터 한국인의 자살률이 급상승 해왔음을 알 수 있다. 1995년만 하더라도 한국인의 자살률은 인구 10만 명당 10.8명으로 경제협력개발기구 가입국가 평균보다 낮았으나 1990년대 후반에 곧바로 이를 넘어선 후 2005년부터는 이들 국가 가운데에서 최고수준을 유지하게 될 정도로 급상승했다(통계청, 2010b; OECD, 2009a; 2009b).

이처럼 1990년대 말과 2000년대 전반의 높은 자살률은 무엇보다도 경제위기의 여파로 인해 경제적인 고통을 크게 경험하는 사람들이 여전히 많이 남아 있었던 것과 관련이 있을 것이다. 하지만 2000년대 전반을 거치면서 자살률이 더욱 빠르게 상승한 것은 사회 전반에 걸쳐 시장주의가 강화되면서 경쟁 탈락자와 사회적 관계의 단절을 겪는 사람들이 크게 증가한 때문으로 보인다.

그 대표적인 사례를 노인 자살과 청소년 자살에서 볼 수 있다. 65세 이상 노인의 자살률은 2000년 35.5명에서 2005년 80.3명으로 이 시기 동안 다른 연령층보다 더 빠르게 증가했다. 이는 노인들이 더욱 치열해진 사회적 경쟁에서 가장 약자의 위치에 놓여 있다는 사실과, 또한 가족주의가 빠르게 약화되어 가족의 경제적, 사회심리적인 지지가 급속히 감소했지만 아직 국가의 지원체계가 마련되지 않은 상태와 관련되어 있다. 그리고 15~19세 청소년 자살률은 학교현장에서의 경쟁이 2000년대 전반보다 더 치열해진 2000년대 후반에 더욱 상승했다.

그런데 이 시기에 이들 청소년의 자살충동을 조사한 통계에 따르면 자살충동을 느낀 청소년들의 50% 이상이 학교성적과 진학문제 등의 학업결과 스트레스 때문이며 외로움과 고독 때문에 충동을 느꼈다는 응답도 10% 이상 된다. 이는 청소년 자살이 학교현장에서의 과도한 경쟁과 이로 인한 인간관계의 단절과 무관하지 않음을 보여준다(통계청, 2006; 2010b; 2010c).

대안으로서의 공동체주의, 공화주의의 부상과 연대주의의 도전

정권의 변화와 개인주의 모나디즘 극복 모델 이처럼 시장주의와 그로 인한 개인주의 모나디즘이 빠르게 확산되는 가운데 국가주의 · 계급주의 · 공동체주의 · 시민주의 등 다양한 입장에서 이들에 대한 비판이 수없이 제기되었다. 하지만 오랜 집합주의 지배로부터 벗어나 자율성을 신장시켜가려는 민간 부문에서 볼 때에는 국가주의, 계급주의 등 일체의 집합주의적인 비판은 결코 수용할 수 없으며 오히려 이러한 비판이 더욱 시장주의를 강화시키는 명분으로 작용한다.

그래서 경제영역과 시민사회의 자율성을 기본적으로 보장하면서도 시장주의나 극단적인 개인주의를 극복할 수 있는 방안을 모색하는 작업이 보다 설득력 있는 과제로 제기되었다. 김대중 정부가 적극 제시한 민주적 시장경제 담론, 그리고 노무현 정부 시절 등장한 공정한 시장경제와 사회통합적 시장경제 담론, 이명박 정부의 선진화론의 토대가 되었던 공동체 자유주의 등이 대표적인 사례다.

김대중 대통령은 당선과 함께 민주주의와 시장경제의 병행발전을 국정운영의 지표로 제시하면서 민주적 시장경제를 새로운 길로 제시했다. 이에 대해 김대중 정부의 국정철학에 기여한 최장집에 따르면, "민주적으로 관리 통치되는 정부의 역할은 시장의 원활한 작동을 위해서나 불이익을 받는 사람들을 사회보장적으로 보호하는 데 있어서도 필수적"이기 때문에 민주적 시장경제는 기본적으로 민주적인 국가의 개입 및 규제와 시장 기능 사이의 균형을 추구하는 원리다. 좀더 구체적인 정책들로서 재벌의 구조조정, 복지개혁, 노동개혁 등을 특별히 중시한 이 원리는 결국 시장주의를 민주주의로 보완하려는 시각이었다(김대중, 1998; 최장집, 1998: 170쪽 이하).

노무현 정부는 김대중 정부에서 제시한 민주주의와 시장경제 원칙을 계승하면서도 정경유착이나 관치경제를 배제하고 정부의 공정거래 감시 역할을 강화하는 방식으로 투명하고 공정한 시장경제로의 발전을 부각시키려 했다. 이에 대해 노무현 정부의 국정철학에 가까운 지식인 모임인 좋은정책포럼은 공정한 시장경제를 "시장경제의 역동성을 살리면서도 사적 독점과 양극화를 해소하는" 노선으로 규정했다. 또한 집권당인 열린우리당은 강령에서 "시장만능주의에 반대"해 "사회통합적 시장경제"의 발전을 추구한다고 밝혔다. 이것은 대기업, 중소기업과 자영업, 노동자와 기업, 정부와 시민사회의 대타협을 시장경제의 원칙과 함께 중시할 것을 천명한 것이다(노무현, 2003; 좋은정책포럼, 2006; 열린우리당, 2007).

한편 이명박 정부가 집권할 당시의 한나라당은 강령 전문을 통해 자유민주주의와 시장경제의 토대 위에서 공동체 자유주의 노선을 추구한다는 공식 입장을 밝혔다.[48] 한나라당의 공동체 자유주의 노선을 입안한 박세일에 따르면, 공동체 자유주의란 "자유주의를 기본으로 하되 공동체주의에 의한 보완과 보강이 필요하다는 정치사상"이다. "개인의 자유만 과도하게 주장되면 사회 경제적 격차와 대립의 증대, 인간소외와 개인의 파편화, 공동체 연대의 약화······ 등등 사회공동체, 역사공동체, 자연공동체 등이 피폐해지고 나아가 파괴되어 자유주의의 지속 자체가 어렵게 되는 상황이 온다"는 점에서 "공동체의 가치와 연대를 중시하는 공동체주의가 필요하게 된다"는 것이다(박세일, 2007).

하지만 2012년 2월 한나라당의 이름이 새누리당으로 바뀌면서 한나라당 강령이 전면 개정되었는데 이 과정에서 공동체 자유주의 이념이 강령과 기본정책에서 삭제되었다. 그 대신 새로운 정강정책은 여전히 자유민주주의와 시장경제를 기본원리로 선언하면서 자유와 평등, 시장과 정부, 성장과 복지 등의 조화와 사회집단 간의 갈등 해소를 추구한다고 밝혔다. 그리고 이를 위해 공정한 시장경제 확립과 평생맞춤형 복지 등을 기본정책으로 제시했다.

이처럼 개정된 새누리당 정강정책 역시 개인의 자유와 시장경

---

48) "우리는 자유민주주의와 시장경제의 틀을 굳건히 하면서, 자율과 책임, 분권과 창의, 개방과 경쟁, 인간의 존엄성과 생태환경보전, 양성평등, 열린 민족주의를 진작하는 공동체 자유주의의 실천이 선진화의 참된 방향임을 천명한다"(한나라당, 2006).

제를 기본원리로 삼으면서 동시에 극단적인 개인주의나 시장주의의 부작용을 극복할 필요성을 뚜렷이 밝히고 있음을 알 수 있다. 하지만 새누리당 정강정책은 이를 위한 어떠한 새로운 이념노선도 제시하지 않았다. 그리고 이 때문에 비록 많은 개념과 정책적 극복방안이 열거되어 있지만 이들 사이에서 분명한 연관성을 찾기가 어렵다. 그만큼 이들 가운데 많은 부분이 공허한 구호에 그칠 위험이 크다(새누리당, 2012).

공동체주의와 공화주의의 부상 이처럼 정권이 바뀌어도, 그리고 시장주의가 더욱 강화된 이명박 정권조차 한결같이 민주주의와 시장경제를 기본으로 삼으면서 시장경제의 한계와 극단적 개인주의의 문제점을 극복할 필요성에 대한 인식을 공유해왔다.[49] 하지만 김영삼 정부로부터 김대중 정부와 노무현 정부를 거쳐 이명박 정부로 이어지면서 시장경제 원리를 더욱 강조하는 가운데 사회 현실에서는 빈부의 양극화와 경쟁 탈락자 문제가 점점 더 심각해

---

49) 물론 조금 더 자세히 살펴보면 어떤 민주주의와 시장경제를 추구하는가, 민주주의와 시장경제의 구체적인 관계는 무엇인가, 문제점의 극복 필요성을 어느 정도로 인식하며 어떠한 극복방법을 제시하는가, 그리고 이들 문제에 대한 인식이 어느 정도로 진지하고 체계적인가 등등의 여러 면에서 각 정권과 이들이 제시한 관념에 따라 차이가 분명히 존재한다. 예를 들어 김대중 정부의 민주적 시장경제 관념은 시장경제의 민주적 토대에, 노무현 정부의 공정한 시장경제 관념은 시장경제의 공정한 질서에, 이명박 정부의 공동체 자유주의는 시장성, 개인성과 공공성 사이의 조화에 각각 더 큰 관심을 기울인다.

지자 공동체 가치와 공동선을 강조하는 경향이 크게 증대했다.

이러한 경향은 공동체주의, 공화주의 등의 이름으로 출현했는데 박세일과 한나라당의 공동체 자유주의는 자유주의를 공동체주의로 보완하려는 이념이다. 국내에서 공동체주의 논의는 1990년대에 철학자·정치학자·교육학자 등에 의해서 본격적으로 이루어지기 시작했다. 특히 신자유주의가 위력을 발휘하기 시작한 1990년대 말부터는 교육학자·정치학자·사회학자·경제학자 등을 통해 신자유주의 또는 시장주의를 비판하거나 보완하는 관점으로서 폭넓게 다루어지게 되었다(강수택, 2007a: 57쪽 이하). 이러한 관점을 박세일과 한나라당이 이어받은 것이다. 하지만 안병진에 따르면 공동체주의는 이들 공동체 자유주의자뿐 아니라 노무현 정부에 의해서도 사실상 채택되었으며 이외에 다양한 정치적 이념을 가진 곳에서 발견된다(안병진, 2007: 250쪽).

하지만 국내에서 공동체주의는 비교적 온건한 보수 진영 세력이나 온건한 자유주의 입장의 개인들에 의해 더욱 적극 수용되는 경향을 보이는 데 비해, 진보 진영에서는 신자유주의 내지 시장주의를 극복하고 공동선과 공동체 연대를 회복시키는 방안으로 공동체주의보다는 공화주의를 더욱 선호하는 경향을 보인다. 2000년대에 들어 모습을 드러내기 시작한 공화주의는 물론 박세일·신지호·박효종 등 뉴라이트 계열의 자유주의자들에 의해서도 적극 수용되었으나 포퓰리즘과 대립적인 이념으로 제시되었다.

이에 비해 최장집·박명림·금민 등 많은 진보 성향의 인물들은 공익 또는 공동선을 추구하는 공화주의야말로 사적인 이익의 지나친 추구로 인해 여러 현실문제를 불러일으키는 자유주의, 특히 신자유주의를 극복하거나 보완할 이념이라며 이에 주목할 것을 주장했다(강수택, 2008c: 38쪽 이하).

이러한 분화 경향을 반영해 안병진은 2007년 선거정국에서 공동체주의와 공화주의 사이의 거대한 패러다임 충돌이 벌어질 것으로 예상하기도 했다. 그에 따르면, "공동체주의는 기본적으로 신자유주의적 기업국가체제를 구축하면서도 그에 따른 양극화, 사회해체의 부작용을 기업·교회·가족 등 시민사회조직을 통해 사후적으로 보완해나가는 모델을 말한다. 반면에 한국의 공화주의는······국가의 공공성과 사회적 연대감의 강화를 지향하는 모델을 말한다"(안병진, 2007: 249쪽).

하지만 공동체주의와 공화주의는 극단적인 개인주의화 경향을 보이는 자유주의의 한계를 극복하기 위한 대안으로서 주목받아 부상했다는 점에서 공통적이다. 그렇기 때문에 이들은 공익의 가치를 강조함으로써 지나친 사익추구 경향을 극복하고 공동체 연대의 가치를 강조함으로써 사회의 해체를 방지하려 한다는 점에서 큰 차이가 없다.

예를 들어 자유주의에 공동체주의를 결합시킨 박세일은 국가정책의 두 가지 큰 방향으로서 자유확대 및 투명성 제고와 함께 공동체 연대강화를 제시했으며, 이명박 정부는 국정철학에서 시장성과 공공성을 조화시키는 시장경제를 추구한다고 밝혔다(박세일, 2008: 41쪽). 이처럼 공동체주의 관점에서 공공성과 연대성의 가치를 중시하는 경향은 안병진, 박명림 등이 한국의 공화주의 관점으로 제시한 데서도 마찬가지로 발견된다(안병진, 2007: 249쪽; 박명림, 2007).

물론 양자 사이에 전혀 차이가 없는 것은 아니다. 공동체주의와 공화주의 각각에도 다양한 경향이 있으며, 공동체주의적 공화주의처럼 양자의 관점에 걸쳐 있는 경향도 존재한다. 하지만 국내에서 논의되어온 공동체주의와 공화주의 관점을 다소 거칠게 단순화시켜본다면, 공화주의는 공동체주의에 비해 국가론과 정치에 더 큰 관심을 갖고 공공성과 연대성 강화를 위한 국가와 제도의 역할을 더욱 강조한다. 그에 비해 공동체주의는 시민의 개인적 권리뿐 아니라 사회적 책임도 함께 중시하는 가치, 도덕 같은 문화의 역할을 강조하고 개인주의 극복을 위한 시민사회와 시민들의 자발적인 노력을 더욱 중시하는 경향이 있다(안병진, 2007: 249쪽; 박세일, 2007; 김경희, 2009: 10쪽 이하).

공동체주의 및 공화주의의 한계와 연대주의의 도전 한국사회에서 시장주의가 강화되면서 모나디즘 성격의 개인주의 확산, 집단갈등의 심화, 사회적 해체 위험의 증가 등에 대한 우려가 커지고 있다. 그런 가운데 정치적인 보수 진영과 진보 진영을 막론하고 공동체주의와 공화주의가 주목을 받고 빠르게 부상해 공공성과 연대성 강화의 필요성을 널리 확산시키려 노력한 것은 여러 면에서 큰 의미를 갖는다. 무엇보다도 생활세계에서 경쟁의 심화 때문에 초래된 개인의 원자화, 사회갈등, 사회해체 등의 위험의 심각성을 주지시키려 노력함으로써 시장주의에 대한 경계심을 일깨우는 데 기여했다.

이뿐만 아니라 시장주의와 개인주의 모나디즘이 소홀히 여기는 공공성과 연대성에 대한 관심을 확산시키고 이에 대한 시장주의적인 접근방식의 부적절성을 널리 인식시키는 데도 이바지했다. 그리고 더 나아가 이들 문제의 해결 방안으로서 공공성과 연대성을 강화시키기 위해서는 국가나 시민사회가 좀더 적극적으로 노력해야 한다는 점을 널리 주지시키는 데 힘썼다. 그 결과 이러한 인식들이 지식사회를 넘어 여러 정당의 정치철학에까지 깊은 영향을 미치게 되었다.

그러나 공동체주의와 공화주의는 비록 공공성과 연대성을 함께 강조했지만 공공성 또는 공동선의 문제에 훨씬 더 큰 관심을 기울였으며, 연대성을 공동체적 결속이라는 제한된 의미로 이해함으로써 연대성과 특히 공동체를 벗어난 연대에 대해 충분한 관심을 기울이지 못한 한계를 보였다. 이러한 관심부족은 이명박 정부의 국정철학·「취임사」·「신년사」 등에서 시장경제, 경쟁 등과 더불어 공동체, 공공성 같은 용어는 등장하지만 연대용어는 전혀 등장하지 않으며, 앞에서 보았듯이 한나라당 강령에서는 없어도 전혀 무방한 방식으로 단 한 차례 연대용어가 등장한 데서 잘 나타난다.

물론 박세일의 공동체 자유주의론에서는 연대에 대한 언급이 여러 차례 발견된다. 여기서 연대는 공동체 구성원의 연계성이라는 의미로 사용되거나 공동체의 횡적인 조직원리로 제시되거나 자유 확대를 보완하는 공동체 연대라는 국가정책 방향으로서 제시되었다. 즉 이명박 정부의 국정철학이나 한나라당 강령과 달리 그는 연대개념을 비교적 적극 수용한 편이지만 어디까지나 공동체주의 시각에서 접근된 연대, 즉 공동체 연대에 주로 관심을 기울임으로써 공동체의 틀을 벗어난 사회적 연대에는 소홀했다(박세일, 2008: 25쪽 이하).

연대성, 특히 공동체를 벗어난 연대에 대한 관심부족은 공화주의 담론에서도 발견된다. 예를 들어 한국사회의 맥락에서 공화주의를 소개한 김경희의 단행본, 『공화주의』에서는 공화주의의 핵심 이념으로서 자유, 법치, 공공선, 시민적 덕성 등이 제시되었지만, 연대에 대해서는 어떠한 논의도 이루어지지 않았다. 이 책을 통틀어 연대용어는 단 한 차례 시장논리의 확산을 비판하는 맥락에서 사용되었을 뿐 공화주의가 추구하는 정신이나 가치 등과 관련해서는 단 한 번의 언급조차 되지 않았다(김경희, 2009: 115쪽).[50]

물론 시민적 공화주의를 주장한 박명림처럼 연대성을 강조하는 공화주의자들도 있다. 박명림은 "자유주의는 경쟁을 보장하는 것인 반면에 공화주의는 박애와 연대와 평등으로 자유의 빈 곳을 채워주는 역할을 한다. 그런데 우리나라는……자유주의 원칙만 남고 공화주의 원칙은 실종되고 말았다"(고명섭, 2007)고 하면서 공화

---

50) 현대 공화주의의 특징을 설명한 공화주의자 안병진의 글에서도 공동선·민주주의·시민권·기회평등 등은 공화주의의 핵심개념으로서 다루어져 있지만 연대는 언급조차 되지 않았다. 물론 위에서 인용된 안병진의 다른 글에서는 한국의 공화주의가 국가의 공공성과 사회적 연대감의 강화를 지향하는 모델이라는 표현이 나오지만 사회적 연대감 강화와 관련된 어떠한 다른 언급도 더 이상 발견되지 않는다(안병진, 2006; 2007).

주의적인 연대를 복구할 필요성을 주장했다. 하지만 그의 공화주의 논의를 전반적으로 살펴보면 압도적인 관심이 공공성과 공동체성의 회복에 있다. 비록 연대성에 대한 논의도 부분적으로 발견되지만 공공성 논의의 비중에는 비할 수가 없음을 알 수 있다(박명림, 2007; 2009).

이런 점에서 본다면, 시장주의로 인한 개인주의 모나디즘을 극복하기 위한 대안으로서 공동체주의와 공화주의는 일정한 한계를 갖고 있다. 물론 시장주의가 사적인 이익의 과도한 추구를 초래함으로써 공동체성이 파괴되고 공익이 무시되는 것을 공동체주의와 공화주의 정신에 입각해 저지하려는 노력은 분명히 긍정적으로 평가되어야 한다. 게다가 공동체주의자와 공화주의자 가운데 비록 제한된 의미를 가진 것이긴 하지만 시장주의로 인한 연대성 약화를 문제로 지적하면서 연대의 가치나 원리에 대한 관심을 불러일으키는 움직임이 있다는 점도 높이 평가되어야 한다.

하지만 공동체주의와 공화주의는 연대성에 대한 관심이 주변적이라는 점 말고도 한국사회가 다른 중요한 문제들을 시급히 해결하는 것을 지체시킬 수 있다는 우려를 공통적으로 불러일으킬 수 있다. 오늘날 한국사회에서는 한편으로 사회의 해체가 급속히 진행되면서도 다른 한편으로는 학연 · 혈연 · 지연으로 대표되는 연고주의의 실질적인 영향력이 보여주듯이, 전통적인 공동체 문화가 여전히 곳곳에서 강한 힘을 발휘하면서 여러 가지 심각한 문제를 일으키고 있다. 그러므로 어떻게 하면 이러한 집합주의적인 공동체 문화를 극복하고 개인의 자율성 및 책임성과 능력에 기초한 합리적인 문화가 더 폭넓게 자리 잡을 수 있게 할 것인가는 여전히 매우 시급한 사회적 과제로 남아 있다.

그렇기 때문에 비록 최근에 주장되는 공동체주의가 집합주의 성향의 전통적인 공동체주의와 구별됨에도 불구하고 현실적으로 한국사회에 수용되는 과정에서는 전통적인 공동체주의자들의 목소리를 강화시켜서 결국 집합주의적인 공동체 문화의 해소를 더욱 어렵게 만들 위험이 있는 것이다.

또한 한국사회는 시장주의가 근래에 와서 매우 강한 힘을 발휘하고 있지만 이렇게 된 것이 그렇게 오래되지 않은 반면에 훨씬 오랜 기간 국가주의가 지배해왔을 뿐만 아니라 지금도 여전히 곳곳에서 그 위력을 발휘하고 있다. 그래서 특히 경제계를 중심으로 기업활동에 대한 국가의 규제완화를 소리 높여 외치면서 시장주의를 부르짖고 있다. 그리고 이들은 여기서 더 나아가 기업의 경제활동을 넘어 교육 · 언론 · 복지 등 공공성이 강한 분야에서도 마찬가지로 시장주의를 주장한다. 결국 오늘날 한국사회에서 시장주의가 널리 설득력을 확보하게 된 것은 국가주의의 위험과 한계에 대한 인식이 널리 자리 잡고 있기 때문이다.

바로 이러한 상황에서 공화주의가 공공성을 지키고 강화하려는 노력은 충분한 명분을 갖는다. 하지만 이 과정에서 국가의 역할을 강조하는 것은 국가주의 및 관료주의의 위험과 시민사회 및 시민의 자율성 위협의 문제를 간과하는 것으로 받아들여질 수 있다. 물론 현대 공화주의는 공화국의 민주성과 시민적 덕성에 기초한 시민참여의 중요성을 강조함으로써 이러한 위험과 위협을 극복하려고 한다(안병진, 1996: 114쪽 이하). 그런데 문제는 이상은 너무 멀고 현실은 너무 거칠다는 데 있다.

따라서 한편으로는 시장주의의 강력한 위협과 이로 인한 개인주의 모나디즘에 대적하면서도 다른 한편으로는 국가주의와 사회문화적 집합주의의 현존하는 위험을 극복할 수 있는 대안이 한국사회에서 현실적으로 요구된다. 이러한 요구에 가장 적절히 부응할 수 있는 것이 연대주의, 특히 시민적 연대주의다.

앞에서 살펴보았듯이 개인주의 문제와 집합주의 문제를 함께 극복하려는 이러한 문제의식에서 이미 오래전에 출현한 근대사상이 연대주의다. 연대주의의 요소들은 한국사회에서도 오래 전부터 뿌리를 내리고 지속적으로 성장해왔다. 그리고 근래에 와서는 한국사회 곳곳에서 연대관념이 비교적 폭넓게 뿌리내리고 있는데, 이 점에 대해서는 이미 앞에서 소개했다. 하지만 이들 연대주의 관념은 아직 국내에서는 다른 사상들처럼 체계적인 형태를 갖출 만큼 발전되지는 못한 상태에 있다.

국내에서 연대관념이 비교적 적극적으로 수용된 영역은 사회운동계·종교계·학계 등이며 이들 시민사회의 움직임을 비교적 적극적으로 반영한 일부 정계도 연대관념의 수용에 적극적이다. 이에 비해 그동안 집권해온 정치세력들은 여기에 소극적인 경향을 발견할 수 있다. 하지만 경제영역으로부터 사회 전반에 걸쳐 시장주의 영향력이 커지면서 시장주의 한계를 인식한 정부들에 의해 대안으로 제시된 이념을 보면 비록 정부에 따라 차이가 있지만 연대주의적인 문제의식이나 요소들을 일부 발견할 수 있다. 그럼에도 불구하고 이들 정부는 연대관념에 대체로 소극적인 편이어서 이들 문제의식이나 요소조차도 보다 명시적인 관념이나 체계적인 담론으로 발전시키지 못했다.

김대중 정부의 시기에 제시된 민주적 시장경제론은 연대주의에 기반을 두고 탄생한 사회적 시장경제론을 하나의 가능한 모델로 제시했다. 그러면서 시장의 패배자들을 보호하기 위한 국가의 적극적인 개입 필요성을 주장하고 또한 구체적인 정책 프로그램으로서 노사정협의체제의 제도화를 포함하는 노동개혁과 복지개혁을 제시하는 등의 방식으로 시장주의를 극복하고 국정운영에 연대주의적인 요소들을 도입하기 위해 노력했다. 민주적 시장경제론은 시장주의 극복의 필요성에 대한 기본인식을 분명히 했으며, 또한 독일의 사회적 시장경제 모델이나 영국의 사회협력주의 모델 같은 외국 사례들을 통해 그 실현 가능성을 제시했다. 그러나 처음부터 연대관념에 대한 관심과 인식이 부족했고, 또한 민주적 시장경제가 연대성 관념을 담기에는 한계를 가진 개념이었기 때문에 연대주의적으로 논의를 전개하거나 발전시키지 못했다(최장집, 1998: 169쪽 이하).[51]

노무현 정부는 참여민주주의와 함께 공정한 시장경제를 특별히

---

51) 김대중 대통령의 「취임사」와 「신년사」를 보면 복지와 협력이 강조되었으며 화해, 화합, 평화, 국민적 단결, 단합, 정의 등의 개념은 등장했으나 연대는 발견되지 않는다. 또한 집권 당시 여당이었던 새정치국민회의와 자유민주연합의 강령에서도 연대용어는 전혀 발견되지 않는다(중앙선거관리위원회, 2009: 788쪽 이하, 796쪽 이하).

부각시키려고 했다. 하지만 이 두 개념은 모두 김대중 정부의 집권당인 새정치국민회의가 이미 강령에서 당의 정체성을 표현하는 핵심개념으로 제시한 것들이다. 이런 점에서 본다면 공정한 시장경제가 노무현 정부를 김대중 정부와 차별화시키는 개념이라고 보기는 어렵다.

이뿐만 아니라 공정한 시장경제론은 양극화 해소를 추구하는 시장경제론이라고 해석되기도 했지만 실제로는 이러한 성격의 전형적인 모델인 사회적 시장경제론보다는 시장에서의 독점 방지를 추구한 질서자유주의 사상에 더 가깝다는 점에서 사회적 시장경제론을 하나의 중요한 모델로 삼은 민주적 시장경제론과 다르다. 사회적 시장경제에는 오히려 집권당인 열린우리당 강령에서 제시된 사회통합적 시장경제 개념이 더욱 가깝다고 볼 수 있지만 노무현 정부는 이 개념을 더 이상 적극적으로 다듬거나 발전시키지 않았다.

물론 노무현 대통령은 역대 대통령 「신년사」에서 유일하게 연대정신을 강조한 데서 보듯이 경쟁뿐 아니라 연대관념도 중시했으며 사회적 양극화의 극복과 복지정책의 발전에도 특별한 관심을 기울였다. 게다가 지속적인 경제발전이 경제원리만으로는 이루어지지 않고 이를 뒷받침하는 사회적 환경을 필요로 한다는 점을 명확히 인식해 사회투자·사회자본·민주주의 등을 경제성장과 함께 추구했다.

이런 점에서 본다면 노무현 정부는 시장주의를 강력히 요구하는 여건 속에서도 연대성이나 사회성을 상당한 정도로 바탕에 둔 시장경제를 추구했다고 볼 수 있다. 하지만 이를 체계적인 담론으로 발전시키거나 포괄적인 관념으로 정립하는 데 실패해 시장주의자들과 집합주의자들의 공세에 적절히 대응하지 못함으로써, 특히 시장주의자들과의 헤게모니 투쟁에서 수세에 몰리고 결국 이들에게 정권까지 넘겨주게 된 것이다.

노무현 정부로부터 권력을 넘겨받은 이명박 정부는 일단 지나친 이념보다는 실용성을 추구하겠다며 실용정부를 표방했다. 하지만 강경한 시장주의자들과 비교적 온건한 공동체 자유주의자들이 함께 이명박 정부의 성립과정에서 결정적인 역할을 행했다. 때문에 이들은 모두 이명박 정부에 대해 비교적 큰 정신적 지분을 행사했지만 이들 사이에 긴장도 존재했다. 이명박 정부 초기에는 노무현 정부와의 차별성을 부각시키는 과정에서 시장주의가 좀더 큰 영향력을 발휘했으나 후반기에 정권 재창출을 더욱 염두에 두게 되면서는 친서민정책, 공정사회 담론 등을 통해 오히려 공동체 자유주의 요소가 더욱 부각되는 경향을 보였다.

박세일의 공동체 자유주의는 자유주의의 지속을 위해 공동체 연대가 필요하다는 점을 강조했다. 하지만 이명박 대통령의 「취임사」・「신년사」・국정철학 등을 볼 때 연대관념에 대한 이명박 대통령의 관심과 인식은 전혀 발견되지 않는다. 게다가 앞에서 살펴보았듯이 집권당인 한나라당과 새누리당의 강령도 공동체 개념에는 주목하지만 의미 있는 연대관념은 어디서도 언급하지 않는다. 물론 이명박 정부, 한나라당, 새누리당 모두 사회적 약자를 위한 복지정책의 필요성을 부인하지 않는다. 하지만 예방적・생산적

·맞춤형 복지를 내세우고 성장과 복지의 선순환구조를 강조하는 데서 보듯이 이명박 정부의 복지관념은 시장원리의 보완적 성격이 약하고 도구적 성격이 강하다.[52] 즉 복지도 시장에 보탬이 되는 한에서 의미가 있다는 것이다.

이런 점에서 본다면 이명박 정부, 한나라당, 새누리당이 실제로 채택한 이념이나 추진하는 정책에서 시장주의 성향은 뚜렷하지만, 이를 대체하거나 보완할 연대주의적 속성이나 관념은 매우 결핍되어 있음을 알 수 있다.[53] 따라서 이들 정부는 소극적이었지만 시민사회가 강력히 요구하는 과제, 즉 시장주의 위협과 개인주의 모나디즘에 대적하면서도 국가주의와 사회문화적 집합주의 위험을 극복하려는 연대주의적 문제의식과 관념들을 보다 명시적이며 체계적으로 발전시킬 과제가 이 시대의 지식인에게 주어져 있다고 말할 수 있다.

물론 연대주의도 원래 근대사상으로서 출현했기 때문에 시대성을 반영한 여러 한계를 지닌다. 연대주의라 하더라도 내부적으로

---

52) 이명박 대통령 「취임사」와 청와대 홈페이지에 있는 이명박 정부의 국정 철학 참조.
53) 물론 이명박 정부, 한나라당, 새누리당에 연대주의 속성이 전혀 없다는 것은 아니다. 예를 들어, 공동체 자유주의를 이념으로 채택한 한나라당 강령에서는 공동체 연대와 관련된 내용이 매우 제한적이지만 발견된다. "집단이기주의와 배타적 공동체의식을 억제하고 상부상조의 미풍양속을 발전적으로 계승하여 더불어 살아가는 공동체를 실현한다. 사회적 약자를 배려하는 기부문화와 자원봉사를 활성화하며 상류층과 지도층의 도덕적 책무를 진작한다"(한나라당, 2006).

경향의 차이가 있지만 고전적인 연대주의 사상에서 자주 발견되는 유기체론적 사회관, 산업사회 중심의 사회관, 지나치게 통합론적인 사회관, 적극적인 국가관 등은 오늘날의 시각에서 보면 극복되거나 수정·보완될 필요가 있다. 그러므로 오늘날 한국사회에서 요구되는 것은 연대주의의 기본 문제의식은 계승하되 시대적인 한계를 극복한 현대적인 연대주의인데, 필자는 이를 시민연대주의라고 부르며 다음 장에서 그 내용을 제시해보고자 한다.

국가주의와 시장주의 모나디즘을 넘어서

이상의 논의를 간략히 요약하면 다음과 같다. 첫째, 한국사회에서 근대와 더불어 자유와 평등 사상이 자리 잡기 시작했을 때 근대적인 연대정신도 함께 빠르게 자리 잡았다는 점이다. 여기에는 무엇보다도 한국사회가 오랫동안 강한 공동체 문화의 역사를 이어온 것이 중요한 배경이 되었지만 근대와 더불어 기독교와 사회주의 같은 서양의 공동체 문화가 함께 수용된 것도 중요한 요인이었다. 그 결과 일제 강점기 동안 강력한 반연대주의를 경험했음에도 불구하고, 해방 이후에 한반도 남쪽에서 최초의 근대 독립국가 대한민국이 건설되었을 때 연대정신이 국가의 매우 중요한 정신적 기초를 이루게 되었다.

둘째, 현대 한국사회의 반연대주의 정신, 즉 모나디즘의 역사를 보면 집합주의 모나디즘, 특히 그 가운데서도 국가주의 모나디즘이 가장 오랫동안 지속적으로 지배해왔음을 알 수 있다. 이승만 정권 시기에 형성된 국가주의는 반공주의에 의존했는데 이것이 박정희 정권으로 계승되었을 뿐 아니라 더욱 강화되었다. 박정희 정권은 국가주의를 강화하기 위해 반공주의뿐 아니라 경제개발주의와 관제의 민족주의도 적극 이용했다. 이것은 유신정권 시기에 절정에 이르게 된다. 그 후 국가주의는 전두환의 신군부정권에도 계승되었으나 서서히 약화되어갔다.

셋째, 한국 현대사에서 오랫동안 유지되어온 국가주의는 1980년대 이후에 와서 점차 약화되기 시작했는데, 여기에는 많은 요인이 함께 작용했다. 물론 시민들의 민권의식의 성장과 이에 기초한 민주화투쟁이 매우 큰 역할을 했지만 이와 함께 기업의 경제활동에 대한 국가의 지나친 간섭을 거부한 경제인들의 역할도 무시할 수 없었다. 게다가 1980년대에 영국과 미국을 중심으로 신자유주의 정책이 등장해 확산된 점, 1990년대 초에 동구 사회주의권이 붕괴한 점, 그리고 포스트모더니즘 사조의 확산 등과 같은 해외의 여러 움직임도 중요한 환경요인으로 작용했다.

넷째, 한국사회가 1980년대 이후 국가주의로부터 이탈하기 시작하면서 취한 세 가지 경로는 계급주의 모나디즘, 시장주의 모나디즘 그리고 시민주의다. 계급주의는 지배계급을 거부하는 만큼이나 국가권력에 의한 지배도 거부하지만 개인을 철저히 계급적 이해관계의 시각에서 바라본다는 점에서는 집합주의의 한계를 국가주의와 공유한다. 그리고 더 나아가 때로는 계급이해의 실현을 위한 전략으로서 국가주의를 적극 수용하거나 그렇지 않더라도 국가주의의 위험을 애써 외면하려는 경향이 짙다. 1980년대의 계급주의는 대체로 지식인 사회와 저항세력을 중심으로 강한 영향을 미쳤다가 1990년대 초의 동구권 붕괴와 함께 급속히 약화되어 지금은 매우 제한적인 영향만을 유지하고 있다.

이에 반해 1990년대 중엽 우리나라가 세계무역기구 체제에 편입되면서 본격적으로 등장하기 시작한 시장주의는 1990년대 말 외환위기 극복과정을 거치면서 급성장해 지금은 한국사회에서 가장 강력한 영향력을 행사하는 정신이 되기에 이르렀다. 시장주의도 계급주의처럼 현존하는 지배권력에 대해서는 매우 뚜렷이 경계하면서 그 역할의 축소를 바라지만 국가, 특히 정부의 역할을 시장에 맡기려 한다는 점에서는 계급주의와 대립하는 입장에 서 있다. 시장주의는 시장질서에 지나치게 낙관적이어서 시장원리가 경제영역을 넘어 사회 전반에서도 긍정적인 효과를 제공한다고 보는 반면, 연대정신에 대해서는 비판적이라는 점에서 모나디즘의 큰 틀에 속하는 오늘날의 가장 영향력 있는 정신이다.

1980년대 중엽 이후 부상하기 시작해 그동안 급성장해온 시민주의는 한국사회에서 시장주의와 함께 가장 영향력 있는 탈국가주의 정신으로 자리 잡았으나 근래에 와서 시민주의의 과잉 정치화, 시장주의의 강력한 공세, 국가주의의 경계 등을 통해 다소 위축된 양상을 보이고 있다. 하지만 시민주의는 시민의 기본권을 국가이익보다 우선시한다는 점에서 철저히 탈국가주의적이라고 할 수 있으며, 시민 간의 사회적 관계를 상품관계로 환원시키기를 거부하고 전략적 관계가 아닌 소통적 관계와 연대적 관계로 파악한다는 점에서 탈시장주의적이며 매우 연대지향적인 정신이다.

다섯째, 계급주의와 달리 시장주의와 시민주의는 1990년대 후반 이후 지금까지도 가장 강력한 영향을 미치고 있는 탈국가주의 정신으로서 한국사회의 주도권을 장악하기 위해 그동안 서로 치열한 경쟁을 벌여왔다. 이러한 경쟁은 김영삼 정부 말부터 시작해 김대중 정부와 노무현 정부에서 정점에 이르렀다가 노무현 정부 말기를 거쳐 이명박 정부에 오면서 시장주의가 주도하는 양상을 보이고 있다.

여섯째, 시장주의에 대한 경계는 시민주의를 통해서뿐만 아니라 다른 정신과 이념을 통해서도 시도되었다. 먼저, 시민사회에서는 시장주의 영향력이 강화되면서 개인주의 모나디즘이 빠르게 확산되고 이로 인해 여러 사회문제가 발생하자 공동체주의와 공화주의가 새로운 대안을 표방하고 등장했다. 그런데 이들은 시장주의와 개인주의 모나디즘의 사회성 결핍을 지적하고 공공성 또는 공동선에 대한 인식을 강화하는 데 이바지했지만, 연대성에 대해서는 다소 조건적이며 불충분한 관심을 보이는 한계를 노출했다.

게다가 급속한 개인주의화 경향과 더불어 전통적인 공동체 문화가 여전히 힘을 발휘하고 있으며, 국가주의 위력도 곳곳에 남아서 여러 사회문제를 불러오고 있는 한국사회의 현실에서는 공동체주의와 공화주의가 의도하지 않은 부작용을 초래할 가능성이 크다. 이러한 점들 때문에 이들은 시장주의의 적절한 대안으로서 한계를 갖고 있다.

또한 각 정부는 한편에서 시장주의 정책을 추진하면서도 다른 한편에서는 시장주의 한계와 개인주의 모나디즘의 위험을 인식해 이를 보완하기 위해서 독자적인 국정 이념들을 제시하려고 했다. 김대중 정부가 강력히 제시한 민주적 시장경제론, 노무현 정부가 부각시킨 공정한 시장경제와 사회통합적 시장경제 관념, 이명박 정부 집권 당시의 한나라당 이념노선이었던 공동체 자유주의가 그것이다. 이들 관념이나 이념은 시장주의를 보완하는 데 필요한 의미 있는 요소들을 포함하고 있지만, 연대관념에 대한 관심과 인식의 결여 내지는 부족 때문에 시장주의를 충분히 극복할 수 있는 방향으로 전개되지 못했다.

끝으로, 이상의 논의에서부터 전망과 과제를 간략히 도출해보면 다음과 같다. 우선 21세기 초의 한국사회 현실은 국가주의 · 시장주의 · 시민주의가 서로 각축을 벌이는 가운데 시장주의와 시민주의의 영향이 더욱 강화될 것으로 예상할 수 있다.

한국 현대사에서 가장 오랫동안 지배적인 영향력을 발휘해온 국가주의는 비록 1980년대 이후에 많이 약화되기는 했다. 그러나 여전히 결코 무시할 수 없는 영향력을 유지하고 있으며 영역에 따라서는 가장 강력한 힘을 발휘하기도 한다. 게다가 이명박 대통령이 2011년도 신년 연설에서 안보와 경제를 국정 운영의 두 축이라고 밝힌 데서 보듯이 한반도를 둘러싼 복잡한 국제관계와 더욱 치열해지는 국가 간의 경쟁 등의 여건으로 인해 국가주의 영향은 짧은 기간 안에 현저히 축소되기가 쉽지 않을 것이다(이명박, 2011). 그럼에도 국가적인 어떤 돌발 사태로 인한 일시적인 상황이 아니면 국가주의는 전반적으로 시장주의와 시민주의의 저항에 의해 더욱 약화되는 경향을 보이지 그 반대로 강화되기는 어려울 것이다.

한편 시장주의는 국가주의의 약화된 영향력을 최근에 와서 가장 많이 대체해왔다. 그것은 무엇보다 신자유주의적인 세계경제

환경의 영향 때문이겠지만, 국내적으로는 경제영역에서 민간기업 중심으로 이룩한 가시적인 성취수준과 다른 영역의 성취수준 사이의 커다란 차이와도 무관하지 않다. 게다가 최근의 시장주의는 김대중 정부와 특히 노무현 정부 시기의 반집권 세력이 이들 정부의 좌파적 이념성을 부각시키기 위한 정치적 수단으로 적극 활용되기도 했다.

그러므로 새로운 집권세력이 된 이명박 정부는 초기에 이전 정부와의 차별성을 부각하기 위해 시장주의 정책을 매우 강조했으나 이를 계속 유지하는 데에는 아무래도 여러 어려움이 있었다. 그것은 무엇보다도 모나디즘의 일종인 시장주의를 연대에 바탕을 둔 인간의 생활세계에 적용하는 데에는 뚜렷한 한계가 있을 뿐만 아니라 심각한 위험도 도사리고 있기 때문이다.

반면 연대지향적인 시민주의는 최근에 다소 위축된 양상을 보이고 있지만 시장주의에 비해 인간의 생활세계를 더욱 적절히 반영할 수 있을 뿐 아니라 대한민국 건국 이후 현재까지 국가 정체성의 한 축으로서 헌법을 통해 유지되어온 연대정신에 기초해 있다. 게다가 그동안 시장주의가 강화되면서 시민사회의 공공성과 특히 연대성이 현저히 약화되었기 때문에 이러한 시장주의 한계에 대한 인식이 확산되면 시민주의 회복에 유리한 여건이 된다.

그러므로 만약 시민주의가 높은 성찰성과 도덕성을 바탕으로 생활세계의 핵심요소인 연대성을 적절히 보존하고 발전시킬 수 있다면 시민사회에서 지금까지보다 훨씬 더 폭넓게 확산되고 깊숙이 뿌리내리며 크게 활성화될 것이다. 성찰적이며 도덕적인 연대성을 뚜렷이 강조하는 시민적 연대주의는 바로 이런 점에서 시민사회에서 시민주의가 회복되고 활성화되는 데 기여할 수 있다. 그리고 더 나아가 시민사회를 넘어 정치와 경제영역에서 민주주의와 시장경제 원리가 각각 더욱 실질적이고 합리적으로 작동하는 데에도 도움이 될 수 있을 것이다.

물론 시민주의와 그 토대가 되는 연대주의의 성공적인 실현과 발전을 위해서는 시장주의 이상으로 더 큰 노력과 시간이 필요하다. 따라서 시민들과 시민사회가 이러한 노력과 시간을 함께 기꺼이 들일 수 있느냐, 그리고 이러한 필요성을 국가와 시장이 어느 정도 인정하고 동참하느냐 하는 점이 시민적 연대주의에 기초한 시민주의 정신의 발전과 이러한 정신에 기초한 시민사회, 즉 시민연대사회로의 발전에 매우 중요한 관건이다.[54]

---

54) 이러한 논의는 최근 들어 여야를 막론하고 큰 관심의 대상으로 떠오르고 있는 복지제도의 문제에 잘 적용된다. 어떠한 형태의 복지제도도 기본적으로 시민들의 연대를 토대로 한다는 점에서 본다면 최근 들어 이처럼 여야가 모두 복지제도에 대한 관심을 공유하고 있다는 사실은 모나디즘, 특히 극단적인 시장주의로부터 연대주의로의 관심의 이동 혹은 수렴을 뜻한다. 하지만 복지제도 담론을 좀더 자세히 들여다보면 시간 · 노력 · 재정 등의 면에서 시민들의 연대를 보다 강화하려는 복지제도 담론, 시장주의 요소를 강화하는 대신에 시민들의 실질적인 연대를 최소화하거나 기피하려는 허울만의 복지제도 담론, 여전히 강력한 국가권력에 의존하려는 국가주의적인 복지제도 담론 등 다양한 시각의 담론들이 존재함을 볼 수 있다.

물론 이들 가운데 시장주의적인 담론은 복지제도의 원래 정신에 부합하지 않으며 국가주의적인 담론은 지속가능한 복지제도의 발전에 부합되지 않을 뿐 아니라 인권문제와 같은 심각한 부작용을 초래한다. 그러므로 결국 시민들의 연대를 중시하는 복지제도 담론만이 합리적이지만 이러한 복지제도의 성공적인 도입과 발전을 위해서는 시민들의 많은 노력과 시간 그리고 재정의 투입이 요구된다. 그러므로 시민사회를 튼튼히 할 복지제도의 성공적인 도입과 발전 여부는 결국 시민들과 시민사회가 이들의 투입을 얼마나 기꺼이 받아들이느냐 하는 연대정신에 달려 있다고 할 수 있다. 그러나 국가와 시장이 이러한 연대정신을 얼마나 적극 수용하느냐 하는 점도 이에 못지않게 중요하다.

일상적인 시민사회의 현실은 무관심·소외·분열·갈등·대립·억압·착취 등 연대가치와 대립되는 각종 현상들로 가득차 있다. 이것은 무엇보다 각종 모나디즘 정신이 정치와 경제 영역을 압도하면서 제도화되어 있기 때문이다. 따라서 시민연대주의는 무엇보다도 먼저 한국의 시민사회가 갖고 있는 시민연대의 엄청난 잠재력을 더욱 발전시키고 현실화시켜서 이를 시민사회의 지배정신으로 자리 잡게 하려고 한다.

시민연대주의란 무엇인가

연대주의는 연대가치를 존중하고 이를 구현하려는 정신 혹은 이념이며, 이에 대립하는 것이 모나디즘이다. 국가주의가 지배해 집합주의적 모나디즘이 널리 확산되어 있거나 혹은 시장주의가 지배해 개인주의적 모나디즘이 널리 확산되어 있는 사회는 건강한 발전을 위해 연대가치의 회복을 필요로 한다. 그런데 연대가치의 회복을 위한 연대주의의 노력도 변화된 시대정신에 부합하고 또한 새로운 시대상황을 적절히 반영하지 않으면 성공하기 어렵다.

지난 세기 전환기에 연대가치의 회복을 내세우면서 서구사회에서 처음 등장했던 고전적 연대주의는 오랫동안 역사적으로 매우 의미 있는 역할들을 수행해왔으며 그 기본정신은 여전히 유효하다. 하지만 그때로부터 한 세기가 지나는 동안 역사적으로 엄청난 변화가 일어났다. 정치경제적인 체제나 시민사회의 성격에 큰 변화가 나타났을 뿐 아니라 시대정신도 크게 변한 것이다. 예컨대 탈산업사회·소비사회·지식정보사회 등의 출현, 민주적 시민사회의 발전, 급속한 세계화 등과 같은 큰 변화가 현실세계에서 일어났다. 그리고 정신세계에서는 탈근대주의 · 생태주의 · 페미니즘 등 새로운 정신의 확산과 민주주의 정신의 심화 같은 변화가 있었으며 이러한 변화의 결과로서 사회와 의식의 전반적인 개인화 경향이 눈에 띄게 나타났다.

이처럼 변화된 현실과 정신은 시대의 요구에 부응하는 변화된 형태의 연대주의를 요구하는데 필자는 이 새로운 형태의 연대주의를 시민연대주의라고 부른다. 그리고 이 책의 결론으로서 이 마지막 장에서 시민연대주의에 관해 소개하고자 한다. 그렇다면 먼저 시민연대주의란 무엇인가? 이것을 세 가지 측면에서 간략히 제시하면 다음과 같다.

시민성을 강조하는 연대주의

시민연대주의란 무엇보다도 시민성을 강조하는 연대주의를 의미한다. 그런데 시민성이란 간단히 표현해 시민사회의 기본특성이라고 할 수 있으므로 시민연대주의는 시민사회의 관점을 강조하는 시민주의에 입각한 연대주의라고도 표현할 수 있다.

필자는 앞에서 연대주의의 기본정신을 열 개의 항목으로 요약해 이를 '연대주의 10원칙'이라는 이름으로 소개했다. 여기에는 ① 개인 존엄성 원칙 ② 삶의 상호의존성 원칙 ③ 사회적 부채와 도덕적 책임의 원칙 ④ 자기결정과 자기책임의 원칙 ⑤ 지원의 보조성 원칙 ⑥ 경쟁의 도구성 원칙 ⑦ 결사체의 민주성 원칙 ⑧ 투쟁의 도구성 원칙 ⑨ 국가 역할의 원칙 ⑩ 지구적 연대의 원칙이 속한다.

시민연대주의는 이러한 연대주의 정신을 바탕으로 시민성을 특별히 강조하는데 시민성의 구체적인 내용에 대해서는 시민사회이론의 시각에 따라 다양한 견해가 존재한다. 하지만 필자는 국내외 학자들의 다양한 견해에서 발견되는 시민성의 핵심요소를 자율성·공공성·연대성으로 정리할 수 있다고 지적한 바 있다. 이밖에도 참여·소통·평등·다원성·합법성·상호주관성·성찰성·신뢰·관용·호혜·보편성·기본권·자아발전·질서·도덕성 등이 시민성의 중요한 내용으로 지적되는 경향이 있다. 그런데 이들 가운데 연대주의 10원칙으로 적절히 표현되지 않는 공공성·참여·소통·신뢰·다원성·합법성·성찰성 등을 시민연대주의는 연대주의 정신과 더불어 매우 중시한다(강수택, 2007a: 222~225쪽).[1]

1) 코헨(J.L. Cohen)과 아라토(A. Arato)는 시민사회의 특성으로서 다원성, 자율성, 연대, 평등, 참여, 개인적인 자아발전과 도덕적 선택, 기본권과 법률, 그리고 무엇보다 소통의 중요성을 강조했으며, 제이콥스(R.N. Jacobs)와 스미스(P. Smith)는 상호주관성, 연대성, 성찰성, 그리고 관용을, 알렉산더(J.C. Alexander)는 연대성과 자율성을, 그리고 퍼트남(R.D. Putnam)은 신뢰, 포괄적 호혜성, 시민참여 등을 각각 제시했다. 국내의 학자들 가운데서는 김성국이 자율성, 공공성, 보편성을 시민사회의 중심되는 특성으로 제시했으며, 임희섭은 자율성과 공공성을, 김호기는 다원주의, 평등주의, 공공정신, 질서의식, 참여의식, 토론과 설득을 통한 합의창출 능력을, 그리고 정수복은 권리의식, 참여의식, 공공의식, 질서의식과 준법의식을 각각 제시했다(강수택, 2007a: 222~225쪽).

시민권의 실현을 추구하는 연대주의

시민연대주의는 시민권(citizenship)의 실현을 추구하는 연대주의라고 볼 수도 있다. 마셜(T.H. Marshall)에 따르면, 시민권은 공동체의 온전한 구성원들에게 부여된 하나의 지위로서 이 지위 소유자들은 지위에 부여된 권리와 의무 면에서 평등하다. 그리고 근대 서구의 역사를 보면 시민권 가운데서 시민적 권리(civil rights)는 18세기, 정치적 권리는 19세기, 그리고 사회적 권리는 20세기에 각각 그 모습을 드러냈다(Marshall, 1950: 14쪽, 28~29쪽).

마셜의 시민권 사상과 연대주의의 중요한 공통점은 사회계급 체계의 불평등 원리에 대항하는 평등의 원리를 추구한다는 점이다. 이뿐만 아니라 양자는 평등의 원리를 추구하면서도 사회주의와 달리 철저하게 개인의 기본적인 자유와 권리를 중시한다. 물론 이들은 고전적 자유주의와 다르게 사회적 평등의 실현을 위한 국가의 적극적인 역할을 요구한다. 하지만 흔히 사회정책이라는 이름으로 수행되는 국가의 역할은 사회주의 국가정책과 달리 특정한 계급을 배제하거나 특정한 계급에 배타적으로 혜택을 주는 계급주의를 거부하고 계급통합을 추구한다(Marshall, 1950: 29쪽).

그런데 마셜도 지적한 바와 같이 시민권은 구성원들이 속한 공동체의 결속력을 필요로 한다. 그래서 그는 근대 시민적 권리와 함께 출현한 근대적 민족의식을 이러한 결속력의 중요한 예로 제시했다(Marshall, 1950: 40~41쪽). 하지만 세계화가 급속히 진행되는 현대사회에서는 근대적 민족의식에 의해 제공되는 결속력의 한계가 크게 드러나고 있다. 그러므로 근대적 민족의식에 입각하지 않은 연대주의가 이러한 역할을 수행할 필요성이 커지고 있다.

시민권 사상은 연대주의에 대하여 연대가 시혜가 아닌 권리라는 점을 부각시켜준다. 즉 연대란 단순히 사회적 약자에 대한 강자의 지원에 의해 형성되는 위계적 관계가 아니라 모든 평등한 시민이 자신들에게 부여된 기본권과 참정권, 그리고 더 나아가 훨씬 진전된 사회권까지 마땅히 누릴 수 있게끔 이루어져야 할 수평적 관계이자 이를 필요로 하는 모든 시민의 권리라는 것이다.

또한 시민권 사상은 연대의 목표를 비교적 뚜렷이 제시해준다. 즉 시민적 권리에 속하는 항목, 예컨대 사상의 자유, 신앙의 자유, 언론의 자유, 소유권 등과 같이 개인의 자유에 필수적인 권리 항목들을 구체적으로 제시해주며 정치적 권리의 구체적인 내용을 쉽게 알려준다. 그리고 기본적인 사회보장과 경제적인 복지, 그리고 더 나아가 문명적인 존재로서의 삶을 누릴 수 있는 권리까지 포함하는 사회적 권리는 연대주의가 추구해야 할 목표의 넓은 범위뿐만 아니라 높은 수준도 보여준다(Marshall, 1950: 10~11쪽).

그런데 고전적 연대주의와 특히 시민권 사상은 시대적으로 볼 때 한편으로는 근대적 산업사회의 계급구조를 특징으로 하는 사회상과 다른 한편으로는 근대적 국민국가를 모델로 하는 국가 공동체에서의 비교적 국가주의적인 경향의 정책관에 기초해 있다. 그 결과 이들은 주로 계급 불평등의 형태로 나타난 사회의 불평등을 극복하기 위해 통합된 국민국가에서 비교적 강력한 국가권력을 활용하려는 경향을 보인다.

하지만 탈산업사회의 특징이 뚜렷해진 현대사회는 19세기 말이나 20세기 중엽과 달리 계급구조가 매우 복잡해졌을 뿐만 아니라, 사회 불평등을 규정하는 요소도 계급 외에 인종·성·세대 등으로 다양해졌다. 그리고 세계화의 급속한 진전으로 인해 사람·자본·상품·문화 등의 이동이 활발해졌으며 이에 따라 국민국가의 영향력이 많은 면에서 약화되었다. 게다가 종래의 국가주의 경향은 시민사회의 성장, 풀뿌리 민주주의의 확산, 인권의식의 보급, 개인주의 가치관의 확산, 정보사회의 발전 등으로 강력한 도전을 받아 더 이상 과거의 형태로 유지되기 어려워졌다.

그러므로 고전적 연대주의뿐만 아니라 시민권 사상에서도 변화가 요구된다. 즉 과거보다 훨씬 더 복잡해진 계급차별에 대한 인식을 넓힐 뿐 아니라 성차별·세대차별·인종차별·지역차별·학벌주의 등 다양한 유형의 사회적 불의를 극복해 사회통합을 이루는 데에도 마찬가지로 큰 관심을 기울여야 한다. 또한 그동안 사상의 실현을 위해 많이 의존했던 국가 중심의 사회정책으로부터 탈피해 시민들과 시민사회의 참여가 강화된 사회정책으로 그 수단을 전환시킬 필요가 있다.[2]

그리고 특히 시민권 사상의 경우에는 무엇보다 국민국가를 배경으로 하는 시민권 개념을 지구시민사회(global civil society)를 배경으로 하는 지구시민권(global citizenship) 개념으로 확장시켜

---

2) 이처럼 시민들과 시민사회의 참여가 강화된 사회정책을 필자는 다른 글에서 시민주의 사회정책이라고 부르고, 이에 관해 비교적 집중적으로 논의한 바 있다.

야 한다. 그렇지 않으면 시민권 개념을 인권(human rights) 개념으로 대체할 필요가 있다. 이렇게 될 때 비로소 다양한 차별로부터 보호받고 인간다운 삶을 누릴 시민의 권리뿐만 아니라 국민국가 내의 수많은 외국인들의 권리와 해외에 있는 지구시민들의 인권까지도 시민권 개념이 포괄할 수 있게 된다. 그리고 이러한 시민권 사상에 기초한 연대주의는 이들 모두의 권리를 실현하기 위한 연대를 추구할 수 있게 된다. 이처럼 시대에 맞게 변화된 시민권 또는 인권의 실현을 추구하는 연대주의가 시민연대주의다.

시민연대사회의 이념

또한 시민연대주의는 시민적 연대의 강화를 추구하는 정신이자 이념이며, 이러한 시민적 연대가 확고히 자리 잡은 시민연대사회의 토대가 되는 정신 혹은 이념이기도 하다(강수택, 2007a: 323쪽).

시민적 연대란 현대 시민사회의 특징에 부합하는 상호협력 관계로서 구성원들인 시민들 사이에서 형성·유지되는 사회적 연대 가운데 개인의 자발성과 자율성에 기초한 성찰적 연대, 타인에 대한 인격적인 존중을 전제로 형성·유지되는 열린 연대, 그리고 갈등 포섭적이며 갈등 관리적인 유연한 연대라는 특징을 갖는다(강수택, 2007a: 270~277쪽). 그러므로 시민연대주의는 자발성과 자율성, 성찰성, 인격성, 개방성, 그리고 갈등 포섭성과 유연성에 확고히 바탕을 둔 연대를 추구하는 정신이라고 할 수 있다.

〈그림 1〉 체계, 시민사회, 그리고 시민연대사회의 관계

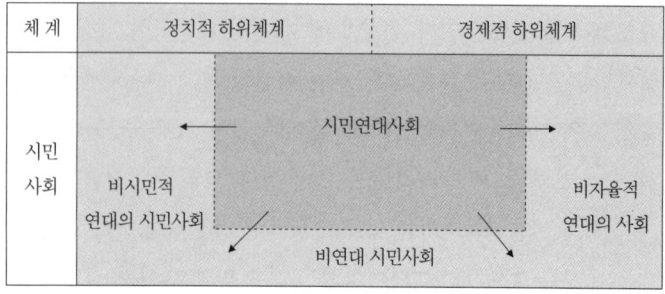

시민연대사회의 위치는 위 그림과 같이 표현할 수 있다(강수택, 2007a: 332쪽). 즉 시민연대사회는 시민사회에서 가운데 특별히 시민연대가 확고히 자리 잡은 영역이다. 한편으로는 정치적 하위체계나 경제적 하위체계 같은 사회체계와 접해 있으면서 다른 한편으로는 미학적 연대나 전술적 연대처럼 시민연대에 속하지 않는 다른 유형의 사회적 연대로 채워진 시민사회의 영역, 비연대 시민사회 또는 개인주의적 시민사회 영역, 그리고 참여자의 자율성 수준이 낮은 다양한 유형의 사회적 연대로 채워진 사회영역과 접해 있다.

여기서 시민연대주의는 시민사회에서 시민연대사회 영역을 튼튼히 할 뿐 아니라 더 나아가 비시민적 연대유형들로 채워진 영역들과 무엇보다도 특히 연대성이 결여되어 모래알 시민사회라고 불릴 수 있는 개인주의적인 시민사회 영역들 및 자율성이 결여된 연대로 채워진 사회의 영역에서도 시민적 연대가 형성·강화되어 시민연대사회 영역이 전체 시민사회에서 확장될 수 있도록 추구한다.

그리고 여기서 더 나아가 시민연대주의는 사회체계에 대해서도 이들이 시민연대사회를 약화시키지 않고 오히려 강화시키는 데 도움이 될 시민적 연대에 친화적인 정치체계와 경제체계로 발전할 수 있도록 적절한 방향을 제시하는 등의 방식으로 이들을 지원한다.

그렇다면 시민사회에서 시민연대사회 영역을 강화·확장하고 사회체계들이 시민연대에 친화적인 체계들로 발전할 수 있도록 시민연대주의가 제시하는 방향과 이를 실현하기 위한 수단은 무엇인가? 이에 관해 시민사회와 체계의 두 부분으로 나누어 이를 살펴보고자 한다.

시민사회와 연대주의: 시민연대사회의 구조

시민연대주의가 추구하는 시민사회는 말할 것 없이 시민연대사회다. 시민연대사회는 오른쪽 그림과 같이 좁은 의미의 문화영역, 비제도적 행위영역, 제도영역으로 나뉜다(강수택, 2007a: 333쪽).

시민연대사회의 문화영역과 비제도적 행위영역

먼저 문화영역은 시민연대사회의 기저에 자리 잡고 있는 영역으로서 직접적으로는 비제도적 행위영역의 의미기초를 제공한다. 시민연대문화라고도 불리는 이 영역은 시민사회에 의미를 제공하는 다양한 시민문화 가운데 연대성 특히 시민적 연대성을 강조하는 시민문화에 해당된다. 예컨대 사고방식으로는 상호주관성을 전제로 하는 연대적 합리성이 이 문화의 특징을 이루며, 기본가치로는 자율성·연대성·공공성의 가치가, 규범으로는 인간 존엄성에 바탕을 둔 인권과 연대정신이 반영된 헌법, 관련법규, 국제조약, 민습이, 상징문화로는 시민적 연대정신을 잘 표현한 언어와 예

<그림 2> 시민연대사회의 내부구조

시 민 연 대 사 회	제도영역
	비제도적 행위영역
	시민연대문화 (좁은 의미의)

술, 그리고 시민연대에 대한 이해를 향상시킬 지식과 정보가 모두 여기에 속한다. 물론 시민연대주의 이념도 이런 의미에서 볼 때 당연히 시민연대문화의 가장 중요한 내용에 속한다(강수택, 2007a: 343쪽 이하).

이러한 시민연대문화를 바탕으로 하는, 아직 제도화되지 않은 역동적인 행위의 영역이 시민연대사회의 중간층을 이룬다. 이 영역은 다양한 문화자원을 활용해 시민연대를 역동적으로 형성·발전시킬 뿐 아니라 이를 안정화시켜 제도적인 시민연대사회의 토대를 제공하는 실천영역이다. 여기서 가장 중요한 행위자는 물론 개별 시민들이지만 이들로 구성된 가족과 친구집단 등도 비록 한계를 갖고는 있으나 매우 중요한 역할을 수행할 수 있다.

예를 들어, 가족은 혈연이라는 특수한 관계로 이루어진 집단이므로 보편적인 시민적 연대관계와 충돌할 수 있다. 하지만 연대의식의 기초가 되는 연대가치, 연대적 합리성, 연대적 인간상 등을 시민들이 일찍부터 깊숙이 내면화하는 데 가족만큼 큰 영향을 미칠 수 있는 곳은 드물다(강수택, 2007a: 337쪽 이하). 이에 비해 친구집단은 특수한 혈연관계의 가족과 달리 보편적 연대관계로 확장될 수 있는 가능성을 갖고 있을 뿐 아니라 어떤 다른 집단보다 널리 시민사회에 분포해 있다. 하지만 한국사회에서는 친구집단이 학연과 같은 폐쇄적인 특성을 갖는 경우가 많으며 공공성이나 도덕적 책임의식이 결여된 관계에 머무는 경우도 많다.

그러므로 이 영역이 시민사회에서 시민연대를 생성하는 중심 산실로서의 역할을 충분히 수행하기 위해서는 무엇보다 개별 시민들의 강력한 연대의식과 이에 기초한 자발적이고도 적극적인 실천이 가장 중요하다. 개별 시민들이 제도와 무관하게 행하는 다양한 형태의 기부와 자원봉사는 이러한 실천에 속하는 대표적인 유형이다. 하지만 이와 더불어 가족과 친구집단도 자신의 폐쇄성을 극복해 시민적 연대를 강화시키는 데 적극 참여할 필요가 있다. 이를 위해서는 시민연대문화를 강화하고 또한 시민연대사회의 제도적인 환경을 개선하는 것이 여러모로 도움이 되겠지만, 개별 시민, 가족, 친구집단 같은 사적인 행위자들이 시민적 연대를 직접 실천하는 경험을 갖는 것이 매우 중요하다. 그리고 가족은 특수한 혈연관계에 기초한 가족애를 보편적인 인류애로 발전시키고 친구집단은 사적인 친구관계를 공공성과 도덕적 책임의식을 겸비한 진정한 우애관계로 발전시키는 것이 중요하다.

시민연대사회의 제도영역

시민연대사회의 이러한 비제도적인 행위영역을 기초로 가장 상층부에 자리 잡고 있으면서 외부의 정치체계나 경제체계에 인접해 이들과 직접적인 영향을 주고받는 영역이 시민연대사회의 제도영역이다. 크게 보아 제도적 환경과 제도적 행위자로 이루어진 이 영역에서 시민연대를 형성하고 유지하는 바탕이 되는 다양한 제도의 대표적인 사례는 사회복지제도다. 사회복지제도는 시민들의 안정된 기본생활을 보장하기 위해 마련된 제도로서 시민들의 연대정신에 바탕을 두고 있을 뿐만 아니라 시민들의 연대적 실천을 지원하거나 시민들에게 연대경험을 직접 제공하기도 한다.

그런데 서구사회에서는 사회복지제도가 확립되고 또 확장되는 과정에서 국가가 이를 주도함으로써 국가의 재정위기, 관료주의 병폐, 도덕적 해이 등 여러 심각한 문제가 발생하기도 했다. 그래서 다양한 정치적 입장에서 서로 다른 제도개혁이 시도되어왔는데, 시민연대주의는 이 가운데에서 기든스처럼 시민사회의 역할을 강화하는 방향의 제도개혁 노선에 특별히 주목한다(Giddens, 1998: 178쪽). 왜냐하면 국가가 독주하지 않고 시민사회가 보다 적극적으로 참여할 뿐 아니라 시민사회의 발전에도 기여하는 사회복지제도를 가진 복지사회는 제도적인 시민연대사회의 가장 특징적인 모습이기 때문이다.

물론 시민연대사회가 복지사회의 모습으로만 나타나는 것은 아니다. 복지나 사회보장 형태로 표현되는 시민연대의 보다 근본적인 토대는 상호존중 · 신뢰 · 소통 · 참여 등과 같은 문화요소이므로 시민연대가 폭넓게 자리 잡은 시민연대사회는 복지사회의 모습뿐 아니라 민주사회 · 신뢰사회 · 소통사회 · 참여사회의 특징도 보여준다. 그래서 시민연대주의는 시민들을 위한 제도적인 복지뿐만 아니라 그 가장 중요한 문화적인 바탕이 되는 상호존중 · 신뢰 · 소통 · 참여 등을 증진하는 제도의 발전도 적극 추구한다.[3]

어쨌든 시민연대사회의 제도적인 환경 속에서 여러 조건을 적극 활용해 시민연대를 형성하고 확산시키는 것은 구체적인 행위자들이다. 시민연대사회의 가장 중요한 행위자는 말할 것 없이 개별 시민들이지만 이들로 구성된 자발적 결사체 또한 대표적인 행위자에 속한다. 필자가 특별히 시민적 연대단체 혹은 시민연대단체라고 부르는 이들 단체는 다양한 형태의 캠페인을 통해서 시민연대를 강화하려고 노력하는 제도적인 행위자들이다.

물론 시민연대의 실현을 추구하는 이들 단체는 시민사회단체 혹은 시민단체에 속한다. 하지만 모든 시민단체를 시민연대단체라고 부를 수 없는 것은 비록 시민단체로서는 일정한 역할을 수행하더라도 시민연대를 형성하거나 강화하는 데는 기여하기 어렵거나, 심지어 부정적인 결과를 불러온 단체도 존재해왔기 때문이다. 폐쇄성 · 비민주성 · 경직성 · 비도덕성 등의 경향은 결코 시민연대

---

3) 경제협력개발기구가 2011년도 사회지표를 발표하면서 사회적 결속력 지표를 구성하는 항목으로 일반적 신뢰, 사회적 기관에 대한 신뢰, 친사회적 행동과 반사회적 행동, 투표, 그리고 관용의 다섯 가지를 제시했다. 여기서 일반적 신뢰와 사회적 기관에 대한 신뢰는 모두 신뢰 항목들이다. 투표는 국가 공동체 생활에 대한 참여를 가리키며, 자원봉사, 기부 등을 가리키는 친사회적 행동은 타인을 위한 시민참여를 가리킨다. 그리고 관용은 상호존중의 대표적인 표현이라는 점에서 볼 때, 사회적 결속력의 핵심 요소로서 이들 다섯 항목을 제시한 경제협력개발기구의 관점은 시민연대사회의 특징적인 모습에 관한 필자의 관점과 매우 비슷하다(OECD, 2011:89쪽 이하).

단체와는 어울릴 수 없는 특징들이다.

또한 학교 · 언론기관 · 종교단체 등도 시민연대단체와 함께 시민연대를 형성하고 강화하는 데 중요한 역할을 할 수 있는 기관이다. 물론 국가 공식 교육기관에 속하는 학교는 박정희 정권 시기처럼 시민사회의 관점보다는 국가의 관점을 우선시함으로써 시민연대보다는 국가 공동체 의식을 강요하기도 한다. 그리고 오늘날 한국사회처럼 국가가 시장주의를 교육영역에 적극 도입하려고 하는 경우에는 학교가 시민연대를 형성하는 장이 되기보다는 오히려 치열한 경쟁을 통해 반연대정신을 강화시키는 장이 될 수도 있다.

언론기관이나 종교단체도 마찬가지다. 언론기관의 경우에는 설립과 운영 주체에 따라서 국가나 시장의 관점을 시민사회의 관점보다 더 우선시함으로써 시민사회에서 형성되는 시민적 연대를 오히려 더욱 약화시키거나 질식시키려 하는 경우를 드물지 않게 볼 수 있다. 마찬가지로 시민사회에 대한 적절한 인식이 결여된 종교단체 가운데는 시민사회의 부정적인 양상에만 주목해 시민사회와 소통하기를 거부한 채 시민연대보다는 폐쇄적인 공동체의식만을 추구하는 경우도 많다.

그럼에도 불구하고 사회화 기능이 무엇보다 중요한 시민사회에서 학교 · 언론기관 · 종교단체 등이 실제로 수행하는 사회화 역할의 영향력은 실로 엄청나게 크다. 이뿐만 아니라 이들 기관은 시민연대의 형성에 매우 크게 기여해온 역사를 갖고 있으며, 지금도 시민연대를 형성하고 강화하는 데 다른 어떤 기관들보다 크게 이바지하고 있다.

그러므로 시민연대주의는 한편으로 모든 시민단체가 시민연대단체의 역할을 적절히 수행할 수 있도록 하면서, 다른 한편으로 학교·언론기관·종교단체 등과 같이 시민사회의 중요한 사회화 담당 기관들이 시민연대단체들과 함께 시민연대를 강화하는 활동에 적극 참여할 수 있도록 적절한 방향과 필요한 담론을 제공할 필요가 있다.

정치경제체계와 시민연대주의

연대민주주의 국가의 네 가지 원칙

필자는 다른 글에서 시민연대에 친화적인 정치체계의 윤곽을 정치이념 중심으로 간략히 언급한 바 있다(강수택, 2007a: 349쪽 이하). 그곳에서 필자는 시민적 연대에 친화적인 정치이념의 일차적인 특징이 민주주의, 그중에서도 특히 분권적이며 참여적인 민주주의에 있다고 밝혔다. 또한 자유주의 이념과의 관계에 대해서도 해명했는데, 여기서 필자는 시민적 연대에 친화적인 정치체계에 자유주의 이념이 필요하지만 이것만으로는 불충분하기 때문에 사회성, 더욱 정확하게는 연대성으로 보완된 자유주의가 요구된다고 주장했다.

그리고 사회성으로 보완된 자유주의의 예로 현대 공동체주의 · 사회적 자유주의 · 공화적 자유주의 등을 언급하면서 이와 함께 전통적으로 연대가치를 강조해온 사회주의 이념에 자유주의 요소를 결합시킨 현대 사회민주주의와 신사민주의에 대해서도 언급했다.

하지만 결국 필자는 시민적 연대론의 관점으로 보완된 자유주의 이념을 '연대자유주의'(solidary liberalism) 또는 '자유연대주의'(liberal solidarism)라 부르면서 비교적 유사한 성격의 사회적 자유주의 및 신사민주의와의 공통점과 차이점에 대해서도 간략히 언급했다. 기본적인 공통점은 이들이 모두 자율성을 사회성, 특히 연대성으로 보완하려 하며 이런 점에서 사회정책의 필요성을 인정한다는 것이다. 반면 자유연대주의는 사회정책이 시민사회, 특히 시민연대사회의 강화를 낳는 방식으로 추진되어야지 결코 시민사회 보다 국가권력이나 시장기능을 더욱 강화시키는 방향으로 추진되어서는 안 된다는 점을 다른 두 이념보다 훨씬 뚜렷이 인식하고 이를 강조한다.

어쨌든 시민연대주의는 시민연대에 친화적인 정치이념의 핵심을 이처럼 민주주의, 특히 분권적이며 참여적인 민주주의에 자유연대주의를 결합시키는 데서 찾으면서 이를 '연대자유민주주의' 또는 줄여서 '연대민주주의'(solidary democracy)라고 부른다.

그렇다면 연대민주주의는 시민사회의 자율성과 연대성, 그리고 공공성을 함께 강화시키기 위한 방안으로서 구체적으로 어떠한 정치체제를 선호하는가? 이것은 무엇보다 먼저 국가의 기본성격을 규정하는 것과 관련되는데 연대민주주의 관점에서는

첫째, 국가는 어떤 경우에도 주권이 백성에게 있다는 최우선적인 원칙에 입각해야 한다는 점에서 민주국가여야 한다.

둘째, 국가는 어떤 경우에도 시민들의 인권, 특히 시민적 · 정치

적 권리를 침해해서 안 된다는 점에서 자유국가여야 한다.

셋째, 국가는 시민들의 기본권을 침해하지 않을 뿐 아니라, 더 나아가 경제적 · 사회적 권리라고도 불리는 현대적 인권의 실현을 보장하기 위해 적극 노력할 의무가 있다는 점에서 사회국가여야 한다.

넷째, 국가는 자유 · 평등(정의) · 연대의 기본가치를 실현하기 위한 개별 시민과 시민사회 결사체의 주도적인 노력을 존중하고 이를 보조적으로 지원해야 한다는 점에서 연대국가여야 한다.

여기서 연대민주주의에 입각한 민주국가는 분권적이며 참여적인 민주주의 체제를 추구하므로 연방국가 체제를 선호한다. 물론 대부분의 외국의 연방국가 체제는 역사적인 배경을 갖고 형성된 것으로서 중앙정부와 주정부 사이의 갈등이 심각한 경우도 적지 않다. 하지만 분권적인 풀뿌리 민주주의가 발전하기 위해서는 중앙정부가 모든 중요한 권한을 독점하기보다는 국방과 외교 같은 일부 핵심 권한을 제외한 나머지 대부분의 정부 권한을 주정부에 위임하고 이를 바탕으로 각 주정부가 실질적인 지방자치를 실시하는 체제가 분권적 · 참여적 민주주의 원칙뿐만 아니라 연대국가의 보조성(subsidiarity) 원칙에도 더욱 부합하는 정치체제가 될 것이다.[4]

---

[4] 이러한 관점에서 볼 때 현재 한국사회에서 진행 중인 심각한 수도권 집중 현상이나 오랫동안 지적되어온 지역 간 불균형 발전은 연대민주주의가 추구하는 방향에 모순된다. 따라서 연대민주주의 관점은 세계적 경쟁력 논리를 앞세워 수도권 집중을 강화하려는 움직임이나 정치적 영향력을

그리고 이와 같은 맥락에서 볼 때 대통령 한 사람에게 모든 권한이 집중되어 있는 대통령중심제보다는 내각책임제가 분권적 민주주의 원칙과 연대성 원칙에 더 잘 부합하는 정부형태가 될 것이다. 흔히 내각책임제에서는 정국의 불안정성이 높다는 점이 단점으로 지적된다.

하지만 내각책임제는 의원내각제라고도 불리는 데서 알 수 있듯이 내각이 철저히 국회의 신임에 기초해 있는 만큼 입법권과 행정권의 융합이나 연대를 추구한다. 그 결과 사회의 급속한 다원화 경향 속에서 시민의 다양한 이해관계를 정책에 반영하고 서로 다른 이해관계를 가진 집단들을 정치적으로 결합시키는 데 내각책임제가 대통령중심제보다 훨씬 유리하다. 그리고 연대민주주의가 추구하는 복지사회 실현을 위해 국가가 사회정책을 보다 효과적으로 수행하는 데에도 입법권과 행정권의 분리를 강조하는 대통령중심제보다 내각책임제가 더 적합하다.

연대민주주의가 추구하는 자유국가 원칙과 사회국가 원칙은 얼핏 보면 서로 모순적인 듯하다. 자유국가 원칙은 시민의 기본권 가운데 특히 자유권을 국가가 법을 통해 보장하는 것으로서 국가의 부당한 간섭에 의한 권리침해를 막기 위해 국가의 기능은 외부로부터의 국민보호와 법질서의 보호로 축소된다. 이에 비해 사회국가 원칙은 시민의 사회권, 즉 사회적으로 보호받을 권리의 실현

앞세워 특정 지역 중심의 발전을 지속적으로 추구하려는 움직임을 모두 거부하고 전 국토를 중장기적으로 균형발전 시킬 필요성을 강조한다.

을 국가의 기본책무로 삼는 것이어서 국가의 기능 확장과 시민사회 및 시민생활의 개입을 필요로 하기 때문이다(Kaufmann, 2005: 333쪽).

하지만 사회국가 원칙은 기본적으로 시민들의 사회보장과 자유를 가장 중요한 두 가지 원칙으로 삼는다(Bethusy-Huc, 1986: 479쪽). 그리고 연대민주주의가 추구하는 자유국가 원칙은 연대성으로 보완된 자유주의인 연대자유주의 이념에 입각해 있다. 따라서 이러한 자유국가 원칙과 사회국가 원칙은 각각 강조하는 초점만 다를 뿐, 상호 밀접히 유기적인 관계에 있다. 그리고 자유권과 사회권을 포괄하는 현대 인권의 관점에서 보면 자유국가 원칙과 사회국가 원칙은 함께 인권국가 원칙이라는 보다 큰 원칙의 하위범주라고도 볼 수 있다.

물론 사회국가는 국가의 적극적인 역할을 요구한다는 점에서 여전히 축소지향적인 자유국가의 역할관과 구별된다. 하지만 시민의 기본권, 특히 자유권에 대한 침해가 국가에 의해서만 이루어지는 것은 아니다. 따라서 이를 보호하기 위해서는 국가의 소극적인 대응만으로는 불충분하며 시민사회에서 성·계급·인종·세대·종교 등에 의한 권리침해를 막기 위한 국가의 적극적인 조처들이 현대사회에서는 오히려 더욱 요구되고 있다. 한편 사회국가의 적극적인 활동은 모두 법치주의 원칙 위에서 이루어지므로 국가가 적극적인 역할을 떠맡는다고 해서 곧 헌법과 법률에 의해 보장된 시민의 기본권을 임의로 침해할 수는 없다.

게다가 사회국가는 결코 시민의 사회권 보장과 사회문제를 해결하기 위한 사회정책을 독점하거나 주도하려고 하지 않는다. 사회정책과 사회국가 사상이 출현한 독일에서 원래 사회정책이라는 용어는 19세기 전반에 사회문제를 해결하기 위해 시장사회라는 사적 영역과 법치국가라는 공적 영역 사이를 매개하는 활동을 가리키기 위해 사용되었으며, 처음에는 이 활동이 대부분 교회·지역공동체·기업 등에 의해 이루어지다가 차츰 국가가 이를 지원하는 방식으로 관여하게 되었다. 그러다가 비스마르크가 사회입법을 통해 이러한 활동을 추진하게 됨으로써 사회정책이 국가정책으로 인식되기 시작했으나 19세기 말에도 여전히 사회정책은 사회문제를 해결하기 위해 이루어진 국가활동뿐 아니라 지역공동체·직업조직·기업 등의 활동도 가리키는 용어로 사용되었다(Kaufmann, 1989: 46~47쪽).

이처럼 사회정책 개념의 역사가 보여주듯이 사회정책을 수단으로 하는 사회국가도 사회문제 해결을 위해 시민사회의 다양한 결사체들의 노력을 적극 활용한다. 물론 국가는 시민사회가 갖지 않은 자원·입법능력·조정능력 등을 소유하고 있다. 그렇기 때문에 사회문제를 해결하기 위한 국가의 역할이 서구사회에서는 20세기에 크게 증대돼온 것이 사실이다. 그럼에도 사회국가는 사회문제 해결을 위해 시민사회와 함께 노력해왔으며, 20세기 말부터는 시민사회의 주체적인 노력을 중시하는 경향이 더욱 강화되었다.

여기서 연대민주주의에 입각한 연대국가는 사회문제 해결을 위한 개별 시민과 시민사회의 이러한 주도적인 노력을 국가정책보다 우선시한다는 보조성 원칙을 분명히 한다. 물론 보조성 원칙은 개별 시민과 시민사회의 노력으로 불충분한 부분에 대해서 국가가 적극 지원할 의무를 가진다는 점도 명백히 한다. 하지만 이런 경우에도 국가는 가능한 한 시민과 시민사회의 자율성과 연대성을 강화하는 방식으로 지원할 것을 요구한다. 독일처럼 사회국가 개념이 이러한 보조성 원칙을 존중하고 사회적 연대의 가치에 기초해 있는 경우도 있다(Spieker, 1989: 72쪽). 하지만 유럽에서도 국가에 따라 사회국가 혹은 사회복지국가 개념의 성격에 차이가 있으며 특히 시민사회에 대한 관계에 큰 차이가 있어서 이러한 원칙이 그다지 고려되지 않기도 한다.[5]

따라서 연대민주주의는 사회국가 원칙과 더불어 연대국가 원칙을 특별히 강조하는 것이며 이런 점에서 복지국가 개념을 포함하는 포괄적인 사회국가 개념 대신에 사회연대국가라는 개념으로 그 성격을 더욱 분명히 하고자 한다.

결국 연대민주주의 국가는 분권적이며 참여적인 민주정치제도를 바탕으로 시민의 자유권 보호와 사회권 보장을 위해 시민사회와 더불어 적극적인 역할을 수행하는 민주적이며 자유적인 사회연대국가다. 그런데 연대민주주의가 추구하는 국가의 이러한 기본 성격과 그 토대, 즉 주권의 소재, 시민의 기본권, 국가의 위상과 의무, 국가의 권력구조와 정부형태 등은 기본적으로 헌법을 통해 명

---

5) 사회국가 개념과 사회복지국가 또는 복지국가 개념의 차이를 강조하는 논의도 많이 있었다. 하지만 유럽연합 출범 이후에는 국제비교의 시각이 중요해지면서 이들이 동의어로 사용되는 경향이 있다(Kaufmann, 2005: 173쪽, 324쪽).

문화되어 효력을 발휘하게 된다. 이런 점에서 연대민주주의는 입헌주의를 이념의 기본정신을 실현하기 위한 가장 중요한 원칙으로 삼으면서 대한민국 헌법이 이러한 정신을 잘 반영하는 헌법으로 개선되도록 추구한다.

연대경제의 네 가지 원칙

필자는 시민연대사회의 구조를 다룬 글에서 시민연대에 친화적인 경제체계의 윤곽에 대해서도 간략히 언급하면서 이를 '시민연대적 시장경제' 혹은 '연대경제'라고 부른 바 있다(강수택, 2007a: 352쪽 이하). 여기서 필자는 연대경제의 기본성격이 중부유럽과 북부유럽에서 자리 잡은 사회적 시장경제와 여러 면에서 유사하지만 사회적 시장경제 모델이 기본적으로 20세기 전반의 자본주의적 산업사회를 배경으로 한 것인 데 비해, 연대경제 모델은 21세기의 시대변화에 부합하도록 수정·보완된 것이라고 언급했다.

연대경제가 사회적 시장경제의 기본인식을 계승하는 점은 다음과 같다(Schlecht, 1993: 86~88쪽; Herbert·정용교, 2005: 100쪽 이하).

첫째, 이 둘은 모두 시장원리가 복잡하고 역동적인 현대사회, 특히 대규모 사회에서 경제활동을 가장 효과적으로 조정할 수 있는 원리라고 본다. 더구나 시장원리는 시장 참여자의 분권적인 의사결정을 기반으로 작동하므로 어떠한 초인도 필요로 하지 않는다는 점을 중요한 장점으로 인식한다.

둘째, 시장원리가 시장의 독점이나 국가의 개별적 간섭에 의해 왜곡되지 않고 경쟁 효과를 산출하기 위해서는 시장원리를 보호할 법적·제도적인 틀을 필요로 한다고 본다. 이런 점에서 국가는 시장원리를 왜곡하기 위해서가 아니라 보장하기 위해서 필요한 질서유지의 역할을 행할 필요가 있다고 간주된다. 이뿐만 아니라 국가는 시장이 스스로 하기 어려운 사회 간접자본 제공, 통화안정 등 원활한 경제활동을 보장할 조건을 창출하는 역할도 수행할 필요가 있다고 여겨진다. 물론 이러한 국가의 제반 활동은 시장조화적이어야 한다.

셋째, 시장경제에는 시장원리로만 해결되기 어려운 중요한 사회적 과제들이 존재한다고 본다. 연대경제와 사회적 시장경제는 무엇보다 노동자·노인·청소년·장애인·실업자 등 시장능력을 갖추지 못했거나 설혹 갖추었다 하더라도 경쟁을 통한 생산성 향상 효과를 기대하는 데 한계가 있는 사회집단에게는 이들이 시장능력과 더 나아가 어느 정도의 경쟁력을 갖출 수 있도록 지원할 필요가 있다고 본다. 또한 시장경제의 결과로 초래되는 양극화와 사회갈등이 시장경제의 안정에 역기능적이라는 인식을 바탕으로 시장경제의 효율성과 사회적 형평 혹은 정의 사이의 조화를 추구할 필요가 있다고 본다.[6]

---

6) 이처럼 사회적 시장경제가 시장경제를 바탕으로 하면서도 사회적 과제의 해결에 적극적인 것은 경제운영의 지도적 원리로서 자유의 원리와 함께 연대의 원리를 중시하기 때문이다(신정완, 2005: 147쪽; Herbert · 정

넷째, 연대경제와 사회적 시장경제는 시장경제가 그 자체로 목적이 아니라 인간다운 경제생활의 실현에 유용한 수단이며, 인류가 출현하면서부터 있었던 자연의 질서가 아니라 근대역사의 산물이라고 본다. 이뿐만 아니라 비록 시장경제가 시장 참여자에게 기본적으로 요구하는 것이 경제적으로 합리적인 판단이지 도덕적인 판단은 아니라 하더라도, 시장경제는 결코 도덕성과 무관하지 않다고 본다. 왜냐하면 시장경제도 결국은 개인이나 이들로 구성된 집단의 참여를 통해 이루어지는 질서라는 점에서 보면 이들 개인의 생각과 행위가 경제적이라 하더라도 결코 도덕성과 무관할 수 없기 때문이다.

이처럼 연대경제는 시장경제가 수단으로서 매우 유용하지만 동시에 분명한 한계도 갖고 있기 때문에 시장경제의 큰 틀을 해치지 않는 방식으로 이 한계를 극복할 필요가 있다는 기본인식을 사회적 시장경제와 공유한다. 실제로 사회적 시장경제는 이러한 인식에 기초한 여러 정책수단을 통해 그동안 시장경제가 지나치게 효율성만 강조하고 사회정의를 소홀히 해온 경향을 완화시키는 데 서유럽 대륙 국가들을 중심으로 일정한 기여를 해왔다.

하지만 사회적 시장경제 모델이 처음 등장하던 때와 오늘날의 시대상황은 여러 면에서 큰 차이가 있다. 무엇보다 제2차 세계대전 종전 직후인 1940년대와 1950년대의 유럽은 여전히 산업사회

용교, 2005: 111쪽 이하). 이런 점에서 사회적 시장경제는 자유의 가치와 함께 연대의 가치를 실현하려는 연대적 시장경제 모델에 해당된다고 볼 수 있다.

의 특징이 뚜렷했다. 그래서 산업노동자 중심의 노동자와 자본가 사이의 계급갈등이 가장 중요한 사회적 갈등으로 간주되어 이를 극복하는 것이 사회통합의 핵심과제였다. 이에 비해 지금은 탈산업사회의 특징이 뚜렷해 계급구성이 매우 복잡해졌을 뿐 아니라 사회갈등 양상도 매우 복잡해져서 계급갈등은 세대갈등·인종갈등 등과 더불어 시민사회의 다양하고 중요한 갈등 가운데 하나가 되었다.

또한 20세기 중엽, 특히 1950년대와 1960년대는 유럽에서 산업 생산성의 향상과 이를 통한 경제성장이 급속하게 이루어지던 시기였던 데 비해, 21세기는 자연환경의 관점에서 이들의 한계와 위험성에 대한 인식이 널리 확산되어 있는 시대다. 그리고 20세기 중엽의 서구 국가들은 근대적 국민국가로서의 성격을 분명히 갖고 있어서 기본적으로 국민국가를 단위로 경제가 이루어지는 국민경제의 성격이 뚜렷했다. 게다가 이 시기는 시장경제의 한계를 보완하는 방법으로 국가의 역할이 매우 강조되었을 뿐 아니라 이러한 주장이 비교적 폭넓게 받아들여지던 시기였다.

이에 비해 20세기 말부터 21세기에 이르는 기간에는 지역화와 세계화 경향이 매우 뚜렷해짐으로써 특히 경제정책 면에서 국민국가의 위상이 매우 약화된 반면에 국민경제가 세계경제에 의존하는 정도가 심해졌다. 또한 국가의 실패나 정부의 실패에 대한 역사적인 교훈과 민주적 시민의식의 성장으로 인해 경제와 시민사회에 대한 국가개입을 경계하는 경향이 커졌다.

이러한 시대변화는 고전적인 사회적 시장경제 모델에 큰 도전이 되었다. 즉 시장의 경쟁과 효율성을 특별히 강조하는 신자유주의적인 세계경제의 거센 물결 앞에서 정부가 사회적 시장경제의 입장에서 국민경제를 대상으로 통화정책·경기정책 같은 경제정책이나 질서정책을 독자적으로 강력히 추진하거나 유지하는 데에는 큰 한계가 있기 때문이다. 또한 산업주의적인 경제성장을 지속하기가 어려워지고 계급구성과 사회적 갈등양상이 복잡해지며 인구구조가 노령화되는 상황에서 국가가 중심이 되어 완전고용 정책, 노사 간의 계급타협 정책, 연금정책 등을 토대로 사회갈등을 해소하고 사회보장을 확보하려는 데에도 결코 쉽게 극복하기 어려운 한계가 있다.

물론 이러한 새로운 도전에 대처하기 위해 사회적 시장경제 모델을 시대의 요구에 부응하는 방향으로 발전시키려는 노력이 그동안 기울여져왔다. 예컨대 전통적으로 사회적 시장경제 모델을 가장 뚜렷이 추구해온 독일 기독교민주연합은 1978년 채택된 루드빅스하펜 기본강령에서 경제정책에 대한 생태주의적 접근의 필요성을 강조한 후 이를 대체한 1994년의 함부르크 기본강령에서는 '생태적 사회적 시장경제'(Ökologische und Soziale Marktwirtschaft)라는 개념을 채택하면서까지 기존의 사회적 시장경제론을 생태주의 관점에서 발전시키려고 했다(CDU, 1978: §81; 1994: §67).

또한 지역화와 세계화의 움직임 속에서 경제정책과 균형을 이룰 사회정책의 기본틀을 개별 국민국가 단위를 넘어 유럽지역 수준에서 제도화하려는 노력이 꾸준히 이루어졌는데 이러한 과정에서 사회적 시장경제는 중요한 모델이 되었다. 1961년 유럽회의(Council of Europe)는 「유럽 사회헌장」("European Social Charter")을 체결했는데, 이것은 유럽 각국의 사회제도가 각각 다르지만, 시민들의 사회권을 유럽지역의 국제적인 수준에서 보호하기 위한 것이었다. 1996년 이것은 시대에 맞게 대폭 보강된 형태로 수정된 후 1999년 발효됨으로써 미국식 사회체제와 구별되는 유럽식 사회모델(European social model)의 중요한 제도적 기반이 되었다(Council of Europe, 2010: 5쪽 이하).

이처럼 사회적 시장경제가 탈산업사회로의 전환, 세계화, 민주적 시민의식의 성장 등과 같은 시대변화에 부응하는 방식으로 시장경제의 효율성과 사회정의의 조화를 추구하려는 여러 가지 새로운 모색을 연대경제는 더욱 강화하고자 한다. 그리고 여기서 더나아가 공간적으로 유럽사회뿐만 아니라 한국사회와 같은 동아시아 사회에서도 사회적 시장경제 모델처럼 시장경제의 효율성과 연대가치에 기반을 둔 사회정의의 조화를 추구하는 경제 모델을 연대경제는 추구한다.

이런 관점에서 연대경제가 특별히 중시하는 점을 지금까지 이루어진 논의를 바탕으로 간략히 정리하면 다음과 같은 네 가지 기본적인 경제원칙으로 표현할 수 있다.

첫째는 시장경제의 도구성 원칙으로서, 시민연대적 시장경제, 즉 연대경제는 이제껏 역사적으로 검증된 경제활동 조정원리 가운데 시장경제 원리가 오늘날처럼 고도로 분화되고 복잡해진 대규모 사회에서 적용할 수 있는 가장 효율적인 원리라고 간주한다.

이와 동시에 연대경제는 시장경제 원리가 자연질서에 의해 주어진 불가피한 원리거나 어떤 신비에 싸인 신성 불가침의 원리가 아니라 근대의 역사적 산물이며 다양한 문화적 토대와 사회제도에 근거한 사회적 산물이라는 점을 분명히 인식한다. 결국 시장경제 원리는 사회 구성원들이 공동체의 행복을 위한 도구로서 선택하고 변형할 수 있는 여러 가능성 가운데 가장 효율적인 대상이라는 것이 연대경제의 관점이다. 이러한 관점은 필자가 앞에서 연대주의 10원칙 가운데 하나로 제시한 경쟁의 도구성 원칙에서 이미 언급했다.

둘째는 경제적 보조성 원칙으로서 국가와 시민사회 같은 시장 외부영역은 시장 스스로 해결하기 어려운 경제활동에 대해서 보조적으로 지원할 책임을 갖는다. 시장경제는 다른 어떤 형태의 경제보다 효율성 면에서 뛰어난 강점을 갖고 있지만 그 자체로서는 결코 완전하지 않을뿐더러 때에 따라 심각한 부작용을 수반하는 한계를 갖고 있다. 무엇보다 시장경제는 경제활동 주체들이 스스로의 판단에 따라 자유롭게 참여해 시장능력을 유감없이 발휘할 수 있는 여건을 필요로 하는데 이러한 여건은 결코 자연 상태에서 저절로 주어지지 않는다.

19세기 서구의 역사나 지금까지 한국사회의 경제현실은 경제권력 소유자들이 시장에서의 우월한 지위를 이용해 시장원리를 인위적으로 왜곡시킴으로써 우수한 다른 시장 참여자들에게 부당한 피해를 끼치고 이를 통해 경제적 비효율을 초래하는 사례를 수없이 보여줬다. 따라서 시장에서의 독과점을 규제해 시장원리가 분권적 기초 위에서 좀더 효과적으로 작동하도록 시장경제의 질서를 확립하고 지키는 역할이 요구되는데, 이것은 국가나 시민사회 같은 시장 외부영역이 감당해야 하는 가장 중요한 시장지원 활동이다. 이뿐만 아니라 경제활동에 필요한 사회간접자본을 확보하는 일이나 통화정책·경기정책 등 거시 경제정책을 통해 경제활동의 여건을 안정시키는 일도 시장 스스로 해결하기 어려운 과제이므로 시장 외부영역, 특히 국가의 중요한 책무가 된다.

셋째는 경제적 연대성 원칙으로, 시장경제가 내재적인 한계 때문에 수반하게 되는 부작용인 경제적·사회적 불균형은 시장경제의 지속적인 발전을 위해 연대가치를 바탕으로 시정될 필요가 있다. 이 점은 일찍이 연대주의 국민경제론을 주창한 페쉬나 그 후에 사회적 시장경제론을 주창한 뮐러-아르마크 등에게서 발견되는 가장 중요한 문제의식이기도 한데, 이들의 사상 전통을 계승하는 연대경제론 역시 같은 문제의식에서 연대가치에 바탕을 둔 경제적·사회적 형평성을 경제적 효율성과 함께 추구한다.

이런 관점에서 연대경제는 먼저 경제 주체들 사이에 존재하는 지나친 경제적 불균형의 시정을 지속적 경제발전의 필요조건으로 여긴다. 시장에서의 경쟁은 시장능력에 따른 경제주체들 사이의 승패를 전제로 하지만 경쟁의 목표는 어디까지나 경제적 효율성의 창출에 있지 경제주체의 도태나 패배 자체에 있지 않다. 게다가 시장에서 경제적 효율성의 창출을 극대화하는 데는 우수한 시장능력을 가진 시장 참여자가 많을수록 유리하다. 따라서 한편으로 시장경쟁의 공정성을 강화하면서도 다른 한편으로는 경쟁의 패배자들이 시장능력을 보강해 시장의 발전에 이바지할 수 있는 방식으로 계속 참여하도록 연대가치를 바탕으로 경제 주체들이 상호 지원하거나 아니면 국가나 시민사회가 적극 지원할 필요가 있다.

그리고 연대경제는 지나친 사회적 불균형도 지속적인 경제발전의 중요한 장애물이라는 인식에 따라 사회적 약자, 특히 시장에 참여할 능력이 결여되어 있거나, 설혹 있더라도 시장능력이 지나치게 약해 경쟁의 효과를 기대하기 어려운 사람들에게는 국가나 시민사회, 혹은 기업과 같은 경제 주체가 적극 지원할 필요가 있다고 본다. 흔히 사회정책이라고 부르는 이러한 지원정책은 사회적 약자들이 최소한의 인간다운 생활을 할 수 있도록 하는 데 일차적인 목표가 있지만 더 나아가 이들의 시장능력을 증진시켜 시장참여 효과를 증대시키는 것도 중요한 목표다. 그리고 사회 구성원들이 연대가치를 많이 공유하게 될수록 이에 비례하여, 사회적 약자뿐 아니라 전체 구성원들이 좀더 인간다운 삶을 함께 향유할 수 있게끔 보편적 사회정책을 추진할 수 있을 것이다.

마지막 넷째는 생태 경제의 원칙으로서, 시장경제가 지속적으로 발전할 수 있기 위해서는 환경 친화적이어야 한다는 점이다. 산업주의적 시장경제는 생태계 파괴의 주범으로 지목되어왔다. 제한된 지구의 자연자원을 고갈시켜왔을 뿐만 아니라 지구 생태계를 위협하는 물질을 끝없이 생산하고 또 배출해왔기 때문이다. 그렇다고 산업생산이나 시장경제를 포기할 수는 없다. 왜냐하면 이들은 지구상의 수많은 인간의 경제적 필요를 효율적으로 충족시키기 위해 포기하기 힘든 수단들이기 때문이다.

그래서 연대경제는 연대가치를 바탕으로 시장경제의 효율성과 생태계보존 노력의 조화를 추구한다. 여기서 의미하는 연대는 우선 현세대와 미래세대 사이의 연대를 가리킨다. 이런 점에서 현세대는 자연환경을 파괴해 그 부담을 다음 세대로 넘겨서는 안 된다.

더 나아가 연대경제는 연대가치가 인간 세계를 넘어 인간을 포함한 전체 자연 생태계에 폭넓게 적용되는 것으로 여긴다. 이런 점에서 인간은 생태계의 건강한 보전을 위한 노력이라는 형태로 자연 생태계로부터 받는 혜택을 되돌려주어야 한다. 이러한 노력 없이 생태계 파괴가 급속히 이루어진다면 인간세계에서 시장경제가 가장 먼저 큰 타격을 입을 것이다.

연대경제는 자연환경이나 시민의 건강을 직접적인 위험으로부터 보호하기 위한 기본적인 규제정책의 필요성을 인정한다. 그런데 이러한 정책은 시장경제에 대한 개입을 의미하므로 시장경제 원리와 충돌되는 면이 있다. 따라서 시장경제에 친화적인 규제정책을 추구하되 중장기적으로는 환경보호를 위한 사후적인 규제정책보다는 사전적인 예방정책을 더욱 적극적으로 추진하고자 한다.

연대경제는 비록 맹목적인 시장주의나 성장주의를 거부하지만 환경보호 정책과 시장경제의 상호 배타성을 지나치게 강조하거나 경제성장을 맹목적으로 비판하는 것도 거부한다. 왜냐하면 배출부과금 제도, 오염권 제도 등과 같이 시장경제 원리를 사용하면서도 환경오염을 효과적으로 예방할 수 있는 많은 정책수단이 가능하기 때문이다. 그리고 효율적인 환경보호 정책을 위해서는 정체된 경제보다는 어느 정도 성장하는 경제가 재정적으로나 정치적으로 훨씬 유리하기 때문이다(Schlecht, 1993: 159쪽 이하).[7] 결국 연대경제는 생태계 파괴가 초래할 위험성에 대한 분명한 인식에 기초해 생태계를 건강하게 보존할 수 있는 방향으로 시장경제 질서를 발전시키는 것을 가장 중요한 과제 가운데 하나로 삼는다.

이러한 원칙들에 입각한 연대경제가 한국사회의 경제체계로 자리 잡기 위해서는 연대가치와 연대경제에 대한 공감대가 시민들 사이에 폭넓게 형성되는 것이 무엇보다 중요하며, 이를 바탕으로 여러 현실적인 노력이 기울여져야 할 것이다. 이러한 노력 가운데는 한국사회 내부에서 이루어져야 할 것도 있지만 바깥에서 국제적인 연대를 바탕으로 이루어져야 할 것도 있다.

국제적인 노력이 이루어져야 할 매우 중요한 점으로 필자가 특별히 강조하고자 하는 것은, 한국경제와 가장 긴밀한 관계를 맺고 있는 국가들 가운데 특히 이웃해 있는 일본과 중국을 포함하는 동아시아 지역이 연대경제에 대한 미래의 비전을 공유하는 일이다. 그리고 이를 실현하기 위해 공정한 동아시아 시장경제 질서의 구축을 향한 공동의 노력을 기울이는 한편 동아시아 사회헌장과 동아시아 녹색헌장을 마련해 제도화함으로써 동아시아 시민공동체와 생태공동체가 공생 공영할 토대를 마련하는 것이다.

물론 연대경제는 지구상의 가난한 나라들에 대해 부유한 나라

---

7) 물론 어떤 방식의 경제성장이냐가 중요하다. 여기서 의미하는 것은 환경친화적인 성장 혹은 지속가능한 발전이다.

들이 경제적인 불의를 가하거나 환경파괴를 자행하는 것을 묵인하고 유럽 지역이나 동아시아 지역 같은 특정 지역에서만 연대경제가 제한적으로 실현되는 것을 목표로 삼지 않는다. 그보다는 앞에서 소개한 아가페 연대경제 개념이 제시하듯이 궁극적으로 연대가치에 기초한 지구상의 새로운 국제경제 체계, 즉 새로운 패러다임의 재정체계, 새로운 개념의 부, 적절한 일자리, 인권, 식량주권, 환경존중 등에 기초한 새로운 국제체계의 발전을 추구한다(WCC, 2005; 2009d).

시민연대주의와 제3의 길의 공통점과 차이점

시민연대주의는 19세기와 20세기의 전환기에 기존의 이념 가운데 특히 고전적 사회주의와 고전적 자유주의를 거부하고 제3의 길을 선택한 연대주의 이념을 계승 · 발전시킨 것이다. 이런 점에서 새로운 세기 전환기에 기든스가 종래의 사회민주주의와 신자유주의를 거부하면서 이들에 대한 대안으로 제시한 제3의 길 이념은 여러 면에서 시민연대주의와 큰 공통점을 갖지만 양자 사이에는 차이점도 존재한다. 여기서는 시민연대주의 관점을 보다 명백히 제시하는 방법으로서 기든스의 제3의 길 노선과 갖는 공통점과 차이점을 간략히 살펴보고자 한다. 물론 논의의 초점은 두 이념을 체계적으로 비교분석하는 데 있지 않고 시민연대주의 관점을 드러내는 데 있다.

그러므로 여기서는 시민연대주의를 제3의 길 노선과 그리고 때에 따라서는 고전적 사회주의 및 고전적 자유주의와 비교하는 방식을 취하되 어디까지나 시민연대주의가 무엇인지 설명하는 데 목표를 두고 논의를 전개할 것이다. 논의는 기본가치 · 시민사회관 · 국가관 · 경제관의 순서로 이루어질 것이다.

기본가치

제3의 길 이념은 포용으로서의 평등, 자율성으로서의 자유, 책임 있는 권리, 민주적 권위, 지구적 다원주의, 철학적 보수주의, 생태적 근대화 등의 기본가치를 추구한다(Giddens, 1998: 110~120쪽). 여기서 평등은 전통적인 사회주의나 이를 계승한 사회민주주의, 그리고 사회민주주의를 쇄신하려는 제3의 길 노선이 공통적으로 가장 우선시하는 가치이자 이들을 여타의 다른 이념들과 가장 특징적으로 구별하는 가치이기도 하다.

물론 제3의 길 노선이 주장하는 포용으로서의 평등은 사회계층의 존재를 부인하는 획일적인 평등이 아니라 사회정의, 노동시장 참여, 기본적인 생활수단의 제공 등을 포함하는 개념이다 (Giddens, 1998: 164~170쪽). 이런 점에서 제3의 길이 추구하는 평등 가치는 시민연대주의가 연대주의 전통을 계승해 추구하는 사회정의로서의 평등 가치와 다르지 않다.

자율성으로서의 자유와 책임 있는 권리는 제3의 길 노선이 개인의 자유를 강조하는 자유주의적 자유개념 대신에 인류 또는 계급구성원으로서의 자유를 주장한 사회주의적 자유개념의 집합주의 전통과, 개인주의 전통을 모두 거부하고 개인과 공동체 사이의 새로운 관계를 추구하는 입장을 반영하는 것이다(Giddens, 1998: 111쪽). 이 점 또한 근본적으로 집합주의와 개인주의 모나디즘을 거부하는 연대주의 정신을 계승해 자율성과 공공성을 함께 강조하는 시민연대주의의 기본입장과 다르지 않다.

지구적 다원주의, 철학적 보수주의, 생태적 근대화는 고전적 이념의 시대배경이었던 초기 근대의 여러 특징들이 세계화, 개인화, 생태계 파괴 등에 의해 급속히 변화함으로써 연대성이 현저히 약화된 현대사회에서 연대를 새롭게 재창조하기 위해 제시된 것들이다(Giddens, 1998: 113쪽). 이 점은 바로 시민연대주의가 변화된 현대세계에 타당한 새로운 형태의 연대성을 인간 사회에서뿐만 아니라 인간 외의 자연계까지 포함하는 생태계에서도 추구하는 문제의식과 일치한다고 볼 수 있다.

프랑스혁명의 3대 구호였던 자유 · 평등 · 박애의 정신을 계승한 자유 · 평등(정의) · 연대는 현대 서구사회에서 중도우파 정치세력과 중도좌파 정치세력이 공통적으로 가장 중시하는 기본가치이자 정신이다. 유럽민중당으로 대표되는 중도우파 세력은 이들 가운데 자유를 가장 부각시키는 데 비해, 사회주의 인터내셔널에 속한 사회민주주의자들은 평등 혹은 정의를 특별히 강조하는 경향이 있다. 유럽의 사회민주주의 전통 위에서 사회민주주의 이념을 쇄신하기 위해 제3의 길 노선을 주장한 기든스 역시 평등과 자유를 함께 강조하면서도 평등을 특별히 부각시키고자 했다. 하지만 연대주의, 특히 시민연대주의는 자유 · 평등(정의) · 연대를 핵심가치로 삼으면서도 이 가운데서 특히 연대를 더욱 부각시키려 한다는 특징을 갖는다.

물론 연대의 가치는 연대주의자나 사회주의자 외에 보수주의자나 공동체주의자도 강조해왔다. 보수주의자는 비교적 조화로운 유기체적 사회관에 입각해 구성원들 사이의 유기적 연대를 강조했다. 그리고 공동체주의자는 자유주의의 개인주의 경향을 극복하기 위해 개인의 권리와 사회적 책임의 균형, 개인의 자율성과 사회질서의 균형 등을 추구하는 가운데 개인화에 대한 균형축으로서 공동체적 연대와 공동선 등을 강조했다(Etzioni, 1996: 3쪽 이하).

그런데 보수주의자의 연대관에서는 개인의 자유, 특히 사회적 약자들의 자유가 소홀히 취급될 위험이 크다. 이와 달리 공동체주의자는 개인의 자유와 사회적 책임을 함께 강조함으로써 보수주의의 한계를 극복하려고 하지만, 사회적 책임을 타인, 특히 사회적 약자에 대한 윤리적 책임보다는 개인이 속한 공동체에 대한 책임을 더욱 강조하는 의미로 사용한다. 이러한 성격의 사회적 혹은 공동체적 책임에 근거한 공동체주의적 연대개념은 개인의 자율성과 대립하면서 균형을 추구하게 되는데, 이것은 기본적으로 개인의 자율성에 근거해 타인, 특히 사회적 약자에 대한 윤리적 책임을 통해 이루어지는 시민연대주의적 연대개념과 구별된다.

그런데 기든스의 제3의 길 노선의 기본가치에는 공동체주의와 특히 보수주의의 영향이 적지 않게 반영되어 있다. 이것은 보수주의 이념의 영향력이 특히 강한 영국의 정치지형과 미국의 진보적 자유주의 사상의 영향력 때문이지만, 어쨌든 시민연대주의는 공동체적 책임을 수반하는 권리보다는 타인에 대한 배려를 동반하는 권리를 더욱 중시한다. 그리고 비록 앞선 세대에 대한 부채의식과 미래세대에 대한 책임의식을 매우 중요하게 여기지만 과거의 역사에서 계승해야 할 밝은 면과 마땅히 극복해야 할 명백히 어두운 면을 함께 지니고 있는 한국사회에서 시민연대주의는 과거와 역사에 대한 막연한 경외심보다는 뚜렷한 성찰성을 바탕으로 역사적인 연속성만 아니라 개혁성도 서구사회에서보다 훨씬 더 강조한다(Giddens, 1998: 111~114쪽).

물론 제3의 길 이념이 민주주의, 지구적 다원주의, 생태주의 등의 가치를 강조하는 점에는 시민연대주의도 전적으로 동의한다. 특히 이 이념이 시민사회의 활성화를 추구하며 이런 맥락에서 민주주의 개념도 정치영역을 넘어 시민사회 영역으로 확대시켜 예컨대 가족의 민주주의를 강조한다든지 공공영역의 활성화, 정부와 시민사회의 동반자 관계, 시민참여 등을 주장하는 것은 전통적 사회민주주의나 신자유주의 이념과 구별되지만 기본적으로 시민사회를 중시하는 시민연대주의 이념과 일치하는 점이다(Giddens, 1998: 129쪽, 132쪽).

하지만 시민연대주의는 관심과 연대가 결여된 채 단순히 관용에만 기초해 있는 다원주의는 무책임한 다원주의로 전개될 수 있다는 바우먼의 인식을 바탕으로 지구적 다원주의를 넘어 관심과 연대성으로 보완된 지구적 연대주의 혹은 지구시민연대주의를 추구하며, 시민사회 내부에서도 단순한 문화다원주의를 넘어서 다원주의를 바탕으로 연대성을 지향하는 문화연대주의를 추구한다(Bauman, 1991: 236쪽).

실제로 다원주의 사회에는 종래의 동질적인 사회에 비해 훨씬 커다란 사회적 갈등의 잠재력이 내재해 있다. 이런 상황에서는 평화로운 공존을 보장하는 정책과 문화가 필수적이지만 이것이 보장된다고 해서 갈등이 해소되는 것은 아니다. 그런데 기든스의 제

3의 길은 다원화된 시민사회의 갈등현상에 대해서는 그리 큰 관심을 보이지 않는다. 물론 민주주의, 특히 그가 강조하는 대화와 참여의 민주주의와 그 바탕이 되는 능동적 신뢰가 시민사회에서 일상적인 긴장과 갈등을 조정하는 가장 중요한 원리라고 할 수 있지만 다원주의 사회, 특히 문화다원주의 사회에서 능동적 신뢰를 어떻게 형성하며 이를 바탕으로 대화와 참여의 민주주의를 어떻게 작동시킬 것인가는 실제로 그렇게 쉬운 문제가 아니다(Giddens, 1997: 129쪽 이하).

하지만 중요한 한 가지 점은 다원주의 사회에서도 타인, 특히 사회적 약자에 대한 관심과 배려, 그리고 연대는 신뢰를 낳는 중요한 바탕이 된다는 점이다. 또 한 가지 중요한 사실은 사회적 갈등이 무조건 억압되거나 해소되어야 하는 문제가 아니라는 점이다. 이런 점에서 시민연대주의는 다원화된 시민사회의 갈등이 기본적으로 연대주의 원칙에 입각해 관리되도록 함으로써 당사자들과 시민사회의 발전과 특히 연대성 강화에 이바지하는 계기가 되도록 추구한다.

〈표1〉은 시민연대주의와 제3의 길 노선의 기본가치에 관한 이상의 논의들과 시민연대주의의 기본정신에 관한 앞선 논의들을 바탕으로 두 이념의 기본가치를 간략히 비교해 제시한 것이다. 물론 관심의 초점이 시민연대주의를 소개하는 데 있기 때문에 기든스가 직접 소개한 제3의 길 이념의 가치보다 시민연대주의의 기본가치를 좀더 자세히 제시했다(Giddens, 1998: 110쪽 이하). 그러나 이 표는 두 이념 사이의 공통점과 차이점을 비록 단순한 형태이지

<표 1> 기본가치

	시민연대주의	제3의 길 (기든스)	고전적 사회민주주의	고전적 자유주의
기본가치	-자유, 연대, 평등(정의) -인권과 자율성으로서의 자유 -타인을 배려하는 권리 -자기책임 동반한 자기결정 -정의로서의 평등 -성찰적이며 윤리적인 연대 -갈등관리적인 연대 -연대성과 공공성의 균형 -과거세대에 대한 부채의식과 미래세대에 대한 책임의식 -역사의 연속성과 개혁성 -인격주의 -문화연대주의 -지구(시민)연대주의 -성찰적 근대주의 -생태적 연대주의	-평등(정의), 자유, 연대 -급진적 중도 -자율성으로서 자유 -책임 있는 권리 -포용으로서의 평등 -약자보호 -공동체적 연대 -철학적 보수주의 -지구적 다원주의 -성찰적 근대주의 -생태적 근대화	-평등, 연대, 자유, 진보 -물질적으로 보장된 자유 -결과 평등 -강한 평등주의 -투쟁주의적 연대관 -국제주의 -집합주의 -단선적 근대주의 -생태의식 결여	-자유, 평등, 박애, 소유권 -개인의 자유 -사유재산 제도의 보호 -법적 평등, 기회 평등 -결과적 불평등의 수용 -연대에 대한 부정 적 인식 -현실주의적 국제 질서관 -경제적 개인주의 -단선적 근대주의 -생태의식 결여

만 비교적 알기 쉽게 보여준다.

기든스는 자신의 제3의 길 이념을 제시하면서 비판적 극복의 대상인 구좌파, 즉 고전적 사회민주주의와 신우파인 신자유주의의 기본입장을 대조해 제시한 바 있다(Giddens, 1998: 39쪽). 이것은 당시의 유럽, 특히 영국의 이념지형을 양대 이념을 통해 제시한 것이다. 여기서 신자유주의는 그 후에 영국뿐 아니라 세계경제의 새로운 질서를 형성해 지금까지도 한국사회에 커다란 영향을 미치고 있다. 하지만 그가 제시한 신자유주의 이념은 신보수주의 성격도 갖는 대처리즘이다.

그런데 한국사회의 이념지형에서 시민연대주의의 상대적인 특성을 좀더 뚜렷이 드러내기 위해서는 영국의 대처리즘과 당시의 유럽 사회민주주의보다는 이들을 각각 조금씩 더 고전적인 형태로 바꾸어 옛 자유주의와 옛 사회민주주의를 비교대상으로 제시하는 것이 더욱 효과적이다. 그래서 필자는 기든스가 비교대상으로 삼은 두 이념의 특징을 고려하면서도 이를 좀더 고전적인 이념의 특징들로 일부 수정하고 보완해 제3의 길 이념과 함께 간략히 제시했다.

시민사회관

〈표2〉는 〈표1〉과 같은 방식으로 시민사회에 대한 시민연대주의의 관점을 제3의 길 노선뿐 아니라 옛 사회주의 및 옛 자유주의와 비교해 간략히 제시한 것이다(Giddens, 1998: 39쪽, 120쪽, 131쪽 이하). 옛 사회주의는 시민사회에 대해 부정적인 시각을 가졌다. 그리고 옛 자유주의는 시민사회를 사적인 영역으로 간주해 공적인 영역인 국가로부터의 독립성과 시민사회의 자율성을 강조했으나 시장에서의 경제활동을 중심으로 시민사회를 좁게 이해하는 경향이 있었다.

이에 비해 시민연대주의와 제3의 길 노선은 이들 과거의 두 이

〈표 2〉 시민사회관

	시민연대주의	제3의 길(기든스)	고전적 사회민주주의	고전적 자유주의
시민사회	-활발하고 연대적인 시민사회 -민주적 시민사회 -능동적 신뢰 -대화민주주의 -투쟁, 갈등의 도구성 -시민적 복지사회 추구 -정부와 시민사회의 동반자 관계 -시민사회의 중심성 -정부의 적극적인 보조역할	-활발한 시민사회 -민주적 시민사회 -민주적 가족 -지방 공공영역 보호 -능동적 신뢰 -대화민주주의 -민주적 권위 -공동체적 범죄예방 -적극적 복지사회 추구 -정부와 시민사회의 동반자 관계	-부르주아 계급사회로서의 시민사회 -시민사회에 대한 국가의 광범한 개입과 지배 -국가를 통한 복지(복지국가) 강조 -무계급사회로서의 사회주의 사회	-국가로부터 독립적이며 자율적인 시민사회 -계약사회로서의 시민사회 -시민사회에 경쟁원리 도입 -시장 통한 갈등조정 -복지제도에 대한 부정적 인식

념과 달리 시민사회를 국가 중심의 정치활동이나 시장 중심의 경제활동이 아니라 가족, 제3섹터의 결사체, 공공영역 등을 중심으로 이해하는 현대적인 시민사회관을 공유한다. 그러면서 이에 입각해 민주적이며 활발한 시민사회, 복지사회적 시민사회, 그리고 정부와의 동반자 관계를 추구한다는 점에서 큰 공통점을 보여준다.

하지만 시민연대주의는 시민사회의 민주성 및 능동성과 함께 연대성을 강화하는 데에도 특별한 관심을 기울인다. 물론 제3의 길 노선도 연대성을 비교적 중시하는 노선이지만, 시민연대주의는 시민연대사회 개념을 바탕으로 시민사회의 연대성 강화를 이보다 훨씬 분명하게 강조한다.

이러한 관심을 토대로 시민연대주의는 오늘날 다원화된 시민사회에서 증대하는 갈등현상을 관리하는 데에도 큰 관심을 기울인다. 물론 기든스가 폭력과 전쟁 같은 갈등을 제어하는 데 관심을 갖지 않은 것은 아니지만 자신의 이러한 관심을 연대의 문제에 체계적으로 연결하려는 노력은 발견하기가 쉽지 않다(Giddens, 1997: 254쪽 이하). 이에 비해 시민연대주의는 갈등의 도구적 성격에 대한 분명한 인식을 바탕으로 시민사회의 갈등에 대처하는 데 훨씬 더 유연하면서도 적극적인 입장을 취한다(강수택, 2007a: 273쪽 이하).

한편, 두 노선은 현대의 탈전통사회에서 능동적 신뢰가 새로운 사회적 연대와 민주주의의 가장 중요한 토대가 된다는 공통된 인식을 바탕으로, 대화민주주의에 특별히 주목한다. 왜냐하면 능동적 신뢰와 이를 바탕으로 사회적 연대를 창출하는 데 대화가 매우 중요한 역할을 하기 때문이다. 물론 능동적 신뢰의 창출은 다시금 대화민주주의 발전에 기여하게 되므로 이들은 서로 선순환적인 관계에 있다. 두 노선은 이러한 관계가 어디서나 발견되지만, 특히 시민사회에서 두드러지게 나타난다고 본다(Giddens, 1997: 129쪽 이하).

다음으로, 두 노선은 모든 사회 구성원에게 최소한의 인간다운 생활이 보장되어야 한다고 본다는 점에서 공통적으로 복지사회적인 시민사회를 추구한다. 게다가 종래의 국가 중심 복지체계가 갖는 한계를 극복하기 위해서는 복지체계에서 수행하는 시민사회의 역할을 강화함으로써 결국 복지국가를 복지사회로 전환시켜야 한다는 인식도 공유한다. 그런데 제3의 길 노선의 복지사회는 기본적으로 사회권으로서의 시민권이나 경제적·사회적 인권 같은 권리를 중심으로 하는 일반적인 복지 개념에 기초하면서 한 걸음 더 나아가 시민들의 자아발전과 자율성을 예컨대 일자리 제공과 같은 형태로 적극 지원하는 적극적 복지를 추구한다(Giddens, 1998: 189쪽).

이에 비해 시민연대주의가 추구하는 복지사회는 권리와 연대를 함께 기반으로 하는 시민주의 사회정책을 통해 시민적 복지가 실현되는 사회로서, 사회적 권리의 실현과 함께 연대성 강화를 복지의 핵심내용으로 삼는다.[8] 물론 기든스도 적극적 복지 개념에 기초한 일자리 제공을 통해 시민들의 개인적인 정체성 보장과 함께 사회적 결속을 이룩할 수 있다고 보았다.

하지만 적극적 복지 개념이 노동에 대한 시민의 책임성과 복지의 경제적 연계효과를 강조함으로써 실제로는 시민들의 자율성과 특히 사회적 연대성을 침해할 가능성이 크다는 점을 시민연대주의는 우려한다. 그래서 시민적 복지 개념은 복지에 대해서 시장의 관점이 아닌 철저한 자율성과 연대성의 관점에서 그리고 노동의 동기화와 역량강화를 위해서는 복지가 아닌 보다 적극적인 유인 정책을 통해서 접근할 것을 주장한다(Giddens, 1998: 189쪽; 강수택, 2011).

끝으로, 두 노선은 정부와 시민사회의 동반자 관계를 강조한다.

---

8) 시민적 복지관에 대해서는 이어지는 시민연대주의 국가관 논의에서 자세히 설명하고자 한다.

하지만 시민연대주의는 보조성 원칙에 입각해 시민사회가 중심이 되고 정부가 적극적으로 보조하는 관계의 관점을 제3의 길 노선보다 더욱 뚜렷이 견지한다. 시민사회를 중심으로 하는 이러한 시민주의 관점은 정부를 적극적인 협력과 동시에 비판적인 견제의 대상으로 간주한다. 물론 시민사회의 비판적 역할은 시민들이 국가나 시장을 감시하고 이들을 비판할 권리, 이들의 부당한 압력에 대해 저항하고 투쟁할 권리를 전제로 한다. 하지만 시민연대주의는 이러한 시민적 투쟁이 존귀한 가치와 함께 한계도 갖는 도구라는 점을 분명히 인식한다. 그럼으로써 투쟁을 목적으로 삼거나 신비화하려는 일체의 투쟁주의나 투쟁물신주의를 거부한다.

국가관

국가관을 비교한 〈표3〉을 보면, 시민연대주의 국가관으로 열거된 항목 가운데 앞에서 자세히 언급되지 않은 것으로 행정의 투명화 및 효율화, 시민적 복지, 복지국가의 건설, 위험관리체계 조정자로서의 국가, 생태국가 등이 있다. 이 항목들은 크게 보아 복지와 생태에 관한 국가의 역할 및 행정과 관련되어 있다.

우선 시민연대주의의 복지관은 시민적 복지관으로 개념화된다. 시민적 복지관은 필자가 다른 글에서 시민주의 사회정책이라고 부른 것을 통해 이룩하고자 하는 복지로서 다음과 같은 특징을 지닌다(강수택, 2011: 77쪽 이하).

첫째, 시민적 복지는 인권의 실현을 추구하는 복지다. 물론 시민적 복지를 통해 실현시키고자 하는 인권에는 자유권적 인권과 더불어 사회권적 인권도 포함된다. 이뿐만 아니라 연대권·발전권·문화권·생태권 등과 같이 새롭게 주목받는 인권 항목들도 복지의 핵심대상으로 포함된다.

둘째, 시민적 복지는 연대성에 기반을 둔 복지다. 물론 모든 유형의 복지에는 연대정신이 다소 들어 있다. 하지만 그동안 사회보장제도가 발전하면서 복지정책이 연대정신과 무관하게 사회보장체계에 의존하는 경향이 증대했다. 비록 복지의 확대가 불가피하게 사회보장체계의 발전을 요구하지만 복지의 핵심정신인 연대와 이를 효율적으로 실현하기 위한 도구인 체계의 전치현상이 나타나서는 안 된다. 이런 이유에서 시민적 복지는 연대정신에 바탕을 두면서 또한 시민사회의 연대성을 증진시키는 복지제도의 발전을 추구한다.

셋째, 시민적 복지는 복지를 국가의 과제로만 여기지 않고 기업과 시민사회의 과제로도 간주한다. 왜냐하면 국민국가의 모든 시민은 시민권 혹은 인권의 소지자로서 복지의 권리를 지닐 뿐 아니라 복지를 필요로 하는 다른 모든 시민들이 복지를 누릴 수 있도록 행할 의무와 책임도 지니기 때문이다. 물론 시민적 복지는 국민국가의 시민권을 넘어 인권 혹은 지구적 시민권의 관점을 취하기 때문에 거주국가의 시민권을 갖지 못한 외국인 이주민들을 복지의 대상에서 배제시키지 않는다. 오히려 시민적 복지는 여기서 더 나아가 국제협력을 강화해 해외의 빈곤국가 시민들이 비인간적인 생존 상태로부터 벗어날 수 있도록 하는 것도 중요한 과제로 삼는다.

〈표3〉 국가관

	시민연대주의	제3의 길(기든스)	고전적 사회민주주의	고전적 자유주의
국 가	-연대민주주의 -정부의 적극적 보조역할 -분권적 민주주의 -연방국가체제 -내각책임제 -지방자치의 강화 -지역균형발전 -시민사회의 역할강화 -참여민주주의 -법치주의 -행정의 투명화 및 효율화 -시민적 복지 -복지국가의 건설 -인권국가 -(연대)자유국가 -사회연대국가 -지구(시민)연대주의 -위험관리체계 조정자로서의 국가 -생태국가	-신사회민주주의 -선하고 효율적인 정부 -이중 민주화 -공공영역의 역할확장 -권력의 지방이양 -직접민주주의 기제 -행정의 효율화 -적극적 복지 -복지국가의 재건 -사회투자국가 -지구적 민족주의 -위험관리자로서의 정부	-사회민주주의 -실질적 민주주의 -크고 적극적인 정부 -시민사회에 대한 국가의 광범한 개입과 지배 -요람에서 무덤까지 보호하는 포괄적 복지 -복지국가의 확대 -국제주의	-자유민주주의 -의회민주주의 -법치주의 -작은 정부 -자유국가 -자율적 시민사회 -복지국가의 축소 -전통적 민족주의

그런데 이러한 시민적 복지는 복지실현에 필요한 자원, 특히 재정적 자원이 제한되어 있는 데 비해, 복지의 범위나 복지 대상자 수가 무한히 커지는 딜레마 때문에 실현될 수 없거나 설혹 실현되더라도 지속가능하지 않다고 비판받을 수 있다.

이에 대해 두 가지 점을 지적할 수 있는데, 하나는 복지의 확대

에 필요한 재원 조달을 위해 증세가 필요하다는 점이다. 우리나라
의 조세부담률은 경제협력개발기구 평균에 비해 크게 낮은 수준
이므로 객관적으로는 증세의 여지가 있다.[9] 여기서 필요한 것은
조세부담이 늘더라도 복지확대로 인해 실질적인 가계부담은 늘지
않고 오히려 줄 수 있다는 기대와 설혹 가계부담이 줄지 않더라도
복지를 필요로 하는 사람들을 위해 부담을 기꺼이 감당하려는 연
대의지를 시민들이 폭넓게 공유할 수 있도록 하는 것이다.

다른 하나는 비록 재정적 자원이 복지확대에 필수조건이지만
유일한 필수조건도 또한 충분조건도 아니며 비물질적 자원을 통
해 복지확대에 기여할 수 있는 부분이 크다는 점이다. 시민적 복지
는 국가적 사회정책의 필요성을 명백히 인식하면서도 시민사회의
자발적인 노력을 통한 복지의 증진을 매우 중요하게 여긴다. 시민
사회를 통한 복지에도 재정적인 수단이 필요한 부분이 많지만 시
민사회의 자발적인 참여는 적은 재정적 자원으로도 다른 형태의
자원들을 활용해 복지증진의 큰 효과를 낳을 수 있다.

어쨌든 대한민국은 현재 국가 경제력에 비해 복지수준이 매우
낮은 상태로서 이를 향상시키기 위해 필요한 문화 · 제도 · 체계 ·
재정 · 인력 · 프로그램 등을 본격적으로 구축할 필요가 있다.[10]

---

9) 국가통계포털(KOSIS)의 국제통계 자료에 따르면, 2007년도 경제협력개
   발기구 평균 조세부담률은 사회보장 기여금을 포함하는 경우 35.8%인 데
   비해 우리나라는 26.5%이며, 사회보장 기여금을 제외하는 경우 경제협력
   개발기구 평균이 26.7%인 데 비해 우리나라는 21.0%다.
10) 경제협력개발기구의 통계자료에 따르면, 2007년도 국민소득에 대한 공

즉 대한민국은 복지국가를 새롭게 본격적으로 건설해야 하는 시기라고 볼 수 있기 때문에, 국가의 재정위기 해소, 경제 활성화 등을 명분으로 복지의 축소를 추진해온 서구의 신자유주의 정책은 한국사회 현실에 부적절하며, 복지국가의 쇄신을 추구하는 제3의 길 노선의 문제의식도 한국사회와는 거리가 멀다. 하지만 서구의 복지국가가 겪었던 커다란 부작용을 한국사회도 반복해서 겪을 필요는 없기 때문에 이를 예방하여 지속가능한 복지사회를 건설하는 것이 과제이며, 이를 위해서는 시민적 복지의 실현을 추구하는 복지국가가 건설되어야 한다는 것이 시민연대주의의 관점이다.

그런데 서구의 복지국가가 겪었던 부작용들 가운데 국가의 재정위기가 가장 심각한 문제로 지적되어왔지만, 이와 함께 국가역할의 증대와 이에 따른 행정기능의 강화로 인한 행정의 비효율성 및 부패의 증대 같은 관료주의 역기능, 시민들의 사생활에 대한 정부의 부당한 간섭 증대 등의 문제도 심각하게 지적되어왔다. 따라서 이런 문제점을 극복하기 위해 시민연대주의는 국가 중심의 복지국가가 아닌 시민사회 중심의 복지국가, 즉 복지사회를 추구하는데, 이것은 무엇보다도 복지국가의 건설을 추진하면서도 국가의 역할증대 이상으로 시민사회의 역할증대를 추진하는 것을 의미한다.

여기서 시민사회의 역할은 정부와 함께 복지체계의 설계자와 행위자로 공동 참여하는 형태나 정부의 복지정책과 복지체계를

공사회지출 비율에서 우리나라는 멕시코(7.2%)와 비슷한 비율로 멕시코 다음으로 가장 낮은 7.5%인 데 비해 34개 회원국 평균은 19.3%이며 프랑스는 28.4%다(OECD, 2011).

감시하고 견제하는 형태를 취할 수도 있다. 하지만 어떤 형태를 취하든 복지가 국가나 시장의 강화보다는 시민사회의 활성화와 연대성 강화에 더욱 기여할 수 있도록 하는 것이 시민사회의 가장 중요한 역할이다.

그럼에도 복지사회의 발전을 위해서는 국가의 역할과 이를 수행하는 행정의 중요성을 결코 간과할 수 없다. 하지만 서구의 복지국가가 겪었던 관료주의의 심각한 부작용을 극복하기 위해서는 행정, 특히 중앙행정의 불필요한 비대화 경향에 대한 끊임없는 경계와 함께 행정의 투명성과 효율성 증대를 위한 노력이 절실히 요구된다. 오늘날 정보화의 급속한 진전은 이런 점에서 기술적으로 크게 기여하고 있지만 이러한 기술을 행정의 투명성과 효율성 증대에 좀더 적극적으로 활용하는 효과는 시민사회의 적극적인 노력을 통해 극대화될 수 있다. 특히 시민사회의 공론장이 활성화되고 연대를 통한 영향력이 증대되면 행정의 비밀주의, 무능, 부패 등은 지속되기 어렵다. 그래서 시민연대주의는 행정부 스스로의 부단한 쇄신 노력과 함께 시민사회의 노력을 통해 복지행정의 투명성과 효율성을 최대로 향상시키고자 한다.

다음으로 시민연대주의는 제3의 길 노선처럼 국가의 위험관리자 역할에 주목한다. 현대사회의 위험은 영향력의 범위나 깊이에서 이전의 사회와는 비교할 수 없을 정도다. 이것은 20세기 전반의 양차 세계대전, 1986년 체르노빌 원자력발전소 사고, 1980년대 이후 영국의 인간광우병 발생, 2007년 세계금융위기, 2009년 신종 인플루엔자 유행, 2011년 일본 후쿠시마 원자력발전소 사고 등으로 인한 엄청난 피해를 통해 잘 알 수 있다. 이러한 현대적 위험들은 대개 전체주의 권력의 성장, 경제성장 기제의 붕괴, 핵전쟁을 비롯한 대규모 전쟁, 생태계 재난 등과 관련되어 있으며 초국가적 성격을 띠고 있다(Giddens, 1991: 174~175쪽).

시민연대주의는 이러한 지구적 위험에 대해 국가가 개별적으로 대응해야 할 부분도 있다고 본다. 하지만 더 근본적으로는 국제적인 공조체계를 이루어 이를 보다 적극적이고 연대적으로 관리할 필요성이 매우 빠르게 증대하고 있다. 물론 규모가 국가범위를 넘지 않는 대규모의 위험이 발생할 가능성도 급증하고 있다. 이러한 위험에 대해서도 국가는 시민사회가 연대해 적극 동참할 수 있는 국가적인 위험관리 체계를 수립해 이를 조정하고 운용하는 역할을 수행해야 한다.

이러한 국내외적인 위험 가운데 가장 큰 비중을 차지하는 것이 생태계 위험이다. 앞에서 시민연대주의는 연대의 포괄범위가 개별 국가와 지구촌의 인간사회를 넘어 생태계까지 확장된다고 언급했다. 그리고 이러한 연대주의를 기존의 인간사회 대상의 사회적 연대주의 혹은 사회연대주의와 구별하기 위해 생태적 연대주의라고 표현했다.

시민연대주의는 기본적으로 고전적인 사회연대주의 정신을 계승하면서도 이를 현대의 시대정신에 부합하게 발전시킨 것이다. 그런데 현대사회의 가장 중요한 특징 가운데 하나가 지구위험사회다. 따라서 이런 상황에서는 시민연대주의가 사회적 연대주의를 넘어 생태적 연대주의를 추구하는 것이 필연적이다. 이런 점에서 시민연대주의는 생태계 위험을 예방하고 관리하는 것을 국가의 매우 긴요한 과제로 여기면서 이를 생태국가의 과제로 규정한다.

이러한 시민연대주의 국가관은 국가주의 경향의 옛 사회주의 국가관이나 옛 자유주의의 소극적인 국가관과 달리 시민사회에 대한 국가의 지배를 경계하면서도 국가의 적극적인 역할을 인정한다는 점에서 제3의 길 노선과 공통점을 갖는다. 시민사회에 대한 국가의 지배를 경계하는 관점은 시민연대주의와 제3의 길 노선이 함께 정치적 민주주의 발전을 추구하며 분권화, 공공영역의 역할, 행정의 효율화 등을 중시하는 데서 잘 나타난다. 그러면서 이들은 또한 시민을 위한 국가의 적극적인 역할도 요구하는데, 이러한 관점은 이들이 비록 과거의 형태는 아니지만 복지국가의 중요성을 강조하는 데에서, 그리고 또한 오늘날의 급속한 세계화에 대처하고 생태계의 문제를 해결할 과제를 국가에 적극적으로 부여하는 데에서 알 수 있다.

한편, 시민연대주의는 제3의 길 노선에 비해서 연대성 원리와 보조성 원리를 훨씬 더 분명하게 강조한다. 시민연대주의가 연대성 원리를 특별히 강조하는 것은 곳곳에서 나타나 있지만, 제3의 길 노선이 적극적 복지를 실현하는 사회투자국가를 추구하는 데 비해 시민연대주의는 시민적 복지를 실현하는 사회연대국가를 추구한다는 점에서 더욱 뚜렷이 드러난다. 여기서 제3의 길은 복지를 책임감에 기반을 둔 능력 향상에 연결함으로써, 예컨대 부의 창출 효과를 갖는 복지에 주목한다. 그에 비해 시민연대주의는 복지를 연대성 향상에 연결함으로써 연대 창출 효과를 낳는 복지를 추

구한다(Giddens, 1998: 171쪽 이하).[11]

또한 시민연대주의는 보조성 원리를 강조해 정부의 역할을 적극적이지만 보조적 역할로 규정하는 데 비해 제3의 길 노선에서는 정부의 역할과 하위기관이나 시민사회의 역할, 더 나아가 시민 개인의 역할 간의 관계에 대한 명확하고도 일관된 입장이 발견되지 않는다. 기든스는 개인의 자율성과 책임성을 훨씬 강화하는 방향으로 사회민주주의를 쇄신한 신사회민주주의 입장에서 개인의 자율성과 국가의 책무성을 함께 강조했다. 하지만 이 둘 사이에서 국가가 개인이나 시민사회의 자율적인 결정을 어떤 범위에서 제한할 수 있는지에 관해 특별한 관점을 제시하지 않고 다만 민주적인 관계를 강조했다.

이에 비해 시민연대주의는 개인이나 시민사회 혹은 하위기관의 합법적이며 정당한 자기결정을 상급기관, 특히 국가의 결정보다 우선시하는 대신, 이들이 감당할 수 없는 역할에 한해 국가가 이들을 적극 지원할 책임을 갖는다고 본다.

---

11) 물론 기든스는 손상된 연대성을 복구하는 데 매우 큰 관심을 기울인 사람으로서 그의 사상 곳곳에서 연대성의 중요성이 강조되어 있다(Giddens, 1997: 25쪽, 142쪽 이하). 하지만 기든스의 사상으로부터 영향을 받은 영국의 블레어, 독일의 슈뢰더 같은 신사회민주주의 정권이 추진한 제3의 길 노선이 실제로는 자율성에 비해 사회성을 과도하게 위축시켰다는 투렌(A. Touraine)의 지적에 주목할 필요가 있다(Touraine, 2000).

〈표 4〉 경제관

	시민연대주의	제3의 길 (기든스)	고전적 사회민주주의	고전적 자유주의

경제	-연대경제
	-혼합경제
	-시장경제의
	  우선성과 제한성
	-국가와 시민사회의
	  적극적인
	  경제보조 역할
	-경제적 연대성
	  추구: 불균형 시정
	-환경 친화적인
	  경제
		-신혼합경제
		-제한적인 능력지배
		-규제와 탈규제의
		  균형
		-경제와 비경제의
		  균형
		-유엔경제안보이사회
		  설립
			-케인스적
			  수요관리와
			  코포라티즘
			-시장의 제한적
			  역할: 혼합적
			  또는 사회적 경제
			-완전 고용
				-시장근본주의
				-능력지배
				-노동시장의
				  개방

경제관

〈표4〉는 시민연대주의 경제관을 다른 고전적 이념의 경제관 및 제3의 길 노선의 경제관과 간략히 비교해 제시한 것이다. 경제에 관한 기든스의 논의는 시민사회와 국가에 대한 논의에 비해 단순한 편이다. 그의 제3의 길 노선은 신혼합경제를 추구하는데 이것은 "공공부문과 민간부문의 상승효과를 추구하며, 공익을 염두에 두고 시장의 역동성을 이용하려는"경제다. 기든스가 구혼합경제라고 부른 기존의 혼합경제에는 상당 부분의 산업을 공공의 손에 맡기는 형태와 사회적 시장경제의 두 형태가 있는데 이들은 공통적으로 시장을 정부에 상당히 종속시킨다는 것이 기든스의 인식이었다. 이러한 종속의 결과는 습관이 지배하고 위험부담을 꺼리는 경제로 나타나게 되므로 기든스는 이를 비판

하면서 보다 역동적인 신혼합경제를 추구했다(Giddens, 1998: 157~158쪽).

신혼합경제는 정부·기업·노동시장이 "책임 있는 위험 부담자"들로 이루어진 경제이며, 일반 국민들도 "일이 잘못될 경우에 국가의 보호를 필요로 할 뿐 아니라 자신들의 인생에서 주요한 전환기를 통과할 수 있는 물질적, 도덕적 능력 역시 필요로 하는" 체제다. 그러므로 신혼합경제는 "사후적인 재분배" 대신에 "가능성의 재분배"를 추구하며 이를 위해 인간의 잠재력 계발을 매우 중시한다. 그리고 국가에게는 "경제적인 부양비를 직접 제공하기보다는 되도록 인적 자본에 투자하는" 사회투자국가의 역할이 요구된다(Giddens, 1998: 158~159쪽, 178쪽).

이처럼 제3의 길 노선이 옹호하는 신혼합경제는 인간의 능력개발을 통한 경제 활성화에 특별한 관심을 기울이지만 그렇다고 완전한 능력지배 사회를 추구하는 신자유주의 입장에는 매우 비판적이다. 왜냐하면 철저한 능력지배 사회는 실현될 수 없을 뿐만 아니라 실현된다고 하더라도 심각한 불평등을 초래함으로써 사회 결속을 위협할 것이라고 보기 때문이다. 이런 관점에서 제3의 길 노선은 신자유주의와 달리 제한적인 능력지배 사회를 추구한다(Giddens, 1998: 160~165쪽).

그러면서 기든스는 신혼합경제가 시장에 대한 국가의 규제를 강조하는 구혼합경제나 국가의 규제완화를 강조하는 신자유주의 경제와 달리 "국가와 지방 수준뿐 아니라 초국가적 수준에서도 규제와 탈규제 사이의 균형"을 추구한다고 주장했다(Giddens, 1998:

158쪽).[12] 하지만 다른 곳에서 그는 "정부의 규제완화와 민영화 등을 통하여 시장 중심적인 신혼합경제를 이끄는 것"이 제3의 길 노선의 중심과제 가운데 하나임을 밝혔다. 이로써 결국 그의 신혼합경제 구상의 방향은 비록 전면적인 탈규제는 아니지만 기존의 혼합경제에서 시장원리를 훨씬 강화하는 방향임을 알 수 있다(Giddens, 1998: 184쪽, 266쪽).

또한 기든스는 신혼합경제가 사회생활에서 "경제적인 것과 비경제적인 것 사이의 균형"을 추구한다고도 했는데, 이것은 사회생활을 전반적으로 시장경제의 관점에서 보려는 신자유주의 입장과 사회생활의 경제적인 영역조차 국가 혹은 공공부문의 관점에서 접근하려는 고전적 사회민주주의 입장 모두를 거부하고 제3의 균형 노선을 추구한다는 의미다(Giddens, 1998: 158쪽).

시민연대주의의 연대경제도 순수한 시장경제나 계획경제가 아닌 혼합경제를 추구한다. 또한 연대경제가 사회적 시장경제의 기본인식을 계승해 계획경제가 아닌 시장경제를 기본원리로 삼는다는 점도 기든스가 시장 중심적인 혼합경제로 제시한 신혼합경제와 비슷하다. 그런데 기든스는 사회적 시장경제가 국가에 의존적인 구혼합경제라면서 이를 극복 대상으로 삼고 정부의 규제완화와 민영화 필요성을 더욱 강조한다. 연대경제도 국가에 의존적인 혼합경제를 경계하지만 사회적 시장경제를 국가 의존적인 경제로

---

12) 기든스는 경제의 세계화가 급속히 진행되는 상황에서 요구되는 초국가적 수준의 규제를 위해서 유엔 경제안보이사회의 설립을 제안했다(Giddens, 1998: 222쪽).

보는 기든스의 관점에는 동의하지 않는다. 그리고 사회적 시장경제론에서 볼 수 있는 것과 같은 명확한 혼합경제의 원리를 기든스가 견지하지 않기 때문에 그가 주장하는 정부의 규제완화와 민영화가 신자유주의자들의 정책과 차별화되지 못하고 연대성을 약화시키는 결과를 낳는다고 본다.

그래서 연대경제는 제3의 길 노선과 달리 시장경제를 기본원리로 삼으면서도 그 명백한 한계를 극복하려는 사회적 시장경제론의 기본인식을 계승하고자 한다. 그리고 사회적 시장경제론의 기본인식을 시대에 맞게 수정해 제시한 기본적인 경제원칙들, 즉 시장경제의 도구성 원칙, 경제적 보조성 원칙, 경제적 연대성 원칙, 생태 경제의 원칙에 입각함으로써 시장경제의 효율성뿐 아니라 연대적 균형발전과 지속가능한 발전을 함께 추구하려고 한다.

물론 기든스가 사회생활을 신자유주의자들처럼 시장주의 또는 경제주의 관점에서 접근하는 것을 거부하면서 경제적인 것과 비경제적인 것 사이의 균형을 추구하려는 점에 연대경제도 공감한다. 그렇지만 연대경제는 이 둘 사이의 단순한 균형을 겨냥하기보다는 제자리를 확고히 지키는 것을 목표로 삼는다. 왜냐하면 경제논리가 기본적으로 관철되어야 하는 시장경제 영역에서 예컨대 정치나 사회 같은 비경제적인 것과 경제적인 것 사이의 균형을 추구하는 것이 바람직하지 않듯이, 마찬가지로 비경제적인 생활세계의 논리가 기본적으로 관철되어야 하는 시민사회에서도 사회적인 것과 경제적인 것 사이의 단순한 균형을 추구하는 것은 결코 바람직하지 않기 때문이다.

경제·정치·시민사회의 논리는 각각 자신의 영역을 충실히 지켜야 하며 만약 다른 영역과 겹치거나 결합할 때에는 관련된 영역의 논리가 함께 존중될 필요가 있다. 예컨대 기업이 사회복지 활동에 참여할 수 있지만 어디까지나 기업경제 논리가 기본적으로 지켜지는 범위 안에서 참여해야 하며, 시민사회의 교육현장에서도 필요에 따라 경제의 논리를 부분적으로 활용할 수 있지만 어디까지나 교육현장의 논리가 기본적으로 지켜지는 범위 안에서 이를 활용해야 한다.

물론 현대 소비사회에서는 시장의 영향력이 시민들의 일상적인 생활세계 깊숙한 곳까지 침투해 마치 사회생활 전 영역이 시장경제화 또는 상품화되어 있는 듯이 보인다. 그리고 실제로 시장경제 논리는 경제영역을 넘어 정치와 시민사회 영역 전반으로 침투하려 하며 신자유주의는 이를 정당화한다.

그런데 이뿐만 아니라 최근에 와서는 사회적 기업처럼 시민사회의 성격과 기업의 성격을 겸하는 영역이나 사회복지관처럼 시민사회의 성격과 공공기관의 성격을 겸하는 영역, 그리고 더 나아가 시민사회·기업·공공기관의 성격을 모두 겸하는 영역이 빠르게 확장되고 있다. 이 가운데서 경제활동과 직접 관련이 없는 영역을 제외한 나머지 영역, 다르게 표현하면 시민사회에 모태를 두면서 국가 및 시장 영역과 관련해 경제활동을 하는 영역을 사회적 경제(social economy) 영역이라고 부르는데 이 영역이 유럽에서는 지난 20여 년간 폭발적으로 확장되어왔다(주성수, 2010: 11쪽, 23쪽).[13]

이렇게 보면 사회생활 전반에 걸쳐 경제의 영향력이 이전과 비교하기 힘들 만큼 크게 확장되고 또한 강화되어온 것을 알 수 있다. 이런 점에서 사회생활의 지나친 경제화는 경계되어야 하므로 경제적인 것과 비경제적인 것의 균형을 추구하는 것은 의미가 있다. 하지만 사회생활에서 경제적인 것의 비중이 증가하는 것이 모두 같은 의미를 갖지는 않는다. 예컨대 소비사회에서 경제적인 영향이 시민의 일상 생활세계까지 깊숙이 침투하는 것은 시장경제 논리가 그만큼 확장된다는 것으로서 여러 가지 문제점을 초래한다. 하지만 그 가운데서 특히 생활세계에 특징적인 연대성을 약화시킬 위험이 크다.

이에 비해 사회적 경제는 한편으로 시장경제나 전반적인 경제에도 도움이 되지만 다른 한편으로 민주주의 가치의 실현과 연대성 강화 등을 기본 목표로 삼는 활동 영역이다.[14] 따라서 시민사회에서 사회적 경제영역이 빠르게 확장되면 그만큼 시민사회의 연대성을 강화하는 데 기여하게 될 것이다.[15] 물론 사회적 경제영

---

13) 사회적 경제는 20세기 말부터 유럽의 정부들에 의해 공식적인 용어로 사용되고 있는데 2002년에는 "사회적 경제 유럽헌장"이 발표되기도 했다(주성수, 2010: 16쪽).

14) 루카리넨(M. Lukkarinen)에 따르면 사회적 경제는 "민주주의, 연대 그리고 사회적 · 문화적 · 환경적 자원의 안정화에 기초하는 핵심적 조직과 기업" 활동을 망라하며, 사회적 경제의 목표는 사회적, 민주적 그리고 연대 기초적 목표들이다(Lukkarinen, 2005: 420쪽; 주성수, 2010: 30쪽에서 재인용).

15) 사회적 경제의 역사적 발단은 지드(Charles Gide)가 1900년 파리 세계 박람회에서 모든 유형의 결사체들을 박람회의 한 장소로 배정한 데서 비롯된다고 한다(주성수, 2010: 15쪽). 지드가 레옹 부르주아, 뒤귀 등과

역에서도 행위 주체인 조직들이 시장경제에 편입되는 정도에 다양한 차이가 존재하며 따라서 실제로 이루게 되는 연대성과 경제적 효율성도 매우 다양하다. 하지만 어쨌든 최근에 새롭게 등장해전 지구적으로 매우 빠르게 발전하고 있는 사회적 경제는 사회적시장경제와 다른 차원에서 연대경제의 발전에 크게 이바지하게될 것이다(주성수, 2010: 9쪽, 27쪽 이하).[16]

함께 19세기 말 프랑스 연대주의 운동의 중심인물이었다는 점을 고려하면, 사회적 경제가 연대주의에 뿌리를 둔 사상이자 실천임을 알 수 있다.

16) 시민연대주의의 연대경제론처럼 시장경제를 인정하지만 연대성 강화를 추구하는 다른 현대의 경제 사상들도 적지 않다. 예컨대, 리피에츠의생태주의 경제론, 대거(R. Dagger)의 신공화주의적 시민경제론 등이 여기에 속한다. 리피에츠는 자본주의든 사회주의든 간에 종래의 생산지상주의 경제를 생태주의 관점에서 비판하면서 전 지구적인 책임 · 자율 ·연대의 세 가치를 실현할 수 있는 경제론을 제시했는데 이 점에서는 연대경제론과 흡사하다. 하지만 연대경제론은 시장경제의 도구적 우선성을 적극 인정하는 데 비해, 그는 시장경제를 자율성의 관점에서 일부 인정하지만 경제의 기본원리로 적극 수용하지는 않는다(Lipietz, 1994: 115쪽 이하). 대거는 공화주의적 자유주의자로서 사회주의의 계획경제와 자본주의의 무제한적 시장경제를 함께 거부하면서 공공성 가치를 실현시켜 공동체에 기여할 수 있는 제약된 시장경제를 주장했다. 이처럼공공성 가치의 실현을 추구하는 경제는 사회의 원자화를 극복하고 공동체적 연대를 향상시키는 데 간접적으로 기여할 것이다. 이러한 대거의시민경제론은 제약된 시장경제론을 주장한다는 점에서 시민연대주의의 연대경제론과 공통점을 갖지만 일차적으로 공공성 가치를 추구한다는 점에서 연대성 가치를 추구하는 연대경제론과 구별된다(Dagger, 2007: 297쪽 이하).

한국사회, 시민연대의 잠재력을 일깨우자

한반도가 일제 식민지로부터 해방된 이후에 대한민국은 연대주의 정신을 바탕으로 건설되었다. 제헌헌법과 당시의 주요 정당 강령들을 보면 대한민국 건설 초기를 지배했던 시대정신이 프롤레타리아독재를 내세운 사회주의도 자유방임형 자본주의도 아닌 민주주의와 사회정의를 추구한 연대주의 정신이었음을 알 수 있다. 그런데 안타깝게도 이러한 연대주의 정신이 이후에 반공주의와 국가주의에 의해 압도되어갔으며, 마침내 지배 이데올로기가 된 반공주의와 국가주의는 오랜 독재정권과 군부정권 시기 동안 대한민국의 연대정신을 갈기갈기 찢어놓았다. 하지만 이런 가운데서도 남아 있던 시민들의 고귀한 연대정신과 이를 바탕으로 이루어진 민주화를 향한 용기 있는 연대적 실천으로 마침내 국가주의를 극복할 수 있었고 반공주의 또한 아직 완전한 형태는 아니지만 상당히 극복할 수 있었다.

그렇지만 대한민국 건국 초기의 강력한 연대주의 정신은 아직 온전히 회복되지 못하고 있는데 이것은 현행 헌법과 주요 정당들의 강령을 통해 쉽게 발견할 수 있다. 제헌헌법은 국가에 대해 국민의 공공복리를 향상시킬 의무를 부과했으며(제5조), 근로자에게는 사기업에서 이익의 분배에 균점할 권리를 부여했고(제18조), 경제의 기본질서는 사회정의와 국민경제의 균형발전을 기하며 국민의 경제적인 자유는 이 한계 내에서 보장된다고 규정했다(제84조). 하지만 현행헌법에서는 이런 내용이 모두 사라졌으며, 제헌헌법 전문의 "민주주의 제 제도를 수립하여"라는 표현은 "자율과 조화를 바탕으로 자유민주적 기본질서를 더욱 확고히 하여"로 수정되어 있다. 결국 현행헌법에서는 제헌헌법에 비해 연대주의 정신이 약화된 대신에 자유민주주의 이념이 강화되었다.

이런 변화는 주요 정당의 강령에 더욱 뚜렷이 나타나 있다. 앞에서 보았듯이 대한민국 건국 초기의 집권당이었던 자유당의 「창당 선언문」과 강령은 당시의 자유당이 자유, 평등, 인간 존엄성이 보장되고 사회정의가 실현되는 협동생활 경제체제 또는 협동조합 경제체제의 협동사회를 추구한 것을 보여준다. 그리고 이런 입장에서 기업의 민주화와 노동자의 경영권 참여도 주장했음을 보여준다. 이에 비해 이명박 정부의 집권당인 한나라당과 새누리당의 강령은 자유민주주의와 시장경제의 틀을 굳건히 하면서 자율, 책임, 분권, 창의, 개방, 경쟁, 인간 존엄성, 생태환경 보전, 양성평등, 열린 민족주의 등의 진작을 역설하고 있다. 결국 한나라당과 새누리당을 자유당과 비교하면 앞의 두 정당은 자유민주주의 이념과 시장경제 체제를 더욱 강조하지만 사회정의, 평등, 그리고 특히 협동경제는 자유당이 더욱 뚜렷이 강조한 것을 볼 수 있다.

물론 그렇다고 해서 대한민국이 그동안 이룩한 성취들, 즉 정치적 · 경제적 · 사회적인 안정과 번영을 부인하려는 것은 결코 아니다. 더구나 대한민국 건국 초기에 연대주의 정신이 비교적 강했다고 해서 실제로 당시의 정치적이거나 사회적인 대립과 갈등이 지금보다 더 약했던 것도 아니다. 그렇긴 하지만 앞에서 살펴보았던 것처럼 오늘날 한국사회의 결속력은 매우 취약해 경제협력개발기구의 국가들 가운데 최하위 수준에 머물고 있다. 그리고 계층 · 이념 · 노사 · 지역 · 환경 · 세대 등을 둘러싼 사회적 갈등이 심각해 사회통합에 매우 부정적인 영향을 미치고 있다(노대명, 2010: 32쪽).

그러므로 불필요한 갈등이나 대립으로 인한 사회분열, 지나친 경쟁이나 무관심으로 인한 개인의 절망과 소외를 극복해 사회통합과 결속을 이루는 것이야말로 이제 한국사회의 가장 절실한 시대적 요구가 되었는데, 이를 위해서는 무엇보다 연대주의 정신을 회복하는 것이 핵심과제다.

더구나 이 정신은 한민족이 근대 이후에 스스로 가꾸어왔으며 식민지 시대의 엄청난 위협에도 불구하고 소중하게 보존해 마침내 대한민국 건국의 정신적 토대로 삼은 국가 정체성의 핵심요소이기도 하다. 그러므로 그동안 국가주의 · 시장주의 · 계급주의 등 각종 모나디즘에 의해 억압되거나 왜곡됨으로써 약화되었던 연대주의 정신을 복구해 정치 · 경제 · 시민사회의 각 영역에 구현하도록 적극 노력해야 할 것이다.

물론 현시대는 이러한 연대주의 정신이 대한민국 안에만 머무르지 않고 국경을 넘어 남북관계로 확장되고, 더 나아가 동아시아 지역과 전 세계로 확장될 것을 강력히 요구하고 있다. 대한민국 사회가 급속한 경제발전과 민주화의 진원지일 뿐 아니라 더 나아가 연대가치 실현의 진원지가 될 것을 요청하고 있는 것이다.

한국사회에서 경쟁·분열·갈등 등으로 인해 연대성이 심각할 정도로 약화된 상황에 대해서는 입장에 따라 다양한 진단과 처방이 제시되고 있다. 이들 가운데 가장 우려스러운 것은 이를 빌미로 옛 형태의 국가주의를 강화하려는 경향인데, 이것은 주로 극단적인 우익 성향의 집단을 중심으로 나타나고 있다. 이들은 대한민국에 대한 북한의 군사적·이념적 위협을 강조하면서 안보국가 강화론과 좌파세력 척결론을 통해 국가공동체의 결속을 강화하려고 한다.

자유주의자를 자처하는 집단 가운데서도 경제의 세계화로 국가들 간의 경제적 상호의존이 심해지고 경쟁이 치열해지자 국익과 국가 경제정책의 중요성을 특별히 부각시키면서 중앙집권적 국가권력의 역할을 강조하는 경향이 발견된다. 물론 국가주의 경향은 자유주의 진영보다 진보 성향의 집단에서 더욱 뚜렷하다. 자본주의적 시장경제의 대안을 여전히 사회주의 경제에서 찾는 사람들은 말할 것도 없지만 사회주의 체제 대신에 사회민주주의적인 복지체제를 선호하는 사람들 가운데서도 강력한 국가 주도의 사회체제를 주장하며 이를 통해 사회갈등을 극복하려는 경향이 있는 것이다.

하지만 탈권위주의 세대가 권위주의 세대를 빠르게 대체하고 있는 한국사회에서는 극단적인 우익집단의 옛 국가주의 경향이 과거처럼 강력하게 자리 잡기는 점점 더 어려워지고 있다. 그리고 세계화 과정에서 역설적으로 국가의 관점과 역할을 강조하게 되는 새로운 경향도 옛 국가주의처럼 일방적으로 국가 권력을 강화시켜 이를 바탕으로 국가공동체의 결속을 강화시킬 수는 없다. 비록 수준 높은 복지체제 확립의 역할을 국가에 부여하려는 진보 성향 집단의 의도에는 공감할 수 있지만, 복지체제를 위한 국가의 특별한 역할을 충분히 감안하더라도 전반적으로 국가가 주도하는 복지체제는 한국사회에서 지속가능한 체제가 되기 어렵다.

게다가 한국사회는 오랫동안 국가주의에 의해 지배되어온 사회여서 문화적으로나 제도적으로 그 잔재가 광범위하게 남아 있다. 그렇기 때문에 새로운 국가주의 경향들은 한국사회에서 여전히 커다란 영향을 발휘할 잠재력을 갖고 있으며, 특별히 정치적으로나 경제적으로 어떤 위기상황이 발생할 경우에는 더욱더 폭발적인 영향력을 발휘할 수 있다. 또한 설혹 위기상황이 없더라도 이러한 경향은 적어도 국가주의 잔재를 시급히 청산해야 하는 오늘날 한국사회의 역사적인 과제 수행을 오랫동안 지체시키는 부정적인 역할을 수행하게 된다.

이런 관점에서 시장주의뿐 아니라 국가주의로부터도 분명한 거리를 두고 시민사회를 바탕으로 연대성을 강화하려는 입장이 시민연대주의다. 필자는 시민연대주의를 현대 한국사회에서 연대가치의 실현에 반대되는 다양한 형태의 모나디즘을 극복할 대안으로서 제시했다. 물론 그동안 한국사회에서 시민사회의 연대를 강화하고 이를 바탕으로 시민사회뿐 아니라 한국사회 전체의 발전을 추진해온 많은 노력과 그 결실이 있어왔다. 하지만 시민사회의 이러한 노력 가운데는 시민사회의 연대성을 세심하게 가꾸고 튼튼하게 키우려는 노력 대신에 이를 쉽게 소진해버리거나 때로는 이를 파괴하는 경우도 결코 적지 않았다. 이것은 현대 한국사회에서 시민운동을 포함한 많은 사회운동이 오랫동안 투쟁적 · 조직적 · 이념적 특징을 갖는 도구주의적 연대상에 기초해왔던 것과 결코 무관하지 않다(강수택, 2007a: 240쪽 이하).

그래서 시민연대주의는 공공선을 위한 용감한 시민들의 투쟁적 노력이 갖는 고귀한 가치와 성과를 존중하면서도, 역시 고귀한 시민사회의 연대를 단지 투쟁의 도구로만 삼는 투쟁주의적 시각을 시민사회의 연대성 강화를 위해 마땅히 극복해야 한다고 본다. 그 대신에 성찰적이며 도덕적인 연대, 그리고 유연하고 열린 연대의 특징을 갖는 시민적 연대상을 바탕으로 시민사회의 연대성을 강화하기 위한 다양한 방안들을 모색하려는 것이다(강수택, 2007a: 231쪽, 270쪽 이하).

1987년의 민주화투쟁, 시민들의 자발적인 참여에 의한 수차례의 대규모 촛불집회, 파괴된 환경을 복구하기 위해 한겨울에 자발적으로 태안을 찾은 50만 명 이상의 시민, 아이티와 일본 등 해외의 재난 구호에 자발적으로 참여한 수많은 시민들의 손길 등은 현대 한국사회에서 얼마나 많은 시민들이 연대가치를 내면화하고 있는지를 보여주는 많은 사례 가운데 일부다. 그런데 이러한 사례들은 앞에서 살펴본 한국사회의 취약한 연대의 현실상과는 대단히 모순적으로 보인다.

그렇다. 일련의 사건들이 발생할 때마다 폭발적으로 표출되는 연대적 실천이 보여주듯이 현대 한국사회의 시민들이 공유하고 있는 시민연대의 잠재력은 실로 대단하다. 그러나 일상적인 시민사회의 현실은 무관심·소외·분열·갈등·대립·억압·착취 등 연대가치와 대립되는 각종 현상들로 가득 차 있다. 그것은 무엇보다 시민들의 연대정신에 대립되는 반연대정신, 즉 각종 모나디즘 정신들이 정치와 경제영역을 압도하고 또한 제도화되어 있기 때문이다. 그리고 이것들이 시민사회에도 커다란 영향을 미치면서 다양한 형태의 탈연대화를 낳고 있기 때문이다.

따라서 시민연대주의는 무엇보다도 먼저 한국의 시민사회가 갖고 있는 시민연대의 엄청난 잠재력을 더욱 발전시키고 또한 현실화시켜서 시민사회의 지배정신으로 자리 잡게 하려고 한다. 그리고 이를 바탕으로 시대에 맞는 연대정신과 연대주의 원리가 정치·경제·시민사회의 각 영역에 성공적으로 정착하고 제도화됨으로써 반연대적인 제도와 문화를 대체하도록 하려고 한다. 결국 이를 통해 시민연대주의는 한국의 시민사회가 건강하고 튼튼한 연대에 기초한 시민사회로 재건되고 이를 토대로 자유와 정의가 함께 정치·경제·사회·문화의 모든 영역에서 실현되는 그러한 한국의 미래사회 비전을 제시하려는 것이다.

참고문헌

가톨릭농민회 외, 1984, 「살기 위한 몸부림을 막지 말라」, 『경향잡지』, 1984년 10월호.

강경식, 1997, 「교육도 시장기능에 맡겨야」, 『WIN』, 제23호, 1997년 4월호.

강광식 외, 1999, 『현대 한국 이념 논쟁사 연구』, 한국정신문화연구원.

강대기, 2001, 『현대사회에서 공동체는 가능한가』, 아카넷.

강수돌, 1998, 「빈곤의 세계화와 연대의 세계화」, 『창작과비평』, 1998년 겨울호(제102호).

강수돌, 2001, 『노동의 희망』, 이후.

강수택, 2001, 『다시 지식인을 묻는다』, 삼인.

강수택, 2004, 「근대, 탈근대, 사회적 연대」, 『한국사회학』, 제38집 제5호.

강수택, 2007a, 『시민연대사회』, 아르케.

강수택, 2007b, 「서구 시민문화의 최근의 변화양상」, 『사회이론』, 제31호, 107~135쪽.

강수택, 2008a, 「한국사회 생활세계의 민주화」, 『사회와 이론』, 제13집, 71~108쪽.

강수택, 2008b, 「시민 참여와 이념 사이에서 시민운동이 갈 길」, 『본질과 현상』, 제11호.

강수택, 2008c, 「한국사회의 이념경계의 변화와 경계 넘기」, 『우리사회의 경계 어떻게 긋고 지울 것인가』, 경희대학교 인류사회재건연구원 엮음.

강수택, 2011, 「시민주의 사회정책의 토대로서 인권과 연대」, 『사회이론』, 제39호.

강영안, 1999, 「기독교 시민운동, 무엇을 지향할 것인가?」, 『기독교사상』, 1999년 8월호.

강이수, 2003, 「90년대 여성운동과 '연대' 그리고 정체성의 문제」, 『저항, 연대, 기억의 정치 2: 한국 사회운동의 흐름과 지형』, 김진균 엮음, 문화과학사.

강준만, 2000, 「패거리 공화국」, 『패거리 공화국』, 강준만 엮음, 개마고원.

강준만, 2004, 「한국 '개인주의'의 역사」, 『인물과 사상』, 2004년 8월호.

경향잡지 편집부, 1961, 「교황의 말씀. 새로 반포될 회칙에 관하여」, 『경향잡지』, 1961년 7월호.

경향잡지 편집부, 1970, 「사회(노동)문제에 관한 역대교황의 회칙」, 『경향잡지』, 1970년 9월호.

고명섭, 2007, 「'경쟁'의 짝꿍 '연대' 살려내야 민주주의 완성: 박명림―김명인 교수 대담」, 『한겨레신문』, 2007년 7월 12일.

고범서, 1975, 「크리스챤의 주체성과 연대성」, 『사목』, 1975년 3월호.

고윤남, 2004, 「국민연금 개혁 사회적 연대의 길로 가야 한다」, 『노동사회』, 2004년 7월호.

곽효문, 1995, 『산업복지론』, 제일법규.

교육개혁위원회, 1995, 『세계화·정보화 시대를 주도하는 신교육체제 수립을 위한 교육개혁 방안』, 제2차 대통령 보고서, 대통령자문 교육개혁위원회.

국민생각당, 2012, 「국민생각당 정강 및 기본정책」, 국민생각당 홈페이지 자료, http://www.kparty.kr.

국민참여당, 2010, 「국민참여당 정강정책」, 국민참여당 홈페이지 자료, http://www.handypia.org.

권경임, 1999, 「불교사회복지 사상과 실천체계에 관한 연구」, 동국대학교 대학원 박사학위 논문.

권태환·이재열, 2001, 「사회운동조직 간 연결망」, 『신사회운동의 사회학』, 권태환 외 엮음, 서울대출판부.

기독교사상 편집부, 1980, 「세계교회협의회 채택문: 가난한 자들과 유대를 함께하는 교회를 바라보며」, 『기독교사상』, 1980년 1월호.

기독교사상 편집부, 1983, 「WCC 제6차 총회의 논제」, 『기독교사상』, 1983년 1월호.

김경재, 1988, 「유기체 철학과 생명의 연대성」, 『신학연구』, 제29집, 한신대한신신학연구소.

김경철 외, 2001, 「시민단체 특집 〈1〉. 제5부……그러나 검증받지 않은 권력」, 『한국일보』, 2001년 6월 11일.

김경희, 2009, 『공화주의』, 책세상.

김광섭, 1962, 『신문어사전』, 아람출판사.

김대중, 1998, 「제15대 대통령 취임사」, 대통령기록관 홈페이지 연설문 자료. http://pa.go.kr/online_contents/speech/speech02/1308525_4248. html.

김대중, 1999, 「신년사. 찬란한 희망의 21세기를 향하여」, 대통령기록관 홈페이지 연설문 자료, http://pa.go.kr/online_contents/speech/speech02/1308700_4248.html.

김대중, 2000, 「2000년 새천년 신년사. 새천년 새희망」, 대통령기록관 홈페이지 연설문 자료, http://pa.go.kr/online_contents/speech/speech02/1308855_4248.html.

김대중, 2001, 「2001년 신년사. 희망의 21세기를 활짝 열어갑시다」, 대통령기록관 홈페이지 연설문 자료, http://pa.go.kr/online_contents/speech/speech02/1309023_4248.html.

김대중, 2002, 「2002년 신년사. 영광과 도약의 한 해」, 대통령기록관 홈페이지 연설문 자료, http://pa.go.kr/online_contents/speech/speech02/1309183_4248.html.

김대환, 1963, 『사회학』, 법문사.

김덕영, 1999, 『현대의 현상학─게오르그 짐멜 연구』, 나남출판사.

김도태, 1974, 『서재필박사 자서전』, 을유문화사.

김동춘, 1993, 「한국 노동자의 사회적 고립: 1987년 이후 중공업 노동자의 노동조합 활동을 중심으로」, 서울대대학원 박사학위 논문.

김동춘, 2010, 「한국전쟁과 시민사회의 재편─관변화와 사사화」, 2010년도 한국 NGO학회 광주학술대회 발표자료.

김문겸, 1993, 『여가의 사회학─한국의 레저문화』, 한울아카데미.

김상근, 1999, 「연대 그리고 희망」, 『기독교사상』, 1999년 1월호.

김상욱 외, 2009, 『한국종합사회조사 2008』, 성균관대학교출판부.

김석준, 1988, 「제주도 농촌주민의 계 결사체 참여와 사회적 유대」, 『한국사회학』, 제22권 제2호.

김성국, 1998, 「서론: 왜 다시 아나키즘인가?」, 『아나키, 환경, 공동체』, 구승회 외 지음, 모색.

김연명, 2002, 「김대중 정부의 사회복지 개혁과 불확실한 미래」, 『경제와 사회』, 2002년 가을호(제55호).

김연명, 2004, 「국민연금, 미래세대의 가혹한 부담인가?」, 『복지동향』, 2004년 8월호(제70호).

김영래, 2007, 「민주주의와 시민사회 가치의 재정립」, 『NGO연구』, 제5권 제1호.

김영삼, 1993, 「제14대 대통령 취임사」, 대통령기록관 홈페이지 연설문 자료, http://pa.go.kr/online_contents/speech/speech02/1307797_4248. html.

김영삼, 1995, 「신년사. 세계로 미래로 함께 달려갑시다」, 대통령기록관 홈페이지 연설문 자료, http://pa.go.kr/online_contents/speech/speech02/1308055_4248.html.

김영수, 2001, 『한국헌법사』, 학문사.

김영주, 1999, 『시장주의 그 신화와 환상』, 인물과사상사.

김영희, 2000, 「차이와 연대: 여성운동을 중심으로」, 『창작과비평』, 제108호.

김용학, 2003, 「한국사회의 학연: 사회적 자본의 창출에서 인적 자본의 역할」, 『우리에게 연고는 무엇인가』, 김성국 외 엮음, 전통과현대.

김윤환 외, 1987, 「대토론: 한국경제 어디로 갈 것인가」, 『동아일보』, 1987년 1월 22일.

김윤환, 1973, 「복지국가의 이념과 체제」, 『매일경제신문』, 1973년 2월 20일.

김윤환, 1980, 「복지국가의 기본이념」, 『산업논총』, 제5호, 경희대학교 경영행정대학원 산업관계연구소.

김윤환, 1981, 「무엇을 위해 일하는가」, 『경향잡지』, 1981년 12월호.

김의동, 1991, 「제국주의란 무엇인가?」, 『제국주의와 한국사회』, 장상환 · 김의동 외 지음, 한울.

김인걸 외, 2000, 『한국현대사 강의』, 돌베개.

김일철, 2003, 「한국사회, 알기 힘든 사회」, 『우리에게 연고는 무엇인가』, 김성국 외 엮음, 전통과현대.

김정호, 2000, 「후기실학사상에 나타난 개체 간 평등성 논리의 의미」, 『한국 정치학회 추계학술회의 자료집』.

김종구, 2003, 「지금은 회색정국을 타개할 연대가 필요하다: 교육개혁시민운 동연대 주경복 운영위원장과의 인터뷰」, 『중등우리교육』, 2003년 6월호.

김종엽, 1998, 『연대와 열광: 에밀 뒤르켐의 현대성 비판 연구』, 창작과비평사.

김진욱, 2011, 「한국의 복지혼합과 사회정책: 복지시장과 제3섹터를 중심 으로」, 『사회정책의 새로운 패러다임 모색』, 경상대학교 인권사회발전연 구소 2011년도 국제학술대회 자료집.

김태흡, 1927, 「종교와 사회사업발달의 연구」, 『불교』, 제32호.

김필동, 1999, 『차별과 연대: 조선사회의 신분과 조직』, 문학과지성사.

김필동, 2002, 「한국 전통 사회의 공동체와 개인」, 『사회와 이론』, 제1집.

김형기, 2003, 「'일자리 창출을 위한 연대': 노사대타협의 새로운 의제」, 『한 국노사관계학회 동계학술대회 자료집』.

김환석, 2010, 「이원론에 기초한 the Social 벗어나기」, 『'사회적인 것'은 무 엇인가, 그리고 과연 중요한가?』, 2010년도 한국이론사회학회 춘계학술대 회 자료집.

김희보, 1990, 「세계교회와의 연대성을 가져라」, 『기독교사상』, 1990년 5월호.

나라정책자료실 엮음, 1992, 『정치개혁 시민운동론』, 백산서당.

나정원, 1996, 「동북아 환경문제 해결을 위한 시민연대 방안」, 『환경과 생명』, 1996년 9월호(제10호).

노대명, 2010, 「한국의 사회통합과 국민의식: 사회통합위원회 국민의식조 사 분석결과를 중심으로」, 『한국의 사회갈등과 통합방안』, 한국사회학회 · 사회통합위원회 공동주최 학술 심포지엄 발표문 자료집.

노무현, 2003, 「제16대 대통령 취임사」, 대통령기록관 홈페이지 연설문 자 료, http://pa.go.kr/online_contents/speech/speech02/1309347_4248. html.

노무현, 2005, 「2005년 신년사」, 대통령기록관 홈페이지 연설문 자료, http://pa.go.kr/online_contents/speech/speech02/1309667_4248.html.

노무현, 2007, 「2007년 신년연설」, 대통령기록관 홈페이지 연설문 자료, http://pa.go.kr/online_contents/speech/speech02/1309982_4248.html

노승희, 2004, 「21세기 페미니즘의 의제: 정체성의 정치학으로부터 차이와 연대의 정치학으로의 전환」, 『교육비평』, 제15호.

노정선, 1990, 「아시아 평화와 교회의 연대」, 『기독교사상』, 1990년 9월호.

노정선, 1999, 「나눔과 연대를 통한 동반협력 관계로」, 『자유공론』, 1999년 9월호(제390호), 한국자유총연맹.

노창섭, 1960, 『사회학』, 일신사.

달레, 1958, 「대한성교사기」, 『경향잡지』, 1958년 1월호.

당대비평 편집위원회, 1997, 『당대비평』, 1997년 9월호(통권 제1호).

당대비평 편집위원회, 1999, 『당대비평』, 1999년 12월호(통권 제9호).

대한민국임시정부, 1919a, 「대한민국임시헌법」, 『한국헌법사』, 김영수, 2001, 학문사.

대한민국임시정부, 1919b, 「대한민국임시헌장」, 『한국헌법사』, 김영수, 2001, 학문사.

대한민국임시정부, 1948, 「대한민국제헌헌법」, 『한국헌법사』, 김영수, 2001, 학문사.

도서출판 눈 편집부, 1989, 『강철서신』, 도서출판 눈.

듀마, 앙드레, 1978, 「세계교회협의회의 사회사상」, 『기독교사상』, 1978년 7월호.

레닌, 1988, 『제국주의론』, 남상일 옮김, 백산서당.

류은숙, 2007, 「인권운동에서 '연대'가 갖는 의미와 방향성에 대하여」, 『인권운동에서 '연대'의 의미와 방향성에 대한 토론회』, 인권연구소 창 토론회 자료집.

문익환·신홍범, 1985, 「민주와 통일은 하나입니다」, 『월간 말』, 1985년 6월호(통권 제1호).

민문홍, 1989a, 「르뽈레와 에밀 뒤르케임」, 『한국사회학』, 제23권 제1호.

민문홍, 1989b, 「에밀 뒤르케임과 도덕적 사회주의」, 『사회비평』, 제2권 제3호.

민문홍, 2001, 『에밀 뒤르케임의 사회학』, 아카넷.

민주노동당, 2000, 「민주노동당 강령」, 민주노동당 홈페이지 자료.

민주노동당, 2011, 「민주노동당 강령」, 『민주노동당 4기 제5차 중앙위원회 및 제2차 정책당대회 자료집』.

민주당, 2008, 「민주당 강령·정강 정책」, 2008년 7월 6일 민주당 홈페이지 자료.

민주당, 2010, 「전문·강령」, 2010년 10월 3일 민주당 홈페이지 자료.

민주통합당, 2011, 「민주통합당 강령·정책」, 민주통합당 홈페이지 자료, http://www.minjoo.kr.

박명림, 2007, 「시민적 공화주의를 위하여」, 『한겨레신문』, 2007년 2월 13일.

박명림, 2009, 경향신문 기획시리즈 「새로운 공화국을 꿈꾸며」를 주제로 2009년 1월 4일부터 7월 26일까지 24회에 걸쳐 이루어진 김상봉과 박명림의 서신대화 기사 가운데 박명림의 기사들.

박병도, 2006, 「연대의 권리, 제3세대 인권」, 『인권법』, 인권법교재발간위원회 엮음, 아카넷.

박상필, 2010, 「1990년대 이후 한국 시민사회의 발전」, 2010년도 한국 NGO학회 광주학술대회 발표자료.

박성호, 2005, 『한국의 종교와 사회복지』, 제이앤씨.

박세일, 2007, 「왜 공동체자유주의인가?」, 한반도선진화 홈페이지 한선칼럼 자료, http://www.hansun.org/message/column_view.php?b_idx=5710.

박세일, 2008, 「공동체자유주의: 이념과 정책」, 한반도선진화 홈페이지 자료, http://www.hansun.org/message/idea.php.

박영도, 2000, 「자유주의와 공동체주의를 넘어서」, 『창작과비평』, 봄호(제28권 제1호).

박영신, 1998, 「공동체주의 사회과학의 새삼스런 목소리」, 『현상과 인식』, 제22권 제1, 2호.

박인철, 2001, 「후설의 의사소통 이론」, 『철학과 현상학 연구』, 제17집.

박인철, 2002, 「현상학적 사회이론」, 『철학연구』, 제59집.

박주현, 2001, 「패거리 문화에서 새로운 연대로」, 『인물과사상』, 2001년 3월호.

박준, 2009, 「한국의 사회갈등과 경제적 비용」, CEO Information, 제710호, 삼성경제연구소.

박찬승, 2002, 「20세기 한국 국가주의의 기원」, 『한국사연구』, 제117호.

박찬웅, 2000, 「사회적 자본, 신뢰, 시장」, 『21세기 시장과 한국 사회』, 한국사회학회 엮음, 나남출판.

박홍식, 1995, 「조선조 후기 실학사상에 나타난 인간관의 특징」, 『동양철학연구』, 제15권.

반일효, 2000, 「'분열'을 넘어 '연대'로」, 『노동사회』, 제48호.

방귀희, 1987, 「불교복지의 기본사상」, 『석림』, 제21권.

배선복, 2007, 『라이프니츠의 삶과 철학세계』, 철학과현실사.

배용광, 1957, 『사회학강의안』, 신생문화사.

백낙청, 1988, 「한국의 민족문학과 한일 민중의 연대」, 『창작과비평』, 1988년 여름호(제60호).

백병부·송승훈, 2001, 「차이와 연대 그리고 빠진 것들」, 『중등우리교육』, 2001년 7월호(통권 제137호).

백영서, 1998, 「다시 토론과 연대의 시대를 열자」, 『창작과비평』, 1998년 가을호.

백운선, 1981, 「민주당과 자유당의 정치이념 논쟁」, 『1950년대의 인식』, 진덕규 외 지음, 한길사.

복음과상황 편집부, 2004, 「복상이 주목한 100인의 그리스도인: 정의, 평화, 연대를 위한 느린 질주」, 『복음과상황』, 2004년 3월호.

볼프, 에릭, 1975, 「프로테스탄트 법신학의 길: 법에 있어서의 인격성과 연대성」, 『기독교사상』, 1975년 11월호.

사목 편집부, 1982, 「노동에 바탕한 연대성」, 『사목』, 1982년 9월호.

사회복지공동모금회, 2010, 『2009 사회복지공동모금회 나눔보고서』, 사회복지공동모금회.

사회평론 창간위원, 1991, 「'연대를 위한 전진'과 '전진을 위한 연대'를 향하여」, 『사회평론』, 1991년 6월호(창간호).

새누리당, 2012, 「국민과의 약속」, 새누리당 홈페이지 자료, http://www.saenuriparty.kr.

서왕진, 1999, 「연대를 강화하자, 세상을 움직이자」, 『환경과 생명』, 제20호.

서재진, 1989, 「한국 자본가계급의 이데올로기 분석을 통해서 본 자본가계급, 노동계급, 국가와의 관계 연구」, 『한국사회학』, 제23집 제1호.

석현호 외, 2005, 『한국종합사회조사 2004』, 성균관대학교출판부.

선진통일당, 2012, 「선진통일당 정강정책」, 선진통일당 홈페이지 자료, http://www.jayou.or.kr.

설동훈, 2001, 「차별과 연대―외국인노동자 인권침해 실태와 극복방안」,

『창작과비평』, 2001년 여름호(제112호).

성은미, 2006, 「연대를 위한 복지 어디서부터 시작할 것인가」, 『노동사회』, 2006년 11월호.

손동희 · 황기돈, 1999, 「노동조합운동과 실업자운동의 연대에 관하여」, 『경제와 사회』, 1999년 3월호(제41호).

손병희 외, 1919, 「삼일독립선언서」, 한국독립운동사 정보시스템 자료.

송길섭, 1984, 「3·1운동과 종교 간의 연대문제」, 『기독교사상』, 1984년 3월호.

송병헌, 2002, 「해제: 베른슈타인과 현대」, 베른슈타인 지음, 송병헌 옮김, 『사회주의란 무엇인가 외』, 책세상.

송재룡, 2001, 『포스트모던 시대와 공동체주의』, 철학과현실사.

송호근, 2001, 「신사회운동 참여자 분석」, 『신사회운동의 사회학』, 권태환 외 엮음, 서울대출판부.

슈워츠, 피터, 2000, 「나치 망령 오스트리아에 출현하다」, 『월간 말』, 2000년 3월호.

시민운동정보센터, 2009, 『한국시민사회연감 2010』, 재외동포신문사.

시민의신문사, 2006, 『한국시민사회연감 2006』, 시민의신문사.

시민통합당, 2011, 「시민통합당 정강 · 정책」, 시민통합당 홈페이지 자료.

신동아 편집실, 1990, 『선언으로 본 80년대 민족 · 민주운동』, 동아일보사.

신룡진, 1897, 「독립협회론」, 『대조선독립협회회보』, 제7호.

신용하 엮음, 1985, 『공동체 이론』, 문학과지성사.

신용하, 1990, 「독립협회의 민족주의와 의회민주주의」, 『사회와역사』, 제23권.

신정완, 2005, 「한국경제의 대안적 체제모델로서 '한국형 사회적 시장경제 모델' 구상」, 『노동사회』, 2005년 11월호.

신지호, 2006, 「뉴라이트 운동의 전개와 사상적 특질」, 『시대정신』, 2006년 가을호.

심성보, 2001, 「신자유주의 교육개혁의 반공동체성과 민주적 공동체 교육의 요청」, 『교육비평』, 교육비평.

안경렬, 1977, 「인간을 위한 교회: 개방적이고 연대적인 신앙공동체」, 『경향잡지』, 1977년 1월호.

안병진, 2006, 「탈정치론의 시대: 참여정부와 뉴라이트의 탈정치론과 공화주의적 대안 모색」,『동향과 전망』, 제67호.

안병진, 2007,「대한민국 '레짐 체인지'」,『창작과비평』, 제135호.

양세진, 1999,「평화, 정의, 인권을 위한 행진」,『기독교사상』, 1999년 9월호.

열린우리당, 2007,「열린우리당 강령 및 기본정책」, 2007년 2월 14일.

오경환, 1976,「사회회칙과 사회적 관심」,『경향잡지』, 1976년 6월호.

오문환, 2002,「동학사상에서의 자율성과 공공성」,『한국정치학회보』, 제36집 제2호.

오문환, 2009,「동학(천도교)의 인권사상」,『동학학보』, 제17호.

오용석, 1999,「소외 없는 세계화, 연대의 세계화를 위한 조건과 실천」,『사목』, 1999년 3월호.

왕후이·이욱연, 2000,「신자유주의와 중국 지식인의 대응─동아시아 연대를 위하여」,『창작과 비평』, 2000년 겨울호(제110호).

유명기, 1999,「외국인, 외국인 노동자, 열린 사회를 향한 디딤돌인가 걸림돌인가?」,『당대비평』, 1999년 12월호(제9호).

유석춘, 2001,「한국의 사회집단: 연고집단」,『현대 한국사회 성격논쟁』, 석현호·유석춘 공편, 전통과현대.

유영렬, 1991,「독립협회의 성격」,『한국사연구』, 한국사연구회, 제73권.

유은상, 1989,『19세기 독일의 사회적 보수주의』, 대학촌.

유은상, 1990,『복지국가, 사회주의와 보수주의』, 대학촌.

유정길, 2009,「불교사상에 기반한 사회적 연대」,『2009년 전기사회학대회 논문집』, 한국사회학회.

유팔무·김호기 엮음, 1995,『시민사회와 시민운동』, 한울.

윤진호, 1993,「노동자의 '고립화'와 '계급연대'」,『경제와 사회』, 1993년 겨울호(제20호).

은수미, 2004,「연계강화, 연대약화: 사회운동의 관계맺기와 한국 시민사회」,『관계와 상징의 연결망: 사회변동』, 2004년도 한국이론사회학회 춘계학술회의 발표논문집.

이경숙, 1994,「여성의 연대성을 강조하는 입다의 딸 설화」,『기독교사상』, 1994년 2월호.

이광린, 1988,「개화기 한국인의 아시아연대론」,『한국사연구』, 제61호, 한국사연구회.

이광수(가야마 미쓰로, 香山光郎), 1941, 「신시대의 윤리」, 『신시대』, 신시대사.

이근식, 2000, 『자유주의 사회경제사상』, 한길사.

이근식, 2001, 「자유주의와 한국사회」, 『자유주의란 무엇인가』, 이근식·황경식 엮음, 삼성경제연구소.

이기백, 1997, 『한국사신론』, 일조각.

이나미, 2003, 「일제의 조선지배 이데올로기: 자유주의와 국가주의」, 『정치사상연구』, 제9집.

이대훈, 1996, 「교회와 사회의 연대」, 『경향잡지』, 1996년 11월호.

이명박, 2008a, 「제17대 대통령 취임사」, 대통령기록관 홈페이지 연설문 자료, http://www.pa.go.kr/online_contents/speech/speech02/1310127_4248. html.

이명박, 2008b, 「국민께 드리는 말씀」, 청와대 홈페이지 대통령연설 자료, 2008년 5월 22일, http://www.president.go.kr/kr/president/speech/speech_list.php.

이명박, 2008c, 「특별기자회견문」, 청와대 홈페이지 대통령연설 자료, 2008년 6월 19일, http://www.president.go.kr/kr/president/speech/speech_list. php.

이명박, 2011, 「2011년 신년 연설」, 청와대 홈페이지 대통령연설 자료, 2011년 1월 3일, http://www.president.go.kr/kr/president/speech/speech_list. php.

이병호, 1998, 「포스트모던 다원주의와 사회과 교육—정의와 연대성을 위한 교육」, 서울대학교대학원 박사학위 논문.

이선미, 2006, 「한국 시민사회의 '영향'」, 『한국 시민사회지표』, 주성수 엮음, 아르케.

이재열, 2001, 「의리인가, 계약인가?: 인격주의와 개인주의의 갈등적 공존과 한국사회의 제문제」, 『현대 한국사회 성격논쟁』, 석현호·유석춘 공편, 전통과현대.

이재열, 2008, 「사회통합 부문의 주요변화」, 『한국의 사회동향 2008』, 통계개발원.

이재혁, 1998, 「신뢰의 사회구조화」, 『한국사회학』, 제32집 여름호.

이정우, 2001,『주름, 갈래, 울림: 라이프니츠와 철학』, 거름.

이정학, 1994,「불교 사회복지 발전을 위한 소고」,『승가』, 제11권.

이종오, 1988,「80년대 노동운동론 전개과정의 이해를 위하여」,『한국 노동 운동의 이념』, 한국기독교산업개발원 엮음, 정암사.

이진경 외, 1997,『들뢰즈 · 가타리의 정치적 사유: 탈주의 공간을 위하여』, 푸른숲.

이찬웅, 2004,「옮긴이의 말」,『주름, 라이프니츠와 바로크』, 질 들뢰즈 지음, 이찬웅 옮김, 문학과지성사.

이택휘, 1978,「'연대성' 속의 갈등과 통합」, 정경연구소,『정경연구』, 제 161호.

이현재, 2005,「여성주의적 연대의 가능성」,『한국여성철학』, 제5권.

이혜숙, 2010,「해방이후 시민사회의 저발전과 한국전쟁」, 2010년도 한국 NGO학회 광주학술대회 발표자료.

일송정 편집부 엮음, 1988,『팜플렛 정치노선』, 일송정.

임문혁, 2007,「독일 의료보험 개혁이 사회적 연대감에 미치는 영향」,『보건 복지포럼』, 2007년도 1월호.

임원택 외, 1984,『국민윤리』, 대명출판사.

임중재, 2002,「동학사상의 근대적 개체성논리와 인간관에 관한 고찰」,『동 학학보』, 제4호.

임춘식, 2000,「노인과 청소년: 공동체적 연대감 형성의 가능성」,『노인복지 연구』, 2000년 3월호(제7호).

자유선진당, 2008,「자유선진당 정강 정책」, 2008년 2월 1일, 자유선진당 홈페이지 자료.

장기웅, 1981,『통일은 왜 안되고 있는가: 통일한국의 미래상』, 민족통일중 앙협의회.

전국대학생대표자협의회, 1987,「전대협 발족 선언문」,『한국시민사회운동 15년사』부록 CD.

전남대 사회과학연구소, 1998,『현대사회과학연구』, 제9권(특집: 한국의 공 동체 실태와 문화).

전정희, 1991,「실학사상에서의 민의 관념 고찰」,『사회과학연구』, 제18권, 전북대학교 사회과학연구소.

전진식 외, 2007, 「'시민 가까이' 외치지만 발걸음이 무거워졌다」, 『한겨레 신문』, 2007년 3월 22일자.

정근식, 1999, 「지역균열 해소 위한 교류와 연대 가능성」, 『자치광장』, 1999년 3월호(제91호), 전북의정연구소.

정성진, 1991, 「제국주의, 사회주의 그리고 영구혁명」, 『제국주의와 한국사회』, 한울.

정수복 편역, 1993, 『새로운 사회운동과 참여민주주의』, 문학과지성사.

정용준, 2008, 「시장주의 방송구조개편정책의 쟁점과 대안」, 『방송통신의 공익실현과 산업 활성화를 위한 쟁점 대토론회 자료집』, 한국방송학회.

정재식, 1999, 「공동선을 위한 지구신학」, 『기독교사상』, 1999년 8월호, 109~126쪽.

정태석, 2005, 「세계화 선언 이후 한국 시민사회의 오늘과 내일」, 『노동사회』, 2005년 1월호.

조계원, 2009, 「지구화 시대의 애국심」, 『민족연구』, 제40호, 한국민족연구원.

조선천주교 순교자현양회 발기인회, 1939, 「조선천주교 순교자현양회 발기인회의 성명」, 『경향잡지』, 1939년 9월호.

조성을, 2000, 「실학의 사회, 경제사상―신분제도 개혁을 중심으로」, 『대동문화연구』, 성균관대학교 대동문화연구원, 제37권.

조유식, 1993, 「손호철과 리영희의 대담: 대민족주의와 아시아 시민연대로 나아가자」, 『월간 말』, 1993년 4월호(제82호).

조희연 · 김정훈, 2003, 「시민사회운동의 현황과 과제」, 『한국시민사회연감 2003』, 시민의신문사.

조희연, 1992, 「민주 · 민중적 세력의 연대의 필요성」, 『기독교사상』, 1992년 10월호.

조희연, 2003, 「한국 민주주의의 전개와 시민운동의 변화」, 『저항, 연대, 기억의 정치2』, 김진균 엮음, 문화과학사.

조희연, 2004a, 「시민운동의 세 가지 새로운 과제」, 『참여와 연대로 연 민주주의의 새 지평』, 홍성태 엮음, 아르케.

조희연, 2004b, 「민주항쟁 이후 사회운동 변화와 그 특성: 4가지 측면을 중심으로」, 『한국시민사회운동15년사. 1987~2002』, 시민의신문사.

조희연 · 김정훈, 2006, 「새로운 도전 속의 한국 사회운동: 사라지지 않은 과거와 뿌리내리지 못하는 미래」, 『한국시민사회연감 2006』, 시민의신문사.

좋은정책포럼, 2006, 「좋은정책포럼 인사말」, 좋은정책포럼 홈페이지 자료, http://www.goodforum.org/.

주성수 외, 2000, 「글로벌 시민사회와 NGO」, 『NGO란 무엇인가』, 아르케.

주성수, 2010, 『사회적 경제: 이론, 제도, 정책』, 한양대학교출판부.

주정립, 2000, 「유럽 극우주의 복지 쇼비니즘 토양에서 자라난 독버섯」, 『월간 말』, 2000년 4월호.

주진우, 2003, 「비정규직 노동의 정치, 아래로 흐르는 연대」, 『정치비평』, 제11호, 한국정치연구회.

중앙선거관리위원회, 1964, 『각 정당의 당헌 · 정강정책』, 중앙선거관리위원회.

중앙선거관리위원회, 1965, 『정당연구자료 제1집: 정당의 기구 기능과 정강 · 정책 · 당헌 등』, 중앙선거관리위원회.

중앙선거관리위원회, 1992, 『대한민국정당사. 제3집』, 중앙선거관리위원회.

중앙선거관리위원회, 2009, 『대한민국정당사. 제5집』, 중앙선거관리위원회.

지유철, 2003, 「지행합일의 여성학자 오한숙희와의 인터뷰: 수다에서 밥상으로, 소통에서 연대로」, 『복음과상황』, 2003년 11월호.

진보신당, 2009, 「진보신당 강령」, 2009년 3월 29일, 진보신당 홈페이지 자료.

진중권, 2000, 「패거리의 문화」, 『패거리 공화국』, 강준만 엮음, 개마고원.

참여연대 사회복지위원회, 2008, 「누가, 왜 의료민영화를 추진하는가?」, 『복지동향』, 제119호.

참여연대, 2010, 『제16차 정기총회 자료집』, 참여연대.

창조한국당, 2008, 「창조한국당 강령」, 2008년 7월 12일, 창조한국당 홈페이지 자료.

천홍범, 1986, 「Emil Durkheim의 사회적 연대론과 교육의 기능」, 계명대대학원 박사학위 논문.

최협 외, 2001, 『공동체론의 전개와 지향』, 선인.

최성묵, 1982, 「연대성의 지평」, 『기독교사상』, 1982년 6월호, 171~174쪽.

최연구, 1997, 「자유주의의 한계와 '사회적 연대'의 모색—앵글로색슨 모델과 사회적 복지 모델 사이에서」, 『당대비평』, 제1호.

최원식, 1996, 「새로운 연대의 창조를 위하여」, 『창작과비평』, 1996년 여름호.

최장집, 1998, 「한국 정치경제의 위기와 대안모색: 민주적 시장경제를 중심으로」, 『한국정치특별학술회의2 논문집』, 한국정치학회.

최재석, 1972, 「한국에 있어서의 공동체 연구의 전개」, 『한국사회학』, 제7집.

최종욱 외, 1994, 『현대의 위기와 새로운 사회운동』, 문원.

최청일, 1985, 「교육개혁에 있어서 시장경제개념의 도입 분석」, 『한국교육』, 1985년 12월, 한국교육개발원.

친일반민족행위진상규명위원회, 2007, 「치안유지법」(1925), 『친일반민족행위관계사료집 III』.

통계청, 2006, 「사회조사: 자살에 대한 충동 및 이유 2006」, 국가통계포털 홈페이지 자료, http://www.kosis.kr.

통계청, 2008, 『2007 한국의 사회지표』, 통계청.

통계청, 2010a, 『2009 한국의 사회지표』, 통계청.

통계청, 2010b, 「사망원인통계: 사망원인(103항목)/성/연령(5세)별 사망자수/사망률. 1983~2009」, 국가통계포털 홈페이지 자료, http://www.kosis.kr.

통계청, 2010c, 「사회조사: 자살에 대한 충동 및 이유 2010」, 국가통계포털 홈페이지 자료, http://www.kosis.kr.

통합진보당, 2011, 「통합진보당 강령」, 통합진보당 홈페이지 자료, http://www.goupp.org.

통합진보당, 2012, 「통합진보당 강령」, 통합진보당 홈페이지 자료, http://www.goupp.org.

풍년사 편집부, 1966, 『(최신)일반상식문제집』, 풍년사.

필자미상, 1983, 「성명서―국가안전기획부에 불법연행된 가족 일동」, 성공회대 민주화운동자료관 자료번호 57222.

하구천, 1955, 『사조개설』, 세문사.

학담, 2003, 『분단을 넘어 원융무애의 생명바다로 II』, 제2권, 큰수레.

한국기독교교회협의회, 2000, 「21세기 한국 기독교 신학선언」, 한국기독교교회협의회 홈페이지 자료실 자료, http://www.kncc.or.kr.

한국사회학회·사회통합위원회, 2010, 『한국의 사회갈등과 통합방안』, 학술심포지엄 자료집,

한국사회학회 · 한국정치학회 엮음, 1992, 『한국의 국가와 시민사회』, 한울.

한국여성단체연합 외, 2009, 「국정원을 비롯한 범정부차원의 시민사회단체 방해 및 탄압 중단하라」, 국정원의 NGO활동 간섭/탄압 관련 시민사회단체 공동기자회견문, 참여연대 행정감시센터 블로그 자료, http://blog.peoplepower21.org/Government/40505.

한국여성연구소, 1999, 『여성과 사회』, 제10호.

한국역사연구회 현대사연구반, 1991, 『한국현대사 4: 1980년대 한국사회와 민족민주운동』, 풀빛.

한국천주교 정의평화위원회, 1984, 「생존권의 보장을 위하여」, 『경향잡지』, 1984년 12월호.

한국철학사상연구회, 2000, 『시대와 철학』, 제11권 제1호.

한국청소년교육연구소, 1999, 『새천년의 청소년: 새로운 공동체적 인간 연대감의 형성』, 한국청소년교육연구소.

한나라당, 2006, 「한나라당 정강 · 정책」, 한나라당 홈페이지 자료, http://www.hannara.or.kr.

한동섭, 2006, 「시민단체와 게이트키퍼 언론 간의 관계에 관한 시론적 연구」, 『한국 시민사회지표』, 주성수 엮음, 아르케.

한만중, 2008, 「시장주의 교육파탄 정책과 전교조의 과제」, 『노동사회』, 제 129호.

한상진, 1999, 『도시와 공동체』, 한울아카데미.

한상진, 2001, 「광주민중항쟁과 인권의 공동체주의적 고찰」, 『공동체적 합리성을 찾아서』, 한국이론사회학회 2001년도 추계학술대회 발표논문집.

한영옥, 2001, 「불교사회복지 사상과 실천적 기능에 관한 연구」, 대전대학교 경영행정대학원 석사학위 논문.

한완상, 1999, 「20세기에서 배워 21세기를 준비하자」, 『기독교사상』, 1999년 1월호.

한일조, 2006, 「다원주의 사회에서의 연대의식과 교육적 과제」, 『교육철학』, 제30집.

한홍순, 1998, 「연대성에 바탕을 둔 삶을」, 『경향잡지』, 1998년 2월호.

함택영, 1999, 「자본주의국가의 지배력에 관한 소고―국가주의 비판 및 국가권력의 총체적 이해」, 『한국정치연구』, 제8, 9권.

헤링, 베른하르트, 1973,「구원과 멸망의 연대성」,『신학전망』, 제22호.

현택수, 2003,「인터넷 사이버 공동체의 힘」,『지방행정』, 대한지방행정공제회, 2003년 2월호.

홍경준, 1996,「노동자의 연대의식에 기업복지가 미치는 효과」,『한국사회복지학』, 제29호.

홍동식, 1988,「농업의 상업화와 농촌사회변동: 부락의 공동유대를 중심으로」,『한국사회학』, 제22권 제1호.

홍석률, 2002,「1960년대 한국 민족주의의 두 흐름」,『사회와 역사』, 제62집.

홍종혁, 1970,『국제정치론』, 교육문교사.

홍찬숙, 1999,「차이를 안고 연대로: 문제제기」,『여성과 사회』, 한국여성연구회, 제10호.

황경식, 1997,『시민공동체를 향하여: 근대성, 그 한국사회적 함축』, 민음사.

황성모, 1979,「'연대'에의 사상과 정책」, 경향신문사,『정경문화』, 제178호.

『경향신문』, 1979년 12월 3일.

『노동사회』, 한국노동사회연구소. 1995년~2009년.

『동아일보』, 1927년 11월 22일.

『조선일보』, 1927년 3월 21일, 1936년 4월 14일, 1958년 11월 27일, 1958년 12월 18일, 1980년 3월 2일.

『한성순보』, 1884년 3월 18일, 4월 6일.

『황성신문』, 1904년 3월 19일.

사상계 홈페이지 자료, http://www.esasangge.com/.

일제시대 민족지 압수기사 모음, 동방미디어 원문서비스 홈페이지 KoreaA2Z, http://dbmedia.co.kr/.

한국언론재단 미디어포털 서비스 홈페이지의 카인즈 검색 서비스, http://www.kinds.or.kr/.

Ariew, R. · D. Garber, 1989, *Leibniz: Philosophical Essays*, Hackett.

Bauman, Z., 1987, *Legislators and Interpreters*, Cambridge: Polity Press.

Bauman, Z., 1991, *Modernity and Ambivalence*, Cambridge: Polity.

Bauman, Z., 1999, *In Search of Politics*, Cambridge: Polity.

Bauman, Z., 2001, *Community: Seeking Safety in an Insecured World*, Cambridge: Polity Press.

Beck, U. · A. Giddens · S. Lash, 1994, *Reflexive Modernization*, Cambridge: Polity; 『성찰적 근대화』, 기든스 외 지음, 임현진 · 정일준 옮김, 한울, 1998.

Beck, U., 1986, *Risikogesellschaft*, Frankfurt/Main: Suhrkamp; 『위험사회』, 홍성태 옮김, 새물결, 1997.

Beck, U., 1995, *Die Feindlose Demokratie*, Ditzingen: Reclam; 『적이 사라진 민주주의』, 정일준 옮김, 새물결, 2000.

Beck, U., 1997, *Was ist Globalisierung?*, Frankfurt/Main: Suhrkamp; 『지구화의 길』, 조만영 옮김, 거름, 2000.

Beck, U., 1999, *Schöne neue Arbeitswelt, Frankfurt/Main: Campus*; 『아름답고 새로운 노동세계』, 홍윤기 옮김, 생각의 나무, 1999.

Bernstein, E., 1899, *Die Voraussetzungen des Sozialismus und die Aufgaben der Sozialdemokratie*, Stuttgart: Dietz; 『사회주의의 전제와 사민당의 과제』, 강신준 옮김, 한길사, 1999.

Bernstein, E., 1909, *Der Revisionismus in der Sozialdemokratie*, Vortrag in Amsterdam; 『사회주의란 무엇인가 외』, 송병헌 옮김, 책세상, 2002.

Bernstein, E., 1910, *Die Arbeiterbewegung*, Frankfurt/Main: Rütten & Loening.

Bernstein, E., 1918, *Was ist Sozialismus?*, Berlin: Arbeitsgemeinschaft für Staatsbürgerliche und Wirtschaftliche Bildung; 『사회주의란 무엇인가 외』, 송병헌 옮김, 책세상, 2002.

Bethusy-Huc, V.G., 1986, "Sozialstaat", *Handlexikon zur Politikwissenschaft*, W. Mickel(Hrsg.), Schriftenreihe der Bundeszentrale für politische Bildung, Band 237, München: Franz Ehrenwirth Verlag.

Böhringer, H., 1984, "19. und 20. Jahrhundert", *Historisches Wörterbuch der Philosophie*, Bd.6, J. Ritter · K. Gründer(Hrsg.), Basel: Schwabe&Co Verlag.

Bourgeois, L., 1926, *Solidarité*, Paris: Librairie Armand Colin.

Brandt, W., 1990, "Die Zukunft des demokratischen Sozialismus"; 「민주사회주의—어제와 내일」, 최정호 편역, 『계간사상』, 겨울호, 1990.

Brinton, C.·J.B. Christopher·R.L. Wolff, 1960, *A History of Civilization*, Vol.2, Englewood Cliffs: Prentice-Hall; 『세계문화사. 중』, 양병우 외 옮김, 을유문화사, 1963.

Candea, M.(ed.), 2010, *The Social after Gabriel Tarde*, London: Routledge.

CDU, 1978, "Grundsatzprogramm 'Freiheit, Solidarität, Gerechtigkeit'", CDU 공식 홈페이지 자료, http://www.grundsatzprogramm.cdu.de/doc/ 1978_Ludwigshafen_Grundsatzprogramm-Freiheit-Solidaritaet-Ger.pdf.

CDU, 1994, "Grundsatzprogramm 'Freiheit in Verantwortung'", CDU 공식 홈페이지 자료, http://www.grundsatzprogramm.cdu.de/doc/ grundsatzprogramm.pdf.

CDU, 2007, "Freiheit und Sicherheit. Grundsätze für Deutschland", CDU 공식 홈페이지 자료, http://www.grundsatzprogramm.cdu.de/ doc/071203-beschluss-grundsatzprogramm-6-navigierbar.pdf.

Cohen, J.L.·A. Arato, 1992, *Civil Society and Political Theory*, Cambridge: The MIT Press.

Cole, G.D.H., 1971, *A History of Socialist Thought*, Vol.1, London: Macmillan; 『사회주의사상사 I』, 이방석 옮김, 신서원, 1987.

Collins, J.D., 1967, *The Continental Rationalists: Descartes, Spinoza, Leibniz*, Milwaukee: Bruce Publishing Company; 『합리론: 데카르트, 스피노자, 라이프니츠』, 이성환 외 옮김, 백의, 1999.

Comte, A., 1848, *Discours Préliminaire sur l'Ensemble du Positivisme*, Paris; 『실증주의서설』, 김종우 옮김, 한길사, 2001.

Comte, A., 1973, *System of Positive Polity*, volII, (trans.)F. Harrison, N.Y.: Burt Franklin.

Comte, A., 1974, *The Positive Philosophy*, translated and condensed by H. Martineau, N.Y.: AMS Press.

Coser, L.A., 1971, *Masters of Sociological Thought*, N.Y.: Harcourt Brace Jovanovich; 『사회사상사』, 신용하 외 옮김, 일지사, 1981.

Coser, L.A., 1984, "Introduction", *The Division of Labor in Society*, written by E. Durkheim and translated by W.D. Halls, N.Y.: The Free Press.

Council of Europe, 2010, *The Social Charter at a Glance*, Strasbourg: Council of Europe Workships, 유럽 사회헌장 공식 홈페이지 자료, http://www.coe.int/t/dghl/monitoring/socialcharter/default_en.asp.

Dagger, R., 2007, 「신공화주의와 시민경제」, 『시민과세계』, 2007년 기념호 (제10호).

Deleuze, G. · F. Guattari, 1980, *Mille Plateaux*, Paris: Éditions de Minuit; 『천개의 고원』, 김재인 옮김, 새물결, 2001.

Deleuze, G., 1988, *Le Pli-Leibniz et le baroque*, Paris: Éditions de Minuit; 『주름, 라이프니츠와 바로크』, 이찬웅 옮김, 문학과지성사, 2004.

Dirsch, F., 2006, *Solidarismus und Sozialethik*, Berlin: Lit Verlag.

Doran, K.P., 1996, *Solidarity: A Synthesis of Personalism and Communalism in the Thought of Karol Wojtyla/ Pope John Paul II*, N.Y.: Peter Lang.

Durkheim, E., 1897, *Le Suicide*, Paris: PUF;『자살론』, 김충선 옮김, 청아출판사, 1994.

Durkheim, E., 1898, "L'individualisme et les intellectuels"; "Individualism and the Intellectuals" translated by S. and J. Lukes. in *Emil Durkheim, Critical Assessments*, Vol.IV, 1990, edited by P. Hamilton, London: Routledge.

Durkheim, E., 1978, "Review of Ferdinand Tönnies, Gemeinschaft und Gesellschaft", *Emil Durkheim on Institutional Analysis*, 1978, edited and translated by M. Traugott, Chicago: The University of Chicago Press.

Durkheim, E., 1984, *The Division of Labor in Society*, translated by W.D. Halls, N.Y.: The Free Press.

EPP, 1992, "Basic Programme", EPP 공식 홈페이지 자료, http://www.epp.eu/dbimages/pdf/athene-BASIC_PROGRAM.pdf.

EPP, 2001, "A Union of Values", EPP 공식 홈페이지 자료, http://www.epp.eu/dbimages/pdf/encong_values.pdf.

Etzioni, A., 1996, "The Responsive Community: A Communitarian Perspective", *American Sociological Review*, vol.61, no.1.

Fetscher, I., 1976, "Klasse und Klassenbewußtsein", *Grundbegriffe des*

Marxismus I, Fetscher(Hrsg.), Hamburg: Hoffmann und Campe.

Fetscher, I., 1976, "Staat und bürgerliche Gesellschaft", *Grundbegriffe des Marxismus* I, Fetscher(Hrsg.), Hamburg: Hoffmann und Campe.

Forsthoff, E., 1972, "Etatismus", *Historisches Wörterbuch der Philosophie*, Bd.2, J. Ritter(Hrsg.), Basel: Schwabe&Co Verlag.

Giddens, A., 1990, *The Consequences of Modernity*, Cambridge: Polity; 『포스트모더니티』, 이윤희 외 옮김, 민영사, 1991.

Giddens, A., 1991, *Modernity and Self-Identity: Self and Society in the Late Modern Age*, Cambridge: Polity; 『현대성과 자아정체성』, 권기돈 옮김, 새물결, 1997.

Giddens, A., 1994, *Beyond Left and Right: The Future of Radical Politics*, Cambridge: Polity; 『좌파와 우파를 넘어서』, 김현옥 옮김, 한울, 1997.

Giddens, A., 1998, *The Third Way: The Renewal of Social Democracy*, Cambridge: Polity; 『제3의 길』, 한상진 · 박찬욱 옮김, 생각의 나무, 1998.

Gollwitzer, H., 1978, *Befreiung zur solidarität*, München: Kaiser; 『신학의 연대성』, 박종화 옮김, 대한기독교출판사, 1983.

Grebing, H., 1970, *Geschichte der Deutschen Arbeiterbewegung*, München: DTV.

Habermas, J., 1981, *Theorie des kommunikativen Handelns*, Bd.II, Frankfurt/Main: Suhrkamp; 『의사소통행위이론 2』, 장춘익 옮김, 나남출판사, 2006.

Habermas, J., 1985, *Theorie des kommunikativen Handelns*, Bd.I~II, Frankfurt/Main: Suhrkamp Verlag.

Habermas, J., 1991, *Erläuterungen zur Diskursethik*, Frankfurt/Main: Suhrkamp; 『담론윤리의 해명』, 이진우 옮김, 문예출판사, 1997.

Hayek, F.A., 1944, *The Road to Serfdom*, Chicago: The University of Chicago Press ; 『예종의 길 (상)』, 정도영 옮김, 삼성문화재단, 1974.

Hayek, F.A., 1976, *Law, Legislation, and Liberty, Vol.2: The Mirage of Social Justice*, Chicago: University of Chicago Press.

Hayward, J.E.S., 1961, "The Official Social Philosophy of the French Third Republic: Léon Bourgeois and Solidarism", *International Review of Social*

History, No.6.

Hechter, M., 1987, *Principles of Group Solidarity*, Berkeley: University of California Press.

Herbert, F.W. · 정용교, 2005, 「사회적 시장경제의 핵심내용과 주요테제」, 『담론201』, 제8권 제1호.

Hobbes, T., 1952, *Leviathan, or the Matter, Forme and Power of a Commonwealth, Ecclesiasticall and Civil*, Oxford: Blackwell; 『리바이어던』, 한승조 옮김, 삼성출판사, 1983.

Höffner, J., 1975, *Christliche Gesellschaftslehre*, Kevelaer: Butzon&Bercker; 『그리스도교 사회론』, 박영도 옮김, 분도출판사, 1979.

Husserl, E., 1950, *Cartesianische Meditation und Pariser Vorträge*, Haag: Martinus Nijhoff; 『데카르트적 성찰』, 이종훈 옮김, 한길사, 2002.

Husserl, E., 1964, *Erfahrung und Urteil*, L. Landgrebe(Hrsg.), Hamburg: Claassen.

Husserl, E., 1973, *Zur Phänomenologie der Intersubjektivität*, Husserliana Bd.XIII, Den Haag: Martinus Nijhoff.

Husserl, E., 1973, *Zur Phänomenologie der Intersubjektivität. Zweiter Teil*, Husserliana Bd.XIV, Den Haag: Martinus Nijhoff.

Ionin, L., 1979, *A History of Classical Sociology*, 1979, edited by I.S. Kon, Moscow: Progress Publishers; 「페르디난드 퇴니스의 사회학 개념」, 『사회사상의 흐름』, 김형운 외 옮김, 사상사, 1992.

Johannes Paul II, 1981, "Laborem Exercens", *Texte zur Katholischen Soziallehre*, KAB(hrsg.), 1989, Köln: Ketteler Verlag.

Johannes Paul II, 1987, "Sollicitudo Rei Socialis", *Texte zur Katholischen Soziallehre*, KAB(hrsg.), 1989, Köln: Ketteler Verlag.

Johannes Paul II, 1991, "Centesimus Annus", 교황청 홈페이지 자료, http://www.vatican.va/holy_father/john_paul_ii/encyclicals/documents/hf_jp-ii_enc_01051991_centesimus-annus_ge.html.

Johannes XXIII, 1961, "Mater et Magistra", *Texte zur Katholischen Soziallehre*, KAB(hrsg.), 1989, Köln: Ketteler Verlag.

Johannes XXIII, 1963, "Pacem in Terris", *Texte zur Katholischen Soziallehre*,

KAB(hrsg.), 1989, Köln: Ketteler Verlag.

Kaufmann, F.-X., 1989, "Sozialpolitik-Perspektiven der Soziologie", *Staatslexikon*, Bd.5, Görres Gesellschaft(Hrsg.), Freiburg: Herder Verlag.

Kaufmann, F.-X., 2002, *Sozialpolitik und Sozialstaat: Soziologische Analysen*, Opladen: Leske + Budrich;『사회정책과 사회국가』, 정연택 옮김, 21세기사, 2005.

Kautsky, K., 1892, *Das Erfurter Programm in seinem grundsätzlichen Teil*, Stuttgart: Dietz;『에어푸르트 강령』, 서석연 옮김, 범우사, 2003a.

Kautsky, K., 1906, *Ethik und materialistische Geschichtsauffassung*, Stuttgart: Dietz;『윤리와 유물사관 외』, 서석연 옮김, 범우사, 2003b.

Kautsky, K., 1918, *Die Diktatur des Proletariats*, Wien: Brand;『프롤레타리아 독재 외』, 강신준 옮김, 한길사, 2006.

Kautsky, K., 1919, *Terrorismus und Kommunismus*, Berlin: Neues Vaterland;『프롤레타리아 독재 외』, 강신준 옮김, 한길사, 2006.

Kettern, B., 1993, "Oswald von Nell-Breuning", *Biographisch-Bibliographisches Kirchenlexikon*, Bd.VI, Traugott Bautz Verlag, http://www.bautz.de/bbkl.

Koslowski, P., 2000, "Solidarism, Capitalism, and Economic Ethics in Heinrich Pesch", *The Theory of Capitalism in the German Economic Tradition*, P. Koslowski(ed.), Berlin: Springer Verlag.

Lassalle, F., 1919(1862), "Arbeiter-Programm", E. Bernstein(ed.), *Gesammelte Reden und Schriften*, Bd.II, Berlin: Paul Cassirer.

Lassalle, F., 1919(1863), "Die Wissenschaft und die Arbeiter", E. Bernstein(ed.), *Gesammelte Reden und Schriften*, Bd.II, Berlin: Paul Cassirer.

Lassalle, F., 1972, *Arbeiterlesebuch und andere Studientexte*, edited by W. Schäfer, Hamburg: Rowohlt.

Latour, B., 2002, "Gabriel Tarde and the end of the social", in P. Joyce(ed.), *The Social in Question: New Bearings in History and the Social Sciences*, London: Routledge, http://www.bruno-latour.fr/articles/article/082.html.

Laurent, A., 1993, *Histoire de l'individualisme*, Paris: PUF;『개인주의의 역사』, 김용민 옮김, 한길사, 2001.

Leibniz, G.W., 1998, *Monadologie*, Stuttgart: Philipp Reclam jun.

Leo XIII, 1891, "Rerum Novarum", *Texte zur Katholischen Soziallehre*, KAB(hrsg.), 1989, Köln: Ketteler Verlag.

Lipietz, A., 1994, 「책임, 자율, 연대를 위한 경제: 프랑스 녹색당의 경제정책」, 『녹색평론』, 1994년 제3, 4월호(통권 제15호).

Lötzsch, F., 1984, "Monade, Monas: Der Begriff Monas vor Leibniz", *Historisches Wörterbuch der Philosophie*, Bd.6, J. Ritter · K. Gründer(Hrsg.), Basel: Schwabe&Co Verlag.

Lukacs, G., 1970, *Geschichte und Klassenbewußtsein*, Darmstadt und Neuwied: Luchterhand;『역사와 계급의식』, 박정호 · 조만영 옮김, 거름, 1986.

Lukkarinen, M., 2005, "Community Development, Economic Development and the Social Economy", *Community Development Journal*, vol.40, no.4.

Lyotard, J.-F., 1979, *La Condition postmoderne*, Paris: Éditions de Minuit;『포스트모던의 조건』, 유정완 외 옮김, 민음사, 1994.

Marshall, T.H., 1950, *Citizenship and Social Class and Other Essays*, Cambridge: Cambridge University Press.

Martens, W., 2009, "Welcome to the EPP", EPP 공식 홈페이지 자료, http://www.epp.eu/hoofdpagina.php?hoofdmenuID=1.

Marx, K., 1844, *Ökonomisch-philosophische Manuskripte*, Berlin: Dietz Verlag;『경제학—철학 수고』, 김경태 옮김, 이론과실천, 1987.

Marx, K. · F. Engels, 1983a, *Karl Marx Friedrich Engels Werke*, Bd.3, Berlin: Dietz Verlag.

Marx, K. · F. Engels, 1983b, *Karl Marx Friedrich Engels Werke*, Bd.4, Berlin: Dietz Verlag.

Marx, K. · F. Engels, 1983c, *Karl Marx Friedrich Engels Werke*, Bd.18, Berlin: Dietz Verlag.

Metz, K.H., 1999, "Solidarity and History", K. Bayertz(ed.), *Solidarity*, London: Kluwer Academic Publishers.

Michel, H., 1977, *Les Fascismes*, Paris: PUF; 『세계의 파시즘』, 유기성 옮김, 청사, 1979.

Nell-Breuning Institut, 2006, "Kurzbiographie von Pater Oswald von Nell-Breuning SJ", 상트 게오르겐 철학·신학 대학교 넬-브로이닝 연구소 공식 홈페이지 자료, http://www.sankt-georgen.de/nbi/.

Nell-Breuning, O.v.·H. Sacher(Hrsg.), 1954, *Zur Christlichen Gesellschaftslehre*, Freiburg: Herder Verlag.

OECD, 2009a, *Society at a Glance 2009: OECD Social Indicators*, OECD 전자도서관 자료, http://www.oecd-ilibrary.org.

OECD, 2009b, *Health at a Glance 2009: OECD Indicators*, OECD Publishing, http://www.oecd.org/publishing.

OECD, 2011, *Society at a Glance 2011: OECD Social Indicators*, OECD Publishing, http://www.oecd.org/publishing.

Ozouf, M., 1989, "Fraternity", F. Furet·M. Ozouf(ed.), *A Critical Dictionary of the French Revolution*, translated by A. Goldhammer, Cambridge: The Belknap Press of Harvard University Press.

Parsons, T., 1964, *The Social System*, N.Y.: The Free Press.

Parsons, T., 1971, *The System of Modern Societies*, Englewood Cliffs: Prentice-Hall, Inc.

Paul VI, 1965, "Gaudium et Spes", *Texte zur Katholischen Soziallehre*, KAB(hrsg.), 1989, Köln: Ketteler Verlag.

Paul VI, 1967, "Populorum Progressio", *Texte zur Katholischen Soziallehre*, KAB(hrsg.), 1989, Köln: Ketteler Verlag.

Pesch, H., 1905, *Lehrbuch der Nationalökonomie*, BandI, Freiburg: Herdersche Verlagshandlung.

Pesch, H., 1998, *Heinrich Pesch on Solidarist Economics*, translated by R.J. Ederer, Lanham: University Press of America.

Pesch, H., 2004, *Ethics and the National Economy*, Norfolk: IHS Press.

Pius XI, 1931, "Quadragesimo Anno", *Texte zur Katholischen Soziallehre*, KAB(hrsg.), 1989, Köln: Ketteler Verlag.

Pius XII, 1945, "Ansprache an die Delegierten der italienischen christlichen

Arbeitervereine", *Texte zur Katholischen Soziallehre*, KAB(hrsg.), 1989, Köln: Ketteler Verlag.

Poser, H., 1984, "Von Leibniz bis Kant", *Historisches Wörterbuch der Philosophie*, Bd.6, J. Ritter · K. Gründer(Hrsg.), Basel: Schwabe&Co Verlag.

Rauscher, A., 1976, "Kollektivismus, Kollektiv", *Historisches Wörterbuch der Philosophie*, Bd.4, J. Ritter · K. Gründer(Hrsg.), Basel: Schwabe&Co Verlag.

Ross, G. M., 1984, *Leibniz*, Oxford: Oxford University Press; 『라이프니츠』, 문창옥 옮김, 시공사, 2000.

Röttgers, K., 1980, "Markt", *Historisches Wörterbuch der Philosophie*, Bd.5, J. Ritter · K. Gründer(Hrsg.), Basel: Schwabe&Co Verlag.

Sandel, M.J., 1998, *Liberalism and the Limits of Justice*, Cambridge: Cambridge University Press.

Scheler, M., 1972, *Vom Umsturz der Werte*, München: Francke Verlag.

Scheler, M., 1973, *Wesen und Formen der Sympathie*, Bern: Francke Verlag; 『동감의 본질과 형태들』, 조정옥 옮김, 아카넷, 2006.

Scheler, M., 1980, *Der Formalismus in der Ethik und die Materiale Wertethik*, Bern: Francke Verlag; 『윤리학에 있어서 형식주의와 실질적 가치윤리학』, 이을상 외 옮김, 서광사, 1998.

Schieder, W., 1972, "Brüderlichkeit: Bruderschaft, Brüderschaft, Verbrüderung, Bruderliebe", O. Brunner et.al(ed.), *Geschichtliche Grundbegriffe*, Bd.I, Stuttgart: Klett-Cotta.

Schillmeier, M., 2009, "Jenseits der Kritik des Sozialen-Gabriel Tardes Neo-Monadologie", *Monadologie und Soziologie*, G. Tarde, Frankfurt: Suhrkamp.

Schlecht, O., 1990, *Grundlagen und Perspektiven der Sozialen Marktwirtschaft*, Tübingen: J.C.B. Mohr; 『사회적 시장경제』, 안두순 외 옮김, 비봉출판사, 1993.

Schuhmann, K., 1988, *Husserls Staatsphilosophie*, Freiburg: Karl Alber Verlag.

Schutz, A., 1973, *Collected Papers*, Vol.I, The Hague: Martinus Nijhoff.

Schutz, A., 1975, *Collected Papers*, Vol.III, The Hague: Martinus Nijhoff.

Schutz, A., 1996, *Collected Papers*, Vol.IV, London: Kluwer Academic Publishers.

SI, 1951, "Aims and tasks of democratic socialism: declaration of the Socialist International", 사회주의 인터내셔널 공식 홈페이지의 자료, http://www.socialistinternational.org/viewArticle.cfm?ArticleID=5.

SI, 1989, "Declaration of Principles", 사회주의 인터내셔널 공식 홈페이지의 자료, http://www.socialistinternational.org/viewArticle.cfm?ArticleID=31.

Simmel, G., 1901, "Die beiden Formen des Individualismus"; 『근대 세계관의 역사』,김덕영 옮김, 길, 2007.

Simmel, G., 2008, *Individualismus der modernen Zeit*, Frankfurt: Suhrkamp.

SPD, 1925, *Das Heidelberger Programm*, 마르크스주의 인터넷 자료실 독일어 사이트, http://www.marxists.org/deutsch/geschichte/deutsch/spd/1925/heidelberg.htm.

SPD, 1959, *Godesberger Programm*, 독일 사회민주당 홈페이지의 기본강령 자료 모음, http://www.spd.de/de/politik/grundsatzprogramm/index.html.

SPD, 1989, *Berliner Programm*, 독일 사회민주당 홈페이지의 기본강령 자료 모음, http://www.spd.de/de/politik/grundsatzprogramm/index.html.

SPD, 2007, *Hamburger Programm*, 독일 사회민주당 홈페이지의 기본강령 자료 모음, http://www.spd.de/de/politik/grundsatzprogramm/index.html.

Spieker, M., 1987, "Kollektivismus", *Staatslexikon*, Bd.3, Görres-Gesellschaft(Hrsg.), Freiburg: Herder Verlag.

Spieker, M., 1989, "Sozialstaat", *Staatslexikon*, Bd.5, Görres Gesellschaft(Hrsg.), Freiburg: Herder Verlag.

Stjernø, S., 2004, *Solidarity in Europe: The History of an Idea*, Cambridge: Cambridge University Press.

Störig, H. J., 1970, *Kleine Weltgeschichte der Philosophie*, Stuttgart: W. Kohlhammer; 『세계철학사』, 하권, 임석진 옮김, 분도출판사, 1978.

Strange, S., 1996, *The Retreat of the State*, Cambridge: Cambridge University Press; 『국가의 퇴각』, 양오석 옮김, 푸른길, 2001.

Strasser, S., 1959, "Grundgedanken der Sozialontologie Edmund Husserls", *Philosophisches Jahrbuch*, vol.67.

Tarde, G., 2009a, *Monadologie und Soziologie*, Frankfurt: Suhrkamp.

Tarde, G., 2009b, *Die Gesetze der Nachahmung*, Frankfurt: Suhrkamp.

Tempel, K.G., 1987, *Die Parteien in der Bundesrepublik Deutschland und die Rolle der Parteien in der DDR*, Düsseldorf: Landeszentrale für Politische Bildung Nordrhein-Westfalen.

Thiemer, E., 1996, *Solidarität Begreifen*, Frankfurt/Main: Peter Lang.

Timasheff, N.S., 1955, *Sociological Theory: Its Nature and Growth*, N.Y.: Random House; 『사회학이론』, 이만갑 옮김, 수도문화사, 1963.

Tönnies, F., 1887, *Gemeinschaft und Gesellschaft*, Leipzig: Fues's Verlag.

Touraine, A., 1999, *Comment Sortir du Libéralisme?*, Paris: Librairie Arthème Fayard; 『어떻게 자유주의에서 벗어날 것인가』, 고원 옮김, 당대, 2000.

Turner, J.H., 1997, *The Structure of Sociological Theory*, Belmont: Wadworth; 『현대사회학이론』, 정태환 외 옮김, 나남, 2001.

Vanberg, V., 1975, *Die Zwei Soziologien-Individualismus und Kollektivismus in der Sozialtheorie*, Tübingen: J.C.B. Mohr.

WARC, 2004, "General Council Documents", WARC 공식 홈페이지의 2004년 아크라회의 문서들, http://warc.jalb.de/warcajsp/side.jsp?news_id=164&part_id=11&navi=1.

Watrin, C., 2000, "Alfred Müller-Armack-Economic Policy Maker and Sociologist of Religion", *The Theory of Capitalism in the German Economic Tradition*, P. Koslowski(ed.), Berlin: Springer.

WCC, 1986, "The Larnaca Declaration", WCC 공식 홈페이지 자료, http://www.oikoumene.org/en/resources/documents/wcc-programmes/justice-diakonia-and-responsibility-for-creation/ecumenical-solidarity/larnaca-declaration.html.

WCC, 1987, "Guidelines for Sharing", WCC의 diakonia&solidarity team 공식 홈페이지 자료, http://www.wcc-coe.org/wcc/what/regional/life.

html.

WCC, 1998, "From Solidarity to Accountability", WCC 공식 홈페이지
자료, http://www.oikoumene.org/en/resources/documents/assembly/
harare-1998/from-solidarity-to-accountability.html.

WCC, 2002, "From Inter-Church Aid to Jubilee: a Brief History of
Ecumenical Diakonia in the World Council of Churches", WCC의
diakonia&solidarity team 공식 홈페이지 자료, http://wcc-coe.org/wcc/
europe/diakoniahistorybook.pdf.

WCC, 2004a, "What do we do?", WCC의 diakonia&solidarity team 공
식 홈페이지 첫 화면 자료, http://www.wcc-coe.org/wcc/what/regional/
index-e.html.

WCC, 2004b, "Diakonia&Solidarity Team History", WCC의
diakonia&solidarity team 공식 홈페이지 자료, http://www.wcc-coe.org/
wcc/what/regional/hist-e.html.

WCC, 2005, "Alternative Globalization Addressing People and Earth-
AGAPE", WCC 공식 홈페이지 자료, http://www.oikoumene.org/
fileadmin/files/wccassembly/documents/english/pb-06-agape.pdf.

WCC, 2006, "Towards a Common Understanding and Vision of the
World Council of Churches", WCC 공식 홈페이지 자료, http://
www.oikoumene.org/en/resources/documents/assembly/porto-
alegre-2006/3-preparatory-and-background-documents/common-
understanding-and-vision-of-the-wcc-cuv.html.

WCC, 2009a, "What is the World Council of Churches?", WCC 공식 홈페
이지 자료, http://www.oikoumene.org/en/who-are-we.html.

WCC, 2009b, "Ecumenical Solidarity Fund", WCC 공식 홈페이지 자
료, http://www.oikoumene.org/en/programmes/justice-diakonia-
and-responsibility-for-creation/ecumenical-solidarity-and-regional-
relations/ecumenical-solidarity-fund.html.

WCC, 2009c, "Together on the Way: 5.2. The Debt Issue: A Jubilee Call
to End the Stranglehold of Debt on Impoverished Peoples", WCC 공식
홈페이지 자료, http://www.oikoumene.org/en/resources/documents/

assembly/harare-1998/together-on-the-way-52-the-debt-issue-
a-jubilee-call-to-end-the-stranglehold-of-debt-on-impoverished-
peoples.html.

WCC, 2009d, "For a New Economic and Social Model", WCC 공식 홈
페이지 자료, http://www.oikoumene.org/en/resources/documents/
wcc-programmes/public-witness-addressing-power-affirming-peace/
poverty-wealth-and-ecology/finance-speculation-debt/01-02-09-for-
a-new-economic-and-social-model.html.

Weber, M., 1922, *Wirtschaft und Gesellschaft*, Tübingen: J.C.B. Mohr; 『지배의
사회학』, 금종우 · 전남석 옮김, 한길사, 1990.

Weber, M., 1922, *Wirtschaft und Gesellschaft*, Tübingen: J.C.B. Mohr; 『경제와
사회 I』, 박성환 옮김, 문학과지성사, 1997.

Weippert, G., 1964, *Jenseits von Individualismus und Kollektivismus*,
Düsseldorf: Joachim Schilling Verlag.

Wildt, A., 1995, "Solidarität", J. Ritter · K. Gründer(ed.), *Historisches
Wörterbuch der Philosophie*, Bd.9, Basel: Schwabe&Co AG Verlag.

Woolhouse, R.S. · R. Francks, 1998, *Leibniz: Philosophical Texts*, Oxford:
Oxford University Press.

Woolhouse, R.S.(ed.), 1993, *G.W. Leibniz: Critical Assessments*, 4vols,
London: Routledge.

Zenz, H., 2004, "Helmut Zenz: Christliche Gesellschaftslehre im Internet-
Geschichte in Personen", 홈페이지 Helmut Zenz SDB im Netz의
Christliche Gesellschaftslehre 관련 자료임, http://www.helmut-zenz.de/
links54.html.

Zoll, R., 1993, *Alltagssolidarität und Individualismus*, Frankfurt: Suhrkamp.

Zoll, R., 2000, *Was ist Solidarität Heute?*, Frankfurt/Main: Suhrkamp; 『오늘
날 연대란 무엇인가』, 최성환 옮김, 2008, 한울.

오다 마코토(小田實), 1997, 「변화하는 아시아와 시민연대」, 『당대비평』,
1997년 9월호(통권 제1호).

오노 신조(大野信三), 1956, 『佛教社會 · 經濟學說の研究』, 東京: 有斐閣; 『불

교사회경제학』, 박경준 · 이영근 옮김, 불교시대사, 1992.

고이즈미 신조(小泉信三), 1928, 「労働者綱領と共産党宣言」; 「노동자 강령과 공산당 선언」, 『노동자강령』, 라살레 지음, 서석연 옮김, 범우사, 2004.

사이토 에이사부로(齋藤榮三郎), 1972, 『仏教の社会思想』, 東京: 同文館; 「불교의 사회사상」, 이재창 편역, 『현대사회와 불교』, 한길사, 1981.

나카무라 하지메(中村元), 1959, 『宗教と社會倫理』, 東京: 岩波書店; 『종교와 사회윤리』, 석오진 옮김, 경서원, 1999.

丸山岩吉, 1923, 『社會連帶主義』, 東京: 早稲田泰文社.

와다 하루키(和田春樹), 1988, 「일 · 한연대운동의 사상과 궤적」, 백영서 옮김, 『창작과비평』, 1988년 가을호(제61호).

찾아보기

강수택 姜水澤

서울대학교에서 사회학을 부전공한 뒤 대학원 사회학과에 진학해 알프레드 슈츠의 현상학 연구로 석사과정을 졸업했다. 그 후 독일 빌레펠트대학교 사회학과에서 사회현상학과 산업사회학 분야를 공부하고 화이트칼라 노동자의 사회성 연구로 박사학위를 받았다. 귀국해서는 경상대학교 사회학과 교수로 재직하면서 현대사회학이론·사회사상사·지식사회학·문화사회학 등을 꾸준히 강의해왔다.

미국 예일대학교 문화사회학 연구센터와 영국 워릭대학교 사회이론 연구센터에서 방문교수를 지냈으며, 경상대학교 통일평화인권센터장과 인권사회발전연구소장, 한국이론사회학회 부회장, 『사회와 이론』편집위원장 등을 맡기도 했다. 주요 연구분야는 사회이론·사회사상·지식사회학·시민사회론 등이며 『일상생활의 패러다임』『다시 지식인을 묻는다』『시민연대사회』와 여러 편의 공동저서를 집필했다. 논문으로는 「시민주의 사회정책의 토대로서 인권과 연대」「한국사회 생활세계의 민주화」「한국사회의 이념경계의 변화와 경계 넘기」「서구 시민문화의 최근의 변화양상」 등이 있다.